Kerstin Decker

Die Geschichte des Menschen

KERSTIN DECKER

Die Geschichte des Menschen

Von einer Ratte erzählt

BERLIN VERLAG

Mehr über unsere Autorinnen, Autoren und Bücher:
www.berlinverlag.de

Von Kerstin Decker liegen im Berlin Verlag vor:
Meine Farm in Afrika. Das Leben der Frieda von Bülow (2015/2016)
Die Schwester. Das Leben der Elisabeth Förster-Nietzsche (2016/2018)
Franziska zu Reventlow. Eine Biografie (2018)

MIX
Papier aus verantwortungsvollen Quellen
FSC® C014496

ISBN 978-3-8270-1414-6

Illustrationen: Designed by Freepik
Satz: Fotosatz Amann, Memmingen
Gesetzt aus der Granjon LT Std
Druck und Bindung: GGP Media GmbH, Pößneck
Printed in Germany

Inhalt

Zum Geleit 9

I. Kosmopoliten, Opportunisten und Allesfresser 21

Spezialisiert darauf, nicht spezialisiert zu sein 22, Das Tier, das die Welt anhält! 31, 0,000 000 000 000 01 Gramm oder Riechen lernen 34, Die Wiedervereinigung der Ostmäuse und der Westmäuse 40, Wir Migranten! 46, Eine Mutter für alle 52, Das schrecklichste Tier der Welt oder Denken lernen 59, Wir Opportunisten! 67, Das Paradies 73

II. Die neunmalkluge Ratte 77

Hören lernen 78, Der Mozart-Effekt 84, Der sechste Sinn oder Schmecken lernen 88, Männer und Frauen 92, Oxytocin 98, Vom Buntbarsch lernen oder Loblied auf die Höflichkeit 102, Über die Sprache überhaupt und über die Sprache des Menschen 107, Das Wesen der Abstraktion oder René und Alex 113

III. Die Landratte 119

Die Sintflut, neu erzählt 120, Schlafen 125, Südostanatolien! 127, Wir und Homer 132, Ratten-Theologie (I) 135, Das Römische Optimum 140, Das Römische Minimum 144, Ratten-Theologie (II) 150, Der Rattenkaiser 153, Das große Latrinum 157, Karni Mata oder Die göttliche Ratte 166, Lob des Mittelalters 169, Vor Caffa oder Kleine Einführung in die mittelalterliche Medizin 173, Alexandre Yersin fährt nach Hongkong 180, Yersinia pestis 186, Der Tod in Venedig 191, Das Konzeptionsjahr des modernen Europa 195, Wir Ausländerfeinde? 199, No Rat's Land 204

IV. Die Wasserratte 209

Wir entdecken Amerika! 210, Nachtigallen und Seegras 219, Nackt! 226, Die Ratten verlassen das sinkende Schiff 231, Wir trauern um die Karibische Riesenreisratte 237, Der geköpfte Entdecker 243, Osterinsel 249, Meine Freundin Kiore 256, Wir Kosmopoliten! (I) 261, Die Zeit zurückdrehen 266, Robinson, die Ratte 274, Wir Kosmopoliten! (II) 278

V. Die miese Ratte 281

Der Sinn des Lebens 282, Welterschöpfungstag 286, Überzähliges Dasein 293, Übermensch und Überratte. Wir fahren Auto 299

VI. Die Kanalratte 305

Sie kommen! 306, Und dann habt ihr uns eine unterirdische Stadt gebaut 311, Cimetière des Innocents 314, Licht und Ordnung 318, Das Phantom der Oper 321, Eine Stadt mit 88,3 Millionen Einwohnern? 326, Eugène Poubelle oder Masse und Müll 330

VII. Die Leseratte 333

Was ihr lesen müsst … 334, Gift oder lernen, lernen, nochmals lernen! 335, Bikini 338, Walt Disney erfindet die berühmteste Maus der Welt oder Wir Fluchttiere! 341

VIII. Die Laborratte 347

Die Arroganz der Laborratten 348, Nummer 4 736 866 oder Das erste patentierte Lebewesen 351, Die neue Christologie 356, Die unsterbliche Maus 360, Affenliebe 364, Stress 367, Der schönste Rattenversuch 373

IX. Die Begleitratte 379

Die Welt, von der Schulter eines Punks gesehen 380, Arm und Reich 382, Exkurs: George Orwells *Farm der Tiere* 385, Wer ist Bauer Jones? 388, Dr. Skinner 392, Die Logik der Süchte 397, Betrunkene Ratten aufwecken 400, Rat Park 402, Universum 25 407, Die chinesische Lösung 411

Ausblick 415

Anmerkungen 425

ZUM GELEIT

Erlauben Sie, dass ich mich vorstelle: *Rattus rattus*. Ich bin das Gattungssubjekt. Es ist unabdingbar, dass ich direkt zu Ihnen spreche, Sie kennen das aus Ihrer Geschichte: Solange die Schwarzen oder die Frauen nicht mit ihrer eigenen Stimme sprachen, wurde nur über sie gesprochen. Sie waren Exemplare, keine Autoren. Ich bin kein Exemplar, sondern ich verkörpere – philosophisch betrachtet – die Idee der Ratte. Ich bin Platoniker, wie Sie bemerken. Ich bin die integrierte Gesamtratte, der Genius meiner Art.

Genius? Sie empfinden das Wort im Zusammenhang mit uns als latent unpassend? »Schon eure Zahl ist Frevel!« Einer Ihrer Dichter hat es, glaube ich, einmal so formuliert. Allerdings sprach Stefan George nicht über Ratten, sondern über Menschen. Und recht hat er. Masse verdirbt alles.

Bald seid ihr acht Milliarden! Das pfeifen die Ratten schon von allen Dächern. Als George 1907 seine Vermutung über den Zusammenhang von Zahl und Frevel äußerte, wart ihr noch 1,5 Milliarden, und das ist kaum mehr als einhundert Jahre her. Kinder, Kinder, ihr seid wirklich rattenscharf! Beim 20. Jahrhundert fallen euch noch immer zuerst Hitler oder der Kommunismus ein, bloß die Hauptnachricht nie: Es war das Jahrhundert einer beispiellosen Bevölkerungsexplosion. Alle zwölf

Jahre werdet ihr nun eine Milliarde mehr, und das ist bloß die gemäßigte Prognose. Ihr seid halt eine Wachstumsgesellschaft. Ihr wachst, bis nichts mehr wächst, bis alles ratzekahl weg ist. Das schöne Wort kommt von uns, den Ratzen, den Radikalen[1]. Selbst eure Sprache weiß um unsere ultimative Kompetenz für erschöpfte Vorräte. Entschuldigt, ich wollte euch nicht zu nahe treten. Doch an euch, nicht an uns, wird dieser Planet zugrunde gehen. Und wir werden die Einzigen sein, die euch vermissen, wenn wir unten in der Kanalisation eurer Städte sitzen und euch plötzlich nicht mehr riechen, nicht mehr schmecken können, weil ihr eure Existenz eingestellt habt. Aber davon später.

Ihr seid der absolute Spätling unter den Geschöpfen, und alle Tiere hoffen, ihr verschwändet bald wieder. Eine Million Arten weltweit sind vom Aussterben bedroht, fast alle viel, viel älter als ihr. Man kann nicht als Letzter in die Klasse kommen und sofort Klassensprecher werden wollen. Zumal ihr dieses Amt nie verstanden habt: Ein Klassensprecher spricht für alle, nicht bloß für sich. Das habt ihr nie gelernt. Wir sollten endlich ein Parlament der Tiere gründen. Meine Art würde sich bereit erklären, den Vorsitz zu übernehmen. Einem missglückten Tier wie euch können wir natürlich keine Vollmitgliedschaft anbieten, höchstens eine Hospitanz.

Vielleicht schreibe ich euren Nachruf. Denn wir sind uns ähnlicher, als ihr denkt. Wir sind beide Opportunisten, Kosmopoliten und Allesfresser, darin liegt unser beispielloser Erfolg, ich erkläre das später. Ihr hättet uns längst einen gegenseitigen Beistands- und Freundschaftsvertrag anbieten sollen, vielleicht hätten wir den sogar rattifiziert. Aber wahrscheinlich nicht.

Opportunisten, Kosmopoliten und Allesfresser? Ich kann schon eure Proteste hören: Ich bin kein Opportunist! Aber von diesen Dingen versteht ihr nichts. Ihr glaubt sogar, dass jeder von euch einzigartig ist. *Me, myself and I*, der moderne dreifaltige Gott. Vergesst es! Gattungsgeschichtlich betrachtet seid ihr Opportunisten wie wir. Kluge Opportunisten wie wir. Und wir können sogar lachen wie ihr. Wir lachen, wenn wir spielen, fragt eure Neurobiologen, wenn ihr schon keinem Nagetier glaubt. Es hört sich an wie Zwitschern. Natürlich hört ihr unser Lachen nicht, halb taub, wie ihr seid. Und riechen könnt ihr auch nichts. Euch scheinen unsere nackten Schwänze hässlich? Aber ihr seid doch *ganz* nackt!

Zum Tier hat es nicht gereicht, da wurdet ihr Mensch, ist es nicht so? Der *Homo sapiens*, was für ein Irrläufer der Evolution, ein gefährlicher Irrläufer der Evolution. Aber ich will nicht ungerecht sein, denn wir teilen den Tisch mit euch, genauer, wir sitzen darunter. Wir sind eure Nächsten. Keine Tierart hat ihre Sache so sehr auf den Menschen gestellt wie wir. Wir folgen euch überallhin, ob ihr wollt oder nicht. Wir sind mit euch sogar bis nach Amerika gegangen, gleich mit dem allerersten Schiff, auf der *Santa Maria*, das war kurz nachdem wir euch die Pest gebracht haben. Damals wart ihr noch nicht so schandhaft viele, genauer: Am Anfang der Pest 1347 wart ihr 100 Millionen in Europa, danach 30 Millionen weniger. Ihr habt uns das nie verziehen, ich weiß. Wusstet ihr, dass wir mit schuld sind am Untergang Roms? Es gibt wirklich viel zu erzählen.

Ich schreibe dieses Vorwort am 11. Februar 2021, dem letzten Tag des Jahres der Ratte, genauer: der Metallratte, das erkläre ich später. 2020 war also unser Jahr, euer Corona-Jahr. Die Ratte bringt grundsätzlich Neues, die Chinesen wussten das immer. Diesmal brachten wir euch eine ziemlich neue Welt. Ich glaube, ihr werdet das Jahr der Ratte nie vergessen, ich komme darauf zurück.

Um eure Nerven zu schonen, machen wir uns schon lange so unsichtbar wie möglich. Was man nicht sieht, existiert nicht, glaubt ihr in eurer hominiden Arroganz, dem Geschwisterkind der Dummheit. Aber wo einer von euch ist, sind mindestens zwei von uns, eher drei. Noch vor wenigen Jahren waren wir allein sechs Millionen Untergrund-Berliner, da lebten gerade mal drei Millionen von euch oben in der Stadt.

Seid ihr nicht alle Demokraten, habt ihr nicht einen natürlichen Sinn für den Ratschluss und das Vorrecht von Mehrheiten? Eure neuen politischen Bewegungen, die sich für die guten halten, treten unter bemerkenswerten Slogans auf: *Wir sind mehr!* – Aber das stimmt nicht. Wir sind mehr! Ihr seid 80 Millionen Deutsche, aber wir sind 340 Millionen deutsche Ratten. Was lernt ihr daraus?

Im Rom von heute wohnen bis zu neun Millionen meiner Abstammung. Und in Mumbai sind wir eine Milliarde. Seht ihr, jetzt ekelt ihr euch schon wieder. Wenn wir so alt würden wie ihr, aber unsere Fruchtbarkeit behielten, könnte eine einzige Ratte während ihres Aufenthalts auf Erden 5 000 000 000 000 000 000 000 000 000 000 000 000 000 000 Kinder, Kindeskinder, Kindeskindeskinder, Kindeskindeskindeskinder usw. zeugen.[2] Ich glaube, ich höre hier besser auf. Wenn ihr nachzählen wollt: Gern, es müssen genau 42 Nullen sein.

Was ihr über uns sagt, trifft auf euch genauso zu: Einzeln seid ihr recht possierlich, doch in der Masse werdet ihr schnell zur Plage. Nein, nicht nur wir haben Grund, über das »Seid fruchtbar und mehret euch!« nachzudenken. Das Christentum ist ohnehin keine gute Rattenreligion, der Hinduismus ist viel komfortabler. Im Hinduismus gelten wir als heilige Tiere und haben sogar ein eigenes Heiligtum. Die Menschen kommen zum Karni-Mata-Tempel, um uns zu opfern.

Mehrheiten machen immer unvorsichtig. Unsere Zahl ermutigte zuletzt einige Mehrheitsrömer, schon mitten am Tage aus den Gullydeckeln zu klettern und wie ihr durch die Straßen zu laufen. In einer Demokratie, sagt ihr, gehört die Stadt allen. Und dann hat eine der Unsrigen eine der Eurigen in den Fuß gebissen. Es geschah in einem Café auf der Piazza San Cosimato. Das war tadelnswert, und wir entschuldigen uns in aller Form. Denn wir sind eigentlich nicht feindselig, nur wehrhaft, egal was die Müllmänner euch erzählen. Und der Rat der Behörden, auch im Sommer die Stadt nur noch in geschlossenem Schuhwerk zu betreten, scheint mir doch sehr hysterisch zu sein. Ihr seid überhaupt viel zu hysterisch.

Ihr haltet euch für das Endziel der Evolution, und dann habt ihr Angst vor Ratten. In Schweden sprang 2014 eine Hausfrau auf ihren Küchentisch, als sie hinter ihrer Spülmaschine etwas entdeckte, das sie dort nicht abgestellt hatte. Es war sehr groß und ungemein beweglich. Dass etwas nicht stimmte, ahnte Signe Bengtsson-Korsas schon länger, mindestens seitdem der Familienkater Enok sich strikt weigerte, die Küche zu betreten. Und vielleicht hatte der Kater recht, die Ratte zählte nicht zu den zierlichsten unserer Art. 39,5 Zentimeter. Ohne Schwanz. Fast so groß wie Enok, der Kater. Das kommt vor. Als Casanova in den Bleikammern Venedigs saß, erblickte er über sich im Gebälk Artgenossen von mir, die ihm die letzte Gesichtsfarbe nahmen.

Es ist nicht überliefert, wie, wann und unter welchen akustischen Kundgebungen Signe Bengtsson-Korsas ihren Küchentisch wieder verließ. Ein Kammerjäger erschien und stellte eine riesige Falle auf. Als er wiederkam, um nach der Falle zu schauen, war die Falle weg. Der Hausgast der Familie Bengtsson-Korsas hatte sie fortgetragen, allerdings steckte sein Kopf drin. Ich erspare Ihnen die Einzelheiten. Wir trauern um einen tapferen Vertreter unserer Art, er starb den Märtyrertod, wie so viele von uns.

Man hat Märtyrer noch nie besonderer Intelligenz verdächtigt, sie hätten sonst ein anderes Ende gewählt, vor allem ein späteres. Die Gattung *Rattus* aber zeichnet sich durch ihre stupende Lernfähigkeit aus. Intelligenz ist Lernfähigkeit! Haben gar Überernährung und Trägheit die natürliche Klugheit der Schwedenratte korrumpiert? Das Phänomen ist gattungsübergreifend, es zählt zu den typischen Zivilisationsschäden, wir werden es im Auge behalten. So möge denn das Bild einer anderen Ratte in der Mitte dieser einführenden Worte stehen. Sie ist ohne Namen wie wir alle, doch sie hätte fürwahr einen verdient.

Sie kam geradewegs von der Straße ins Büro einer amerikanischen Professorin der Biopsychologie, die ihr Leben mit Rattenversuchen verbringt.[3] Im Copley Science Center, Virginia, errichtete die Streunerin ihr Zuhause direkt im Regal über dem Schreibtisch der Rattenversuchs-Professorin, und zwar aus dem sorgfältig in Streifen gerissenen Titelblatt des Magazins der University of Richmond. Und wen zeigte das Titelblatt? Einen Professor mit seiner Laborratte. Außerdem hatte die Eindringlingin in ihrem Nest präparierte Schafhirn-Stückchen verbaut, die nun als Anschauungsmaterial für die Studenten fehlten. Ihren Lebensunterhalt bestritt sie vornehmlich aus der Schreibtischschublade der Rattenversuchs-Professorin, bis Ketchup-Fußabdrücke sie verrieten.

Nein, befreundet sind wir wohl nicht. Aber ihr seid uns eben sehr ähnlich, auch in dem, was Ihr ewigen Halbakademiker vorzugsweise »Sozialverhalten« nennt. Sogar über Xenophobie könnt ihr viel bei uns lernen. Wer anders riecht, fliegt raus. Das ist rättisch, ein Schutzmechanismus der Gruppe. Guckt nicht so moralisch, ganz könnt ihr die Ratte in euch nicht verleugnen. Wir wissen mehr von euch, als euch lieb sein kann.

»Kulturfolger« nennen uns die Gelehrten. Doch was heißt das? Wer folgt, ist immer Zweiter. Aber die erfolgreichsten Säugetiere der Welt seid nicht ihr, das sind wir, die Nager. Es stimmt, eure Geschichte ist unsere Geschichte. Es wird höchste Zeit, sie zu erzählen. Und der Erzähler bin ich, *Rattus rattus,* die gemeine europäische Hausratte, schon fast ausgestorben.

Ich höre bereits die Stimmen meiner Mit-Ratten aller Kontinente. Ich sei ein eurozentrischer Rassist, und was der Schmähungen mehr sind. Schließlich existiert die Gattung *Rattus* in über 60 Arten und mehr als 570 Formen. Da ist die gemeine Fruchtratte, *Rattus rattus fruvigorus*, die Reisfeldratte, *Rattus argentiventer*, die Osterratte, *Rattus mordax* … Vielleicht ist dies die richtige Stelle, um eine Schweigeminute für unsere bereits ausgestorbenen Angehörigen einzulegen. Ich denke vor allem an die beiden tapferen Bewohner der Weihnachtsinsel, die *Rattus nativitatis*, auch bekannt als *bulldog rat*, und die *Rattus macleari*. Wir werden euch niemals vergessen, vielleicht.

Ihr führt jetzt eine Liste von Säugetieren, die dem menschengemachten Klimawandel zum Opfer fallen. Ihr wisst, dass das erste Tier darauf eine Ratte ist? Ich bin sehr traurig, aber auch ein wenig geehrt. Es ist die Bramble-Cay-Mosaikschwanzratte. Sie wohnte ganz allein auf der kleinen Insel Bramble Cay in der Torres-Straße, das ist ganz oben im Norden des Großen Barriere-Riffs. Wir wussten beide, wie gefährlich das war. Eine kleine Koralleninsel, fünf Hektar Gesamtfläche, nur zwei Hektar davon grün, aber nicht immer. Sie war das einzige Säugetier auf der Insel. Sie sah fast so aus wie die Cape-York-Mosaikschwanzratte, aber halt! Dann könnte ich auch sagen: Ihr seht alle gleich aus. Sie hat sich auf Bramble Cay völlig eigenständig entwickelt, über viele Jahrhunderte, sie besaß ganz andere Blutproteine. Und ihr Schwanz war rauer, viel rauer. Eure Biologen sprachen von »erhabenen Schuppen«. Ein sehr schönes Wort. Ihr wisst, es geschieht nicht oft, dass ihr so zart und aus intimster Kenntnis über unsere Schwänze redet.

Ihre Nachbarn waren Seevögel und Meeresschildkröten. Sie liebte das Gras, fraß aber auch andere Pflanzen. Es gab einmal elf, 2014 waren es nur noch zwei Pflanzenarten. Der Meeresspiegel stieg, ich glaube um sechs Millimeter pro Jahr. Das ist viel für eine kleine Koralleninsel. Immer wieder wurde sie überschwemmt. Zwischen 2002 und 2004 habt ihr noch knapp einhundert Bramble-Cay-Mosaikschwanzratten auf Bramble Cay gefunden, zehn Jahre später fandet ihr keine mehr. Wir nehmen Abschied von der Bramble-Cay-Mosaikschwanzratte.

Sechzig Arten also. Und die unentdeckten Ratten habe ich noch gar nicht mitgezählt, und die gibt es, so viel ist sicher. Sie leben so versteckt, so menschenfern, dass selbst ihr sie noch nicht gefunden habt. Und auch in Europa gibt es nicht nur mich, genauer: Mich gibt es wohl bald gar nicht mehr. In Deutschland steht die europäische Hausratte auf der Roten Liste der vom Aussterben bedrohten Arten. In Hessen und Nordrhein-Westfalen gelte ich bereits als »ausgestorben oder verschollen«. Ja, ihr habt mich unter Naturschutz gestellt. Eine Ratte unter Naturschutz! Manchmal seid ihr wirklich umwerfend! Oder ihr mögt einfach nicht, wenn etwas wegkommt.

Es ist sehr zart von euch, dass ihr euch solche Sorgen macht wegen der vielen aussterbenden Tiere und Pflanzen. Ja, ihr sprecht sogar schon vom »Ende der Evolution«. Ihr möchtet nicht gern mutterseelenallein zurückbleiben, als die letzten Kinder der Erde. Wäret ihr ganz dumm, würdet ihr sagen: Alle anderen sind weg, ich allein bin noch da, ich habe gesiegt! Aber so denkt ihr nicht. Wer fast ausgestorben ist wie ich, darf sich eurer Anteilnahme sicher sein, selbst wenn er eine Ratte ist. Und ich sage euch, es ist ein zwar missliches und doch ungemein gutes Gefühl. Ihr kennt das nicht, ihr seid Massen in einer Massengesellschaft. Man kommt sich plötzlich so seltsam selten vor, so wertvoll, so quasi-aristokratisch. Der Hauptunterschied zwischen Aristokratie und Volk, *vulgus*, war immer: Von den einen gibt es nur ganz wenige, von den anderen ungemein viele. Ich sollte ein »von« zwischen meinem Vor- und Zunamen einfügen.

Die Wanderratte, *Rattus norvegicus*, hat mich fast vollständig verdrängt. *Rattus norvegicus* ist natürlich Unfug. Die kommt nicht aus Norwegen, sondern aus Asien wie wir alle. Sie ist viel rundleibiger, längst nicht so elegant wie ich, hat kleinere Ohren, einen beklagenswert kurzen Schwanz, den ihr immer noch lang findet, und sie kann nicht halb so gut klettern wie ich. Klingt alles nicht unbedingt nach Evolutionsvorteil, aber entscheidend war wohl: Sie neigt kulinarisch zu einer gewissen Genügsamkeit, um nicht von Wahllosigkeit zu reden. Und sie bevorzugt die Wassernähe, weshalb sie glaubt, die Kanalisation eurer großen Städte sei eine Liebeserklärung an sie gewesen. Kurz, es gibt, wie Sie längst wissen, Wasserratten und Landratten. Wir zählen zu Letzteren und sind überhaupt viel lieber oben als unten. Wir trauern um eure Scheunen und Dachböden und verschwinden wohl mit ihnen. Wenn Sie heute unterwegs eine Ratte sehen, ist es garantiert eine Kanal-, Verzeihung, Wanderratte.

Ich präzisiere, wir sind in Europa zu dritt. Die Hausratte, die Wanderratte und die Laborratte. Ratten Sie doch mal, von wem die Laborratte abstammt! Von mir nicht, aber auch das erkläre ich später. Ob es der Stress ist oder der Kommunismus: Viele der grundlegenden Einsichten in die eigenen Verhältnisse verdankt ihr zuerst dem Rattenversuch. Schon mal was vom Behaviorismus gehört?

Es spricht zu Ihnen also eines der letzten Exemplare der Art *Rattus rattus*, einst mitverantwortlich für den Untergang Roms, danach Reisegefährtin des Kolumbus, um nur das Mindeste zu nennen. Seit sie angefangen haben, ihre Geschichte selbst zu erzählen, ich erwähnte es bereits, gelten in eurer Gattung sogar Frauen oder Schwarze als Menschen. Dieser Ehrgeiz sei mir fern, aber Sie verstehen, was am Amt eines Autors liegt.

Mir genügt es schon, wenn Sie beim nächsten Mal kurz innehalten, bevor Sie einen Ihrer Nächsten oder Fernsten »Du miese Ratte!« nennen.

Miese Ratte? Ihr wisst, dass wir lieber hungern, als unserem Nächsten Schmerz zuzufügen? In einem eurer üblen Experimente, ich glaube, es war 1958, mussten wir einen Hebel drücken, um an Futter zu gelangen. Durch den Hebeldruck erlitt unser Nachbar einen Stromstoß. Natürlich haben wir die Verbindung bald verstanden – und den Hebel nicht mehr berührt. Ihr nennt es wohl Empathie.

Ihr habt uns noch öfter auf die Probe gestellt, 2010 etwa. Eure Versuchsanordnung verriet wie gewöhnlich einen tiefen Hang zur seelischen Grausamkeit: Eine unserer Schwestern habt ihr in einen winzigen Käfig gesperrt und den winzigen Käfig in einen komfortablen großen gestellt, in dem eine zweite Schwester saß. Ihr wolltet herausfinden, ob sich die Penthouse-Ratte in ihrem Wohlbehagen von den Weh- und Klagelauten der Bedrängten stören lässt. Bei euch liegt der Fall offen: Nicht alle Maisonettebesitzer laden die Schlechterwohnenden oder die Obdachlosen ein, künftig bei ihnen zu leben.

Gewöhnlich begann unsere Penthouse-Bewohnerin bald mit groß angelegten Befreiungsversuchen der Inhaftierten. Und da wir so klug sind, gelang es ihr auch irgendwann, die Zelle der Unglücklichen zu öffnen. Natürlich wurde das Experiment mit unzähligen Probanden wiederholt, fast immer mit dem gleichen Ergebnis.

Und noch etwas konnte im Rattenversuch bewiesen werden: Kommunismus ist möglich! In einer zweiten Stufe bekam die Penthouse-Ratte noch ein Stück Schokolade in ihr Apartment gelegt. Sie wäre also beschäftigt gewesen. Fressen statt helfen! Die edleren Charaktere unter euch hätten wohl erst die Schokolade gefressen und dann versucht, in einer Anwandlung von nachträglichem Altruismus, der Gefangenen zu helfen. Aber das ist unrättisches Betragen. Ahnt ihr, was wir machen? Die meisten von uns befreiten erst ihre bedrängte Kameradin, und dann fraßen sie gemeinsam die Schokolade! Natürlich zeigte eine kleine Minderheit der Befreier auch eher hominide Reaktionen und fraß die Schokolade allein. Das waren die miesen Ratten.

Und doch, manchmal könnte man euch fast mögen. Ihr erinnert euch doch an das Rattenvideo, das im Februar 2019 um die Welt ging? Es zeigte eine ungemein adipöse südhessische Ratte, wohnhaft in Bad Bensheim, die in einem Gullydeckel feststeckte. Ich sehe das so: Eine Ratte, die so viel frisst, dass sie nicht mehr durch einen Gullydeckel passt, disqualifiziert sich selbst. Im Angesicht Darwins, der Evolution sowie der Rattenehre. Aber was macht ihr? Statt sie zu erschlagen wie früher, habt ihr die Bad Bensheimer Feuerwehr und die Berufstierrettung Rhein-Neckar alarmiert. Neun Mann rückten an. Einfach rausziehen ging nicht, dazu war die Ratte zu fett. Also wurde die

Fehlbare mit einer Fixierstange in Stellung gebracht, dann hoben vier Feuerwehrleute den Gullydeckel hoch, sicherten ihn mit Keilen, bevor ein Fachmann sie schließlich mit routiniertem Griff von oben und unten aus dem Abfluss drehte. Wegen großer Nachfrage von allen Kontinenten der Erde bot die Berufstierrettung Rhein-Neckar bald Caps, Buttons, Tassen, Babystrampler und T-Shirts mit der Gullyratte an. Im Namen aller Nager der Erde, und ich nenne jetzt lieber keine Zahlen, lasst mich sagen: Danke! Das war ein großer Anfang. Aber ihr müsst noch viel lernen.

Der Ausdruck »Was ist denn das für ein Rattenloch?« etwa zur Kennzeichnung herabstimmender Wohnverhältnisse ist irreführend. Wir wohnen nicht in Löchern, wir bauen Nester und architektonisch beeindruckende unterirdische Labyrinthe mit Vorratskammern und blinden Gängen, in denen ihr euch sofort verlaufen würdet. Genauer, meine Brüder und Schwestern, die Wanderratten, machen das.

Wahr ist, wir verlassen das sinkende Schiff, wenn die Löcher, die wir manchmal selbst hineingenagt haben, zu groß werden. Euer Schiff ist die Erde. Wohin werdet ihr gehen, ihr Haustiere?

Liebe Leseratten – das Wort habe ich wirklich nie verstanden, oder sollten wir ganze Bibliotheken zernagt haben? Schon in Ordnung, ich entschuldige mich in aller Form für die 8000 Bücher, die wir 2018 in der Stuttgarter Universitätsbibliothek geschreddert, gefressen und befleckt haben. Aber es war nur sozial-, wirtschafts- und rechtswissenschaftliche Literatur zwischen 1960 und 1990. Hätte vielleicht doch keiner mehr ausgeliehen. Ihr seht, ein ganzer Rattenschwanz voller Fragen wartet auf Antwort.

Berlin-Treptow, am 11. Februar 2021,
dem letzten Tag des Jahres der Ratte

der Verfasser

I.

Kosmopoliten, Opportunisten und Allesfresser

Spezialisiert darauf, nicht spezialisiert zu sein

Unpassenderweise gehören wir zu den Mäusen. Angemessener wäre es, die Mäuse gehörten zu uns, aber Zoologen sind sehr dünkelhaft. »Mäuseartige« nennen sie uns, das ist die Überfamilie. Familie: Langschwanzmäuse, Unterfamilie: *Murinae*, Altweltmäuse. Es ist wirklich sehr kränkend.

Immerhin, das »Altwelt« klingt nach Tradition, nach Herkunft, nach Würde, aber das war nicht Absicht. Der Name soll uns bloß von den Neuweltmäusen aus der Familie der Wühler – *Cricetidae* – unterscheiden. Aber vielleicht wollen Sie das gar nicht so genau wissen? Dass die Zoologen es noch nicht geschafft haben, den Neuweltmäusen einen wissenschaftlichen Namen zu geben und sie richtig zu systematisieren, findet meinen ungeteilten Beifall. Ja, sie wissen noch nicht einmal, ob die Neuweltmäuse eine monophyletische Gruppe bilden, also näher miteinander verwandt sind als mit anderen Tieren.

Der Mensch und die Ratte bilden schon mal eine monophyletische Gruppe, und nicht nur weil wir beide Säugetiere sind, wobei meiner Art die Würde des weitaus Älteren, Erfahreneren, Erprobteren zukommt. Wir ähneln immer noch ein wenig den Ursäugern, die im Pliozän ihre beispiellose Laufbahn begannen. Diese Welt war schon unsere Welt, da hatte die Evolution noch keinen Gedanken an euch verschwendet und würde es noch lange nicht tun.

Wir haben noch viel vom Ursäugetier an uns, nur der Kopf und besonders unser Gebiss ist spezialisiert. Der große Rattenkenner Adolf Portmann beschrieb uns so: »Wenn man die Gestalt einer Ratte genau betrachtet, kann man eine scheinbar nicht sehr bedeutsame Besonderheit entdecken. Der Schwanz der Ratten ist wie der von nur sehr wenigen anderen Säugetieren von Schuppen bedeckt, so wie Fische von Schuppen bedeckt sind.« Ich unterbreche das Zitat an dieser Stelle nicht, weil ich weiß, wie sehr euch lange Zitate nervös machen, nein, ich will nur sagen, dass ich ab jetzt kein Wort weglassen werde, dazu ist der Mann viel zu gut: »Der gesamte Körperbau der Ratten erinnert an die Fluidodynamik der Fische. Der fast nicht vorhandene Hals, die Struktur der Nase und der Augen, die Fähigkeit der Pfoten und der Ohren, unter Wasser eng anzuliegen und praktisch im Fell zu verschwinden, die Beschaffenheit des Fells, der Schwanz selbst ... ergeben eine Silhouette, die ganz ungewöhnlich für Landsäugetiere ist. Das scheint die Hypothese nahzulegen, dass die Evolution dieser Tiere seit Dutzenden von Millionen Jahren blockiert ist, da die Natur ein praktisch perfektes Lebewesen hervorgebracht hat, das unzählige Herausforderungen seiner Umwelt durch den Gebrauch von Mechanismen überleben konnte, die es schon bei seiner Entstehung besaß. ... Es scheint fast, als ob die Natur die Ratte als privilegiertes Kind betrachtet, da sie sie mit biologischen und psycho-zerebralen Fähigkeiten ausstattete, die sie bis in unsere Zeit und vielleicht auch noch nach uns weiterexistieren lässt.«[1]

Ihr habt es gehört, die größte Zärtlichkeit der Natur galt uns! Es bestand keine Notwendigkeit, uns zu verbessern. Aber welcher Schöpfer hört schon auf, wenn ihm ein Meisterwerk gelungen ist? Die Natur nicht, der Kapitalismus nicht. Nie würde der Kapitalismus sagen: Jetzt habe ich genug Geld verdient, ab jetzt mache ich gar nichts mehr! Nur Gott, der Herr, ging in der Tat am siebten Tag in Rente. Wahrscheinlich ist er heute ein sehr depressiver Mann. Weil die Natur aber nicht das Temperament Gottes besitzt, sondern eher das des Kapitalismus, machte sie weiter. Und so entstandet ihr.

Ihr seid wirklich eine absonderliche Laune der Natur. Einer eurer Philosophen hat mal gesagt: »Im Menschen schlägt die

Natur die Augen auf und bemerkt, dass sie da ist.« Wirklich ein schöner Satz, der Sinn für Poesie zählt zu meinen Schwächen, aber müsste es nicht richtiger heißen: »In der Ratte schlägt die Natur die Augen auf und bemerkt, dass sie da ist«? Ich kann das begründen.

Arnold Gehlen, ein Mann von tiefer Einsicht, glauben Sie einer Leseratte, nannte den Menschen »das Mängelwesen«. Dafür wurde er von Konrad Lorenz sehr angegriffen. Lorenz war der Mann, dem die Gänse in Scharen hinterherliefen, weil sie dachten, er wäre ihre Mutter. Gänse, was will man verlangen! Aber ich will nicht abschweifen. Gehlen also nannte den Menschen ein Mängelwesen, weil er nichts wirklich kann, nichts annähernd so gut wie seine Mittiere.

Ihr habt keine Klauen und keine Reißzähne, geschweige denn Nagezähne, die Krone der Zahnschöpfung. Der Zahn der Zeit, der größte überhaupt, ist, so viel ist sicher, ein Nagezahn. Euer Gebiss berechtigt überhaupt nur zu einer höchst demütigen Lebensform. Eure Existenzweise müsste in der permanenten Flucht liegen, doch dazu seid ihr viel zu langsam. Beim Fliehen holt euch das dümmste Tier ein. Also klettern? Den neuen lustigen Kletterstudios eurer Großstädte entnehme ich, dass ihr wisst, wie wünschenswert es ist, die Fortbewegung in der Senkrechten so zu beherrschen wie wir. Doch euch zuzusehen heißt, die Wirkung der Gravitationskraft zu verstehen. Zum Klettern braucht man außer einem schönen langen, möglichst schuppigen Schwanz und intelligenten Füßen auch ein Gleichgewichtsorgan, das diesen Namen verdient. Es liegt bei uns im Innenohr. Ihr bestaunt eure Seiltänzer, aber jede Ratte ist einer. Vielleicht liegt in eurem miserablen Gleichgewichtssinn die Erklärung für euer ganzes Schicksal. Ihr seid das Tier, das die Balance verloren hat, und der ganze Planet muss dafür büßen.

Habt ihr euch schon mal selbst beim Schwimmen zugeschaut? Ihr verwechselt Schwimmen mit Nichtuntergehen. Versuche mal einer, eine Ratte zu ertränken! Das ist so, als wolltet ihr einen Maulwurf lebendig begraben, dabei zählen wir gar nicht zu den geborenen Amphibien. Nicht einmal Federn habt ihr, geschweige denn ein Fell wie jedes höherstehende Tier. Und die merkwürdigen Stellen, an denen es euch doch noch wächst, lassen keinen anderen Schluss zu, als dass die Evolution sich einen Spaß mit euch erlauben wollte. Gewärmt hat es bestimmt noch nie, die Natur hat euch bloßgestellt.

Und Instinkte! Habt ihr überhaupt noch welche? Gehlen sprach von einem »fast lebensgefährlichen Mangel an echten Instinkten«. Dazu kommt das, was ihr selbst »Reizüberflutung« nennt. Ihr seid so unkonzentriert. Kein Tier könnte sich das leisten. Und die Existenz in einem ewig konsumierenden Halbschlaf, wobei ihr nicht nur Kalorien konsumiert, sondern auch Geräusche und Bilder, nennt ihr Leben und haltet diese miserable Daseinsweise für beispielhaft. Eigentlich hättet ihr längst ausgestorben sein müssen, ihr Haustiere.

Im Vergleich zu euch sind wir vollwertige Tiere und Meister aller Disziplinen. Ein Zoologe, der wirklich viel von uns weiß, bescheinigte uns »die Power eines Spitzensportlers, die Gelenkigkeit eines Hochseilartisten, die Spürnase eines Bluthundes«.[2] Besser hätte ich das auch nicht formulieren können.

Selbst als Allesfresser seid ihr nur zweitklassig. Wir fressen nicht nur alles, was euch bekommt, sondern auch Pelze, Seife, Papier und Bienenwachs. An Bord eurer Schiffe war das oft sehr hilfreich. Wenn ihr euren Artgenossen die tiefstmögliche Demütigung zufügen wollt, ruft ihr: »Friss Sch…!« – Da sage ich nur: Das muss man erst mal können! Diese Fähigkeit hilft über existenzielle Notlagen hinweg. Ich werde das erläutern, später, aber ich wünsche schon jetzt guten Appetit.

Und über Sex brauchen wir gar nicht erst zu reden. Im Verhältnis zu uns seid ihr ein unfruchtbares Geschlecht. Wenn ich diese Befunde noch einmal zusammenfassen darf, und ich bin da vollkommen unparteiisch und lasse Johann Gottfried Herder sprechen, fürwahr einen großen Sympathisanten eures Geschlechts: »Mit einer so zerstreuten, geschwächten Sinnlichkeit, mit so unbestimmten, schlafenden Fähigkeiten, mit so geteilten und ermatteten Trieben geboren, offenbar auf tausend Bedürfnisse verwiesen, zu einem großen Kreise bestimmt – und doch so verwaiset und verlassen, dass es selbst« – das Kind – »nicht mit einer Sprache begabt ist, seine Mängel zu äußern – Nein! ein solcher Widerspruch ist nicht die Haushaltung der Natur.«[3] Das sagt Herder.

Natürlich ist hier in Folge ein »Aber« zu vermuten. Und in der Tat habt ihr für euer Versagen auf der ganzen Linie eine nicht ganz dumme Entschuldigung. Ihr seid eben spezialisiert aufs Unspezialisiertsein. Aber das sind wir doch auch! Genau so hat der Verhaltensforscher Irenäus Eibl-Eibesfeld uns beschrieben. Eure Haupteigenschaft, sagt ihr, sei die Neugier. Aber unsere doch auch! Wir teilen mit euch unsere grundsätzliche Disposition zur Weltoffenheit. Andere Tiere suchen sich eine evolutionäre Nische und hoffen, dass sie dort möglichst lange keiner findet, genau wie die DDR-Bürger früher. Aber das ist kein menschliches, das ist kein rättisches Verhalten.

Habt ihr gewusst, dass wir die Belästigung durch Stromschläge in Kauf nehmen für einen Beischlaf, eine Mahlzeit, Koks oder Wasser? Das erfordert schon eine enorme Fähigkeit zur Güterabwägung, und damit habt selbst ihr oft Schwierigkeiten. Aber das ist noch nicht alles. Wenn wir die Wahl haben zwischen Fressen, Huren und Saufen und der Erforschung von Unbekanntem, was wählen wir da? Eure Verhaltensbiologen, wie immer mit unverhohlener Tendenz zur Grausamkeit, nahmen zwei durstige, hungrige Ratten aus ihren Käfigen und brachten darin allerlei Humbug an, bevor sie die dehydrierten Nager mit dem Kaloriendefizit in ihre vertraute Umgebung zurückließen. Und die inspizierten zuerst den Humbug, bevor sie sich an ihren leiblichen Zustand erinnerten. Solche Versuche sind Legion. Sigmund Freud würde an dieser Stelle einmal von

Triebverzicht sprechen und darin die Wurzel aller höheren Rattenkultur entdecken.

Natürlich, das werdet ihr wissen, kommt bloße Neugier einem suizidalen Vorsatz gleich. Entscheidend ist, genau wie bei euch, die Balance von Neugier und Vorsicht. Lasst mich sagen, dass ihr diesbezüglich wahren Meistern gegenübersteht. Ich könnte jetzt den kanadischen Psychologen Bennett G. Galef zitieren, der den Genius meiner Art so beschrieb: »Ratten sind so erfolgreich, weil sich bei ihnen im Laufe der Evolution eine besonders günstige Kombination von Neugier und Neophobie, von der Lust auf Neues und der Furcht davor, ausgebildet hat.«[4] Ich kann es aber auch anders formulieren: Seit Anbeginn unserer unvergleichlichen Lebensgemeinschaft habt ihr nicht nur versucht, uns zu vertreiben, uns zu töten. Nein, ihr wollt uns vernichten.

Nicht alle Partnerschaften sind glücklich, wer wüsste das nicht? Es geht hier nicht um Anklage. Wer anklagt, beginnt nie ein vernünftiges Gespräch. Aber lasst mich eines feststellen und ermesst selbst den Bedeutungsraum dieses Satzes: Wir haben überlebt! Wer zählt unsere Märtyrer? Aber wir haben bis heute überlebt! Wir haben die menschliche Intelligenz überlebt. Ihr habt also allen Grund, uns ernst, sehr ernst zu nehmen.

Ihr tragt den Konflikt zwischen Neugier und Neophobie gerade öffentlich aus. Das eine nennt ihr Weltoffenheit, ihr sprecht von Freiheit und Menschenrechten. Ihr hattet die Neophobiker schon fast zum Schweigen gebracht, jeder Konservative galt euch als Beinahe-Faschist, mindestens als Rassist. Das ist ungemein interessant. Eine alte Rattenweisheit besagt: Ein Kind soll von seinen Eltern zwei Dinge bekommen – Wurzeln und Flügel. Ich kenne keinen schöneren Satz. Ich weiß schon, eure Germanisten werden gleich aufstehen und sich beschweren: Das sei gar nicht von mir, das sei von Goethe, werden sie sagen. Und wenn schon, die Grundweisheiten des Lebens gehören allen.

Immer fallt ihr von einem Extrem ins andere. In der zweiten Hälfte des 20. Jahrhunderts wollten bei euch alle nur noch Flügel, ich sage bloß: 1968. Das lag natürlich auch daran, dass ihr vorher einen Wurzelmann hattet, der alle Anderswurzelnden mit einem Vernichtungskrieg überzog, wie ihr ihn sonst nur gegen uns geführt habt. Und so nannte er die Anderswurzelnden denn auch: Ratten. Noch übler schienen ihm nur die vermeintlich ganz Wurzellosen, die Juden. Seitdem waren Wurzeln tabu. Es klang euch immer wie Blut und Boden. Euch ist wirklich schwer zu helfen.

Aber nun wollen die Leute statt nur Flügel auch wieder Wurzeln, und weil ihr immer nur Entweder-oder und fast nie Sowohl-als-auch denken könnt, wollen manche ihre Flügel gleich ganz abgeben für Riesenwurzeln, was die noch tonangebenden Flügelmenschen missbilligen. Noch sagen sie nicht »Ratten« zu den Wurzel-Suchern, sie sagen »Faschisten« oder »Rechtsradikale«, denn sie sind gut erzogen. »Du blöde Kuh« oder »Du dumme Sau« gelten unter Flügelmenschen als vollkommen indiskutable Äußerungen: Diffamierung Andersdenkender, Rassismus gegen Tiere usw. Davon verstehe ich viel, es gibt weiß Gott viel zu kommentieren, aber an diesem Punkt wollen wir doch nicht vom Thema ablenken: nämlich vom Vorzug, eine Ratte zu sein.

Zum Menschsein qualifiziert, so viel scheint erwiesen, Versagen auf allen Ebenen. Der Mensch ist das unmögliche Tier. Aber man muss nicht als Tier ein Totalausfall sein, um Vorzüge zu besitzen, die die Arroganz eurer Gattung als »menschliche« bezeichnet. Wir sind Generalisten wie ihr, wir sind auf nichts wirklich spezialisiert, aber wir können fast alles ebenso gut wie die Spezialisten. Klettern, Laufen, Schwimmen. Wir sind die geborenen Zehnkämpfer. Nun gut, Fliegen können wir nicht, es hat keinen Sinn, das zu leugnen. Wenn Sie etwas von »Flugratten« hören, dann sind nicht wir gemeint, sondern die Tauben.

Oh, ihr Fall ist tief. Die Taube hatte es bis zum Symbol des

Heiligen Geistes gebracht, zum vollwertigen Mitglied der Heiligen Trinität, sie gurrte an der Seite des Sohnes und Gottvaters. In den unheiligen Zeiten der Säkularisation machtet ihr sie immerhin noch zur Friedenstaube, zum Wahrzeichen eurer verlorenen Eintracht, eurer Sehnsucht. Gibt es ein Schöneres? Und nun? Flugratte. Tiefer als sie ist kein Vogel je gefallen, gewissermaßen direkt vom Himmel in die Hölle. Wir waren nie Symbol des Heiligen Geistes, warum eigentlich nicht?

Natürlich, nur die weißen Tauben waren trinitäts-, waren friedenstauglich. Tauben mit Gendefekt also. Es gibt auch weiße Ratten. Wir haben auch Albinos. Warum zog man nicht uns in Erwägung zur Verkörperung des Heiligen Geistes? Weil wir keine Flügel haben. Das ist es wohl. Ja, dein Fall, Schwester Taube, ist tief. Was ist geschehen? Nahm man euch eure Zahl übel und dass ihr absolut nichts hervorbringt als noch mehr Tauben? Und für dumm halten sie euch außerdem. Ich aber sage euch: In jeder Taube steckt ein Sokrates! In jeder Ratte ohnehin.

Ich weiß, dass ich nichts weiß! Einsichten dieser Art hieltet ihr bis eben für ein rein menschliches Privileg. Mit diesem Bekenntnis nimmt die abendländische Philosophiegeschichte Fahrt auf. Sokrates? Ihr habt die Ratten und die Tauben vergessen! Selbstreflexion, Metakognition können wir auch.

Aufgrund meiner natürlichen Tugend der Bescheidenheit möchte ich an dieser Stelle vor allem für meine Schwester Taube sprechen. Ihr habt sie in eine Box gesperrt und ihr Bilder gezeigt. Sie sollte das Foto wählen, auf dem Menschen sind. Machte sie es richtig, bekam sie eine Extraportion Futter, machte sie es falsch, ging das Licht aus in der Box. Das ist ein unbedingt intelligenzförderliches Szenario. Also dachte sie nach und lag fast immer richtig. Tauben kennen auch den Unterschied von Kubismus und Impressionismus. Man zeigte ihnen einige Picassos und Monets, und bald darauf sortierten sie Bilder, als hätten sie zwölf Semester Kunstgeschichte studiert. Nie würde die ausgebildete Kunst-Taube einen Picasso mit einem Monet verwechseln. Vielleicht sollten eure Museen ein paar Tauben als Moderne-Sachverständige engagieren?

Wussten Sie, dass Tauben Englisch können? Sie sprechen es noch nicht, aber sie unterscheiden nach etwas Unterricht mit Scharfblick geschriebene englische Worte von nichtenglischen. Null Toleranz für Fremdvokabular! Bei Versagen Dunkelhaft, Sie wissen schon. Sie kennen doch gewiss Immanuel Kants Schematismus des Verstandes? Dieses Vermögen, mit dem er die beiden Stämme der Erkenntnis zusammenband, besitzt die gemeine europäische Stadttaube, bei der es sich wohl um eine verwilderte Form der Brieftaube handelt, in offenkundig verschwenderischem Maße. Was hat es Kant gekostet, um endlich den Schematismus des Verstandes zu finden! Und dieses Allerweltsgeflügel benutzt ihn einfach.

Meine Schwester, die Taube, ist, wie ihr wisst, der einzige Vogel, der in der Einleitung der *Kritik der reinen Vernunft* vorkommt, sie fliegt dort gewissermaßen in höchstem erkenntnistheoretischen Auftrag. Habt keine Angst, ich erkläre das bloß in der folgenden Fußnote, da ist sie: [5]. Ich fasse zusammen: Meine Schwester, die Taube, die Flugratte, war nicht nur Mitglied der Heiligen Trinität, Schirmherrin des Friedens auf Erden, sondern auch erkenntnistheoretischer Leitvogel. Aber befähigt sie das auch zur Metakognition? Und wir reden hier nicht von der Taube *a priori*, also der Taube vor aller Erfahrung, sondern von der Straßentaube an jeder Ecke.

Ihr wisst nicht, was Metakognition ist? Früher hat man Selbstreflexion gesagt, ist auch treffender. Metakognition ist, wenn ihr in einer Rateshow sitzt, nicht weiterwisst und die Publikumsfrage wählt. Also Hilfe von außen. Ich weiß, dass ich nichts weiß! Zumindest nicht genug. Sokrates.

Also: Taube vor Touchscreen. Sie hat die Wahl zwischen den beiden F, Futter oder Finsternis. Sie muss Symbole in einer bestimmten Reihenfolge anpicken. Aber da ist noch das magische Hilfe-Symbol auf dem Bildschirm, das gehört nicht zum Spiel, oder doch, insofern als es nicht dazugehört. Das muss der Vogel begreifen. Können Tauben Paradoxien denken? Das schaffen noch nicht einmal die meisten Menschen. Aber die Taube soll auch nicht über das Wesen der Paradoxie nachdenken, sondern über das Sokrates-Problem: über die Grenzen ihres Wissens. Futter oder Finsternis. Oder: Hilfe. Sobald die Taube nun eine gewisse, nicht von der Hand, nicht vom Schnabel zu weisende kognitive Unsicherheit spürte, pickte sie auf das Fragezeichen. Freunde, so denkt die Taube. Und seid gewiss, auch wir haben all diese Tests bestanden.

Nun habe ich noch eine Frage: Bringt es einen wirklich weiter im Leben, wenn man einen Picasso von einem Monet unterscheiden kann? Macht Metakognition glücklich, oder befördert sie nicht eher eure natürliche Anlage zur Depression? Der Mensch ist das riskierte Tier.

Also werde ich euch zunächst erklären, was man mit richtigen Instinkten, mit richtigen Sinnesorganen anfangen kann. Macht euch gefasst auf eine unerhörte Weitung der Welt!

Das Tier, das die Welt anhält!

Die Ratte, hatten wir festgestellt, ist die Supermaus. Falsch, sagen nun einige vorwitzige Zoologen unter euch, die berühmteste, furchterregendste Maus der Gegenwart sei ohne Zweifel die Fledermaus. Das Tier also, das euch im letzten Jahr das Coronavirus gebracht hat. Für Ebola & Co. ist es natürlich auch verantwortlich.

Ich gestehe, auch mich fasziniert die Vorstellung, dass eine einzige kleine Fledermaus in der Lage war, eure ganze moderne Welt stillzustellen, den unablässig verdauenden Riesenmagen eurer globalen Ökonomie auszuhungern. Das hätte wohl nicht das tapferste, unerschrockenste Milliardenheer der Unsrigen vermocht. Überhaupt hätte wohl niemand bis eben an die Existenz einer Instanz geglaubt, die das vermag. Das Tier, das die Welt anhält! Und wer genau ist es?

Eine Chinesische Hufeisennase, *Rhinolophus sinicus*, vermutlich. Ihr kennt die Hufeisennase, aber wohl mehr die Kleine Hufeisennase. Sie löste 2007 den Baustopp der Dresdner Waldschlößchenbrücke aus. Und heute dürft ihr auf der Dresdner Waldschlößchenbrücke nach Sonnenuntergang nur Tempo 30 fahren, weil es sein könnte, dass dort eine Hufeisennase jagt, und die mag keine Raser. Bisher hat aber noch kein Mensch an der Dresdner Waldschlößchenbrücke eine Kleine Hufeisennase gesehen. Und ihr fahrt trotzdem Tempo 30. Das ist enorm. Die Kleine Hufeisennase wird bis zu 40 Millimeter groß und wiegt wohl gar nichts, zumindest erscheint Wikipedia ihr Gewicht als nicht ins Gewicht fallend, weshalb sie es gar nicht erst angibt. Die Chinesische Hufeisennase dagegen gehört zu den Großen Hufeisennasen, die eine Kopf-Rumpf-Länge von bis zu 110 Millimetern erreichen und bis zu 30 Gramm schwer werden können. 30 Gramm.

30 Gramm, die die Welt veränderten! Vielleicht wog sie auch nur 20. Und die traf wohl auf das falsche Schuppentier. Das wäre die Fischmarkt-Theorie. Auf dem Wuhaner Fischmarkt werden auch Wildtier-Delikatessen verkauft, bestimmt auch tote Ratte. In China gelten wir als Delikatesse. Während der Tang-Dynastie (618–907 n. Chr.) hat man uns als »Hauswild« bezeichnet. Schon gut, es geht hier nicht um mich, kulinarisch Interessierte lesen einfach im Kapitel »Der sechste Sinn oder Schmecken lernen« weiter. Gegen die Wuhaner Fisch-Wildtiermarkt-Hypothese spricht allerdings, dass die ersten nachweislich Infizierten gar keinen Kontakt zu dem Markt hatten.

Ich könnte Ihnen jetzt etwas über die Wuhaner Virologie-Professorin Zhengli Shi erzählen, die noch Anfang Februar des letzten Jahres einen Fachartikel in *Nature* veröffentlicht hatte: über die Übertragung von Fledermaus-Coronaviren auf

Schweine! Faustregel: Was Schweine bekommen können, könnt auch ihr bekommen.

2011 hatte sie gemeinsam mit ausländischen Kollegen in südchinesischen Karsthöhlen Exkremente der Großen Hufeisennase gesammelt und in 117 Speichel- und Kotproben 27 bisher völlig unbekannte Viren entdeckt, die dem bereits bekannten SARS-Virus nicht unähnlich waren. Zhengli Shi weiß auch, wie SARS-ähnliche Viren an menschliche ACE2-Rezeptoren andocken, denn sie haben Protein-»Zacken« auf ihrer Corona-»Krone«. Aber mehr werde ich an dieser Stelle nicht sagen, ich kann das auch begründen: Die Fledermaus ist leider keine Maus.

Sie ist ein Urviech, ein Stück Urzeit. Sie flog schon den Dinosauriern um die Nase. Ich muss an dieser Stelle sagen, dass auch wir auf eine Vorfahrin zurückblicken, die ihnen vor die Füße lief. Das ist die Spitzmaus, ihr werdet sie bald kennenlernen. Die Fledermaus ist das Krankheitsgedächtnis der Erde. Aber leider keine Maus. Darum hatte die Deutsche Gesellschaft für Säugetierkunde bereits 1942 beschlossen, die Fledermaus in »Fleder« umzubenennen.

Das erfuhr jedoch der Mann, der wie kein anderer für den größten Unterschied von Mensch und Tier steht. Denn kein Tier kann seine Art so sehr unterbieten wie der Mensch. Ihr nennt solche Exemplare dann »vertiert« oder »bestialisch«, was ein schwerer kategorialer Irrtum ist. Es ist hier nicht der Ort, ihn angemessen zu korrigieren; was ich sagen wollte, ist: Adolf Hitler erfuhr von dem wackeren Beschluss der Deutschen Gesellschaft für Säugetierkunde, geriet in schweren Zorn und ließ den Professoren mitteilen, wenn sie das wahr machten, stecke er sie allesamt in ein Baubataillon. Und zwar an der Ostfront.

Darum heißt die Fledermaus noch immer Fledermaus. Man sagt ihren Gesichtern eine gewisse Ähnlichkeit mit den unsrigen nach, aber schaut sie doch einmal genau an: Sie besitzen keineswegs unsere Anmut. Wer hat schon eine hufeisenförmige Nase?

Sie sind sehr hässlich. Trotzdem werden wir in jeder Zoologie der Hölle im gleichen Atemzug genannt. Vielleicht sollten wir ihr eine Ehrenmitgliedschaft in unserer Familie, also in der Familie der Langschwanzmäuse, anbieten? Natürlich haben auch Fledermäuse einen Schwanz, nur ist er völlig mit Flughaut überzogen.

»Wir müssen sie finden, bevor sie uns finden«, sagte die Fledermaus-Professorin Zhengli Shi. Sie sprach von den vielen noch unentdeckten Viren der Hufeisennase und ihrer Schwestern. Nehmt euch in Acht!

Kehren wir nun zurück zu den Vorteilen, eine Super-Maus, also eine Ratte zu sein.

0,000 000 000 000 01 Gramm oder Riechen lernen

Ihr hört nichts, ihr schmeckt nichts, ihr riecht nichts. Die meisten Nuancen dieser Welt entgehen euch. Und was hätte mehr Nuancen als der Geruch? Könntet ihr doch nur ein Mal das riechen, was wir riechen! Ich höre euch schon rufen: Um Himmels willen, bloß das nicht! Ihr wisst nicht, was ihr verschmäht.

Nur eure Sprache weiß noch etwas vom Primat der Gerüche. Wenn ihr sagt: Ich kann dich nicht riechen!, so ist das eine ultimative Auskunft. Sie ist unhintergehbar. Als mein Nächster kommst du nicht infrage, heißt das. In der Nase liegt der soziale Sinn, wer – von euch – hätte das gedacht? Wir unterscheiden am Geruch, wer zu uns gehört und wer nicht. Andersriechende bleiben draußen, zumindest ist ihnen das sehr zu empfehlen. Bei euch mag sexuelle Täuschung möglich sein. Ihr seid ungemein interessiert, gebt euch aber äußerlich teilnahmslos. Ihr nennt dieserart Verstellung »Kultur«. Solche Heuchelei ist nur unter fast abgestorbenen Tieren möglich, bei uns riecht ein Mann unfehlbar, welches weibliche Wesen seinen Standpunkt teilt. Er braucht ihr keine Höflichkeiten zu sagen, er muss ihr keine Lieder singen, er riecht das. Und handelt. Ich weiß, ihr seid durch solche Direktheiten nur schwer zu beeindrucken. Ihr haltet all das, womit ihr eure letzten Endes noch immer skandalös naturhafte Geschlechtlichkeit umgeben habt, fast für die Hauptsache, als könnte sie so verschwinden. Was ich dabei verstehe, ist das Prinzip der Verlängerung der Lust. Das ist fürwahr nicht übel. Aber wir wollten übers Riechen sprechen.

Wir riechen, wenn unsere Nächsten Hunger haben. Und dann teilen wir mit ihnen, das machen wir. Die Nase ist ein sehr solidarisches Organ, natürlich nicht bei euch. Wenn ihr riechen könnt, dass es anderen schlecht geht, wendet ihr euch erst recht ab. Ein Obdachloser, sagt ihr, sollte wenigstens gut riechen.

Wir leben in einer Welt aus Gerüchen. Wir sind Nasentiere. In der kleinen Rattennase, die gemessen an unserer Größe ein wahrhaft riesiger Körperteil ist, sitzen über 1000 feinste Rezeptoren. Und das zugehörige Areal in unserem Hirn, da, wo ihr nur ein Rückbildungsaggregat habt, ist aufs Vorteilhafteste entwickelt. Und an dem Jacob'schen Organ, unverzichtbar für die höhere olfaktorische Wahrnehmung, hat die Evolution bei euch auch gespart. Als Föten bekommt ihr es noch, aber schon vor der Geburt ist es wieder weg. Wenn wir aufrecht stehen und unsere Nase in den Wind halten, riechen wir eine Welt. Wir wittern. In eurem Fall hat es die Natur beim Aufrechtstehen belassen.

Wir können spiegelverkehrte Moleküle am Geruch unterscheiden. Zum Beispiel das Molekül Carvon. Einmal riecht es nach Pfefferminze, in spiegelverkehrter Anordnung nach Kümmel. Mag sein, das würden die Begabteren unter euch noch merken. Danach hört aber alles auf, bloß nicht bei uns. Wir riechen jedes Molekül und sein Spiegelbild, und ich kann euch versichern: Da steigen einem vollkommen verschiedene Aromen in die Nase.

Nun werdet ihr sagen, es sei euch schnurzpiepegal, wie die Spiegelbilder irgendwelcher Moleküle riechen, ihr habt über anderes nachzudenken, anderes zu tun. Ich möchte jetzt nicht tendenziös klingen, aber ich weiß schon, was das ist. Es ist nicht so, dass wir keine Bürgerkriege kennen, aber gegen die eigene Art Landminen auszulegen, also gegen Brüder und Schwestern, nur weil ihr sie nicht riechen könnt, das ist schon, sagen wir, ungemein destruktiv. Allein in Mosambik lagen 500 000 davon im Boden. Und was macht ihr damit, wenn der Bürgerkrieg vorbei ist? Ihr habt keine Ahnung. Sie werden eure Kinder noch im Frieden zerreißen, aber das ist euch egal, ihr habt sie trotzdem ausgelegt. Ihr, das einzige Tier, das in die Zukunft schauen kann. Was für eine Gabe! Also, was macht ihr mit euren Minen?

Die Klügsten unter euch engagieren uns, näherhin die Gambia Riesenhamsterratte. Eine Gambia Riesenhamsterratte im Arm zu halten ist ungefähr, als trüge man eine Katze. Mit Schwanz misst sie fast einen Meter. Meine afrikanischen Schwestern werden bis zu 1,5 Kilogramm schwer, die Brüder sogar 2,5 Kilo, aber die sind zu nichts zu gebrauchen. Die suchen keine Minen und kümmern sich nicht um ihren Nachwuchs, beißen die Kleinen manchmal sogar tot und fressen sie dann auf. Antirättische Propaganda sei mir fern, bloß liegt der Feminismus bei uns vielleicht noch näher als bei euch. Ich sage nur: Die Zukunft Afrikas liegt in den Händen der Frau, das gilt für Menschen wie für Ratten!

Natürlich hat man den großen Sympathisanten unseres Volkes, den Niederländer Bart Weetjens, anfangs sehr ausgelacht. Minen suchen mit Ratten? Es gibt Spürhunde, aber doch keine Spürratten. Bart hatte mit neun Jahren einen Goldhamster geschenkt bekommen und in der Folgezeit seinen Ehrgeiz dareingesetzt, den gesamten Nagetierkosmos in seinem Kinderzimmer zu beheimaten. Also auch uns. Vielleicht wollte er wiedergutmachen, dass Noah uns nicht mit auf die Arche genommen hatte. Der Autor Günter Grass hat das einmal recherchiert. Alle durften auf die Arche, vielleicht sogar Kreuzspinnen und Würmer, nur die Ratten nicht. Noah ekelte sich vor uns, sagt Grass.

Natürlich förderte die Bevölkerungsexplosion in Bart Weetjens Kinderzimmer nicht die diplomatischen Beziehungen zu seinen Eltern, aber der Junge hielt stand. Manchmal trug er unsere Kinder in die nächste Zoohandlung, um viele weitere Kinderzimmer-Archen zu füllen. Ich empfehle das Beispiel des Bart Weetjens unbedingt zur Nachahmung!

Wahrscheinlich war selbst für Barts Eltern bei der Gambia Riesenhamsterratte Schluss, doch was zählte, war: Er vertraute uns. Er wusste, was wir können. Im September 2020 ist die erste Ratte der Welt mit dem britischen Tapferkeitsorden ausgezeichnet worden. Sie heißt Magawa und trägt nun diese Medaille ganz aus Gold am blauen Band um ihren Hals, manchmal. Der Orden ist das Äquivalent zum Victoria-Kreuz für britische Soldaten. Bisher haben meist Hunde und Polizeipferde diese höchste Auszeichnung bekommen, auch rasende Brieftauben, diese fliegenden Nachrichtendienste. Und nun Magawa.

Das ist die Vorgeschichte: Wir riechen zehn Billiardstel Gramm TNT, also 0,000 000 000 000 01 Gramm pro Liter Luft! So arbeitet ein Sinnesorgan, das seinen Namen verdient. Für 100 Quadratmeter Land brauchen wir eine halbe Stunde, ihr wärt zwei Tage lang beschäftigt, und was die Entlohnung angeht: Wir machen das für einen Apfel und ein Ei, aber lieber noch für ein Stück Avocado. Banane geht auch. Weetjens gab seinem Projekt den respektvollen, zärtlichen Namen: *HeroRATS*. Er weiß wirklich viel von uns. Auch, dass wir Routineaufgaben sehr mögen.

Ausgebildet wurden meine größeren Schwestern auf der *Sokoine-Universität* in Tansania. Das Studium samt Praktika dauert sechs bis acht Monate. Die ersten elf Ratten erhielten 2004 ihre Akkreditierung als offizielle Minensucher nach den *International Mine Action Standards*. Nur wer nie einen Fehler machte, wurde zugelassen. Solche Maßstäbe sollte man mal an euch anlegen! Aber hier kommt es auf Präzision an.

Riesenhamsterratten haben unglaublich große Backentaschen, die zudem um ein Vielfaches dehnbar sind, sodass sie ganze Einkäufe darin forttragen könnten. Aber der Sprengstoff kommt da nicht rein. Für Kamikaze-Einsätze sind sie zu gut ausgebildet. Wenn meine Schwestern eine Mine finden, beginnen sie laut zu scharren, und die Mine wird dann von ihren hominiden Assistenten entschärft. Heute gilt Mosambik als landminenfrei. Inzwischen sind wir nicht nur in anderen afrikanischen Ländern, sondern auch in Asien im Einsatz. Magawa mit dem Tapferkeitsorden in Gold kommt aus Tansania, sie hat in Kambodscha 39 Landminen aufgespürt und 28 nicht explodierte Sprengkörper.

Und das ist erst der Anfang. Wir ersetzen euch. Wisst ihr, wie lange ein herkömmlicher Laborant für die Untersuchung von Tbc-Speichelproben braucht? Er schafft 20 am Tag. So bekommt ihr die Tuberkulose nie in den Griff. Wir beschnüffeln in einer halben Stunde etwa 120 bis 130 Proben. Und riechen den Tbc-Erreger immer. Wir sind die medizinisch-technischen Assistenten der Zukunft.

Natürlich konntet auch ihr einmal besser riechen. Aber die Evolution hat 40 Prozent eurer Riech-Gene im Lauf der Evolution wieder eliminiert. Die arbeiten, die denken, die müssen nichts riechen. Die Evolution war schon ziemlich gemein zu euch.

Eure Gehirne schrumpfen auch, habt ihr das gewusst? Ihr glaubt mir nicht? Ich zitiere eure Experten: »Überraschenderweise ergab eine Analyse von Schädeln unserer Vorfahren, die vor fünftausend Jahren lebten, dass das menschliche Gehirn seither um etwa 10 Prozent geschrumpft ist.«[6] Natürlich stellten eure Sachverständigen mit notdürftig unterdrückter Panik auch die nächstliegende Frage: Warum? Und antworteten: »Vielleicht können wir uns in großen Gesellschaften, anders als unter Jägern und Sammlern, in mehr Dingen auf andere verlassen und unser Verhalten stärker spezialisieren, sodass wir unsere Gehirne nicht mehr so sehr brauchen«, erklärte der Anthropologe John Hawks.[7] Ich darf den Anthropologen korrigieren: Eure Hirne schrumpfen schon viel länger!

Das hättet ihr nicht vermutet, dass die Steinzeitmenschen klüger waren als ihr? Ihr Haustiere! Ihr ruht in der Hängematte eurer Gattungsintelligenz und haltet euch für den Sinn der Erde. Haustiere haben immer kleinere Gehirne als ihre wilden Verwandten, weshalb Laborratten auch dümmer sind als Kanalratten.

Eigentlich warte ich schon lange auf die Frage, wie wir es bei solch empfindlichem, leicht zu beleidigendem Geruchssinn denn wohl in eurer Kanalisation aushalten. Das ist so: Wo ihr in eurer nasalen Einfalt nur Stoffwechsel-Endprodukte riecht, nehmen wir ein ganzes Universum von Ingredienzien wahr, die diesen Prozess noch lange nicht durchlaufen haben. Jedenfalls nicht ganz. Zumindest noch nicht bis zum Schluss.

Was ihr alles in der Toilette entsorgt! Ein Blick auf das Haltbarkeitsdatum, und ihr dreht durch. Die Fäkalverpackung ist in der Tat indiskutabel, aber was für Funde sind darin zu machen! Ihr wisst: Kein süßer Kern ohne bittere Schale.

Die Ost-West-Teilung ist übrigens auch nichts, was ihr exklusiv habt. Nicht die Ost-West-Teilung und nicht die Wiedervereinigung. Und zwar genau dort, wo auch die eure stattfand. Ich überlasse an dieser Stelle die Bühne den Mäusen. Wir sind näher mit den Hausmäusen verwandt als eine Hausmaus mit der Feldmaus. Die Mäuse gehören zu uns. Und manchmal haben sogar die Kleinsten eine Geschichte zu erzählen.

Die Wiedervereinigung der Ostmäuse und der Westmäuse

Sie waren ein Volk, sie waren Brüder und Schwestern. Sie schliefen zusammen, sie fraßen zusammen. Bis zur großen Teilung. Die einen schauten fortan nach Westen, die anderen nach Osten. So wie die deutsche Nation zerfiel einst auch das große alte Kulturvolk der Hausmäuse, *Mus musculus,* in die Westmäuse und die Ostmäuse, die *Mus musculus musculus* und die *Mus musculus domesticus*.

»Migration gibt es nicht nur beim Menschen«, erläutert Juniorprofessor Emanuel Heitlinger. Mitsamt den daraus erwachsenden kulturellen Unterschieden, könnte er hinzufügen, vor allem den Ost-West-Differenzen.

Emanuel Heitlinger widmet sein noch junges Forscherleben der Frage, wie wieder zusammenwächst, was schon längst nicht mehr zusammengehört, Ostmäuse und Westmäuse. In quer gestreiftem Pullover, einem textilen Verzicht auf professorale Würde, sitzt der Grundlagenforscher zwischen den Bänken im großen leeren Hörsaal des Instituts für Molekulare Parasitologie der Humboldt-Universität zu Berlin, leicht zurückgelehnt wie jemand, der sich auf eine große Tradition verlassen darf. Rudolf Virchow hat das frühere Pathologische Institut der Tiermedizin auf dem Gelände der Charité errichten lassen. Mag sein, schon dieser Begründer der modernen Medizin hat in diesem Raum vorgetragen, aber mit dem großen Ost-West-Schisma der Hausmäuse hat der Entdecker der Trichinen-Infektion sich wohl nie befasst. Und mit der Mäusemauer auch nicht.

Die Mäusemauer verläuft mitten durch Brandenburg. Sie trennt die Ostmäuse von den Westmäusen. Aber Heitlinger würde nie »Mäusemauer« sagen, und nein, es ist mehr ein Streifen, ein Mauerstreifen eben. Aber dessen Breite übertrifft die kühnsten Planungen der DDR-Grenzsicherung. Er ist 20 Kilometer tief. Jenseits davon gibt es im Osten nur noch die *Mus musculus musculus* und im Westen die *Mus musculus domesticus.*

Heitlinger nennt diese innerdeutsche Grenze vorzugsweise die »Hausmaus-Hybridzone«. Und statt Maus sagt er auch »Schadnager«. Seine ganze Teilnahme gilt dem einzigartigen Raum, in dem die Schadnager West den Schadnagern Ost begegnen. Vielleicht versteht man die Einzigartigkeit dieses von der Natur selbst veranstalteten Versuchs nur, wenn man weiß, dass es weltweit bloß diese beiden Gattungen gibt, *Mus musculus musculus* und *Mus musculus domesticus.* Und die *Mus musculus castaneus* natürlich, die asiatische Hausmaus, unterbricht der Professor, wobei sein mit leiser Geringschätzung kontaminierter Tonfall verrät, dass er *Mus musculus castaneus* nur der Vollständigkeit halber erwähnt und dass sie nicht weiter in Betracht kommt, schon gar nicht global.

Eine Nicht-Migrantin, eine vormoderne stationäre Lebensform. Alle Hausmäuse kommen ursprünglich aus Asien, wahrscheinlich aus Indien, aber sie ist die Einzige, die zu Hause geblieben ist. So weit kann mangelnder Ehrgeiz führen. Andererseits konnte sie die Grundentscheidung ihres Lebens gut begründen: Sie ist eine Hausmaus und keine Wanderratte, ein Haus aber vagabundiert nicht umher, es ist eine i-mobilie, dadurch wird es definiert, genauso wie die zugehörige Maus.

Ihre Brüder und Schwestern aber haben es inzwischen um die ganze Welt geschafft. Ohne die Stimme zu heben oder in die Tiefen des Bedeutsamen abzusenken, beantwortet Heitlinger auch die Frage nach dem Zeitpunkt, zu dem die künftigen Westmäuse den werdenden Ostmäusen wohl zum letzten Mal ins Auge sahen und von der indischen Stationär-Maus Abschied nahmen. »Das dürfte so vor 500 000 Jahren gewesen sein«, sagt Heitlinger kühl. Er ist Evolutionsbiologe, Grundlagenforscher, für ihn zählt eine halbe Million Jahre zu den eher überschaubaren Zeiträumen.

Und nun, nach 500 000 Jahren, begegnen sich die getrennten Brüder und Schwestern wieder, und wir dürfen dabei sein! Wie die meisten Begegnungen bei Mann und Maus bleibt auch diese nicht folgenlos: Ostmäuse und Westmäuse bekommen Kinder, die Hausmaus-Hybriden, die legitime Bevölkerung der Hausmaus-Hybridzone also. Für mehr biologische Diversität! Vermischt euch! Alle Mäuse werden Brüder*innen!

Aber schon vor der ersten Frage ist an Heitlingers Gesichtsausdruck ablesbar, dass etwas nicht stimmt mit dieser dritten Art, die eigentlich Anlass geben sollte zum Optimismus.

Wenn Evolutionstheoretiker reden, geht es fast immer um Sex, und sie beginnen fast nie mit dem Geschlechtsleben der Blumen, aber Heitlinger macht es. »Nehmen Sie die Primel«, beginnt er, »in Schottland gibt es Wiesen mit einer wilden Hybridprimel«, die stammt aus der Begegnung zweier Primeln, die noch nie zuvor zusammentrafen. »Ich glaube, die blühen zwar noch ...«, sagt Heitlinger, um den Satz dann so abrupt zu beenden wie die Hybridprimel ihre Fruchtbarkeit. Oder nehmen wir die *Drosophila melanogaster* aus der Ordnung der Zweiflügler, besser bekannt als gemeine Fruchtfliege.

Neben der schottischen Primelhybridzone gibt es auch eine Fruchtfliegenhybridzone. Auch die Fruchtfliegenhybriden bilden tendenziell eine Sackgasse der Evolution. Heitlingers ernster Forscherblick geht in die kahlen Äste vor den hohen Hörsaalfenstern. »Was die totale Fitness angeht, sind die Hausmaus-Hybriden der Ostmaus und der Westmaus klar unterlegen.« Hauptfaktor der Darwin'schen Fitness ist die Fähigkeit, Nachkommen zu zeugen. Und eben das ist nicht die Stärke der Hausmaus-Hybriden.

Auch im Fall der Gattung *Homo sapiens sapiens* haben sich nach der langen, vierzigjährigen Trennung die Subspecies nur sehr zurückhaltend vermischt, wobei die Männer Ost fast chancenlos waren. Altbundesdeutsche Frauen zogen wohl eher unbewusst Parallelen zur östlichen Hausmaus, von der die Plattform »Planet Wissen« behauptet: »Je weiter östlich die Tiere leben, desto eher haben sie sich ihre wilde, steppennahe Lebensweise bewahrt.« Solche Leute will niemand im eigenen Haus haben. Außerdem tendierten Ostmänner zu einer mehr stationären Lebensform, während die jungen Ostfrauen offen zur Migration neigten und gen Westen zogen. Ostfrauen hatten in der Regel keine Probleme, einen Partner zu finden. Was bei den Männern Skepsis erregte, galt bei ihnen tendenziell als Vorteil. Statt »steppennah« hieß es jetzt »natürlich«.

Andererseits scheinen vielen die kulturellen Unterschiede zwischen Ost und West bis heute zu groß für einen dauerhaft gemeinsamen Lebensraum, gar unter demselben Dach. Wenn Ostler Latte macchiato trinken, kann es vorkommen, dass sie den Löffel ablecken. Nicht wenn keiner guckt, sondern in aller Öffentlichkeit. »Steppennahe Lebensweise« der verstörendsten Art. Und dazu die Sprache.

Emanuel Heitlinger will sich zu den kulturellen Unterschieden zwischen *Mus musculus musculus* und *Mus musculus domesticus* nicht äußern. Es ist nicht sein Forschungsgebiet. Ohnehin sagt er nach jedem dritten Satz: »Das muss ich erst noch verifizieren.« Es klingt so wunderbar gewissenhaft und keinesfalls so steppennah wie: »Das muss ich erst noch googeln!«

Aber zum Äußeren kann der Professor einiges sagen. Ostmäuse sind natürlich viel schöner als Westmäuse, aber nein, so würde er das niemals formulieren. Ein wissenschaftliches Urteil ist kein ästhetisches Urteil. Westmäuse neigen zum Monochromatischen. Sie sind grau, näherhin mausgrau. Sie sind von vorn mausgrau, von hinten mausgrau und von oben und unten auch. Ganz anders die östliche Hausmaus: »Ihre Rücken sind öfter braun, ihre Bäuche deutlich heller, manchmal fast weiß.« Mausgrau kommt natürlich auch vor. Die westliche Hausmaus ist etwas größer als die östliche Hausmaus.

Und der Laie weiß auch, warum: Westmäuse bevorzugten schon immer das Leben in der Vollkomfortzone, sie mussten sich nie durchbeißen wie ihre Brüder und Schwestern im Osten.

Von wegen »Migration«. Wer nicht zu Fuß geht, sondern auf Kreuzfahrt mit Vollpension, ist der noch ein Migrant? Aber genau so ließen sich die Westmäuse in den Bäuchen der Schiffe der Römer einst einfach übers Meer tragen, nachdem sie ungefähr 10 000 Jahre vor Beginn unserer Zeitrechnung Palästina erreicht hatten, 6000 Jahre später Griechenland und noch einmal 5000 Jahre später Spanien. Zumindest sind das die Daten ihrer Erstnachweise.

Mit römischen Schiffen erreichten sie schließlich auch Britannien; sie müssten also richtiger »Von-Bord-Gehende« heißen statt Migranten, aber vielleicht haben sie das gar nicht getan, sondern wurden einfach in Getreidesäcken in dem kleinen Hafen Londinium ausgeschüttet, den man später London nannte. Was aber machten zur gleichen Zeit ihre Brüder und Schwestern im Osten? Sie wanderten durch die Steppen, wahrscheinlich bereuten sie den Leichtsinn, der sie aus ihrer Heimat weggeführt hatte. Sie waren Hausmäuse, keine Zeltmäuse, keine Steppenmäuse. Sie waren an die Minimalstandards eines zivilisierten Lebens gewöhnt. Umso beachtlicher ist, dass die östliche Hausmaus, quer durch die zentralasiatische Steppe wandernd, Belgien bereits um 4000 v. Chr. erreichte. Seitdem gehen sich beide Hausmäuse sorgfältig aus dem Weg. Sie trinken auf zu unterschiedliche Weise Latte macchiato.

Maurice Maeterlinck hatte einst über die Stellung des Menschen im Kosmos geschrieben: »Wir sind allein, völlig allein auf diesem Planeten. Von all den Lebensformen um uns herum hat sich außer dem Hund keine auf ein Bündnis mit uns eingelassen.« Das ist falsch, weiß Emanuel Heitlinger: »Mäuse haben sich wahrscheinlich selbst domestiziert.« Denn sie teilen mit uns die gleichen Grundbedürfnisse: Sie mögen es warm und trocken und setzen sich gern an den gedeckten Tisch. Wahrscheinlich steht der Mensch unter Hausmäusen im Gegensatz zur Katze nicht im Ruf überragender Intelligenz. Wobei die Maus dem Menschen viel näher ist als etwa die Katze, wäre unsere Sprache sonst auf Wendungen verfallen wie »Das Schiff ging unter mit Mann und Maus«? Auffällig ist, dass es sich nie um wirklich freudvolle Anlässe handelt, wenn diese Schicksalsgemeinschaft betont wird.

Es wäre unredlich, an dieser Stelle zu verschweigen, dass es in Deutschland noch eine dritte Hausmausart gibt, die Kassandra unter den Hausmäusen, das ist die *Mus musculus helgolandicus*.

Die Helgoländer Hausmaus hält den Menschen, kurz gesagt, für einen Irrtum. Latte-macchiato-Löffel sind ihr egal. Kehret um!, ruft sie von ihrem Felsen in der Nordsee. Ihr Verbreitungsgebiet zählt, wie ihr Name andeutet, nicht zu den größten. Ein Quadratkilometer. Ursprünglich lebte auch sie ein ganz normales Hausmausleben, und man mag sich den Tag vor ungefähr 9000 Jahren nicht vorstellen, an dem sie von ihrem Felsen herunterspähte, und ringsum war nichts mehr als Wasser. Die letzten Menschen verließen den Stein im Meer mit Booten, die Mäuse aber blieben zurück. Niemand heizte, niemand säte, niemand erntete, niemand deckte den Tisch. Und die kleine Hausmaus beschloss, den Evolutionsbiologen auf ihre Weise zu zeigen, was das ist, *the survival of the fittest*. So wurde die Indoor-Maus zur Outdoor-Maus. Statt wie die beiden anderen um die ganze Welt zu wandern – *Mus musculus musculus* – oder zu fahren – *Mus musculus domesticus* –, migrierte sie von Küste zu Küste, ein paar Hundert Meter in jede Richtung. Mit Interesse betrachtete sie irgendwann die zurückkehrenden Menschen, aber nie wieder zog sie bei ihnen ein. Und wenn heute ihre weltläufigen Brüder und Schwestern aus dem Westen und Osten auf der Insel ankommen, verweigert sie gewöhnlich jede intimere Bekanntschaft. Was hat sie noch mit diesen Latte-macchiato-Trinkern zu schaffen? Man sieht ja, was aus ihnen geworden ist: Labormäuse. Knock-out-Mäuse.

Obwohl das nicht ganz korrekt ist. Nur aus der Westmaus, die den Löffel niemals ableckt, wurden Labormäuse und Knockout-Mäuse. Emanuel Heitlinger fasst diese zwiespältige Karriere in den bündigen Satz: »Alles wird an der Maus erforscht.« 2002 sequenzierten Forscher zum ersten Mal das vollständige Genom einer Labormaus. Wie das menschliche enthält es etwa drei Milliarden Basenpaare. Mann und Maus. So groß sind die Unterschiede nicht. Wenn man ein Gen entfernt, sieht man am besten, wofür es verantwortlich ist.

Emanuel Heitlinger und seine Kollegen aber erforschen die große Wiedervereinigung der Mäuse. Natürlich ist auch das nicht einfach. Wenn Heitlinger mit seinen Kollegen bei brandenburgischen Mitbürgern vor der Tür steht, sich als Grundlagenforscher vorstellt und sagt, dass er gern reinkommen möchte, um bei ihnen Mäuse zu fangen, Hybridmäuse, Ost-West-Vereinigungsmäuse gewissermaßen, steht er manchmal ganz schnell wieder auf der Straße: »Ihr Strolche! Wir haben keine Mäuse, und Hybridmäuse schon gar nicht.« Noch schwerer als in Brandenburg ist das Mäusefangen nur in Franken. Die Hausmaus-Hybridzone reicht von der Ostsee bis nach Ostbayern.

In Berlin wäre das alles gewiss leichter. Aber in Berlin gibt es keine Hybridmäuse, hier gibt es nur Westmäuse. Die Hausmaus-Hybridzone macht irgendwann einen Bogen, und diese Delle ist Berlin. Auch in Ostberlin gab es schon zu Ostzeiten nur Westmäuse.

Wir Migranten!

Ihr seht, was für eine wackere Migrantin die kleine Hausmaus ist. Dabei deutet »Haus-« durchaus auf die Vorliebe für ein eher stationäres Dasein. Aber nie käme es ihr in den Sinn, ihren

Migrationshintergrund zu leugnen. Auch uns, euren treuesten Begleitern, fiele das nicht ein.

Migrant. Ihr gebraucht das Wort noch nicht lange, nicht wahr? Zumindest in eurer Alltagssprache ist es neu. Wie kann eine solch neue Lebensform wie der Migrant völlig aus dem Nichts auftauchen?, fragt ihr. Ich will mich nicht in eure inneren Angelegenheiten mischen, aber ich glaube, wir müssen an dieser Stelle ein paar Dinge klären.

Wenn man euch in einem Wort definieren sollte, welches fiele euch ein? Vergesst den aufrechten Gang, das sind schon zwei Worte. Die Sapientia also? Vergesst auch die Weisheit! – Ihr seid Migranten! Ihr seid geradezu das Paradebeispiel einer Lebensform mit Migrationshintergrund.

Und Afrikaner seid ihr auch, alle, ausnahmslos, Afrikaner also mit Migrationshintergrund. Sonst wären die übrigen Erdteile menschenleer. Woraus, nochmals genauer, folgt: Der Afrikaner ist der Primärmensch. Alle anderen sind Migranten. Habe ich etwas vergessen? Vielleicht noch dies: Alle höhere Kultur kommt aus Anatolien. Ich bin eine Ratte, ich kann das beweisen.

Wisst ihr, worin der Unterschied zwischen einem heutigen Afrikaner und einem heutigen Europäer besteht? Ihr Europäer habt noch recht viel vom Neandertaler in euch. Die Afrikaner sind im Vergleich zu euch absolute *Homo sapiens sapiens*, und zwar die einzigen. Dachte man bis eben, jetzt muss man das vielleicht etwas relativieren – ich komme gleich darauf –, aber es bleibt dabei: Im Gegensatz zu euch Europäern haben Afrikaner nahezu reines Blut, um in einer Diktion etwas älteren Typs zu reden. Afrikaner tragen fast nichts in sich von diesem augenwulstigen urtümlichen Berserker mit der fliehenden Stirn, der großen Kinnlade und dem viel zu hohen Kalorienverbrauch. Ich wiederhole: Afrikaner sind *Homo sapiens sapiens* und sonst (fast) gar nichts.

Liebe Neandertaler, ich weiß, ich habe eure Vorzüge eben nicht sehr gut beschrieben. Sollten wir Geschmähten nicht zusammenhalten? Wir haben beide viel zu leiden unter dem Hochmut des *Homo sapiens*. Ihr seid viel zu ausgestorben, um eure Verteidigung noch selbst übernehmen zu können.

»Affenmenschen« haben die Europäer euch genannt und bei dieser Gelegenheit gleich an wen gedacht? An die Afrikaner natürlich. Ich wiederhole es ungern: Dieser vorstehende Kiefer, der Wulst über den Augen, die fliehende Stirn, diese unmögliche Schädelform: Ei auf Stiernacken. Bitte entschuldigt! Vom Körperbau ganz zu schweigen. Nun gut, bis auf die oft stärkere Kieferpartie zeigen Afrikaner diese Merkmale eher nicht, aber das war den Europäern völlig egal, die wenigsten hatten im 19. Jahrhundert schon mit eigenen Augen einen Schwarzen gesehen, und was man weiß, weiß man. Das gilt sogar für Friedrich Schiller. Erinnert ihr euch an die Klage des Franz Moor über seine Hässlichkeit? Oder wollt ihr mir jetzt wirklich sagen, dass ihr *Die Räuber* nicht gelesen habt, dass ihr seine Beschwerden über »Mohrenmaul« und »Hottentotten-Augen« nicht kennt?

Der Fundort des Neandertaler-Skeletts hätte die Europäer gleich nachdenklich stimmen können: Er lag eben nicht in Afrika, es war das Neandertal bei Düsseldorf. Am besten, ich erzähle das der Reihe nach. Natürlich habe ich noch eine Absicht dabei. Lieber Neandertaler, ich weiß sehr wohl, dass dir Europa einst gehörte, mehr als 200 000 Jahre lang. Du hast fünfmal länger dort gelebt habt als der Spätling, dem du schließlich weichen musstet und der immer »der Mensch« sagt, als wäre er nicht eine Hominiden-Art von vielen gewesen. Immer dieser naive Singular und der unmögliche Unterton von Rührung über die eigene Größe. Ich weiß auch, dass ihr größere Hirne hattet als der *homo*, der sich die Weisheit gleich doppelt in den Namen geschrieben hat, als könnte er sie sonst verlieren. Nun ist die Hirngröße weiß Gott nicht alles im Leben, glaubt einem Nagetier, aber wahrscheinlich habt auch ihr viel Wert gelegt auf eure viel zu großen Köpfe. Liebe Neandertaler, verzeiht, wenn ich mich nun wieder an die Lebenden wende, aber die haben mehr Einfluss.

Ich also sage euch: Ihr wart eine Art unter vielen. Ihr seid bloß die einzige, die überlebt hat. Habt ihr die anderen alle ausgerottet? Aber denkt nur nicht, dass immer die Besten überleben. Ich bin das Beispiel schlechthin, die europäische Hausratte, schön und klug und doch dem Untergang geweiht wie einst der Neandertaler.

In der Kleinen Feldhofer Grotte im Neandertal bei Düsseldorf, in einem Kalksteinbruch, stießen Bergleute 1856 ziemlich weit unten auf einen Haufen Knochen plus Schädel. Höhlenbär, was sonst?, lautete der Erstbefund der Arbeiter. Der Besitzer des Steinbruchs zeigte die Knochen dem Gastwirtssohn, Lehrer und Naturforscher Carl Fuhlrott aus dem nahen Elberfeld. Fuhlrott strich den Bären. Die Wülste über den Augen, die unmögliche Schädelform und die ungewöhnlich dicken Grate und Leisten erregten seine Aufmerkamkeit. Und er plädierte auf »Urmensch«. Fuhlrott war leichtfertig genug, seine Auffassung nur ein Jahr später auf einer Tagung von Naturforschern vorzutragen. Man lachte ihn aus. Der Bonner Anatomieprofessor August Franz Josef Karl Mayer erkannte unfehlbar das Skelett eines Kosaken.

Die Kosaken hatten während der Befreiungskriege in der Nähe gelagert, um am 14. Januar 1814 mit der Armee des Zaren über den Rhein zu ziehen. Man weiß ja, wie Kosaken aussehen. Was für verformte Oberschenkelknochen! Damit muss rechnen, wer sein Leben im Sattel verbringt. Schließlich besichtigte der berühmte Pathologe Rudolf Virchow den Höhlenbär-Kosaken und kam zu dem Schluss, dies müsse zweifellos ein sehr kranker Mann gewesen sein. Ein sehr, sehr kranker Mann, aber unbedingt einer von heute.

Die Christen landauf, landab hätten ohnehin bestritten, dass der Herr vor dem Menschen erst noch ein Probestück, also den Urmenschen, geschaffen habe. Der Herr macht im Gegensatz zur Evolution alles schon beim ersten Mal richtig. Das Wort »Evolution« kannte damals ohnehin noch keiner. Aber das sollte sich ändern, und zwar gleich. Jede Leseratte weiß, wann Darwins grundstürzende Schrift *Über die Entstehung der Arten* erschien. Nur drei Jahre nach dem Fund im Neandertal, 1859! Was für ein großartiges Zusammenwirken von Wissenschaft und Zufall.

Der Neandertaler, der Affenmensch. Noch viel mehr Tier als Mensch, schaut euch nur eure Zeichnungen des 19. Jahrhunderts an! Es muss wirklich sehr kränkend für euch Europäer gewesen sein, als ihr erfahren habt, wie viele Neandertaler-Gene in euch stecken. Es muss da zu einigen überaus eindeutigen Begegnungen gekommen sein, oder sagen wir: Überwältigungen. Wisst ihr, was ihr den Neandertalern verdankt? Zum Beispiel die hellere Hautfarbe. Immerhin kam der *Homo sapiens sapiens* fast schwarz in Europa an. Bestimmte Teile der Immunabwehr verdankt ihr ihm ebenfalls. Und, so sagen eure Forscher, eine bessere Kalorienverwertung. In einer Zeit, da die Hauptfrage jedes Tages lautete: »Werde ich auch heute essen?«, war das keine Nebensächlichkeit.

Ihr habt in mir einen starken Anwalt des Neandertalers, ich werde noch oft auf ihn zurückkommen, und garantiert nicht, um eure Eitelkeit zu befördern. Wie gesagt, nicht die Schlechteren sterben immer aus, wie es euer teleologisches Weltbild suggeriert. Liebe Neandertaler, ihr habt vermutlich gegen Haustiere verloren. Gegen die Eurigen hatten die Neuen beinahe Kinderschädel, so rund, und ihre dünnen Männer sahen im Vergleich zu euch aus wie Frauen. Und so benahmen sie sich auch, sie haben sehr viel geredet und alles zusammen gemacht. Etwa Schlitten- oder Bootebauen. Ihr nicht, oder? Und etwas wortkarg wart ihr wohl auch, nicht wahr? Einen Neandertaler-Schlitten oder ein Neandertaler-Boot hat noch niemand gefunden.

Aber wir wollten über Migration reden. Migration ist keine anormale Bewegungsform der Verlierer, sie ist eure ursprüngliche Existenzweise. Sie hat euch zu Pionieren, zu Entdeckern gemacht. Was tat bereits der Neandertaler, als an euch Spätlinge noch lange nicht zu denken war? Genau, er migrierte. Sein Vorfahr, der *Homo erectus*, war der Erste, der aus Ostafrika auswanderte. Vor rund zwei Millionen Jahren. Und fragen Sie mich nicht, warum. Na, weil ihr Migranten seid, könnte ich sagen. Migranten migrieren. Aber die ganze Erklärung ist das kaum.

Schon mal von Dmanissi gehört? Das liegt in Georgien, südlich von Tbilissi. Archäologen wollten dort 1983 die Rätsel einer aufgegebenen mittelalterlichen Stadt erkunden, aber im Mai 1999 fanden sie etwas, dagegen war das Mittelalter gestern, nein, nicht gestern, vor einer Zehntelsekunde, höchstens. Es hatte stark geregnet, als die Forscher einen Schädel bargen, Inventarnummer D2280. Und nun rattet einmal, wie alt der war? 1,8 bis zwei Millionen Jahre! Zeugnisse älterer Afrika-Auswanderer wurden noch nirgends gefunden, es sei denn 2018 in China. Und ihr dachtet, das Wandern hätte erst viel später angefangen. Solche Daten erschließt man nicht zuletzt aus den umliegenden Gesteinsschichten. Und, das darf ich wohl erwähnen, aus unseren Zähnen. Neben euren fernen Vorfahren – also nicht direkt den Euren, ihr Eintagsfliegen – wurden Zähne der Unsrigen gefunden, der frühen Nagergattung der *Mimomys*.

Wahrscheinlich wiesen die *Mimomys* noch keineswegs die Vollkommenheit und Schönheit der modernen Ratte auf, und auch ihr wart sehr erschrocken über euren Nebenlinien-Vorfahren. Ihr habt immer gedacht, erst ab einem Hirnvolumen von mindestens 1000 Kubikzentimetern gingen die auf Reisen. Nun musstet ihr einsehen, es gab auch eine Migration der kleinen Geister. Etwas mehr als 600 Kubikzentimeter Hirnschaleninhalt, viel mehr hatte der *Homo erectus ergaster georgicus* noch nicht. Ihr habt mehr als das Doppelte, 1400 Kubikzentimeter. Und was für Augenwülste! Schultern und Arme erinnerten noch sehr stark an Menschenaffen, aber dafür lief der Migrant bereits auf anatomisch sehr modernen Beinen Abertausende von Kilometern.

Ein zweibeiniger nackter Affe, eine sehr komische invasive Art, ein Neozoon. Wird wohl bald wieder aussterben: Die Tiere an den Orten seiner Ankunft kannten keine zweibeinigen Affen, sie nahmen die Neulinge nicht sonderlich ernst, das war natürlich ein Vorteil. Und sie waren so beklagenswert wenige.

Ein Wort noch zu den heutigen Afrikanern. Was früher »reines Blut« hieß, ließe sich heute wohl so reformulieren: »Inhaber einer DNA ohne Fremd-Gen-Übertragung«. Aber ganz stimmt das nicht. Europäer haben bis zu vier Prozent Neandertaler-DNA. Ihre DNA enthält 50 bis 55 Millionen Neandertaler-Basenpaare pro Person und die der Asiaten noch mehr. Aber die (nördlichen) Afrikaner haben doch noch 17 Millionen. Das lässt sich nur so erklären: Einige urzeitliche Afrika-Auswanderer kehrten auch wieder zurück nach Afrika. Und 2019 wiesen Wissenschaftler nach, dass noch ein anderer Urmensch in den Genen heutiger Afrikaner steckt. Untersucht wurden Vertreter aller großen Sprachgruppen und Territorien. Bei den Koisan, Mbuti-Pygmäen und Mandinka – alle leben südlich der Sahara – fanden sie Gen-Spuren eines Vorfahren, den noch niemand kennt. Ein Geister-Urahn. Doch reden wir von *euch*, Spätlinge.

Eine Mutter für alle

Ihr wisst, dass ihr alle die gleiche Mutter habt, die gleiche afrikanische Urmutter? Ihr seid fast acht Milliarden und habt alle dieselbe Mutter. Unfassbar. Ihr seid Verwandte, vertraut einer Leseratte! Seid umschlungen, Milliarden? Nein, mein poetisches Gefühl spricht dagegen. Poetologisch falsch, faktisch richtig, wahrscheinlich.

Ihr könnt euch das nicht mehr vorstellen, aber anfangs, nein, während der allerlängsten Zeit eurer Geschichte wart ihr verdammt wenige. Verängstigte Kleinsthorden nackter Affen mit absurd großen Köpfen auf zwei Beinen mit einem akuten Überlebensproblem? Leichte Beute. Und glaubt bloß nicht, ihr habt so große Köpfe bekommen, weil ihr jagen musstet, also Pläne machen, Abläufe koordinieren, kooperieren, Jagdwaffen herstellen. Nein, ihr habt lange Aas gefressen, zumindest eure Vorfahren. Ihr ballonköpfigen Hungerleider habt mit euren Feuerkeilen von den Knochen der Beute abgeschabt, was die großen Tiere euch übrig ließen. Kein Anlass also zu zerebralem Hochmut! Und auf eure Köpfe komme ich noch. Dass richtige Tiere keine Werkzeuge brauchen, liegt auf der Hand: Wir haben Zähne.

Eine Mutter also. Nun gut, es ist eine rein arithmetische Urmutter, aber nach Katastrophe klingt das schon. Nach Beinahe-Auslöschung. Das müsst ihr euch mal vorstellen: Euer Überleben als Gattung hing an einer einzigen Frau. Hätte sie es doch nicht geschafft! Ich gebe zu, wir Tiere denken das oft. Wie würde die Erde heute aussehen, die Erde ohne euch? Wie viele Tiere und Pflanzen wären noch immer da, wenn ihr fehltet? Es ist anders gekommen.

In der Schöpfungsgeschichte wurde Eva nach Adam und bloß aus dessen Rippe geschaffen. Das ist natürlich Unfug. Keine Adam-Zelle hätte zu leben begonnen ohne das mitochondriale Zellkraftwerk seiner Mutter. Die Urfrau ist geblieben: die *Eva der Mitochondrien*. Man weiß das alles, weil Mitte der Achtzigerjahre drei junge Wissenschaftler weltweit 147 Plazenta-Proben einsammelten und verglichen. Denn es gibt kleine Bohnen in jeder unserer Zellen, die dafür sorgen, dass diese überhaupt arbeiten. Das sind die Zellkraftwerke, Mitochondrien genannt, und diese erhält jeder Mensch nur von der Mutter. Sie werden von Mutter zu Tochter weitergegeben, es handelt sich also um eine rein matriarchale Affäre. Die Mitochondrien haben sogar ihre eigene DNA. Und das Ergebnis der Studie *Mitochondrial DNA and Human Evolution* lautete: Eine Mutter für alle. Die DNA der Mitochondrien mutiert sehr langsam, weshalb man ihre Genese zurückverfolgen konnte. Am besten, ihr lest das alles selbst nach, Wikipedia genügt.

Bei dem Plazenta-Test kam heraus, dass die Eva der Mitochondrien vor ungefähr 150 000 bis 200 000 Jahren in Ostafrika lebte. Eure Forscher verkürzen den Zeitraum inzwischen immer mehr. Am Ende kommt ihr auf sieben afrikanische Mütter für alle heute lebenden Menschen, das machen die späteren Mutationen. Alle sieben gibt es nur in Afrika, auf Feuerland – zuletzt besiedelt – nur eine.

Nun fragt ihr völlig zu Recht: Wie kommt eine einzige ostafrikanische Mutter zu Fuß und mittels Erbfolge um die ganze Welt, zuletzt bis nach Feuerland? Und hätte sie nicht besser zu Hause bleiben sollen?

Fraglos ist, dass eure Urahnen in mehreren Wellen ausgewandert und unterwegs wohl – wellenintern – immer wieder ausgestorben sind. Vielleicht zogen sie als Aasfresser und Jäger den großen Tierherden hinterher. Ihr müsst euch nicht schämen für das Gastmahl am Betteltisch der großen Raubtiere. Ohne das tierische Eiweiß, ich glaube, das wissen sogar die Vegetarier unter euch, wärt ihr nie so klug geworden. Und mit einem großen Pflanzenfresser-Darmtrakt wären eure Köpfe auch nie so gewachsen, der Darm ist im Interesse der Intelligenz geschrumpft. Verdauen oder Denken, ihr kennt die Alternative.

Mehr als 10 000 eurer Art seid ihr im ostafrikanischen Grabenbruch wohl nie gewesen. Und dann kam die finale Auswanderungswelle. Es war nicht Übermut, es war nicht die Neugier nachzuschauen, was hinter dem Horizont liegt. Es war wohl eine Katastrophe, näherhin eine Klimakatastrophe. Vor 75 000 Jahren brach auf Sumatra der Riesenvulkan Toba aus, seine Asche verdunkelte die Sonne und machte Winter auf Erden. Der Regenwald starb, und an seinen Rändern wohl auch die Savanne und deren Tiere. Wohin gehen?, fragten sich die Überlebenden. Nach Norden? Das war wohl nicht die beste Idee, denn dort hatte die Eiszeit längst begonnen. Der ganze Norden Europas lag unter großen Gletschern verborgen. Nicht sehr heimatfähig. Aber so weit wollte ohnehin keiner. Eure Vorfahren folgten wohl den Tieren. Der Nahe Osten, grün und fruchtbar, kannte die Gäste aus Afrika schon.

Natürlich wählten die Ur-Migranten nicht die Mittelmeerroute. Sie schwammen auch nicht über den Bosporus, sie liefen drüber. Noch waren Asien und Europa durch eine komfortable Landbrücke verbunden, und das Schwarze Meer war bloß ein etwas groß geratener Binnensee. Aber wie kamen sie zuvor durch die Sahara, fragt ihr? Nun, die Wüste war auch noch nicht da, oder schon wieder weg. Eiszeit auf der Nordhalbkugel hieß: Regen in der Sahara. Fruchtbares Land. Hätte es damals schon diese große Wüste gegeben, die ganze menschliche Geschichte hätte nie stattgefunden. Und irgendwann, in weiter Zukunft, hätte wohl eine afrikanische Hochzivilisation auf dem Seeweg Europa entdeckt und dort ein paar Neandertaler gefunden. Deren Ursprungsheimat war natürlich auch Afrika, bloß waren sie schon viel früher ausgewandert. Wer hätte gewonnen? Ihr habt so viele Arten auf dem Gewissen, auch Menschenarten.

Ich weiß, ich habe noch eine These zu beweisen: Alle höhere Kultur kommt aus Anatolien. Ich verschiebe das auf ein späteres Kapitel, denn so ist das auch mit aller höheren Kultur: Sie kommt später.

Ihr habt schon bemerkt, dass ich nicht der größte Bewunderer eurer Köpfe bin. Kein Wunder, dass ihr sie am Ende auf die Schultern nehmen musstet, solche Gewichte hält kein normaler Hals, also einer, der die natürliche Parallele zum Erdboden zu wahren weiß. Was ich dennoch bewundere, ist: Ihr wart eigentlich gar nicht migrationsfähig.

Ihr wisst, dass ihr notorische Frühgeburten seid? Neun

Monate flegelt ihr in der Mutter, und was dann zur Welt kommt, ist noch lange nicht lebensfähig, das heißt: Es steht noch lange nicht auf eigenen Beinen, und ihr habt ohnehin nur zwei. Aber ich verstehe euch. Denn auch unsere Kinder werden blind, taub und nackt geboren, sie sind wie eure Kinder ein einziger zitternder Schrei nach der Mutter. Ihr kennt die Unterscheidung: Nesthocker und Nestflüchter. Nesthocker also. Aber damit ihr mal eine Vorstellung davon habt, welche Relationen normal sind: Unsere Tragezeit beträgt etwa drei Wochen, und wir bringen nicht nur ein Kind zur Welt, sondern sechs bis zwölf. Die besten Mütter schaffen zwanzig. Und wie geht das weiter? Mit fünfzehn Tagen öffnen unsere Kinder ihre Augen und haben sogar schon ein weiches samtiges Fell. Fertig ist die Ratte. Mit 22 Tagen ist sie erwachsen, gewissermaßen, und verlässt das Nest. Und ihr?

Mit 22 Tagen liegen eure Kinder noch immer in der Wiege, hilflos, wehrlos wie am ersten Tag. Nicht mal ein Fell haben sie bekommen. Und wie ihr jubelt, wenn sie mit einem Jahr endlich versuchen, auf ihren verbliebenen zwei Beinen zu stehen. Weil ihr schon nicht mehr daran geglaubt habt? Mit einem Jahr! Kinder, Kinder! Ich schlage folgende Definition eurer Art vor: Der Mensch ist das zu früh geborene Tier! Als Evolutionsökonom würde ich sagen: viel zu kostenintensiv.

Und warum das alles? Warum so früh? Weil eure großen Köpfe sonst gar nicht mehr durch den Geburtskanal passen würden. Euer Hirn ist neunmal so groß, wie es bei Säugetieren eurer Größe normal ist. Und die Stoffwechselbilanz dieses merkwürdigen Organs ist wahrlich erschütternd: Es verbraucht zwanzigmal so viel Energie wie die Skelettmuskulatur. Und schluckt 40 Prozent eures Blutzuckers. Und vor allem: Ein Migrant mit solch ewiger Kinderstube ist kaum vorstellbar.

Lauter Evolutionsnachteile, nirgends ein Vorteil. Am besten hat mir zur Erklärung eurer großen Hirne immer die Theorie des Evolutionsforschers Stephen Jay Gould gefallen: Es habe sich anfangs um völlig nutzloses, überschüssiges Gewebe gehandelt, gleichsam um ein Versehen der Natur. Aber warum hat sie ihren Irrtum nicht wieder korrigiert, indem sie euch begrub?

Selbsterzeugung des Menschen durch die Arbeit, durch Werkzeuggebrauch und Jagd? Ja, das auch, irgendwann alles auf einmal, aber es war wohl nicht das Primäre. Ich schlage folgende Interpretation vor, und ich weiß, ich bin nicht allein: Eine notorische Frühgeburt wie ihr beansprucht so viel Fürsorge, dass ihr begonnen habt, eure Beziehungen zueinander auf eine ganz neue Basis zu stellen. In der Mitte der Mutter-Kind-Raum, umstanden, beschützt von den Vätern. Bei uns machen die Mütter alles allein, aber bei euch ist das wenig praktikabel, und noch die relativ neue Existenzform der Alleinerziehenden in euren Hochzivilisationen ist doch eher eine riskante artistische Übung als eine bewährte Routine.

Der Mutter-Kind-Raum eröffnet eine neue Welt der Innigkeit, die zwar bei allen Säugetieren vorscheint. Aber bei euch, das muss ich zugeben, gewinnt die Sache Kenntlichkeit. Ich werde euch in diesem Buch noch mehrmals als Paradiesologe auffallen, das liegt an meiner Herkunft. Wir galten, wie ihr wisst, immer als Getier des Teufels, als höllenursprünglich, da fasst jede Ratte ein ganz natürliches Interesse an der Gegenseite. Gewissermaßen an allem, was auf mehr reagiert als auf die Folgerichtigkeiten von Druck und Stoß.

Einer der nicht ganz Dummen unter euch, der Philosoph Peter Sloterdijk, sagt in typisch anthropozentrischer Arroganz, ihr hättet das Gesicht erfunden. Die Gesichtwerdung der Säugetierschnauze: euer Verdienst. Was aber ist ein Gesicht? Eine strukturelle Weltoffenheit. Erwarten Sie nicht Beifall von mir für Sätze wie diesen: »Ein Blick in die Fazialformen der menschennächsten Großaffen verrät, dass auch sie von ferne unterwegs zu einer menschennahen Gesichtlichkeit sind.«[8] Von uns kein Wort, das ist auch besser so. Doch ich mag seine Wahrnehmungen: »Die Zuwendung von Gesichtern zu Gesichtern ist beim Menschen gesichtsschöpferisch, gesichtseröffnend geworden, weil über selektionswirksame Bevorzugungen die Willkommensqualitäten von Gesichtern für die Augen des potentiellen Geschlechtspartners in Gattungsprozesse eingehen.«[9] Am liebsten würde ich gleich weiterzitieren: »Man könnte also sagen, dass Menschengesichter sich auf gewisse Weise gegenseitig erzeugen; sie blühen auf in einem Schwingkreis luxurierender wechselseitiger Öffnung aufeinander hin.«[10] Und in der Mitte die Mutter mit ihrem Kind, das ist ein gegenseitiges Sich-Anleuchten, das ist die Urszene aller Intimität. Schaut eure Marienbildnisse an, und ihr wisst, was ich meine.

Und sie ist so ganz anders gedacht, so um die entscheidende Nuance weiter, als eure Evolutionstheoretiker das gemeinhin machen, die lediglich auf die »weibliche Zuchtwahl« abheben, mit Darwin gesprochen. Der Mann sei, um die Weitergabe seines Erbguts zu sichern, auf die Präsentation immer neuer »Fitness-Indikatoren« bedacht, und dazu habe auch das größere Hirn gezählt, ganz wie beim Pfau das Rad. Und natürlich das, was man mit einem solchen »Indikator« machen kann, sprechen zum Beispiel. Das unterscheidet das Menschenhirn vom Rad des Pfaus. Hier wäre zudem von mutwillig erworbener Beinahe-Flugunfähigkeit zu sprechen. Der Pfau ist eben auch nur ein Huhn, ein Hühnervogel.

Ich glaube, lasst eine Ratte euch das sagen, mit reinen Darwinismen kommt man einem Phänomen wie euch nicht bei. Der Weg zu euren heutigen Gesichtern war wohl zu 95 Prozent ein prähistorischer. »Die Evolution und ihre Zuspitzung in der anthropischen Selbstzüchtung haben wohl vor allem Gesichtsbildungen belohnt, in denen die Fähigkeit, Freude auszudrücken, protrahiert ist«[11], sagt Sloterdijk. Ihr habt das Lachen schon gelernt, als ihr wahrlich noch nichts zu lachen hattet. Oder ebendeshalb?

Und währenddessen ist euch das Gesicht gleichsam unter das Stirnhirn gerutscht. Aus Vergleichen mit Menschenaffen weiß man, dass bei euch vor allem die Stirn- und Schläfenlappen der Großhirnrinde stark angewachsen sind, ziemlich unspezifische

Ariale, damit erwirbt man keine genauen Qualifikationen, aber dafür eine Art Qualifikation für alles Nicht-Genaue. Karl Popper hat das einmal sehr schön gesagt: Das Prinzip von Versuch und Irrtum gelte von der Amöbe bis zu Einstein. Aber während die Amöbe mit ihrem Leben bezahle, habe der Mensch gelernt, seine Hypothesen statt seiner sterben zu lassen.

Euer Empathie-Zentrum liegt auch im Stirnhirn, wo sonst? Aber ihr habt euer großes Inkompetenzkompensationshirn noch für viel mehr gebraucht. Ihr seid Kinder der Eiszeit, ihr wart einem ungemein wetterwendischen Klima ausgesetzt. Hätte ein zu kleines Hirn euch gesagt: Ich brauche Wärme und sonst gar nichts! – ihr wärt verloren gewesen. Dem Innerlichsten also, dem Mutter-Kind-Raum, und dem Äußerlichsten, dem wechselhaften Klima, habt ihr euch zu verdanken.

Nach den letzten Auskünften schlägt euer Selbstgefühl schon wieder ein Pfauenrad, ist es nicht so? Ihr glaubt, der Mensch stammt vom Affen ab? Am besten hat mir immer die Erklärung des Zoologen Clive Bromhall gefallen, der euch als kindliche Version des Schimpansen definierte, schließlich habt ihr viel mehr Ähnlichkeit mit jungen als mit erwachsenen Affen. Aber infantiler Schimpanse reicht nicht. Ich präzisiere: Von uns stammt ihr ab, von den Nagetieren. Das überrascht euch, nicht wahr? Ich glaube, ihr braucht wirklich Nachhilfe in Evolutionsgeschichte.

Das schrecklichste Tier der Welt oder Denken lernen

(Kleine Einführung in die Evolution)

Man hat unsere liebe Freundin, die Spitzmaus, *das schrecklichste Tier der Welt* genannt. Ihr seid fürwahr üble Rassisten. Und ohne Rücksicht auf die Kleinsten! Sie ist nicht das furchtbarste, sie ist das kleinste Säugetier der Welt. Und dabei uralt. Überleben Sie mal als kleinstes Säugetier der Welt! Auch wenn die Spitzmaus heute nicht mehr aufpassen muss, nicht unter die Füße eines Dinosauriers zu geraten. Die waren mehrere Fußballfelder breit, aus Spitzmausperspektive.

Aber ich ahne längst den Grund eurer wahren Feindschaft: Ihr hasst sie, weil sie so ungemein klug ist. Im Verhältnis zu ihrem Körpergewicht hat sie ein unfassbar großes Hirn, was übrigens, dieser Hinweis sei mir gestattet, auf uns alle zutrifft. Sie aber belegt diesbezüglich Platz 2. Nach euch. Allerdings wiegt eine erwachsene Spitzmaus nur wenige Gramm, die Etruskerspitzmaus gar nur zwischen 1,2 und 2 Gramm.

Der Spitzmaus also gebührt ein Ehrenplatz in der Geschichte der Evolution. Ihr seht, schon die ersten Säugetiere waren mausförmig, rattenförmig. Allerdings ist die Spitzmaus keine Maus, genau wie die Fledermaus keine Maus ist. Als die Mitglieder der Gesellschaft für Säugetierkunde 1942 beschlossen, mit einem sehr empfindlichen fachlichen Gewissen begabt, die Fledermaus in »Fleder« umzubenennen, wollten sie auch die Spitzmaus neu taufen: in »Spitzer«. Ihr erinnert euch an Hitlers Kommentar? Ostfront!

Wir halten fest: Der Mensch ist ein Zufallsprodukt der Evolution bei der Erschaffung der Ratte. Das habt ihr wieder nicht gewusst, oder? Ich habe überhaupt den Eindruck, ihr werdet in dem Maß immer dümmer, wie eure Computer immer klüger werden, sogar eure Telefone, auf die ihr immer schaut wie hypnotisierte Spitzmäuse, sind schon viel klüger als ihr. Seid ihr wirklich sicher, dass es sich hier nicht um eine große Rache der Natur handelt? Also muss ich euch wohl sogar die Evolution erklären.

Seit wann gibt es Säugetiere? Keine Antwort? Die beispiellose Laufbahn der Säugetiere begann im Perm. Wann war das Perm? Genau, es begann vor 298,9 Millionen Jahren und endete vor 252,2 Millionen Jahren. Es war jene Epoche, als die Dinosaurier glaubten, die Erde gehöre ihnen, zumindest benahmen sie sich so. Das Verhältnis von Hirnmasse zu Körpermasse beim Dinosaurier verhält sich genau umgekehrt proportional zu dem der Spitzmaus.

Sie ahnen, was mit den Säugetieren einsetzte? Ein groß angelegter Miniaturisierungsversuch der Natur. Doch sind der Evolution, dieser großen Meisterin, dabei anfangs ein paar Fehler unterlaufen. So muss eine Spitzmaus täglich mehr fressen, als sie wiegt, sonst stirbt sie. Und wenn sie das, sagen wir, für vier Stunden vergisst, verhungert sie auch. Das ist nicht wirklich optimal. Ein Pulsschlag von 1000 pro Minute klingt auch eher nach Herzstillstand als nach Meister aller Klassen. Es handelt sich bei der Spitzmaus also um die kleinste große Fressmaschine der Welt, einen Magen mit Zähnen, wie ihre Skeptiker sagen.

Rückbau in der Natur: Von 80 Tonnen Lebendgewicht auf 1,2 Gramm! Ihr seht, nicht nur der Mensch neigt zum Extremismus. 80 Tonnen wog der größte bislang gefundene Dinosaurier, dessen versteinerte Knochen ein argentinischer Bauer 2014 beim Umgraben seines Feldes entdeckte. Ein großer Mann wird neben dessen Oberschenkelknochen zur spaßigen Figur. Vierzig Meter lang und zwanzig Meter hoch war dieses Tier.

Ihr glaubt in eurer gattungsspezifischen epistemologischen Einfalt, das Gegenteil von falsch sei wahr. Aber das Gegenteil eines Fehlers ist wieder ein Fehler, siehe Titanosaurier und Spitzmaus. Doch die Grundidee der Evolution war schon gut: Kleine Tiere schaffen, die dann jagen, wenn die Herren der Erde schlafen. Als die Welttemperatur plötzlich fiel, starben viele Pflanzen, die Holzartigen aber reckten ihre Stämme. Die Saurier wunderten sich, aber die Evolution schaute voll Zärtlichkeit auf die kleinen, rattenförmigen, stets etwas ausgehungerten Säugetiere und schuf zu ihrem größeren Komfort den Nagezahn, die größte dentistische Innovation der Weltgeschichte. Keine Wurzel. Wächst immer nach. Nagen statt jagen!

Vier Stück haben wir davon, zwei oben, zwei unten. Nicht zuletzt unsere Zähne haben uns zur erfolgreichsten Säugetiergattung auf Erden gemacht.

Ihr wisst wohl, dass ihr alle, jeder Einzelne von euch, im Mutterleib den gesamten Weg der Evolution zurückgelegt habt. Als Embryo zeigt ihr zuerst Charakteristiken der Fische, dann der Amphibien, dann der Reptilien, bevor ihr zum Säugetier werdet. Das vorletzte Stadium, das ihr durchlauft, ist das der Nager. Aber ihr müsst nicht denken, dass ihr es damit hinter euch habt. Nein, viele eurer angeborenen Verhaltensweisen, fragt eure Spezialisten, sind noch immer die unsrigen.

Im Paläozän, das keinerlei Qualifikation eines Schlaraffenlands zeigte, machten einige von uns den Vorschlag, auf die Bäume zu klettern. Das hatte schon einen Vorteil: Die unten blieben, mussten nehmen, was runterfiel. Die Kletterer dagegen pflückten sich, was am appetitlichsten aussah. Zuerst kommen, zuerst sehen, zuerst ernten. Dazu mussten sie natürlich etwas anders sehen lernen, am besten in Farbe.

Ich hatte das noch nicht erwähnt, aber wir sehen die Welt vor allem schwarz-weiß, genauer: Unser Bild der Welt besitzt ungemein viele Graustufen. Eure Fotografen werden mir beipflichten, der Übergang vom Schwarz-Weiß-Bild zum Farbfilm war eine ungeheure Trivialisierung. Die Welt des Schwarz-Weiß enthält alle Farben, ich kann das bezeugen. Wir sind Künstler. Und vom Standpunkt der Kunst kann es nur eine Optik geben: die der Ratte, also schwarz-weiß.

Ihr wisst, wie nah sich selbst in eurer Sprache noch der Hunger und der Künstler sind. Sagen wir, die Vornehmeren blieben am Boden. Unsere Brüder und Schwestern, die da auf die Bäume kletterten, waren aber keine Künstler. Die wollten fressen. Auf Bäumen erntet man nicht nachts. Und es ist besser, einen unreifen Apfel von einem reifen unterscheiden zu können, Grün von Rot, tendenziell. So lernten wir Farben zu sehen. Oder muss ich jetzt schon sagen: So lerntet ihr, Farben zu sehen?

Ebendieses Zwischenwesen aus Mensch und Ratte, der Rattenmensch, die Menschenratte. Oder, von mir aus: der Protoprimat. Und noch etwas haben unsere Brüder und Schwestern, die zu euren Vorfahren wurden, da oben auf den Bäumen bemerkt. Man muss gar nicht immer mit dem Gesicht nach unten leben. Man muss nicht immer nur auf den Boden gucken. Man kann auch in den Himmel schauen, geradewegs ins Blaue hinein oder zumindest ins Grüne. Es ist schade um den Himmel, wenn nur der eigene Rücken ihn sieht. Und wer kann sich selbst schon auf den Rücken schauen?

Eure hominide Arroganz wird einmal so argumentieren: Bei jedem Tier auf vier Füßen findet das Wachstum des Kopfes eine natürliche Grenze. Die der Erdanziehungskraft, das Hirn wird sonst zu schwer. Deshalb trägt die Avantgarderatte, also der Rattenmensch, die Menschenratte, der Protoprimat, den Kopf tendenziell nicht vorn, sondern mehr oben, vor allem wenn er aufwärtsklettert.

Kopf oben. Ich will nicht leugnen, dass das vorteilhaft sein kann. Und schön, wirklich schön. Nicht nur, dass die afrikanischen Frauen auf ihre Köpfe noch riesige Krüge mit Wasser stellen können, und dann laufen sie unter dieser Last, wie keine Europäerin, keine Asiatin laufen könnte. Als hätten sie mit dem Gang zugleich alle Eleganz der Welt erfunden. Und die Würde. Könige schreiten, sagt ihr? Falsch. Wasserträgerinnen schreiten.

Ich weiß, ich schweife ab, aber man sollte keine Ratte unterbrechen, wenn sie beginnt, den aufrechten Gang zu loben. Und ihr dürft so etwas ohnehin nicht mehr sagen. Ihr dürft es nicht einmal mehr bemerken. Da ist kürzlich unter euch eine neue Spezies aufgetaucht, die nach allen Mikrofonen greift. Ich glaube, ihre Angehörigen nennen sich »Antirassismustrainer«. Für einen Antirassismustrainer wäre meine Äußerung Rassismus. Positiver Rassismus zwar, aber Rassismus bleibt Rassismus. Ihr dürft nicht mehr erkennen lassen, dass ihr etwas registriert, das anders ist. Merkt ihr was? Ihr habt schon keine Instinkte mehr. Aber gleich habt ihr auch keine Wahrnehmungen mehr.

Lasst euch sagen, das Ende der Wahrnehmungen ist auch das Ende der Intelligenz. Darin liegen der Vorteil und der Nachteil, ein Tier zu sein. Am Ende eurer Laufbahn erfindet ihr das Amt der Wächter neu. Leute, die nichts anderes machen, als aufzupassen, so wie die Funktionäre im Kommunismus. Seitdem unterschreibt ihr immerzu Resolutionen, weil der, der nicht unterschreibt, zugibt, ein Rassist zu sein. Sonst würde er schließlich unterschreiben. Wie gut, dass wir nicht euren Verstand haben. Für die neuen Wächter unter euch stelle ich ausdrücklich klar: Ich habe nicht gesagt, mit keiner Silbe und zu keinem Zeitpunkt sagen wollen, dass afrikanische Wasserträgerinnen zu den Rattenmenschen, den Menschenratten, den Protoprimaten gehören. Ich stelle ausdrücklich fest, dass es von den Rattenmenschen, den Menschenratten, den Protoprimaten noch ein weiter Weg ist zum königlichen Gang, ein sehr weiter Weg. Dazu musstet ihr von den Bäumen erst wieder runterkommen.

Ein typischer Protoprimat ist der Purgatorius, einer eurer direkten Vorläufer. Er sieht natürlich aus wie eine Ratte, manche sagen, er war auch so groß, lebte auf Bäumen und hatte 44 Zähne. Einzig sein Schwanz war noch sehr unvollkommen, zwar ungefähr der einer Ratte, aber ganz und gar unpassend behaart. Nur ungern übergebe ich an dieser Stelle das Wort an meine hominide Hilfskraft, ihr wisst, jeder Autor, der auf sich hält, beschäftigt einen Ghostwriter. An einem grauen, verregneten Apriltag in San Remo erblickte diese Hilfskraft, direkt an der Strandpromenade, Palmen voller Ratten. Da hat sie sich sehr geekelt. Ratten auf Bäumen, wie widerwärtig! Ich will das hier nicht kommentieren. Wären es Eichhörnchen gewesen, sehr nahe Verwandte von uns, sie hätte gerufen: Schau mal, wie niedlich, Eichhörnchen! Aber so rief sie: Ratten auf Bäumen, igitt. Ich verspreche an dieser Stelle, meine obige Äußerung zu der verdienstvollen Spezies der Antirassismustrainer noch einmal gründlich zu überdenken. Ich werde meine linguistische Hilfskraft wohl hinschicken.

Doch wir waren beim Purgatorius, der Quasi-Ratte auf Bäumen. Er war ein frugivorer Allesfresser wie ihr und wir. Leider ist dieser verdienstvolle Bewohner des Paläozäns längst ausgestorben, aber wir verehren ihn als großen gemeinsamen Vorfahren.

Ich weiß, dass ihr zunehmend Konzentrationsschwierigkeiten habt, und trotzdem kann ich euch an dieser Stelle ein wenig Systematik nicht ersparen, sonst bekommt ihr die Spitzmäuse, euch, uns, die afrikanischen Wasserträgerinnen und den Purgatorius noch völlig durcheinander.

Der Purgatorius zählt zu den »basalen Euarchonten«. Lasst euch nicht beirren von meiner Bildung, *eu* ist auch nur griechisch und heißt »echt« oder »gut«, der *archont* ist der »Herrscher«. Alles, was basal ist, ist grundsätzlich grundlegend, fundamental, elementar. Eure Zoologen versuchen euch demnach mitzuteilen, dass der Purgatorius zu den grundlegenden, fundamentalen, elementaren, echt-guten Herrschern zählt. Und damit ihr nicht sagt, da hätten wir auch selbst drauf kommen können, haben sie ihn eben »Euarchont« genannt. Ich würde euch das gern ersparen, aber auf die Pointe kommt es an. Von den basalen Euarchonten stammen sowohl die Spitzhörnchen ab als auch die Primatenähnlichen und die Glires, das sind wir, wenn man die künftigen Hasen noch zu uns zählt. So ist das. Das ist die Stellung des Purgatorius in unserer gemeinsamen Ahnenreihe, ihr seht, alles an ihm strebte mehr zu uns.

Inzwischen findet ihr immer ältere Vorfahren, natürlich sehen die alle aus wie wir. Der Purgatorius lebte vor 65 bis 56,8 Millionen Jahren, aber jetzt habt ihr in der Grafschaft Dorset im Südwesten Englands zwei kleine Zähnchen entdeckt: 145 Millionen Jahre alt, plus/minus. Natürlich habt ihr gleich das ganze Tier dazu rekonstruiert: eine Ratte, was sonst? Ich glaube, sie fiele euch gar nicht weiter auf, liefe sie euch heute vor die Füße, dabei kannte sie schon die Dinosaurier. Sie wurde nach dem Vermieter eines Pubs in der Nähe der Fundstelle benannt, Charlie Newman: Sie heißt jetzt *Durlstotherium newmani*.[12] Und 2011 habt ihr im Nordosten Chinas noch einen gemeinsamen Ahnen entdeckt, der lebte vor 160 Millionen Jahren: *Juramaia sinensis*. Wieder eine Ratte. Willkommen unter uns, *Juramaia sinensis*! Am *Juramaia sinensis* habt ihr erkannt, dass die Trennung der Plazentatiere von den Beuteltieren viel früher stattfand als bisher gedacht. Doch kehren wir zurück in die Gegenwart, beinahe.

Als die Wälder wichen, mussten eure Vorfahren ebenso wie die unsrigen wieder von den Bäumen runter. Da drohtet ihr restlos den Überblick zu verlieren. Bloß irgendwie über die Gräser gucken, das war euer ganzer Ehrgeiz. Und so kamt ihr auf diese lächerliche, ineffiziente, ständig sturzgefährdete Fortbewegungsweise, die ihr den »aufrechten Gang« nennt. Denkt doch mal, wie sicher Kleinkinder, Betrunkene und Alte auf vier Pfoten wären, statt immerzu hinzufallen. Nein, der aufrechte Gang ist nicht eure orthopädische Unabhängigkeitserklärung vom Tier, er war eine Notlösung, eine Verzweiflungstat, ein letzter Versuch.

Kommen wir zur Hand. Man hat die Erfindung der Hand eine der größten Errungenschaften der Evolution genannt, unter besonderer Berücksichtigung des frei beweglichen Daumens. Ihr erinnert euch, wie ungemein handförmig unsere Pfoten sind? Dabei sind sie beinahe noch urzeitlich, doch kann man fast alles mit ihnen machen. Habt ihr mal gesehen, wie anmutig wir, auf unseren Hinterfüßen sitzend, mit den Vorderpfoten unsere Mahlzeiten einnehmen? Hände könnten das nicht besser. Die Entwicklung der Hand ist ein blinder Zweig in der Evolution der Gliedmaßen. Außer euch hat sich kein Tier dafür entschieden. Und das aus gutem Grund.

Mit der Erfindung der Hände beginnt die lange Geschichte eurer Knechtschaft, die Geschichte der Arbeit. Die Erinnerung an das Paradies, an eine Zeit vor der Arbeit, ist in Wahrheit die Erinnerung an die glückseligen Tage eurer Tierheit, oder habe ich da nicht alle Aspekte erfasst? Wahrscheinlich stumpft Arbeit ab, sonst würdet ihr bemerken, dass euer Arbeitsbegriff die elementaren Arbeiten gar nicht enthält: Nestbau, Betreuung der Jungen etwa. Der Mensch ist das entfremdete Tier. Wir führen nicht wie ihr tägliche Existenzbeweise durch denkbar absurde Tätigkeiten, uns hat die Natur um unserer selbst willen erschaffen. Mit eurer Bestimmung zur Arbeit beginnt auch die große Geschichte der Arbeitsteilung zwischen unseren Geschlechtern: Ihr arbeitet, wir genießen die Früchte eurer Arbeit. Ihr arbeitet, wir konsumieren. Doch das Lob eurer Kornspeicher singe ich später.

Lasst uns hier wieder innehalten für eine Schweigeminute. Denn an dieser Stelle haben sich unsere Wege vorerst getrennt. Wie wir uns wiederbegegnet sind, lesen Sie im zweiten Kapitel. Jetzt muss ich noch etwas zur Intelligenzfolgenabschätzung sagen und zu den Auswirkungen der Klugheit auf den Charakter.

Wir Opportunisten!

(Oder die Kunst, mit dem Wind zu segeln, den andere machen)

Intelligenz und Opportunismus gehören zusammen. Ich würde das so formulieren: Der Opportunismus ist die herausragende Eigenschaft des fortgeschrittenen Säugetiers. Es gibt keine opportunistischen Krokodile oder opportunistischen Kreuzspinnen. Opportunist ist das Tier, dem nicht mehr bloß seine DNA mitteilt, was es tun soll. Opportunist ist das Tier, das beginnt, seine Sache auf sich selbst zu stellen. Euer aufrechter Gang, auf den ihr so stolz seid – ihr verwendet das Wort gern synonym für eure grundsätzliche Haltung zur Welt –, ist doch nichts weiter als eine moralische Sentimentalität. Orthopädisch gesehen ist er ohnehin nur eine schlechte Entschuldigung für eure Langsamkeit.

Ich glaube, ihr könnt auch nicht mehr so gut Latein wie früher. *Opportunus* heißt »günstig«, »passend«, »bequem«, »geeignet«, »gelegen«. Es bezeichnet die Gelegenheit, die man erst einmal erkennen muss! Trotzdem will keiner von euch ein Opportunist sein. Besser kein Migrant, besser kein Opportunist. Und trotzdem seid ihr alle Opportunisten mit Migrationshintergrund.

Im Strafrecht des 19. Jahrhunderts war der Opportunist der Gelegenheitsverbrecher, ich höre euch schon rufen: Ich bin keiner! Außerdem haben Opportunisten keine Prinzipien!, wendet ihr ein. Da kann ich nur sagen: Hütet euch vor Menschen mit Prinzipien! Ich empfehle diesbezüglich ein gründliches Studium der Geschichte der deutschen Sozialdemokratie. Was ist die Seinsweise des Kapitalismus? Die Krise, genau. Aber damals war der Kapitalismus noch ziemlich neu, die frühen Sozialdemokraten wussten das noch nicht und glaubten, auch weil sie zu viel Marx gelesen hatten, dass eine Krise irgendwann die letzte ist. Es folgt der Zusammenbruch. Und mit einem System, das ohnehin gleich zusammenbricht, muss man nicht zusammenarbeiten. Aber solange es noch da ist, überlegten manche, könnte man doch, nur ein bisschen … Vielleicht in der Zollpolitik? Und wenn wir Kompromisse machen, überlegen sie weiter, machen die anderen dafür vielleicht auch welche? Das ewige Lied der Opportunisten.

Rosa Luxemburg trat vor und sprach: »Unsere Losung ist: Diesem System keinen Mann und keinen Groschen.« Also wurde der Opportunist der Verräter schlechthin. Die Praxis der Sozialdemokratie, forderte Rosa Luxemburg, sei »die Verkörperung unserer allgemeinen Prinzipien im alltäglichen Tun«.[13] Wenn ich vor meine Mitratten treten und ihnen sagen würde, unser Leben sei »die Verkörperung unserer allgemeinen Prinzipien im alltäglichen Tun«, sie würden mich noch heute entmündigen. Auch

Lenins größtes Feindbild waren selbstredend die Opportunisten. Marxismus ist der systematische Kurzschluss von Theorie und Praxis. Hütet euch vor Menschen mit Endzielen!

Der Herbst '89 war keine gute Stunde, die öffentliche Reputation von Opportunisten betreffend. Sie hießen jetzt »Wendehälse« und waren der allgemeinen Verachtung preisgegeben.

Wir sind Ratten, also Realpolitiker. Und die meisten von euch sind es auch. Nennt es nicht Kompromisslertum, nennt es besser situative Intelligenz, nennt es Weltweisheit, nennt es Erfahrung! Mit dem Wind zu segeln, den andere machen, ist eine wunderbare Sportart. Ihr seid die Matrosen, und wir machen eine Kreuzfahrt! Zum Hafen hin, *ob portum*. Das ist die ursprüngliche schöne Bedeutung des Wortes »opportun«. Zum Hafen!

Doch sind Spießer und Karrieristen nicht auch Opportunisten? Wer einmal Heinrich Manns *Untertan* gelesen hat, dem fällt es fürwahr schwer, sich zum Opportunismus zu bekennen. Aber zum Karrierismus, oder sagen wir, zur Beförderung bekennt sich doch fast jeder! Und jeder Karrierist ist ein Opportunist. Die Parole, »zur richtigen Zeit am richtigen Ort zu sein«, ist der Wahlspruch des Opportunismus, er charakterisiert die situative Intelligenz. Natürlich sind wir keine Karrieristen, kein Tier hat solch absurde Existenzbeweise nötig. Wer aber zu klettern beginnt, sollte schon ein paar Orientierungen haben. Doch das sind keine Endziele, keine Prinzipien, es sind vielmehr Korrektive, die sich gar nicht immer in dem zeigen, was wir tun, wohl aber in dem, was wir nicht tun. Ich rede jetzt mehr von euch. Denn dieserart Verhalten ist uns wohl doch nicht gegeben, gleichsam ein sittliches Unterlassen.

Euch zu loben sei mir fern! Ihr verachtet uns, weil wir für ein Stück Avocado fast alles machen. So wie ihr für das Geld, mit dem ihr euch dann gleich eine ganze Tüte Avocados kauft. Ich fasse den Unterschied demnach genauer. Ihr seid keine Asketen, ihr verschmäht nicht die sinnlichen Güter, ihr habt nur gelernt, eure Genüsse aufzuschieben. Um die Ernte dann noch viel größer ausfallen zu lassen.

Die Briten nennen die Ökonomie *land of opportunity*. Ich bitte den dezenten Hinweis auf unlauteres Geschäftsgebaren darin nicht zu überhören. Und die Briten verstehen etwas von Ökonomie. Oder denken Sie an die Opportunitätskosten der Volkswirtschaftslehre. Die Opportunitätskosten bezeichnen den Nutzen, der dem entgeht, der vorhandene Möglichkeiten – Opportunitäten – nicht wahrnimmt.

Neben uns hat auch die Transaktionskostentheorie einen offen positiven Begriff vom Opportunisten. Als Opportunist gilt ihr genau der Anlagetypus, der günstige Ereignisse oder Trends wahrnimmt. Da habt ihr's. Und liegt eure Welt, unsere Welt nicht in den Händen des Finanzkapitals, also der geborenen Opportunisten?

Ihr werft uns vor, gierig zu sein. Unserer armen Verwandten, der Spitzmaus, werft ihr vor, das gierigste Tier auf Erden zu sein. Mir macht ihr nichts vor: Das gierigste Tier auf Erden seid noch immer ihr!

In eurer Welt ist alles käuflich. Wir haben Glück, wir gelten als nahezu unverkäuflich. Aber eine Ausnahme, das ist schon richtig, macht ihr neuerdings doch. Es scheint euch nicht mehr opportun, eure Artgenossen zu kaufen oder zu verkaufen. Nicht einmal Frauen. Dabei war die Ehe schon immer ein Spezialfall des Frauenkaufs. In Europa suchte man diesen Umstand lange zu verbergen, etwa dadurch, dass die Frau sogar noch Geld mitbringen musste, wenn sie geheiratet werden wollte, das war die Mitgift. Der Mann sollte sie fortan schließlich ernähren. Dass sie ihn ernährte und erhielt, rundumversorgte, seine Kinder gebar und erzog, zählte nicht.

Im Gegensatz zu euch durchschaut eine Ratte euren Arbeitsbegriff sofort. Schon dass ihr die, die bei euch arbeiten, »Arbeitnehmer« nennt, wo sie doch ihre Arbeit *geben*, also »Arbeitgeber« heißen müssten, ist beredt genug. Doch es liegt mir fern, mich in eure Angelegenheiten zu mischen. Ich will nur sagen, in anderen Weltgegenden war man da schon immer aufrichtiger.

In vielen Ländern Afrikas verkaufen Familien heute noch ihre Töchter, schließlich sind sie oftmals das einzige Kapital, das sie haben. Für 60 Euro bekommen Sie, wenn Sie Glück haben, das schönste Mädchen. Wenn Sie ein mitteleuropäischer Mann sind und noch nicht die Absicht haben, Ihre Freundin zu verkaufen, können Sie aber doch schon mal herausfinden, wie viel sie wert ist. Schauen Sie in den Kamelrechner im Internet. Sie geben Alter, Größe, Augenfarbe, Haarfarbe und BH-Größe ein und erfahren sofort, wie viele Kamele Sie für Ihre Freundin bekommen. Eine blonde, schmale, blauäugige Achtzehnjährige erzielt etwa 75 Kamele.

Nun fragen Sie: Was soll ich mit 75 Kamelen? Ich würde sagen: verkaufen. Ich könnte Ihnen da ein paar Tipps geben, wir reisten schließlich einst nicht zuletzt per Kamel nach Europa. Doch ich wollte nur sagen, dass ich euch Universalmerkantilisten, deren oberste Gottheit der Markt ist, allmächtig, allwissend und nicht immer allgütig wie sein Vorbild, dass ich euch Allesverkäufern also glaube, dass ihr doch zunehmend eine Ausnahme vom Allesverkaufen macht, und das seid ihr selbst. Diese Opportunitätskosten nehmt ihr geborenen Opportunisten in Kauf, erwähnenswert ist das schon.

Aber guckt bloß nicht so moralisch! Natürlich seid ihr trotzdem käuflich! Betrachtet es mal so: Andere können euch zwar nicht mehr kaufen und verkaufen, auch das müsst ihr jetzt selber machen. Und verkaufen müsst ihr euch, schließlich wollt ihr leben. Dieser Umstand macht euch so erpressbar. Stellt euch vor, Siemens oder Amazon hätten noch lauter Sklaven älteren Typs: Die Firmen müssten ihnen Schlafsäle einrichten und sie rundumernähren. Ist es da nicht viel effektiver, die Selbstverkäufer dürfen sich nominell behalten und sehen selbst, wo sie bleiben? Erst wenn ihr euch selbst verkaufen müsst, seid ihr wirklich verraten und verkauft. Am Prinzip der Sklaverei hat sich indes nicht viel geändert, nur dass inzwischen die Selbstverantwortung des Sklaven gilt. Von dieser Art sind eure großen moralischen Errungenschaften, bloße Abfallprodukte dessen, was ihr den ökonomischen Fortschritt nennt.

Seid ehrlich, zählen nicht sogar die Menschenrechte dazu? Aber ich glaube, ich predige. Eine predigende Ratte ist nun wirklich das Allerletzte. Möchte mir noch jemand widersprechen, wenn ich euch Opportunisten nenne?

Noch ein Wort zu den Abfallprodukten, ihr redet schließlich mit einem Spezialisten. Was jede Ratte weiß, aber kein Marxist: Auch Abfall ist wertvoll. Egal, wie etwas entstanden ist, haltet sie lieber fest, ich meine die Menschenrechte!

Nachdem ihr sie aufgestellt hattet, wurde euch so proklamatorisch zumute, euer Gewissen ist empfindlicher geworden. Ihr beginnt euch zu fragen, ob nicht auch Tiere Rechte haben. Euer Gesetzbuch stellt zwar ausdrücklich fest, dass Tiere keine Sachen sind, fährt aber fort, sie seien wie Sachen zu behandeln. Seid ihr wirklich sicher, dass die Vernunft ein Geschenk ist? Aber das ist nicht euer letztes Wort, da bin ich sicher.

Im Mai 2015 erließ Neuseeland als erstes Land der Welt den *Animal Welfare Amendment Act.* Niemand hat es dazu gezwungen, es hat keine Vorteile davon, es handelt sich also, und das möchte ich ausdrücklich betonen, um das Gegenteil einer opportunistischen Beschlussfassung. Der *Animal Welfare Amendment Act* stellt ausdrücklich fest, dass auch Tiere fühlende Wesen sind, obwohl sich die Wissenschaftler darüber noch nicht einmal einig sind. Manchmal dauert es etwas länger, bis Wissenschaftler etwas erfahren, was sonst schon alle wissen. Tiere haben in Neuseeland also einen gesetzlichen Anspruch darauf, gut behandelt zu werden. Ich übersetze das mal etwas frei: Auch wenn wir sie zu durchaus egoistischen Zwecken halten, bevor wir sie ohnehin fressen, soll es ihnen gut gehen! In einem Land, in dem bloß 4,5 Millionen Menschen leben, aber 30 Millionen Schafe, ist das schon eine überaus bemerkenswerte Beschlussfassung.

Das Paradies

Ich habe euch zu Migranten erklärt, alle, und ich habe wohl recht. Aber ich kann diesen Satz von Novalis nicht vergessen: »Wo gehn wir denn hin? Immer nach Hause!« Oder nehmt Robert Walser: »Man sah den Wegen am Abendlicht an, dass es Heimwege waren.« Das passt doch nicht! Ein Migrant mit Heimweh ist keine gute Idee der Evolution. Als Heimat des Migranten käme lediglich der Ort infrage, an dem er noch nicht ist. U-topia. Sein Licht ist das Morgenlicht. Aber immer nach Hause? Ich weiß, eine sentimentale Ratte ist unmöglich. Aber auch in euch antwortet gewöhnlich etwas auf diese Sätze. Bloß was?

Kinder, ich glaube, ihr seid verloren. Erst beschwert euch die Evolution mit fast untragbaren Köpfen – und wozu das alles? Damit ihr darin die fürwahr nicht förderliche Idee des Heimwehs hervorbringt. Das ist wohl einmalig im Tierreich.

Lasst mich das einmal politisch formulieren: Eines ist klar, eure Konservativen sind nicht krank oder bloß von gestern, sie sind heimwehkrank. Ja wenn sie doch alle Novalis oder Walser hießen! Was ich sagen will: Ihr könnt sie, glaube ich, nicht einfach abschaffen. Und interessant ist, dass auch die bestvernetzten, bestglobalisierten, nomadisierenden Exemplare unter euch oft irgendwann sagen: Ich will nach Hause!

Heimweh nach dem Ort ihrer Herkunft? Heimweh nach dem Paradies?

Ich bin, wie ihr längst wisst, ein geborener Paradiesforscher. Als Tier, das noch alle Sinne beieinanderhat, glaube ich natürlich nicht an ein überirdisches Paradies. Ich glaube an das Paradies auf Erden. Da fällt euch gleich derKommunismus ein, die vorerst letzte Säkularisation der Idee des Paradieses? Allerdings ist er für viele schon als Idee der reine Schrecken. Wir wollen nicht streiten, vergesst den Kommunismus, erinnert euch, woher ihr kommt!

Es ist schon merkwürdig, dass ihr, Menschen der Erde, egal wo ihr wohnt, nahezu das gleiche Bild von der idealen Landschaft hegt: Leicht gehügelt und offen wäre sie, darin vereinzelte große, weit ausladende Bäume, auch Baumgruppen, aber kein dichter Wald. Wasserläufe und Seen durchzögen das Land, und darüber spannte sich ein unendlich durchsichtiger Himmel, gern mit hohen weißen Wolken. Natürlich wäre es warm. Selbst die Bewohner eurer Megacitys tragen dieses Bild in sich. Eure Parklandschaften kopieren es auf allen Kontinenten. Erkennt ihr es? Es wäre das Paradies, sagt ihr.

Das mag schon sein, erklärte 1980 der amerikanische Ornithologe Gordon H. Orians, aber näherhin ist es die afrikanische Savanne, eure Urheimat. Ihr könnt sie nicht vergessen. »Wo gehn wir denn hin? Immer nach Hause!« Vergesst nicht, dass eure Vorfahren Millionen von Jahren dort gelebt haben. Ihr habt Afrika, das subtropische Hochland der Menschheitswiege, erst vor einer Minute verlassen – stammesgeschichtlich betrachtet. Es war eure ökologische Nische.

Ich verallgemeinere: Gerade weil ihr Migranten seid, habt ihr Heimweh! Der Evolutionsbiologe Matthias Glaubrecht sagt, dass die Geister der afrikanischen Savanne euch nie verlassen haben, dass sie euren Körperbau ebenso bestimmen wie euer Verhalten, eure Vorlieben ebenso wie eure Furcht. Und natürlich fühlt ihr euch bei 29 Grad und trockener Luft am wohlsten. Die Geister der Savanne essen mit euch, sie lieben mit euch. Unglaublich, wie sich das Pleistozän in eure intimsten Angelegenheiten mischt.

Die Geister der Savanne sind auch der Grund, warum ihr, eingemauert in euren großen Städten, nie sagen würdet: Beton bis zum Horizont? Das ist wunderschön! Das ist meine Heimat! – Egal, wo ihr seid, ihr seid immer im Exil. Natürlich gibt es sogar in euren urbanen Wüsten Näherungen ans Verlorene, fragt eure Immobilienmakler, diese Paradieskundler der dritten Art: Wasserlage mit freiem Blick? Das mögt ihr, ihr wollt wieder so schauen wie eure Vorfahren, das kann teuer werden.

Novalis würde gewiss bestreiten, dass sein Heinrich von Ofterdingen in den ostafrikanischen Grabenbruch wollte. Und doch: Erinnert ihr euch an seine Blume, an die blaue Blume der Romantik, dieses Symbol der unendlichen Sehnsucht? An die Immer-nach-Hause-Blume? Er hat sie nicht näher beschrieben. Gegen Ende des Jahrhunderts aber, als Florist muss ich das ausdrücklich bemerken, fand der deutsche Kolonialbeamte Adalbert Emil Walter Le Tanneux von Saint Paul-Illaire ebendort, in den Usambarabergen Ostafrikas, die blaue Blume: das Usambaraveilchen, die Saintpaulia. Das ist nicht bloß Kornblumenblau, das ist tiefstes Unendlichkeitsblau.

Und noch etwas: Wisst ihr, warum ihr so gern am Strand entlanggeht? Warum kein Mensch am Saum des Meeres, muschelsammelnd, das Gefühl hat: Hier gehöre ich nicht hin?

Eure evolutionäre Nische lässt sich vielleicht noch genauer bestimmen. Am liebsten seid ihr nicht durch die Savannenmitte gelaufen, sondern an den Ufern von Seen und Flüssen entlang. Und den aufrechten Gang habt ihr nicht gelernt, weil ihr Gazellen jagend über die hohen Halme hinwegschauen musstet, sondern weil ihr ursprünglich Uferfischer wart: Ihr habt Muscheln, Wasserschnecken und langsame Fische gesammelt, dazu braucht man etwas Überblick und freie Hände. Der Dessauer Carsten Niemitz hat vorgeschlagen, euch als »aufrechtes Ufertier« zu interpretieren.

Ich glaube, ihr lauft nie mehr muschelsammelnd am Strand entlang, ohne euch an eure Seenrandherkunft zu erinnern. Und was den aufrechten Gang betrifft, so übt die Evolution noch. Kreuzschmerzen, Bandscheibenvorfälle? Eure Affen-Wirbelsäule hat sich noch nicht an eure neumodische Fortbewegungsart gewöhnt.

II.

Die neunmalkluge Ratte

Hören lernen

Vor meiner kleinen paradiesologischen Abschweifung sprachen wir über die Schafe Neuseelands. Neuseeland ist ein heikles Thema, denn wir haben es aufgefressen. Das meiste, was da wuchs, lauter Unikate. Ich glaube, ihr sagt »endemische Arten«. Vielleicht war es vorher das Paradies, niemand kann das mehr überprüfen. Aber dann kamen wir, mit den ersten Siedlern, und später das Gras und die Schafe.

Schafe sind dumm, glaubt ihr? Schafe sind die Klügsten auf jedem Bauernhof, den Bauern eingeschlossen. Natürlich nach uns, nur leider denkt niemand, wenn er an einen Bauernhof denkt, zuerst und am liebsten an uns. Aber das ist ein anderes Thema. Dass Ratten dumm sind, hat noch keiner behauptet, darum neige ich zur Großmut und gebe zu, dass Schafe uns in manchen Disziplinen sogar überlegen sind. Wenn ihr gelbe, blaue und grüne Eimer hinstellt, aber nur im gelben ist eine Belohnung, dann merkt sich das jedes Tier, das nicht völlig auf den Kopf gefallen ist. Und wenn die Siegprämie plötzlich nur noch im blauen Eimer ist, ist das auch keine intelligenztechnische Herausforderung. Wenn ihr dann aber gelbe, blaue und grüne Quader und Kegel aufstellt, und es geht plötzlich gar nicht mehr um Farben, sondern um Geometrie, um Quader oder Kegel, dann neigen die Hirne vieler Tiere doch verstärkt zur Irritation.

Ganz anders das dumme Schaf. Die Lämmer wählen lammfromm Quader oder Kegel, fast immer richtig, und ignorieren einfach die Farben, als ob es nichts Selbstverständlicheres gäbe. Dass wir ausgerechnet von den Schafen abstraktes Denken sowie kognitive Geschmeidigkeit lernen können, kommt selbst für mich etwas überraschend.

Doch jetzt geht es ums Hören. Da könnt ihr mal wieder nicht mitreden. Ihr hört Töne im Bereich von 0,018 bis 20 kHz. Wenn wir uns unterhalten, hört ihr nichts – und habt aus diesem und vergleichbaren Befunden den Schluss gezogen, dass Tiere keine Sprache haben, menschliche Logik eben.

Wir nehmen schwächste Schallwellen wahr, natürlich hören wir bis in den Ultraschallbereich hinein, 80 kHz sind die Obergrenze. Junge Ratten fiepen bei 60 kHz nach ihren Müttern, auch unsere Kriegsrufe sind für euch nicht hörbar, sie erreichen immerhin 50 kHz. In die Nähe eures Hörvermögens kommen wir erst, wenn wir unsere Mitratten beschwichtigen wollen. Unsere Deeskalationslaute sind verhältnismäßig tief, sie liegen bei 22 kHz, aber auch das ist noch zu hoch für euch. Die Kundgebungen unserer Lust entgehen euch auch, dazu gleich mehr, aber eines muss ich euch schon jetzt sagen: Man sollte sich überhaupt nur im Ultraschallbereich paaren! Ich will euch nicht zu nahe treten, ich enthalte mich eines ausführlicheren Kommentars zur lautlichen Anmutung eurer Lust. Gar nichts für empfindliche Ohren.

Eure Forscher gehen inzwischen sogar der Frage nach, ob wir vielleicht Echoortungssysteme besitzen. Aber wir sind Ratten, keine Fledermäuse. Über die Fledermäuse haben wir schon gesprochen. Viele glauben, die haben die besten Ohren. Fehlanzeige! Die Große Wachsmotte hört den höchsten Ton. Ich habe nie verstanden, für welche Leistung sie von der Natur derart ausgezeichnet wurde, ausgerechnet die Große Wachsmotte! Gibt es denn musikalische Motten?

Wir sind ungemein musikalisch, Sie kennen doch sicher die weltberühmte Geschichte vom Rattenfänger von Hameln? Sie ist ein einziges Lob unserer überragenden Musikalität. Der Rattenfänger wusste, es lohnt viel mehr, für uns Flöte zu spielen, als für die beinahe gehörlosen Angehörigen der Gattung *Homo sapiens*.

Sagen Sie nicht, das hätten Sie aber schon anders gehört! Und wie die Sage uns ehrt: Von wahrem Kunstverstand erfüllt, hingegeben an das Reich der Töne, lassen wir alles zurück, Kornspeicher, Haus und Hof, und folgen dem Flötenspieler. Der Kunst gilt's! »Ohne Musik wäre das Leben ein Irrtum«, sagte Friedrich Nietzsche. Der Mann hat recht. Ich könnte immer wieder lesen, was er über das Gehör schrieb: »Das Ohr, das Organ der Furcht, hat sich nur in der Nacht und der Halbnacht dunkler Wälder und Höhlen so reich entwickeln können, wie es sich entwickelt hat ... Daher der Charakter der Musik als einer Kunst der Nacht und der Halbnacht.«[1] Der Mann hätte wirklich bessere Ohren verdient gehabt als die euren.

Man schätzt, dass eine Milliarde Menschen auf der ganzen Welt die Geschichte vom Rattenfänger kennen und auch ihr tragisches Ende: den Opfertod Tausender meiner Geschwister für die Kunst. Es ging gar nicht um Ratten, es ging um Kinder, sagt ihr? Ich glaube, ihr meint die Nebenhandlung. Der Bürgermeister hatte vergessen, den Flötenspieler zu bezahlen, der die Ratten aus der Stadt gelockt hatte, ein früher Fall von verfehlter kommunaler Sparpolitik und Missachtung des Äquivalenzgebots. Da kam der Flötist eben zurück und lockte diesmal die Kinder. Und niemand hat sie je wieder gesehen, keines von ihnen. Ich glaube schon, dass euch das Schicksal der Kinder mehr berührt als das unsrige, sprechen wir ruhig von einer gattungsspezifischen hermeneutischen Erkenntnisschranke, schließlich heißt die Geschichte *Der Rattenfänger von Hameln*.

Das ertragt ihr nicht, wenn es einmal nicht um euch geht, nicht wahr? Darum behaupten eure Forscher nun, Ratten seien in der Sage anfangs überhaupt nicht vorgekommen. Sie verweisen auf eine alte Lüneburger Handschrift um 1430, die wiederum eine noch ältere Handschrift von 1370 kopiert. Da steht ungefähr dies: Ein schöner junger Fremder sei nach Hameln gekommen, »auf einer silbernen Flöte begann er sodann durch die Stadt hin zu pfeifen. Und alle Kinder, die diese Flöte hörten, an Zahl etwa 130, folgten ihm zum Ostertore hinaus zur sogenannten Kalvarien- und Gerichtsstätte«.[2] Und es sei dieses am 26. Juni 1284 geschehen. – So sind sie, die Philologen, erst eliminieren sie das Hauptmotiv, die hohe Musikalität und Leidensbereitschaft meiner Art, und zuletzt uns selbst, sie begeben sich auf Sekundärschauplätze. Ja, wenn sie nun zufrieden wären. Aber Philologen können das nicht. Sie halten sogar den Flötenspieler für eine bloße Metapher. Ja, für wen denn? Für einen Werber des böhmischen Königs Ottokar, der in Westfalen neue Siedler gewinnen wollte? »Kinder« kann doch ebenso heißen: Kinder der Stadt. Oder geht die Rattenfänger-Saga gar auf den Kinderkreuzzug von 1212 zurück?

Das Kreuzzugswesen war unlängst aufgrund sich überstürzender Misserfolge in eine Phase akuter Selbstzweifel eingetreten, was mehrere Kirchenväter auf den Gedanken brachte, nur eine Armee aus Armen und Unschuldigen werde in der Lage sein, das Heilige Grab in Jerusalem zurückzuerobern. Und wer wäre unschuldiger als ein Kind? Nikolaus, ein Junge aus Köln, führte den deutschen Zug an, denn Gott hatte Nikolaus erklärt, über die Alpen müssten sie zwar allein kommen, aber dann werde er das Meer vor ihnen teilen wie einst vor Mose, sinngemäß.

Sie ahnen, wie die Sache ausging? Rund 7000 schafften es bis nach Genua, gleichgültig lag das Mittelmeer. Ratten glauben nicht an geteiltes Wasser, wir glauben an Schiffe. Kinderkreuzzug, *peregrinatio puerorum*. *Puer* ist nicht nur der Knabe, das Kind, sondern auch der Knecht. Es war also ein Unterschichten-Kreuzzug, aber mögen eure Historiker euch das erklären! Nur die wenigsten haben es bis Jerusalem geschafft, meist wurden sie dort als Sklaven verkauft.

Wir Ratten treten zum ersten Mal in der 1557 veröffentlichten Chronik des Grafen Froben Christoph von Zimmern auf. Ihr wollt aus jeder Geschichte etwas lernen. Man hätte den Rattenfänger entlohnen sollen, das ist schon wahr. Man hätte auch dem Agenten des Königs von Böhmen ein gutes Essen, einen guten Wein anbieten und ihn gleich weiterschicken sollen, vor allem weg. Aber was macht man gegen den Enthusiasmus von Kindern, die die Welt retten wollen? Doch ihr überseht wieder die Hauptsache. Wisst ihr denn noch immer nicht, wer der Flötenspieler ist, jenseits jeden bürgerlichen Engagements? Der Flötenspieler ist der große Pan, der Verführer, es ist Dionysos, der Gott der Ausschweifung und der Musik. Vertraut einer Ratte, wir wissen solche Dinge, denn wir gehören von alters her zu seinem vornehmsten Gefolge, ja zu seinen Boten. Wir sind die Tiere des Dionysos. Dionysos ist unser Gott! Ihr seht also: Es geht im *Rattenfänger* doch um Musik und um all jene, die Ohren haben, sie zu hören. Es geht um uns.

Alfred Brehm, ein großer Sympathisant meiner Art, berichtet in seinem *Tierleben*, wie eine Bekannte ihren Keller betrat, als sie ein sehr melodisches Piepsingen, Singpiepsen hörte und schließlich eine Waldmaus fand, die saß neben einer Flasche Malaga mit undichtem Korken. Kein Künstler flieht vor seinem Publikum, und so blickte auch die Waldmaus ihrem unverhofften Auditorium beherzt ins Gesicht und setzte ihren Vortrag fort.

Wussten Sie, dass Ratten lieber Mozart als Schönberg hören? In einem texanischen Labor genossen 1969 neugeborene Ratten eine musikalische Früherziehung, wie sie unserer hohen Musikalität angemessen ist. Eine Gruppe hörte zwölf Stunden täglich die »Zauberflöte«, Mozarts Violinkonzert Nr. 5 und die Sinfonien Nr. 40, g-Moll, KV 550 sowie die Sinfonie Nr. 41, C-Dur, KV 551, genannt die Jupitersinfonie. Ein Kritiker Letzterer sprach vom »kühn spielenden Bezwingen der Materie zu edler Geistesform«, ein anderer von »neuen Sternbildern«, die der Komponist hier »in der Unendlichkeit des Weltraums« schuf, das höre jeder, doch dem polyfonen Geflecht bis ins Äußerste, Feinste folgen zu können, das erfordere schon Kennerschaft.

Ich weiß nicht, ob sich allen Rattenkindern das »kühn spielende Bezwingen der Materie zu edler Geistesform« im Fortwirken des polyfonen Geflechts adäquat erschloss, aber was sollte das neugeborene Schönberg-Auditorium sagen? Denn der zweite Wurf der Rattenkrippe hörte den ganzen Tag »Pierrot Lunaire«, »Verklärte Nacht«, »Kol Nidre« und andere Stücke.

Eine dritte Kontrollgruppe aber erhielt ihre musikalische Früherziehung durch einen Ventilator. Er begleitete sie mit einer unverkennbaren Neigung zur akustischen Schlichtheit, etwas angreifend, wie Mütter sind, aber doch mit Güte und Zuverlässigkeit durch ihr kaum begonnenes Leben.

Das dauerte zwei Monate. Dann folgten zwei Wochen Stille, zwei lange Wochen lautliches Nichts. Als sie vorüber waren, lernten die inzwischen schon ziemlich volljährigen Ratten, dass sie auf Knopfdruck Musik hören konnten. Das war die Stunde der Entscheidung. Keine Ratte wählte die Stille. Auch ihr ertragt die Stille schwer, ich weiß. Aber wie sich entscheiden zwischen Schönberg, Ventilator und Mozart? Nach Probehören der gesamten Hitparade drückten die Mozart-Ratten fortan entschlossen die Mozart-Taste. Die Schönberg-Jugend reagierte etwas anders. Schönberg war der Soundtrack ihrer Kindheit, das sind die stärksten Bindungen, jeder kennt das, und doch wählten die Schönberg-Ratten nicht nur die Zwölftonmusik. Noch öfter drückten sie Mozart.

Am wenigsten Anhänglichkeit an ihren musikalischen Früherzieher zeigten die Ventilator-Ratten. Wie manche Menschen konnten wohl auch sie den Unterschied zwischen der Zwölftonmusik und einem Ventilator nur unzureichend bestimmen. Also wählten sie Mozart. Aber warum?

Ihr glaubt, Mozart gehöre euch? Die Sprache der Musik ist universell. Ratten lieben Mozart!

Der Mozart-Effekt

Vom »Mozart-Effekt« haben gewiss auch die Unmusikalischen unter euch schon gehört. Und wir haben ihn bewiesen! Zumindest haben wir es versucht. Der »Mozart-Effekt« besagt, dass der Mensch oder die Ratte kurz nach dem Mozart-Hören klüger ist als vorher. Vor allem seine Fähigkeit zur räumlichen Orientierung steigt. Allerdings sollten es schon bestimmte Stücke sein, etwa die ersten zehn Minuten von Mozarts Klaviersonate für vier Hände, D-Dur, KV 448. Ein Dutzend College-Studenten musste sie 1993 in Irvine, Kalifornien, hören, unter Aufsicht eines Physikers und eines Kognitionsforschers. Und als die zehn Minuten um waren, schlug die Stunde des »Stanford-Binet-IQ-Tests«. Heraus kam eine signifikante Steigerung des räumlichen und zeitlichen Denkvermögens der meisten Teilnehmer. Allerdings handelte es sich um eine Wirkung, die nicht lange anhielt. Also mehr Mozart hören?

Übellaunige Wissenschaftler von der Konkurrenz beeilten sich nachzuweisen, dass Mozart auch dumm machen kann. Einer versuchte, zwischen den Fronten zu vermitteln, und sprach: »Das Allerbeste, was man aus ihrem Experiment schließen kann – wenn es denn völlig unbestritten wäre –, besteht darin, dass das Anhören von schlechter Musik Mozarts kurzfristig den IQ anhebt.«[3] Du miese Ratte!, dachte wohl sinngemäß der Kognitionsforscher, sein Name ist Frances Rauscher, und er beschloss, sein Experiment auf eine völlig unangreifbare, objektive Basis zu stellen, also auf uns, auf die Ratte. Rauscher: »Wir haben diese Tiere in utero und sechzig Tage nach ihrer Geburt verschiedenen Hörreizen ausgesetzt und sie dann ein räumliches Labyrinth durchlaufen lassen.« Nur eine Gruppe hörte

Wiener Klassik. »Und in der Tat bewältigten jene Tiere, die Mozart gehört hatten, das Labyrinth schneller und mit nur wenigen Fehlern.«[4]

Räumlich-zeitliches Denken ist der Schlüssel zu allem, oder nein, zu vielem, was danach kommt: Mathematik, Schach, Wissenschaft, Technik. Oder eben nicht kommt. Nach uns waren die Kindergartenkinder dran. Wieder gewannen die Mozart-Hörer. 1999 erschien Rauschers Buch-/CD-Set *Keeping Mozart in Mind*. Seitdem legen Mütter Wert darauf, dass ihre noch ungeborenen Kinder die Klaviersonate für vier Hände, D-Dur, KV 448, hören, und zwar am besten ganz. Böse Wissenschaftler widmeten sich inzwischen dem Nachweis, dass neugeborene Ratten vollkommen taub sind und auch später bloß die höheren Töne hören, vom zweigestrichenen C aufwärts. Hatte ich das vorhin vergessen zu erwähnen? Wir hören die tiefen Töne nicht so gut wie ihr. Wir hören sie eher gar nicht. Also, sagten die Skeptiker, hören Ratten höchstens 37 Prozent der Töne. – Falsch, sie hören 57 Prozent, widersprach Rauscher, der Kognitionsforscher, nicht ohne Erbitterung. Ich mag es, wenn eure Wissenschaftler alle ihre Berufsehre, Temperament und Scharfsinn an die Frage wenden, wie viel von Mozarts Klaviersonate für vier Hände, D-Dur, KV 448, wir wirklich hören können. Ich bin für mindestens 57 Prozent. Jeder hört Mozart anders, so viel ist doch klar, aber es bleibt immer Mozart!

Eure Forscher streiten bis heute über den Mozart-Effekt. Auf jedes *Es gibt ihn!* folgt ein *Es gibt ihn nicht!*. Ich glaube, es gibt ihn. Schließlich haben wir ihn bewiesen und sind besser durchs Labyrinth gekommen, selbst wenn wir nur 37 Prozent der Töne gehört haben sollten. Und ich mag den kognitiven universalistischen Ansatz: Wir haben eine gemeinsame Sprache der Neuronen! Aber eines muss euch klar sein, und wenn ihr euer Leben lang nur noch Mozart hört: In den Labyrinthen, durch die wir laufen, wärt ihr hoffnungslos verloren, da fändet ihr nie wieder raus!

Es gibt natürlich noch viel mehr Mozart-Effekte: Mozart wirkt gegen Epilepsie, das ist bewiesen. Auch die Epileptiker mussten die Klaviersonate D-Dur, KV 448, hören und fühlten sich danach ungemein räumlich orientiert. Die Zahl ihrer Anfälle sank. Wer Mozart hört, zuckt nicht, der Mann schafft Ordnung im Hirn. Ich erkläre das so: Es gibt eine Art von Periodizität in dieser Musik, eine so wohltätige Wiederholung von Tönen und Intervallen, dass euer Hirn zu der Illusion neigt: Ich kenne mich aus!

Außerdem senkt Mozart – nachweislich – Blutdruck und Herzfrequenz. Genau wie Bach. Allerdings gibt es, was diese Wirkungen angeht, gute Nachrichten für Leute mit anderen musikalischen Präferenzen. Heavy Metal! Hören Sie eine Stunde Disturbed, und Sie haben die systolischen und diastolischen Werte eines Neugeborenen. Bässe, pure Bässe! Und fast kein Text. Das ist sehr gut für den Blutdruck. Am besten, Sie lesen die Studie des Universitätsklinikums Bochum-Herne noch einmal selber nach.[5] Aber eine Einschränkung muss ich doch machen: Ich glaube nicht, dass Sie nach der Heavy-Metal-Therapie noch irgendwie ansatzweise durch ein Labyrinth kommen.

Ich fasse zusammen: Mozart senkt nicht nur Blutdruck und Herzfrequenz, er lindert auch die Missempfindungen bei Tinnitus, und er nimmt Neugeborenen die Panik. Wieso das, fragen Sie? Jedes Säugetier weiß das. Außer euch. Stellen Sie sich vor, Sie hätten gerade die Reise hinter sich, die jedes Rattenkind, jedes Menschenkind zuerst antreten muss und die das verharmlosende Alltagswort »Geburt« nun wirklich nicht beschreibt. Und es ist nicht der namenlose Schrecken dieser Reise durch konvulsivische Engen allein. Es ist der vollkommen katastrophale Ausgang! Plötzlich schweben Sie nicht mehr geschützt in der Mutterblase, die Ihre Weltblase war: Am Ende einfach ausgespuckt, sind Sie vollkommen allein! Nackt, schutzlos, ausgesetzt. Das ist das Ende. Was kann jetzt noch helfen? Ich verrate es Ihnen: Mozart!

Ich habe da übrigens einen Verdacht: Ihr wisst, dieses furchtbare Ende einer fötalen Geborgenheit wird sich später als ein großer Anfang herausstellen. Sollte hier die Wurzel eures Glaubens an die Möglichkeit einer Wiedergeburt liegen? Und eurer Empfänglichkeit für Musik? Zurück in die fötale Nacht! Ist nur eine Vermutung. Jede wahrhaft metaphysische Ratte fragt sich das.

Mozart- oder Heavy-Metal-Experimente mit der besten Hörerin im Tierreich sind nicht bekannt. Es ist unwahrscheinlich, dass die Evolution die Große Wachsmotte zur Disturbed- oder Mozart-Spezialistin ausbilden wollte. Disturbed könnte sie wohl ohnehin nicht hören, ich glaube, ihr fehlen die Bässe. Und über Mozart müsste sie gewiss sehr lachen, etwa über die Arie der Königin der Nacht. In der Arie kommen die höchsten der menschlichen Stimme erreichbaren Töne vor. Hohes C? 1,046 kHz. Die Große Wachsmotte hört bis zu 300 kHz. Andererseits ist das »kühn spielende Bezwingen der Materie zu edler Geistesform« in der Jupiter-Sinfonie genau das Motten-Thema. Zumindest wenn man unter »Materie« eine hungrige Fledermaus versteht und unter »edler Geistesform« den unbelangbaren Gemütszustand einer gerade entwischten Großen Wachsmotte.

Wahrscheinlich wollte die Evolution der Motte ein wenig helfen, das ewige Wettrüsten mit der Fledermaus zu gewinnen. Die Königin der Nacht also schafft 1 kHz. Bei einer Schallfrequenz von über 200 kHz herrscht für Fledermäuse, was für euch schon bei über 20 kHz gilt: absolute Stille im Weltraum. Die Große Wachsmotte jedoch hört schon am ohrenbetäubenden Dröhnen, wenn sich ein Fledermaus-Bomber nähert. Aber wozu volle 300 kHz? Im obersten Frequenzbereich hört sie doch vollkommen allein, da ist sie ganz ohne Mithörer, diese Frequenzen braucht sie gar nicht.

Ihr fragt bei allen Dingen auf Erden: Brauchen wir das? Ich bedauere die Armseligkeit eures Geistes und schlage folgende

Interpretation vor: 300 kHz! Das ist luxurierende Verfeinerung nach oben. Welche Aufmerksamkeit der großen Natur für eine kleine Motte! Und da kommen wir wieder zu euch: Was bei anderen Tieren luxurierende Verfeinerung nach oben ist, ist bei euch – ich habe das längst angedeutet – radikaler Abbau. Ein Steinzeitmensch hatte viel bessere Sinne und einen schärferen Verstand als ihr. Als Individuen wärt ihr kaum überlebensfähig, ihr verlasst euch auf das akkumulierte Wissen der Gattung, so gesehen seid ihr allesamt Transferleistungsempfänger, aus eigener Kraft gar nicht existenzfähig, ein einziger Rückbildungsschauplatz.

Ich präzisiere: ein wüster Rückbildungsschauplatz. Nichts macht die Natur an euch richtig. Erst enthaart sie euch, aber dann ist sie schon anderweitig beschäftigt und lässt euch nachlässigerweise mitten im Gesicht ein paar grotesk wilde Borsten stehen. Uns dagegen stehen Schnurrbärte. Sie erhöhen unsere Anmut. Und natürlich tragen wir sie nicht aus fehlgeleiteter Eitelkeit im Gesicht, das sind Tasthaare, Vibrissen. Damit erfühlen wir unsere Nächsten und alles, was nicht dazu zählt, die Welt. Euer einstiger Kaiser Wilhelm ahnte noch etwas von der Genialität, die bei uns schon im Barthaar steckt. Er hat sich wirklich Mühe gegeben, es nachzuahmen. Aber mit welchem Ergebnis!

Doch es gibt noch mehr Vorteile, eine Ratte zu sein.

Der sechste Sinn oder Schmecken lernen

Das Schmecken ist selbstverständlich ein noch intimerer Sinn als das Riechen oder Hören. Befand sich der Gegenstand unseres Interesses bis eben noch außerhalb des Hoheitsgebiets des eigenen Körpers, so befindet er sich nunmehr darin. Natürlich reicht es schon, etwas zu riechen, um sich zu übergeben. Zumindest bei euch ist das so. Mein Geschlecht besitzt eine gewisse Scheu vor solch animalisch-konvulsivischen Kundgebungen, oder haben Sie schon einmal eine kotzende Ratte gesehen? Wir können das nicht, dabei wäre es angesichts der Perfidie eurer Giftköder keine üble Gabe. Doch Sich-Erbrechen ist nachträgliche Intelligenz des Leibes; Prävention, Schmecken also, ist die eigentliche.

Katzen, gegen die wir eine gewisse natürliche Reserve empfinden, besitzen nur 400 Geschmacksknospen, Süßes schmecken sie gar nicht – Hauptsache, Fleisch. Ich finde das sehr angemessen. 400! Die armen Viecher. Leider kann ich Ihnen an dieser Stelle nicht mitteilen, dass wir die wahren Meisterschmecker sind, obwohl manche von Ihnen das wohl nicht einmal ausschließen, insofern sie den Film *Ratatouille* gesehen haben. Die Ratte Remy lernt kochen! Es ist der schönste, klügste, sensibelste, lustigste, wahrhaftigste Rattenfilm aller Zeiten. Ja, jeder kann kochen, und doch hätten die Disney-Studios wohl ein Pferd in die Gourmetküche stellen sollen.

Pferde verfügen über 35 000 Geschmacksknospen! Das ist spitze. Wahrscheinlich brauchen sie die 35 000 auch. Wer immer nur Gras frisst, ist rein kulinarisch gesehen schon etwas benachteiligt. Da hilft bloß, Hunderte Grasarten voneinander unterscheiden zu können. Es gibt Süßgräser und Sauergräser, das ist der Hauptunterschied, doch mögen die Pferde euch das weiter erklären.

Da wir ursprünglich und primär Vegetarier sind, ich, die europäische Hausratte ohnehin, gehören wir noch immer zu den Bevorzugten der Natur. Ihr seid Mittelfeld oder könntet es sein. Ihr kommt mit ungefähr 10 000 Geschmacksknospen zur Welt, als noch Ungeborene habt ihr die meisten. Dann nimmt euch die Natur rund die Hälfte wieder weg, vielen noch mehr. Wozu dieser Aufwand, fragt sie, die essen ohnehin vor allem Junkfood, da reichen im Grunde auch drei. Ihr seid wahrhaft Rückbildungsakrobaten.

Dass in euren Dosen und Tüten nichts ist, was euch absolut nicht bekommt, wird überwacht, das müsst ihr also nicht mehr selber herausfinden, könntet ihr auch nicht. Dabei hat die Evolution, als sie den Geschmack erfand, euch nicht in den Gourmetrestaurants sitzen sehen, vor euch filigrane Teller-Kunstwerke, die außer euch Barbaren niemand mutwillig zerstören würde, nein, sie wollte bloß vor verdorbener oder anders unzuträglicher Nahrung schützen.

Ich erkläre euch mal, wie Geschmack funktioniert. Es kommt darauf an, den Bissen auf der Zunge bis in seine kleinsten Elemente zu zerlegen – noch nicht mit den Zähnen, allein mit den Geschmacksnerven. Denn natürlich platziert ihr eure Gifte gern in Delikatessen, wir brauchen eine wachsame Zunge. Sie sieht ganz samtartig aus, das machen die unzähligen Papillen, und die größten tragen die empfindlichsten Geschmacksknospen, in denen laufen unzählige Nervenenden wie Antennen zusammen. Wir schmecken alles, allerdings manches etwas anders als ihr.

Die vier Geschmacksrichtungen, die schon euer Altertum kannte, kennen auch wir: Süßes, Saures, Bitteres, Salziges. Und mehr, habt ihr lange Zeit geglaubt, gibt es auch nicht. Die Japaner haben noch *umami* hinzugefügt, das heißt »Wohlgeschmack«. Das ist doch kein Geschmack, das ist japanischer Unfug, beschwerten sich die Nichtjapaner, vor allem die Spezialisten. Aber dann fanden Forscher der Miami School of Medicine die Umami-Geschmacksrezeptoren auf eurer Zunge. Seitdem habt ihr fünf. Dieser Fünfte registriert vor allem Zerfallsprodukte von Proteinen. Das Hauptbeispiel für einen Umami-Geschmack ist immer Parmesan. Also, ich bin mir da nicht sicher. Die Chinesen etwa halten Käse überhaupt nicht für ein Nahrungsmittel, für Chinesen ist Käse fest gewordene verdorbene Milch, kann also gar nicht *umami* sein. Dafür ist für Chinesen tote Ratte *umami*. Sie halten jedes Tier, dessen Rücken zum Himmel zeigt, für grundsätzlich essbar. Also auch das Schuppentier. Aber dass die Fledermaus in Bäumen oder Dachstühlen hängt, und dann noch mit dem Kopf nach unten, hätte die Chinesen eigentlich warnen müssen. Fledermaussuppe?

Unsere Rücken zeigen nach oben. Ratte schmeckt süß, erklärt der kantonesische Koch Chan, dessen Restaurant unlängst einen Michelin-Stern erhielt. Inzwischen bekommen nämlich schon die Chinesen solche Sterne, allerdings nicht in erster Linie für tote Ratte. Ich hoffe, ich löse jetzt nicht jene interessante, uns vollkommen fremde konvulsivische Reaktion aus, bei der es dem Mageninhalt gelingt, sich entgegen den Gesetzen der Schwerkraft zu bewegen und unterwegs verschiedene Verschlüsse zu öffnen. Das ist gar nicht *umami*. Aber was ist es dann? Man müsste Remy fragen, die kochende Ratte.

Niemand weiß also genau, was *umami* ist, aber Sie haben die richtigen Rezeptoren dafür. Das ist bewiesen. Und Sie besitzen sogar noch einen sechsten Geschmackssinn, obwohl das die meisten noch gar nicht wissen. Sie können Fett schmecken. Sie erkennen es nicht nur an der Konsistenz, nein, Sie können es schmecken, genau wie wir. Und wem habt Ihr dieses Wissen zu verdanken? Uns. Triglyzeride sind nicht wahrnehmbar, aber wir besitzen Enzyme im Maul, Lipasen, die zerlegen sie wieder. Und dann sind sie zu schmecken. Nachdem eure Forscher herausgefunden haben, dass auch ihr derartige molekulare Scheren besitzt, die auf so klangvolle Namen wie LIPK oder einfach M hören, müsst ihr euch damit abfinden, dass ihr einen sechsten Geschmackssinn habt. Der siebte könnte der metallische oder alkalische sein, aber darüber streiten sie noch.

Reden wir über Männer und Frauen!

Männer und Frauen

Wahrscheinlich ist bei uns alles wie bei euch. Frauen sind klüger, aktiver, können viel besser klettern und balancieren als die Böcke, sind neugieriger, schöner ohnehin, sie spielen mehr, nagen mehr, sorgen für ihre Kinder, erkunden die Welt, machen sowieso alle Arbeit, kurzum: Das Prinzip Ratte ist weiblich. Verstehen Sie mich nicht falsch, ich bin kein Feminist, aber wie soll ich das anders zusammenfassen?

Zum Vorteil der Böcke – das ist euer Wort für unsere Männer, nicht das unsere – lässt sich eigentlich nur sagen: Es gibt sie. Und sie sind erheblich größer als die Frauen, wenn das denn ein Vorzug sein sollte. Die fette Ratte, die in Bad Bensheim im Gully stecken blieb und von der Feuerwehr gerettet werden musste, war natürlich ein Bock.

Passen Männer und Frauen zusammen? In eurem Fall kommt erschwerend hinzu, dass Männer oft mehr Affen gleichen als ihren Frauen. Rein genetisch betrachtet. Zumindest hat das die Zeitschrift *National Geographic Deutschland*[6] berichtet. Es soll Frauen geben, die diese Nachricht nicht überrascht hat. Sie könnte in der Tat vieles an diesem Geschlecht erklären, nicht nur den Primatengang des Mannes oder eine gewisse Tendenz zur Schlichtheit seiner Organisation. Aus naturwissenschaftlicher Sicht lässt sich zwischen euch und den Menschenaffen ohnehin keine eindeutige Grenze mehr ziehen.

Studien belegen eine bis zu 99,4-prozentige genetische Gleichheit. So ist beispielsweise das Erbgut von Mensch und Schimpanse – je nach Analysemethode – zu 93,5 bis 99,4 Prozent identisch: Im Durchschnitt bleibt ein Unterschied zwischen Schimpanse und Mensch von 1,5 Prozent. Die Differenz im Erbgut von Menschenfrauen und Menschenmännern kann aber zwei bis vier Prozent betragen, sagen eure Forscher. Es gibt demnach Paare, bei denen der Mann einem Schimpansenmann ähnlicher ist als seiner Frau. Natürlich existieren auch Gegendarstellungen.

Ihr wisst sicher, dass das männliche Y-Chromosom lediglich eine degenierte, geschrumpfte, heruntergekommene, schadhafte Variante des weiblichen X-Chromosoms ist? Es hat in den letzten 250 Millionen Jahren bereits über 90 Prozent seiner Gene verloren, niemand vermisst sie. Das menschliche X-Chromosom trägt über 1000 Gene, das Y-Chromosom gerade mal 78. Das sind die Verhältnisse, Freunde, das ist Biologie, da kann man nichts ändern. Die Stachelratte hat das Y-Chromosom schon ganz suspendiert.

Auch bei uns machen die Männer, was Männer so machen: Sie liegen auf dem Sofa, gucken Fußball, und wenn sie doch einmal aufstehen, markieren sie ihren Herrschaftsbereich. Sie kennzeichnen alles, was ihnen gehört. Da werden sie plötzlich fast wach, verbringen mit dieser Tätigkeit überhaupt den Großteil ihrer Zeit. Sie machen das mit Urin und Smegma, ich will das hier nicht erläutern, am besten, Sie schauen selbst im Wörterbuch nach, was Smegma ist, es riecht wirklich nicht gut. Soll es auch nicht, denn es dient nicht der Einladung, sondern der Abschreckung. Die Botschaft lautet: Hier möchtest du nicht sein! Beim Signieren ihres Eigentums – sie signieren auch ihre Frauen – entwickeln die Rattenmänner ein schon fast hominides Temperament.

In Smegma-Schrift ist bei uns geschrieben, was bei euch Kriegserklärungen, Friedensverträge und Nichtangriffspakte sind. Insofern will ich gar nicht leugnen, dass es in der Tat zivilisatorische Fortschritte gibt, was die Schriftkultur angeht. Für komplexere Verhaltensformen wie etwa soziale Fürsorge, Aufmerksamkeit für die Nachkommen besitzen die Hirne der Böcke nicht genügend Schaltkreise.

Manchmal fragen sich unsere Frauen: Warum gibt es eigentlich Männer? Ist die Existenz des Mannes nicht das tiefste aller Rätsel? Warum schafft die Natur ein Wesen, das wie der Rattenmann nun wirklich zu nichts zu gebrauchen ist? Nun werdet ihr vermutlich sagen, das sei doch vollkommen klar, er hat die Schrift erfunden, wie seinen Smegma-Mitteilungen an jeder Ecke und auf seinen Mit-Ratten zu entnehmen ist. Er ist also ein Journalist, denn ohne seine Zeitungen fehlten der Rattenwelt die elementaren Informationen des Tages. Und wo Schrift ist, ist fast schon Wissenschaft, nicht wahr? Der Rattenmann wäre demnach der eigentliche Kulturträger.

Ich weiß nicht. Gibt es nicht einen Unterschied zwischen Renommiersucht und Kultur? Oder ist die ganze Kultur am Ende nur ein Begleiteffekt, sagen wir, ein Kollateralgewinn der männlichen Eitelkeit, bei euch wie bei uns?

Und wir führen die Kriege!, rufen die Böcke. Das ist schon wahr, aber selbst die Menschen glauben nicht mehr an den Krieg als eigentliche und höchste Kulturleistung. Wenn ich euch an die *Ilias* erinnern darf? Einst und noch sehr lange waren all eure großen Tugenden kriegsursprünglich, und die höchste Tugend war die Tapferkeit im Angesicht des Feindes. Woraus folgte, dass alles Verachtenswerte weiblich war. Du bist wie ein Weib!, war das Schlimmste, was man einem Mann sagen konnte. Aber seht es doch einmal so: Wenn man zwei Gambia-Riesenhamsterratten-Böcke in einen Käfig sperrt, ist einer am nächsten Morgen tot. Und es lässt sich nicht einmal mit Gewissheit sagen, welcher von beiden der Kühnste war. Nennt ihr das soziale Kompetenz?

Um nicht missverstanden zu werden: Ich benutze dieses Wort eher selten. Ich weiß, dass ihr in jeder verbalen Leerstelle das Wort »Kompetenz« einfügt. Eure Kinder erwerben in der Schule keine Bildung mehr, sondern nur Kompetenzen. Ich aber sage euch: Die einzige Kompetenz, die ihr erlangen könnt, ist die Inkompetenzkompensationskompetenz. Ich gebe zu, das Wort ist nicht von mir, das sagt einer eurer besseren Philosophen. Ihr kennt doch Odo Marquard?

Die Pointe ist nun, dass wir diese höchste Qualifikation, die euch zu erreichen möglich ist, gleichsam von Natur aus besitzen. Das heißt: unsere Frauen. Sie arbeiten zusammen, eine betreut den Nachwuchs der anderen, während die Männer ihre Kinder nicht einmal mit der entlegensten Vibrisse ansehen und es auch nicht dabei belassen, sich gegenseitig totzubeißen, nein, in Ermangelung anderer nächstliegender Nahrung fressen sie auch die eigenen Kinder, geradeso wie eure Revolutionen das machen. Als Gattungssubjekt sollte mir jetzt natürlich dringend noch etwas Positives zum Rattenmann einfallen, ihr könntet mich sonst für parteiisch halten.

Formulieren wir es so: Beim Sex sind die unsrigen enorm. Rattenscharf. Und sie singen dabei, die ganze Zeit, und zwar in jeder Beischlafphase verschieden. Der Ich-bin-bereit-Ruf klingt anders als die präejakulatorische Arie, deren Noten sich durchaus von der postejakulatorischen Darbietung unterscheiden. Wenn Sie einen Rätterich mit Schüttelkrampf im Hintern sehen, so ist das kein Krankheitssymptom, sondern der Nagetier-Orgasmus. Schade, dass Sie nicht hören können, wie er dann klingt, denn wir singen im Bett grundsätzlich dem Anlass angemessen in den höchsten Tönen, also im Ultraschallbereich. Und unsere Männer haben nicht nur drei kurze Arien wie jeder mittelmäßige Tenor, nein, sie singen gleich eine ganze Oper. Mit jeweils einer kurzen Pause nach jedem Akt, so wie das in euren Musiktheatern auch üblich ist. Fünf Akte sind normal. Aber die Pausen dazwischen werden doch immer länger.

Es könnte sein, dass unser Paarungsverhalten euch leicht befremdet, erst recht die Feministinnen unter euch, dabei verführen unsere Frauen viel dezenter als ihr: Wir wackeln mit den Ohren, und wie! Natürlich können wir jedes Ohr einzeln bewegen, und dann schwirren sie wie kleine Rotorblätter. Dieses schöne Bild hat die amerikanische Psychologie-Professorin und Rattensex-Sachverständige Kelly G. Lambert gefunden.

Normalerweise haben wir Gruppensex, außer im Labor. Aber

auch da ist der bereits einschlägig engagierte Rätterich, etwa nach dem vierten Akt und schon etwas geschwächt vom Singen, noch einmal ganz neu motiviert, sieht er eine neue Frau. Die Wissenschaftler nennen das den »Coolidge-Effekt«. Sie erinnern sich doch noch an den amerikanischen Präsidenten?

Calvin Coolidge wollte 1924 auch von den Bauern wiedergewählt werden, weshalb er eine Hühnerfarm besuchte, gemeinsam mit seiner Ehefrau. Mrs. Coolidge sah den für seine sexuellen Erfolge preisgekrönten Hahn zuerst, und als sie erfuhr, dass der Hahn zwanzigmal am Tag Sex habe, sprach sie zu ihrem Informanten: Sagen Sie das meinem Mann! So erfuhr Calvin Coolidge etwas später, was ein richtiger Hahn ist, und hatte dazu nur eine Frage: Mit derselben Frau?

Ich wage zu behaupten, dass es sich beim Coolidge-Effekt um ein universelles Phänomen handelt. Wenn unsere Frauen bei Laune sind, und nur dann, schlafen sie möglichst mit allen Männern der Welt. Das kommt euch vermutlich wie eine Massenvergewaltigung vor, aber vielleicht versteht ihr noch den Impuls. Ich sage nur: Calvin Coolidge! Mein Referat über die Lust der Ratte neigt schon jetzt zu leicht deplatzierter Ausführlichkeit, aber ein paar Dinge von gattungsübergreifendem Interesse will ich euch doch noch mitteilen.

Unsere Frauen können in diesen Tagen noch besser riechen als sonst. Es ist ihnen, als wären sie unmittelbar verbunden mit dem Nabel der Welt. Eine unmittelbare Verbindung zum Nabel der Welt zu besitzen ist natürlich etwas ganz anderes, als sich für den Nabel der Welt zu halten. Ihr neigt zu dieser Annahme, ich werde diesen Irrtum noch erläutern. Darum fällt es euch auch so ungemein schwer, die Bühne dieser Welt wieder zu verlassen. Kühn gesprochen: Nicht nur der Tod, auch der Beischlaf befreit vom *principium individuationis*, von der furchtbaren Last, ein Einzelner sein zu müssen. Und nicht zuletzt: Sex ist gut fürs Gehirn. Den Beweis habe ich aus der objektivsten Quelle, die ihr kennt, aus dem Rattenversuch.

Also: Warum nur ein Mann, wenn man fast alle kriegen kann? Ihr wisst vermutlich, Menschenfrauen, dass die Männer euch so verachtet haben, weil sie euch insgeheim für Rattenfrauen hielten, »Huren«, sagt ihr wohl. Bloß, dass wir selbstredend kein Geld nehmen. Aber der Punkt ist interessant: Der Ausschluss eurer Frauen aus der Gesellschaft wurde stets mit ihrer rattenhaften Geschlechtlichkeit begründet. Wollt ihr Beweise?

Hört die Verurteilungsansprache, die der heilige Carolus 1575 an die Mailänderinnen richtete. Er gab ihnen die Schuld daran, dass die Stadt von der Pest heimgesucht wurde, dabei waren wir schuld, was der heilige Carolus nicht wissen konnte. Aber der Unterschied zwischen Weib und Ratte war immer nur graduell. Hört den heiligen Carolus: »Doch du, oh Weib, mit deinem Umherschweifen, deiner Neugierde und Eitelkeit, wenn du selbst nicht fällst, bringst du viele andere zu Fall, und manchmal bist du die Ursache für Raufereien, Streit, Verwundungen und Tod unter den Männern, aber viel öfter die Ursache für den Tod vieler Seelen wegen der Sünden, die durch deine Schuld begangen werden.«[7]

So sprach Carlo Borromeo, Erzbischof von Mailand, zu den Mailänderinnen nach der großen Pest von 1575. Das Weib ist die Ursache aller Übel in der Welt, also auch der großen Seuche. Das ist die Formel jeden Patriarchats: Es reduziert die Frau auf ihre bloße Geschlechtlichkeit, lässt ihr nichts außer dieser, um dann zu behaupten, die Frau sei nicht mehr als ebenjene Geschlechtlichkeit. Das ist der klassische Fall einer gesellschaftlichen Scheinform, vielleicht sogar der grellste. Aber zurück zur Lust der Ratte.

Ihr sagt, bei aller Unschuld der Mailänderinnen an der großen Pest von 1575: Der Sex der Nagetiere beweise euch doch endgültig, das ihr keine seid. Wir seien eben doch zu verschieden, um uns gegenseitig etwas erklären zu können. Wir leben in einer anderen Welt. Aber wartet noch einen Augenblick! Glaubt bloß nicht, dass ewige Treue und das Bis-dass-der-Tod-uns-scheidet eure Exlusiventdeckungen wären. Überhaupt das Geheimnis der tieferen Bindungen. Nehmen wir nur mal die Wühlmäuse. Kennt ihr meine Schwester, die kalifornische Präriewühlmaus? Und wisst ihr auch, was die kalifornische Präriewühlmaus von der Rocky-Mountains-Wühlmaus unterscheidet?

Oxytocin

Ihr seid von Natur aus so wenig monogam veranlagt wie wir, oder fast so wenig, aber trotzdem genießt die Monogamie bei euresgleichen ein weit höheres Ansehen als die Polygamie. Dabei neigen Säugetiere höchst selten zur Monogamie. Fünf Prozent, höchstens! Ja, wenn ihr ein Buntbarsch wärt, *Xenotilapia spiloptera*. Oder ein Pfeilgiftfrosch, *Ranitomeya imitator*. Oder wenigstens ein Vogel! Es gibt ungemein viele monogame Vögel, manche für eine Saison, manche für ein ganzes Leben. Felsenpinguine zum Beispiel. Selbst wenn Tausende von Kilometern zwischen ihnen liegen, käme es dem Felsenpinguinmann nicht in den Sinn, eine andere Felsenpinguinfrau zu suchen. Oder Blaumeisen. Oder Gänse. Gänse! Monogamie scheint nicht gerade auf überragende Intelligenz zu deuten.

Was also stört euch so an der Polygamie? Dieser Geruch von wahlloser Tierhaftigkeit? Was sich so fast ohne Ansehen des Gegenübers paart wie wir, darf eurer Verachtung sicher sein. Aber glaubt bloß nicht, der Buntbarsch, die Felsenpinguine und ihr hättet die Monogamie erfunden. Ein Leben zu zweit, bis dass der Tod euch scheidet? Um so zu leben, muss man kein Pinguin sein, dafür muss man schon gar nicht die Mühen der Menschwerdung auf sich nehmen. Denn auch was die Monogamie betrifft, gilt meine Ordnung als beispielhaft, genauer meine liebe Verwandte, die kalifornische Präriewühlmaus. Sie ist euer Modellfall einer monogamen Lebensform! Wohlgemerkt, die kalifornische Präriewühlmaus, nicht etwa die Rocky-Mountains-Wühlmaus. Kritiker der Rocky-Mountains-Wühlmaus sagen, die zeige nicht einmal ansatzweise monogames Verhalten. Es sind wirklich sehr liederliche Mäuse. Aber steigt man herab von den Bergen in die Ebene, ändert sich das Bild vollkommen.

In guten wie in schlechten Tagen laufen sie Seite an Seite durch die Prärie. Der Mann hat nur Augen für seine eigene Frau, die Frau hat nur Augen für den eigenen Mann, und wenn einer von beiden stirbt, lebt der Hinterbliebene künftig allein seiner Trauer. Das schafft ihr nicht! Niemand lebt katholischer als die kalifornische Präriewühlmaus. Für die Mäusekinder sorgen Mutter und Vater gleichermaßen, ja ich wage zu behaupten, es gibt keinen besseren Vater auf Erden als den kalifornischen Präriemäuserich, vom amerikanischen Kiefernwühlmäuserich einmal abgesehen. Und vom Pfeilgiftfrosch, *Ranitomeya imitator,* natürlich. Nicht nur, dass er Tag für Tag das Gelege befeuchtet, nein, nach dem Schlüpfen trägt der Pfeilgiftfroschvater seine Pfeilgiftquappen selbstlos auf seinem Rücken in die beste Pfütze weit und breit.

Nun fragt Ihr: Wie kann das sein? Ich sage nur: $C_{43}H_{66}N_{12}O_{12}S_2$! Da ist Kohlenstoff drin, Wasserstoff, Stickstoff, Sauerstoff und ein wenig Schwefel. Klar, flüssig, geschmacklos. Wenn ihr euch $C_{43}H_{66}N_{12}O_{12}S_2$ nicht merken könnt, könnt ihr auch Oxytocin sagen. Es ist ein Hormon, näherhin ein Neuropeptid aus der Gruppe der Proteohormone. Es wird im *Nucleus paraventricularis* und im *Nucleus supraopticus* gebildet, die gehören beide zum Hypothalamus. Alles klar? Gespeichert wird es im Hinterlappen der Hirnanhangdrüse und bei Bedarf abgegeben. Ihr kennt es schon ein Jahrhundert lang, und zwar als Schwangerschaftshormon. Oxytocin kommt vom griechischen *okytokos*, das heißt »leicht gebärend«. Es empfiehlt sich zur Einleitung der Wehen und regt die Milchbildung an, aber ich glaube, solche Kreißsaalinterna wollt ihr gar nicht lesen. Dass es euer Verhalten auch außerhalb von Geburtskliniken beeinflussen könnte, habt ihr lange für eine hoch absurde Idee gehalten. Doch nicht bei einem so hochkomplexen Lebewesen wie dem Menschen!

Aber was passiert, wenn man fremden Leuten Oxytocin in die Nase sprüht und sie dann Kredite vergeben lässt? Der viel belachte Freiburger Psychologe Markus Heinrichs veröffentlichte 2005 eine Studie in *Nature*, die genau das analysierte. Danach lachte keiner mehr. Alle seine Teilzeitbanker mussten vor der Kreditvergabe ein Nasenspray benutzen. Einige inhalierten Oxytocin, die anderen nur etwas angenehm Feuchtes. Doch die Auswirkungen waren signifikant: Die Oxytocin-Gläubiger vergaben Kredite nach so windigen Kriterien wie Bedürftigkeit. Sie tendierten zu Fragen der Form: Wer sonst sollte einen Kredit bekommen als der, der ihn nötig hat? Und die Kredithöhe bemaß sich an der an sich indiskutablen Frage: Wie viel brauchst du? Sie glaubten an ihre Klienten, insbesondere an deren künftige Zahlungsfähigkeit. Natürlich beargwöhnte die irritierte Fachwelt den Versuchsaufbau, aber alle weiteren Experimente bestätigten auf ihre Weise dieses erste.

Oxytocin ist offenbar ein Willkommenshormon, ein Neurotransmitter der Menschenzugewandtheit, der kognitiven Empathie. Es ist das Nähe-Hormon, man hat es bereits als »Elixier des Miteinanders« bezeichnet. Natürlich könnte man es auch verantwortlich machen für das, was eure Frauenskeptiker den »physiologischen Schwachsinn des Weibes« genannt haben. Lasst niemals stillende Mütter Bankkredite vergeben! Aber auch bei Männern ändert sich nicht nur das Naturell des Kreditgebers. Das Belohnungszentrum ihrer Hirne neigt beim Anblick der eigenen Frau gewöhnlich zu Auskünften wie: Kein Kommentar! Unter Oxytocin-Einfluss aber verfassten die zuständigen Rezeptoren plötzlich lauter meist wohlmeinende

Stellungnahmen. Besonders bemerkenswert: Die Oxytocin-Rezeptoren kommentieren vorzugsweise vertraute Personen, Fremde sind ihnen egal. Auch konfrontativ gestimmte Paare zeigten unter Oxytocin-Einfluss durchaus auffälliges Verhalten: Statt gegeneinander sprachen sie miteinander und sahen sich sogar in die Augen.[8]

Und das Elixier senkt die Alarmbereitschaft der Amygdala, es wirkt entängstigend. Es handelt sich demnach um ein ungemein soziables Hormon. Reden wir von der Maus. Wenn Rocky-Mountains-Wühlmaus-Frauen sich paarungsbereit fühlen, gehen sie los. Kurz darauf ist alles wieder vorbei. Ganz anders die Präriewühlmaus-Frauen. Die haben solche Natur-Zyklen nicht, die müssen zuvor das Männchen riechen, vorzugsweise das eigene, das zu erwählende. Ich könnte euch jetzt viel sagen über die Rolle des längst erwähnten Jacob'schen Organs bei der Partnerwahl der kalifornischen Präriewühlmaus, aber diese kostbare Einrichtung hat euch die Evolution schon wieder genommen, und es hat wenig Sinn, zu olfaktorischen Legasthenikern zu reden. Während sich die Geschlechter der polygamen Säugetierarten nur zur Paarung begegnen und meist nicht länger als nötig, feiert die monogame Maus bis zu zweitägige Orgien. Gemeinsame Erlebnisse verbinden. Das würde der Syrische Goldhamster, ein finsterer Einzelgänger selbst unter den Hamstern, niemals schaffen. Nicht einmal eine Stunde lang ist die Hamsterin für den Hamster gewöhnlich zugänglich, und würde der künftige Vater versuchen, sich seinen Kindern zu nähern: Er riskierte sein Leben.

Nein, die Geschlechter polygamer Arten leben nicht zusammen. Die monogamen Wühlmäuse dagegen führen gewöhnlich eine Mäuse-Musterehe in den Feldern Kaliforniens – Vater, Mutter, viele Kinder – und müssen auch nie um das Wer-macht-was? streiten. Ihre Oxytocin-Rezeptoren sind ganz anders und dichter verteilt als bei der Rocky-Mountains-Wühlmaus. Das prägt fürs Leben.

Eigentlich hätte ich euch auch noch das Vasopressin erklären müssen, denn beide Hormone sind sich sehr ähnlich und werden unter gleichen Bedingungen freigesetzt, obwohl sie durchaus unterschiedlich wirken: Ich hole das später nach, oder Sie lesen jetzt gleich das Kapitel »Wir Ausländerfeinde?«. Die Präriewühlmäuse haben auch deutlich mehr Vasopressin-Rezeptoren als ihre liederlichen Verwandten.

Aber eine Frage bleibt doch: Warum hat die Evolution die Kalifornische Wühlmaus erschaffen? Über 700 Mäusefamilien haben Forscher im Feld gefangen und herausgefunden, dass die Kinder alleinerziehender Mütter im Trauerjahr ebenso gut versorgt waren wie die der Paare. Brutpflege fordert einen enormen Einsatz, sie beansprucht alle Kräfte: Warum also beide? Eure Präriewühlmaus-Sachverständigen neigen zu der Annahme, dass das Überleben in der kalifornischen Prärie einst viel schwerer war als heute, da habe es Mutter und Vater gebraucht, dass aus kleinen Mäuschen Mäuse werden konnten. Sie kennen den Song *It Never Rains in California*? Gute Bewässerung half auch der Maus. Trotzdem hat sie ihre Lebensweise nie wieder aufgegeben, ihre Rezeptoren raten ihr ab. Und da kommen wir zu euch.

Vom Buntbarsch lernen oder Loblied auf die Höflichkeit

Vielleicht macht also gar nicht mangelnde Intelligenz monogam, wie das Beispiel von Buntbarsch und Gänsen nahelegt, sondern schlechtes Wetter und andere Widrigkeiten? Chronische Nahrungsbeschaffungskrisen wie bei der kalifornisch-katholischen Präriewühlmaus? Lasst euch sagen: Monogamie ist ein sicherer Indikator für Ressourcenknappheit.

Ihr wisst, dass Evolutionsbiologen euch als *weed species*, als

»Unkrautart«, bezeichnen? Eure Reproduktionsrate ist im Vergleich zu euren nächsten Verwandten, den Schimpansen, unfassbar hoch. Verhältnis 2:1. Dabei ist es keineswegs leichter, ein Menschenkind groß werden zu lassen, als ein Schimpansenkind. Aber die grundsätzlich alleinerziehende Schimpansenfrau bekommt erst dann wieder Nachwuchs, wenn das letzte ihrer Kinder aus dem Haus ist. Bei euch ist das anders, und woran liegt das?

Ich habe es oben schon angedeutet: Nicht wenige eurer Forscher glauben, die Paarbindung habe euch den entscheidenden Evolutionsvorteil verschafft. Die Erfindung der sozialen Monogamie bei einem eher polygam veranlagten Wesen könnte »das Schlüsselereignis« für den Erfolg eurer Art gewesen sein, sagt der Evolutionsbiologe Matthias Glaubrecht. Also, ich glaube, die Monogamie, die Paarbindung, kommt später. Und auch nicht überall. Aber die gemeinsame Sorge für die Kinder wäre das Stichwort. Und der besondere Schutz der Gruppe für die Frauen.

Dass ihr als einzige Hominidenart übrig geblieben seid, ist ohnehin ein Rätsel. Seine wahrscheinlichste Auflösung lautet: Ihr wart nicht schöner oder klüger als die anderen, das hätte ich ohnehin nie geglaubt. Ihr wart vor allem fruchtbarer. Eine Unkrautart eben. Allerdings ein Unkraut mit sozialer Kompetenz. Wie also habt ihr das geschafft?

Nun, ungefähr so wie die Krallenaffen oder die Makaken. Affen und Äffinnen der Horde tragen die Jungen gleichermaßen, spielen mit ihnen und überlassen sie den Müttern nur zum Trinken. Das ist der Krallenaffenkindergarten. Aber es ist mehr: ein ganzer sozialer Verbund. Und die Krallenäffinnen erwarten schon bald wieder Nachwuchs.

Nicht die absolute Fruchtbarkeit entscheidet über den Reproduktionserfolg einer Art, sondern die Anzahl der weiblichen Tiere, die lange genug leben, um selber wieder Kinder zu bekommen. Ich glaube, eure Vorfahren hätten das etwas anders formuliert, aber sie haben sich an diesen Grundsatz gehalten. Und irgendwann stieg die Lebenserwartung der Töchter eurer Vorfahren in der Tat an. In einem ursprünglichen Akt der Selbstlosigkeit – man könnte auch sagen: in einem Akt von signifikanter evolutionärer Selbstbezüglichkeit – begannen die jungen Männer, die Mädchen besonders zu schützen. Sie waren das Wertvollste, was die Horde besaß.

Liegt nicht noch ein fernster Nachklang eures Uranfangs in der Geste jeden Mannes, der einer Frau die Tür aufhält? Aber ich vergaß: Eure jungen Frauen wollen das gar nicht mehr. Sie sagen: Das kann ich allein! Schon möglich. Doch gestattet, dass ich euch korrigiere. Für meine Begriffe erfüllen solche Zurückweisungen den Tatbestand kultureller Barbarei. Was mich immer am meisten für euch eingenommen hat, sind eure Umgangsformen. Nie würde ein Rätterich einer Rättin die Tür aufhalten und sagen: Nach Ihnen bitte! – Ihr löscht das nonverbale Gedächtnis der Gattung, wenn ich das einmal so formulieren darf. Ohnehin ist die Erfindung der Dame in Europa beispiellos in allen Kulturen.

Auf anderen Kontinenten blieben die Männer beim Feiern gewöhnlich unter sich, Frauen waren Tischdienst und/oder Nachtisch. Ganz anders in Europa. Kein Fest ohne Frauen, ja mehr noch, ohne Verehrung der Frau. Der Äthiopier Asfa-Wossen Asserate formuliert es so: »In allen Gesellschaften der Welt wird vor allem die Macht verehrt …, was aber genuin europäisch ist, ist das Hinzutreten der Ohn-Machtverehrung in Gestalt der Dame.«[9] Ihr verantwortet selbst, was ihr wegwerft. Ihr wollt lieber absolute Gleichheit statt absoluter Höflichkeit, sagt ihr? Denkt an die Hadza, den vorbildlich egalitären Jäger-und-Sammler-Stamm in Tansania. Aber wenn es irgendwo zu wenig schattenspendende Bäume gibt, sitzen grundsätzlich die Männer darunter und die Frauen ungeschützt in der afrikanischen Sonne. Doch wir wollen nicht streiten.

Ihr habt gesehen, schon die allerersten Gesten der Menschwerdung verraten einen kulturellen Überschuss. Den Aufgang einer Höflichkeit, einer besonderen Zugewandtheit zwischen den Geschlechtern. Und zwar, und das ist wichtig: jenseits der Paarung! Aber wie sollten eure Hirne solche Überschüsse einordnen? Darauf hat sie niemand vorbereitet, schon gar nicht die Evolution. Und sie nahmen den einzigen verfügbaren Ausweg: Sie wuchsen. Und zwar genau in den unspezifischen vorderen Bereichen, die zuständig sind fürs Soziale.

Auch was das Gebären betrifft, fallt ihr völlig aus dem Rahmen der Tierwelt. Als Alleingebärerinnen kamen eure Frauen ohnehin nicht mehr infrage, nicht bei den großen Köpfen eurer Kinder, sie brauchten Assistenz. Und da die Gehirne der Kleinen dennoch auf skandalöse Weise unfertig waren und noch über Jahre weiterwachsen würden, brauchten sie auch postnatale Assistenz. Ganze Urhorden folgten dem Beispiel der Makaken und Krallenaffen. Aus bloßen Verursachern von Leben wurden die ersten Väter, nun gut, Randväter. Nicht unbedingt die Väter ihrer eigenen Kinder – wer wollte das prüfen? Wem wäre es in den Sinn gekommen, das prüfen zu wollen? –, wohl aber Familienväter, kollektive Großfamilienväter. Ihr seht, es handelt sich um den klassischen Fall sich gegenseitig verstärkender Wirkungen. Die erste Innovation des *Homo sapiens* war wohl nicht der Umgang mit Werkzeugen, die Arbeitsteilung und die Erfindung der Sprache, sondern der Schutz der Frauen und der Urkindergarten. Und die soziale Ächtung der Alphamänner natürlich, denn wo die den Ton vorgeben, ist wirkliche Kooperation unmöglich: Der Amerikaner Richard Wrangham leitet aus dem kollektiv verfügten Todesurteil über die Tyrannen das Erfolgsgeheimnis eurer Spezies ab.[10] So habt ihr begonnen, eine Weise des Zusammengehörens zu erfahren, zu kultivieren, die die unsrige wohl doch übersteigt. Was mich dabei fasziniert, ist diese Gleichzeitigkeit von Reaktion auf absolute Notdurft und luxurierendem Überschuss. Sollte euch das ausmachen?

Erinnert ihr euch an das Wort von der »Lichtung des Seins« eines eurer bestbeargwöhnten Philosophen? Ich glaube, Heidegger passt.

Eure Männer singen eher selten während der Paarung, habe ich gelesen, ganz anders als unsere. Ich habe oft darüber nachgedacht. Beginnt Kultur vielleicht genau dann, wenn man nicht dabei singt, sondern davor oder danach? Und manchmal sogar anstelle der Vereinigung? Das ist außerordentlich.

Eure beste Musik ist nicht mehr Begleitmusik, sondern Erinnerungsmusik und Zukunftsmusik. Ich könnte euch jetzt einen Vortrag über den Zusammenhang von Sehnsucht und Musik halten, aber ich weiß schon, ihr gehört nicht mehr zur romantischen Generation, ihr seid die Zeitgenossen von *Me too*.

Me too? Freundinnen, das hat nun wirklich keine Größe! Es mag befreiend gewesen sein, aber Größe hat es nicht. Für eure Skeptiker liegen die Dinge ohnehin klar: Wenn ein so sklavisches Geschlecht wie die Frau sich emanzipieren will – *mancipium* ist der Sklave, wie ihr wisst –, kommen genau solche Aktionen heraus. Nun seid ihr schon wieder empört: Wieso sklavisches Geschlecht? Aber schaut euch doch einmal an! Ihr habt es ziemlich lange unter der Regentschaft der Männer ausgehalten, und die meisten tun es noch immer. Ihr wollt gefallen und schreckt dabei vor keiner Entstellung zurück, oder doch, eure Kriegsbemalungen sind etwas dezenter geworden. Männer haben sich schon immer gefragt: Warum machen die das? Es liegt in der Natur des Weibes, glauben die Misogyniker älteren Typs. Was ich sagen will: Solche Aktionen wie *Me too* erfüllen genau den Tatbestand des Sklavenaufstands der Moral. Und dass ihr eure Emanzipation in die Grammatik verlegt habt, spricht auch nicht für euch. »Die Chines*innen gehen einkaufen.« Das ist Verstümmelung der Sprache. Das ist linguistische Körperverletzung, ein mutwillig versehrter Sprachleib. »Als eine Frau lesen lernte, trat die Frauenfrage in die Welt«, schrieb Marie von

Ebner-Eschenbach. Soll euer großer Aufbruch in das Reich der Worte wirklich so enden?

Könnt ihr überhaupt noch einen Unterschied zwischen Sprache und Kommunikation machen? Die Sprache ist mehr als ein Mittel, wisst ihr das noch? Sie ist euer Zusammenhang mit dem Gestern, ein unendlich fein stimmbares wie verstimmbares Instrument, schon viele Generationen vor euch haben es gebraucht und an euch weitergegeben, sie ist ein Seismograf, ihr Gewissen sagt euch, wenn etwas nicht stimmt, sie hat die Seele einer Widerständlerin, aber ihr Emanzipationswillig*innen könntet sie zum Verstummen bringen, ausgerechnet ihr. Der Ruin der Grammatik ist nicht das Schlimmste. Aber euer Neudeutsch ist im tiefsten Kern ein Verwaltungsidiom, ist Behördensprache. In ihm lassen sich noch Formulare ausfüllen, aber keine Gedichte mehr schreiben. Das Kennzeichen einer lebendigen Sprache war immer, dass sie beides erlaubte. Ihr wollt sie stumpf machen, dass sie am Ende nicht einmal mehr mit euch redet? Wisst ihr eigentlich, was ihr an ihr habt?

Über die Sprache überhaupt und über die Sprache des Menschen

Ihr verachtet uns so, weil wir stumm sind. Der Herr hat euch die Sprache gegeben, euch, dem vornehmsten aller Geschöpfe, und uns Tiere hat er stumm gemacht. Das glaubt ihr doch, oder? Ihr könnt für Gott von mir aus auch die Evolution einsetzen, das ist mir egal. Ihr habt diesen Irrtum zum Vorwand der größten Arroganz gemacht, die je ein Tier einem anderen, gar allen anderen, bezeugt hat. Dass wir keine Sprache haben, ist natürlich Unsinn. Wenn ihr »Sprache« sagt, dann meint ihr die *benennende* Sprache, das ist ein Unterschied, ein ganz großer, und darin liegt ein höchst zwiespältiger Vorzug. Ich werde euch das gleich erklären. Aber erstaunlich ist es schon, dass ihr, das selbst ernannte *animal rationale*, gewöhnlich schon zu denkfaul seid, diesen Unterschied überhaupt zu machen.

Die Ursprache ist wohl die der Gesten. Ihr wisst, dass ihr diese eure Ursprache mit den Affen teilt? 24 Primaten-Gesten, sagt man, sind noch die euren. Ihr könnt sie nicht einfach zurückweisen mit der Erklärung: Ich bin doch kein Affe! Ihr werdet mit ihnen geboren. Auf etwas zeigen, betteln, Nähe suchen, natürlich auch der drohend erhobene Arm – das ist Sprache, Körpersprache, Affensprache. Das ist gemeinsamer Grundwortschatz. Eure Wissenschaftler streiten noch, ob die Lautsprache sich aus der Gestensprache entwickelt hat oder parallel dazu entstand. Ich neige zur zweiten Auffassung, vertraut einer Leseratte! Und eben da, bei der höher entwickelten Lautsprache, hört es bei uns, den Tieren, eben auf, sagt ihr. Dies nun ist falsch. Ich sage nur FOXP2!

Ich hoffe, ihr wisst, dass wir, Mäuse und Ratten, zu den auserwählten Wirbeltieren gehören, die fähig sind, eine Sprache zu lernen, neue Laute zu formen und zu behalten. Versuchen Sie mal, Ihrem Hund Sprechen beizubringen! Der bellt weiter. Wir aber haben das Sprachgen, das FOXP2, ein Protein. Ihr habt es entdeckt, als ihr einer Londoner Familie helfen wolltet, die nicht richtig sprechen konnte. Von dreißig Angehörigen hatte die Hälfte Schwierigkeiten, Worte zu finden, die Worte sinnvoll zu Sätzen zu fügen. Andererseits waren die Londoner gar nicht dumm, insofern man jenseits der Sprache den Eindruck von Intelligenz erwecken kann. Und dann trat ein Oxforder Genetiker Ende der Neunziger vor die linguistisch Benachteiligten und erklärte ihnen, dass auf ihrem Chromosom 7 etwas nicht stimme. Ein Abschnitt sei da nicht in Ordnung. So wurde das Gen entdeckt.

Ich gebe zu, ihr und wir haben nicht genau das gleiche. Während 100 Millionen Jahren Evolution hat sich nur eine einzige Aminosäure in eurem FOXP2-Protein geändert, aber in den letzten sechs Millionen Jahren gleich zwei. Natürlich wolltet ihr das sofort genauer untersuchen, und an wem? Natürlich an uns, genauer, an meinen Brüdern und Schwestern, den weißen Mäusen. Deren FOXP2-Gen habt ihr mit den beiden menschlichen Änderungen ausgestattet.

Ich weiß nicht, was ihr erwartet habt. Ob ihr geglaubt habt, die würden jetzt gleich eine Plauderei mit euch anfangen. Wisst ihr, was sie taten? Die fiepten plötzlich auf anderen Frequenzen, etwas tiefer. Und sie lernten besser.

Es ist also nicht die Sprache, durch die sich der Mensch vom Tier unterscheidet. Jedes Tier weiß, worin der Hauptunterschied zwischen euch und uns besteht: Der Mensch ist das religiöse Tier, vermutlich das einzige. Ich muss präzisieren: Nicht allein wir wissen das, Mark Twain wusste es auch. Twains *Book of Animals*, Part 3: *Man's Place in the Animal World*, »Der Platz des Menschen im Tierreich«. Ich zitiere: »Der Mensch ist ein religiöses Tier. Er ist das einzige religiöse Tier, das die wahre Religion hat – gleich mehrere davon. Er ist das einzige Tier, das seinen Nächsten liebt wie sich selbst und ihm die Kehle durchschneidet, wenn sein Glaube nicht der richtige ist.« Mein Gott, seid ihr polemisch.

Meine Geschichte eures Gottes erzähle ich euch weiter hinten, wir misstrauen einander, aber ich sage euch, die lange Historie des Irrtums, den ihr »Religionsgeschichte« nennt, hat auch seine berückenden, wunderbaren Seiten, für die man euch beinahe lieben könnte.

Einer eurer Philosophen hat aus der Geschichte vom Sündenfall die wohl tiefste, zarteste Sprachphilosophie gemacht, die ich kenne. Ich weiß nicht, ob ihr sie überhaupt noch verstehen könnt, ihr Absolventen lebenslanger Kommunikationstrainings, aufgezogen mit Semiotiken und Strategieseminaren. Framt ihr schon? Aber ich rede nicht von Kommunikation, sondern von der Sprache. Und dazu, glaube ich, muss man schon ein wenig Theologe sein, gewissermaßen der Theologe, der nach der Theologie kommt. Ihr meint, eine Ratte als Metaphysiker sei nun wirklich das Allerletzte? Aber einer muss doch euer Erbe bewahren, wenn ihr schon keine Augen und Ohren, keinen Sinn mehr habt für das, was euch gehört.

Den Titel dieses Kapitels habe ich natürlich gestohlen, ich brauche dafür gar keine Entschuldigung, ich bin eine Ratte, oder nein, ich habe ihn geborgt, ich wollte ihn einfach wieder einmal klingen hören. Er ist von Walter Benjamin. Ich erlasse euch die Lektüre dieses Kapitels unter der Bedingung, dass ihr seinen Essay »Über die Sprache überhaupt und über die Sprache des Menschen« selber lest. Es sind nur neunzehn Seiten, aber es ist eine ganze Welteinführung.

Das noch einzuberufene große Parlament der Tiere, dem wir, glaube ich, präsidieren sollten, würde Benjamins Ausgangspunkt wohl einstimmig beipflichten. Er lautet: »Es gibt kein Geschehen oder Ding weder in der belebten noch in der unbelebten Natur, das nicht in gewisser Weise an der Sprache teilhätte.«[11] Ich übersetze: Alles ist Ausdruck, sogar die Existenzweise der Steine. Eure Kommunikationstheorien kommen nie bis zur Sprache der Dichtung, zur Sprache der Worte statt der Wörter, das schafft nur diese, die linguistische Übersetzung der Geschichte vom Sündenfall. Benjamin widerlegt unter mutmaßlicher Zustimmung aller Tiere des Landes, der Lüfte und der Meere die landläufige Auffassung, der zufolge das geistige Wesen eines Dings in seiner Sprache bestünde. Langweile ich Sie? Es ist auch ein großer Unterschied, ob sich das geistige Wesen einer Sache *in* der Sprache mitteilt oder *durch* die Sprache. Solche Unterscheidungen sind sehr wichtig. Würde es sich *durch* die Sprache mitteilen, hieße das, das geistige Wesen sei präexistent, also, sagen wir, ein irgendwie gegebenes Signifikat auf der Suche nach seinem Signifikanten. Sie merken schon, diese Vorstellung scheint mir trivial.

Ich versuche es noch einmal: Die Sündenfallgeschichte der Bibel, gelesen als Sprachphilosophie. Was war die Sprache des

Paradieses? Die Namenssprache, die vollkommen erkennende Namenssprache, in der Schaffen und Erkennen zusammenfallen. Was so entsteht, ist der Begriff, sagt ihr? Nein, das ist bloß eine beklagenswerte nachparadiesische Auffassung. Es ist der Name. Jeder wahre Dichter versteht das. Wem ich einen Namen gegeben habe, den habe ich erschaffen. Und darin liegt seine Vollkommenheit.

Was wäre also Gott? Nichts weiter als der Punkt, in dem die Namenssprache des Menschen und die namenlose der Dinge verbunden ist. Diesen Gott kann auch ich lieben.

Und was wäre der Sündenfall? Eine Namen-lose Erschütterung des paradiesischen Sprachgeistes, in dem Magie und Erkenntnis zusammenfallen, Abkehr vom unmittelbaren Anschauen der Dinge. Benjamin: »Der Sündenfall ist die Geburtsstunde des *menschlichen Wortes*, in dem der Name nicht mehr unverletzt lebte. … Das Wort soll *etwas* mitteilen (außer sich selbst). Das ist wirklich der Sündenfall des Sprachgeistes.«[12] Was jetzt kommt, ist Kommunikation, sind die Sprachen der Wissenschaft, der Justiz, der Kunst. Ich erlasse euch an dieser Stelle eine tiefere Betrachtung über den Zusammenhang von Post-Paradies und Geschichte des Rechtswesens, nur ein Zitat noch: »Der Baum der Erkenntnis stand nicht wegen der Aufschlüsse über Gut und Böse, die er zu geben vermocht hätte, im Garten Gottes, sondern als Wahrzeichen des Gerichts über den Fragenden. Diese ungeheure Ironie ist das Kennzeichen des mythischen Ursprungs des Rechts.«[13] Es gibt nicht viele Sätze, über die man tagelang immer neu nachdenken könnte, dies ist einer.

Doch zurück zu uns, zur Natur, zu den Tieren: Im Paradies besaßen auch wir Sprache, wie ihr alle wisst. Aber nach dem Sündenfall war die Natur nicht mehr dieselbe, sie war keine paradiesische mehr. Sie verstummte. Benjamin: »Es ist eine metaphysische Wahrheit, dass alle Natur zu klagen begönne, wenn Sprache ihr verliehen würde. … Sprachlosigkeit ist das große Leid der Natur.«[14] Die Klage aber, sagt der Philosoph, sei der undifferenzierteste, ohnmächtige Ausdruck der Sprache, sie enthalte fast nur den sinnlichen Hauch, »und wo auch nur Pflanzen rauschen, klingt immer eine Klage mit«.[15]

Könnt ihr linguistischen Zöglinge der Jetztzeit das noch verstehen? Die Bäume wollen gar nicht mit euch kommunizieren, wenn sie rauschen, genauso wenig wie die Wellen des Meeres. Sie wollen zu euch reden. Oh, ich liebe eure Dichter. Dichtung ist Erinnerung an die Namenssprache des Paradieses. Der Philosoph meint genau genommen auch nicht, dass die Natur stumm ist, sondern dass ihr Post-Paradieslinge sie nicht mehr verstehen könnt. Da verstummt sie, vor Trauer: »Es ist in aller Trauer der tiefste Hang zur Sprachlosigkeit, und das ist unendlich viel mehr als Unfähigkeit oder Unlust zur Mitteilung. Das Traurige fühlt sich so durch und durch erkannt vom Unerkennbaren.«[16]

Ihr versteht, wozu man Theologie braucht? Ich rekapituliere: Indem der Mensch mit dem Sündenfall aus der reinen Sprache des Namens heraustritt, wird die Sprache zum Mittel, tendenziell zum bloßen Zeichen. Anstelle der Magie des Namens erhebt sich die Magie des Urteils, also eine höchst zwiespältige. Zugleich wird die Sprache zum Symbol des Unsagbaren: »Innerhalb aller sprachlichen Gestaltung waltet der Widerstreit des Ausgesprochenen und Aussprechlichen mit dem Unaussprechlichen und Unausgesprochenen.« Ich glaube, das hätte ich einfacher formuliert. Das Einfache ist oft stärker, was Sie aber nun keinesfalls mit dem Abstrakten verwechseln dürfen. So, wie ich das verstehe – vertrauen Sie einer neunmalklugen Ratte –, liegen auch die Ursprünge der Abstraktion im Sündenfall.

Das Wesen der Abstraktion oder René und Alex

Die Abstraktion ist, würde ich sagen, ein postparadiesisch ebenso notwendiges wie fatales Vermögen. Ich bin stark versucht, euch jetzt einen kleinen Vortrag über das Wesen der Abstraktion zu halten; in Dingen der Erkenntnistheorie befragt man am besten ein Nagetier und nicht eure Philosophen. Wir sind *a priori* unparteiisch. Ich könnte euch das am Beispiel von René Descartes erklären, ihr kennt ihn, das ist der Mann, der uns die Seele absprach. Also, nicht den Ratten allein, allen Tieren. Doch da sind wir nicht die Einzigen, die Kirche war sich lange auch nicht sicher, ob Frauen eine Seele besitzen, da sie doch eher zu uns zählen, zu den Tieren.

Descartes gelangte außerdem zu der Überzeugung, dass wir Tiere im Grunde Maschinen sind. Und dieser Auffassung näherte er sich nicht, weil wir ihm zutiefst zuwider waren, sondern allein aufgrund seiner postparadiesischen Fähigkeit zur Abstraktion. Ich glaube fast, ihr Kinder der Jetztzeit habt mehr Sympathien für uns als für Descartes, aber etwas voreilig ist das schon. Denn Descartes' *Discours de la méthode*, die »Abhandlung über die Methode«, ist schon eine großartige Autonomie-Erklärung des Menschen. Ihr wäret nicht die geworden, die ihr heute seid, ohne Leute wie ihn, und das sagt euch ein Nagetier. Nicht ohne das Vermögen der Abstraktion!

Am Ende entschied sich natürlich auch für Descartes alles an der Sprache: »Das erste ist, dass sie« – die Tiere – »niemals sich der Worte oder auch anderer Zeichen bedienen könnten, um sie so zusammenzusetzen, wie wir es tun, um anderen unsere Gedanken zu vermitteln.«[17] Hier irrt Descartes. Er kannte den Schwarzstirn-Springaffen nicht, den *Callicebus nigrifrons*.

Der Schwarzstirn-Springaffe kennt zwei Warnrufe, der erste ist für Feinde in der Luft, der zweite für Feinde am Boden. Da es aber vorkommt, dass ein erdbewohnender Widersacher plötzlich von oben kommt, etwa eine fiese Großkatze, die auf einem Baum sitzt, wäre der Ruf Feind-am-Boden eine fahrlässige Irreführung, *fake news*. Weshalb der *Callicebus nigrifrons* nun vor der durch nichts aus der Welt zu schaffenden Herausforderung sprachlicher Komplexität steht. Er muss einen hochabstrakten und zugleich hochkonkreten Satz bilden der Form: *Feind von unten kommt von oben*. Und ebendas macht er, indem er beide Rufe auf eine sehr genaue Weise miteinander kombiniert.

Und dafür braucht er ein überaus präzises semantisches Verständnis, denn würde er etwas verwechseln und etwa *Feind von oben kommt von unten* rufen, wäre alles bloß noch schlimmer. *Fake news* mit potenzieller Todesfolge. Den Ruf *Feind von oben kommt von unten* gibt es natürlich auch. Also Adler am Boden. Über die Entstehung der Sprache aus den Gesten habe ich schon gesprochen, aber die rein akustische Sprache – nachparadiesisch selbstverständlich – entsteht wohl durch die Kombination verschiedener Laute, wie es Descartes bereits vermutete. Leider hat er auch Washoe nicht kennengelernt, eine großartige Schimpansenfrau.

Washoe weigerte sich zwar beharrlich, Englisch zu sprechen, lernte aber eine Gebärdensprache, die *American Sign Language*. 130 Gesten standen ihr zu Verfügung, also gewissermaßen 130 Wörter. Und was sie damit machen konnte, streift beinahe an die benennende, also schaffende Gabe Gottes, zumindest an die art- und gattungsbestimmende Tätigkeit eines Biologen. Was ist ein Schwan? Kommt es wirklich darauf an, diesen Namen aussprechen zu können? Ist es nicht viel wichtiger, den Schwan zu denken?

Washoe bestimmte das Tier eindeutig als Flügelwesen im Wasser. Und was ist ein scharfes Radieschen? Ein Artgenosse Washoes konnte es auf eine Weise sagen, die Descartes, was sinnliche Konkretheit bei gleichzeitiger Abstraktheit angeht – und hier handelt es sich um den Idealfall eines Begriffs –, kaum eingeholt hätte. Ein scharfes Radieschen ist seiner tiefsten Affen-Benennung nach ein *Schrei-Schmerz-Essen*, ja bitte, was denn sonst?

Dass Papageien sprechen können, wusste auch Descartes. Aber er glaubte nicht, dass sie wissen, wovon sie reden: »... denn die Erfahrung lehrt, dass Elstern und Papageien ebenso wie wir Worte von sich geben und dennoch nicht wie wir sprechen können, d. h., indem sie bezeugen, dass sie ein Bewusstsein haben von dem, was sie sagen.«[18] Descartes kannte Alex nicht.

Alex hat genau wie René einen Wikipedia-Eintrag. Bei Descartes steht: »René Descartes (geboren 31. März 1596 in La Haye en Touraine; gestorben 11. Februar 1650 in Stockholm) war ein französischer Philosoph, Mathematiker und Naturwissenschaftler«. Bei Alex steht: »Alex (geschlüpft ca. 1976; gestorben 6. Dezember 2007) war ein Graupapagei, dessen Wortgebrauch über einen Zeitraum von 30 Jahren von der Tierpsychologin Irene Pepperberg ... intensiv untersucht wurde.«

Pepperberg und ihre Kollegen führten in Gegenwart des Vogels auffallend alltägliche Dialoge. Jemand hielt eine Gabel hoch und fragte: Was ist das? Wer die richtige Antwort wusste, bekam die Gabel. Und immer so weiter. Das erregte Alex' Interesse. Eines Tages krächzte er dazwischen: Korken!

Descartes hätte Alex zwei blaue und drei rote Schlüssel zeigen und ihn dann zu einer Disputation auffordern können: »Wie viele blaue Schlüssel sind das?« Alex antwortete in solchen Fällen, leicht gelangweilt: »Zwei.« – »Und was ist verschieden?« Alex postwendend: »Farbe.«

Als Irene Pepperberg ihn irgendwann zur Mittagspause verließ – *I'm going away to have lunch now* –, verstand der Vogel sofort, was sie sagte. Es ging nur sekundär um das Essen, eigentlich wollte sie mitteilen, dass der Unterricht vorerst zu Ende war. Aber wer sagt denn, dass nur sie die Lektion beenden kann? Und so sprach Alex fortan, wenn er Unlust nahen spürte, weiterzulernen: *I'm gonna go away* – »Ich werde weggehen.« Nicht: »Ich gehe weg.« Nicht Präsens, Futur! Der feinfühlige Vogel gibt seinem Gegenüber Zeit, sich auf seinen Ratschluss einzustellen. Und wenn Alex dann doch in ein tief enttäuschtes Gesicht sehen musste, wusste er, was jetzt zu sagen war: *I'm sorry!*

Seit wann entschuldigen sich Maschinen?

Das letzte Gespräch zwischen Irene und Alex gehört wohl zu den schönsten Liebesdialogen der Mensch- und Tierheit.

Alex, am Ende eines langen Tages: *You be good. I love you.*

Irene: *I love you too.*

Alex: *You'll be in tomorrow?*

Irene: *Yes, I'll be in tomorrow.*

Doch als Irene am nächsten Tag wiederkam, saß Alex schon nicht mehr auf seiner Stange. Er wurde nur 31 Jahre alt. Der Papagei bekam einen Nachruf im *Spiegel*.

Descartes schrieb am Ende des fünften Teils seines *Discours de la méthode*: Es gäbe keinen vergleichbaren Irrtum, »der die schwachen Geister eher vom rechten Wege der Tugend ablenkt, als sich einzubilden, die Seele der Tiere sei von der gleichen Natur wie die unsrige und wir hätten demnach, ebenso wie die Fliegen und die Ameisen, nach diesem Leben nichts zu fürchten oder zu hoffen. Weiß man dagegen, wie verschieden die menschliche und die tierische Seele sind, so begreift man weit besser die Gründe, die beweisen, dass die unsrige eine vom Körper ganz unabhängige Natur hat und demnach nicht mit ihm dem Untergange unterworfen ist.«[19] Hat je ein Tier stärker, verhängnisvoller geirrt als Descartes?

Dass die Seele allein aus Vernunft gemacht ist, ist ohnehin eine so krude Annahme, dass ich sie hier nicht weiter diskutieren möchte. Dahin bringt euch die Abstraktion! Und doch gibt es kein Lernen, kein wirkliches Erkennen ohne sie. Sie sollte bloß nie das letzte Wort haben.

Descartes führte das Selbstbewusstsein als entscheidende Kategorie in die Philosophie ein, ihr erinnert euch: *Cogito, ergo sum!* – »Ich denke, also bin ich.« Ihr habt eben selbst gehört, wie er über die Ameisen gesprochen hat. Ich persönlich möchte nicht in einem Ameisenstaat leben, ich bin kein Kommunist, und doch muss ich an dieser Stelle das Wort für die Ameisen erheben. Auch eine Ameise dürfte mit Fug und Recht vor ihrem eigenen Spiegelbild sagen: *Cogito, ergo sum!* Der Spiegeltest galt euch lange als Indikator für Selbstbewusstsein. Wer sich im Spiegel erkennt, weiß, wer er ist: Ich! Ameisen erkennen sich im Spiegel! Eure Wissenschaftler haben das bewiesen.

Sogar Tauben können abstrahieren!

Die Theologie ist eine *per se* nachparadiesische Wissenschaft. Sie ist Reden *über* Gott, statt Reden *in* Gott. Das ist immer schon eine halbe Ketzerei, und dämonisch ist es allemal. In den längsten Phasen der Geschichte aber hatten die Theologen die Interpretationshoheit über euch und eure Angelegenheiten. Niemand schaue eigenmächtig hervor aus dem Gottesmantel, über dessen korrekten Faltenwurf die Theologen wachten! Descartes aber schaute hervor: *Cogito, ergo sum!* Was für eine Erklärung des Menschenrechts auf freie Erkenntnis! Auch das vermag die Abstraktion.

Ich weiß, meine Art ist in diesem Kapitel etwas ungut unterrepräsentiert. Ihr benutzt uns für alle nur erdenklichen Experimente, aber uns Sprechen beizubringen oder eine eurer Gebärdensprachen, das habt ihr noch nicht versucht. Dabei besitzen wir das Sprachgen, das FOXP2.

III.

Die Landratte

Die Sintflut, neu erzählt

Pflichtlektüre für Klimaretter

Ihr wisst, dass Noah uns nicht an Bord der Arche nehmen wollte, als das große Wasser kam? Alle anderen Tiere, uns nicht. Die Sintflut wäre eine gute Gelegenheit, uns loszuwerden, dachte Noah. Günter Grass hat das einmal recherchiert, ich erwähnte es bereits, lest noch einmal seinen Roman *Die Rättin*. Doch ich glaube, es ist an der Zeit, die Geschichte der Sintflut ganz neu zu erzählen.

Sintflut, das heißt natürlich: Wo eben noch Land war, ist plötzlich keins mehr. Ihr glaubt, wenn da, wo heute noch Land ist, morgen schon Wasser ist, seid ihr die Ursache. Mit größtem Schuldbewusstsein schaut ihr den Polen beim Schmelzen zu. Ich mag es sehr, wenn ihr euch unwohl fühlt. Euer schlechtes Gewissen in Verbindung mit eurer Naivität ist eine hinreißende Kombination. Aber ich als multipler Klimaexperte sage euch: Dass gestern dort Land war, wo heute Wasser ist, ist völlig normal. Ich habe euch doch vorhin schon erklärt, dass die afrikanischen Erst-Migranten nicht über den Bosporus geschwommen sind, sondern darüberliefen. Nicht weil sie Jesus waren, nein, im Gegenteil: Da war Land.

Auch der Wechsel von Kaltzeiten und Warmzeiten auf der Erde ist völlig normal. Anfang der Sechzigerjahre des letzten Jahrhunderts haben eure Forscher noch vor einer neuen Kaltzeit gewarnt, allerdings gab es damals wirklich ein paar irritierende Dauerfrost-Winter in Europa. Da liefen die Republikflüchtlinge der DDR einfach über die zugefrorene Ostsee. Die Forscher mussten sich inzwischen etwas korrigieren, das ist schon wahr. Ihr habt gerade das hinter euch, was die Wissenschaftler die »Kleine Eiszeit« nennen, die währte vom Ende des Hochmittelalters bis ins 19. Jahrhundert hinein, und nun könnt ihr die neue Wärme nicht genießen, weil ihr glaubt, ihr seid schuld?

Erinnert ihr euch noch, wie die Erde vor 6000 Jahren aussah? Da war es im Durchschnitt zwei bis drei Grad wärmer als heute, der Meeresspiegel lag weit höher, viele Städte von heute befänden sich schlicht darunter, und die Binnenseen glichen Meeren. Jetzt war es schon definitiv zu spät, um trockenen Fußes nach Europa zu wandern wie die ersten Migranten aus Afrika. Soll ich euch erzählen, was geschah?

Natürlich gab es die Sintflut. In der Bibel ist sie die Strafe Gottes, sein Widerruf der Schöpfung, weil diese verdorben war von Grund auf, wie er verlautbaren ließ. Aber was heißt hier »Widerruf«? Das war Völkermord, es handelte sich um die Absicht vorsätzlicher Auslöschung des Menschengeschlechts mitsamt allen Landtieren. Das hat der Herr selbst gesagt, als er sich an Noah wandte. Ihr solltet den Herrn vor Gericht stellen, ihr wisst, Völkermord verjährt nicht, und das war noch mehr als beabsichtigter Völkermord, das war vorsätzlicher Allvölkermord. Es sei denn, Gott war doch nicht schuld.

Ich sage euch, die Sintflut war eine Folge des Klimawandels, des Endes der Eiszeit, der wundersamen Erwärmung der Erde, des Schmelzens der Gletscher. Ich weiß, es gibt noch andere Theorien, Flutwellen durch Vulkanausbrüche, Kometeneinschläge oder den Untergang der Rieseninsel Atlantis im westlichen Atlantik, aber vertrauen Sie der Ratten-Expertise. Diese hier scheint mir doch am plausibelsten: Der Wasserspiegel der Weltmeere stieg, so auch der des Mittelmeers. Noch war das Schwarze Meer ein Binnengewässer, es müsste also richtiger Schwarzer See heißen. Irgendwann lag es auf bedenkliche Weise unter dem Meeresspiegel: bald über 100 Meter.

Die Donau, der Dnjepr und der Don mündeten in den Schwarzen See, an seinen Ufern lebten Fischer. Viele Jäger und

Sammler waren bereits zu Bauern und Viehzüchtern geworden, denn es ist viel komfortabler, statt wilde Tiere unter Lebensgefahr zu verfolgen, sie einfach zu kasernieren, gleichsam als lebende Vorratskammer, die sich von selbst wieder auffüllt. Kurz, die Menschen am Ufer des Schwarzen Sees hatten allen Grund, ihren Schöpfer zu loben, als sie eines Tages vor etwa 8400 Jahren, der wohl so mild begann wie die meisten hier, etwas hörten, was sie bisher noch nie gehört hatten. Zumindest nicht so laut.

War es ein Gurgeln, ein über die Maßen lautes Gurgeln? Und das Gurgeln wurde zum Donnern, über Hunderte von Kilometern weit zu hören. Das Meerwasser durchbrach den Bosporus.[1] Mit der Kraft von Hunderten Niagara-Fällen ergoss sich das Meer in den See. Und das hörte nicht mehr auf. Überall am Ufer gingen Dörfer in den Fluten unter. Und wie: Ein furchtbarer Wasserstrahl muss die Küste entlanggelaufen sein und einen tiefen Graben in den Meeresboden gerissen haben. Der Graben lässt sich noch heute nachweisen.

Und die Wasser stiegen und stiegen. Übrigens kommt das altdeutsche Wort *Sint* nicht von »Sünde«, wie viele von euch noch immer glauben. Es bedeutet vielmehr »immerwährend«, »andauernd«, »umfassend«. Der Bibel zufolge dauerte die Flut ein Kalenderjahr und zehn Tage.

Wenn es einen Willen zur Vernichtung gibt, lag er dann nicht in diesem Wassereinbruch? Wie bitte sollten die Schwarzseebauern dieses große Ertrinken erklären? Natürlich hätten sie sich sagen können: Wir Menschen sind Kinder der Eiszeit, aber da sich auf der Erde Kaltzeiten mit Warmzeiten abwechseln und jetzt gerade eine Warmzeit kommt, weshalb in Nordeuropa die Gletscher schmelzen, ist es ganz folgerichtig, dass wir hier ertrinken. Es ist unbequem, aber es ist erklärbar.

Doch stattdessen dachten sie, was sie sahen: Das richtet sich gegen uns!

Der Geisteszustand der Leute, die ihre Hütten und ihre Ernte in den Fluten versinken sahen, lässt sich auch als »kognitive

Dissonanz« beschreiben: Ihre bisherige Weltsicht passte nicht zur neuen Lage.

Ihr nennt euch *animal rationale*, aber das ist ein Euphemismus. Ihr seid eurem Grundtemperament nach nicht rationale, sondern rationalisierende Lebewesen. Ich werde euch nachher das Christentum erklären, nämlich als Ergebnis der Glättung einer kognitiven Dissonanz, und hier haben wir schon eine beredte Urszene. Ihr brauchtet eine Erklärung für das Unerklärliche, und ihr scheutet nicht den denkbar größten Maßstab: Gottes Abkehr von seiner Schöpfung. Die Inkonsequenz des Herrn lag allein in seiner Weisung an Noah, eine Arche zu bauen und ein Paar aller Landtiere mit an Bord zu nehmen. Vielleicht aus der Sentimentalität heraus, die jeder Schöpfer gegenüber seinen Werken spürt. Nur uns, die Ratten, nahm er nicht mit, wenn Günter Grass wirklich recht hat. Uns wollte er endgültig preisgeben. Ihr versteht, dass euer Gott und ich eine gewisse Reserve gegeneinander hegen.

Viele Monde lang also stieg die Arche, ohne uns, aber dann hörte das Donnern auf, das Wetter besserte sich, die Sonne schien, und eine weiße Taube kam zu Noah auf die Arche geflogen, in der wir fehlten, und sie hielt einen Ölzweig im Schnabel. Seitdem gelten weiße Tauben und Ölzweige als Symbol des Friedens. Ein schönes Bild, das bestreite ich nicht. Und ohne die Klimaerwärmung vor 8000 Jahren hättet ihr es wohl nicht gefunden, zumindest nicht aus diesem Anlass. Und wie Noahs Arche ganz oben auf dem Berg Ararat strandete, am 17. Tag des siebenten Monats – was für eine Rettung.

Gott machte, glaubtet ihr, seinen Frieden mit der Schöpfung. Schöpfung? Mit Noah und seiner Familie! Und er verkürzte prophylaktisch euer Leben, immerhin erlitt Noah die Sintflut im Alter von fast 600 Jahren, wenn ich mich recht erinnere. Kurz vor seinem 601. Geburtstag hatten sich die Wasser verlaufen. Künftig würde kein Mensch mehr ein biblisches Alter erreichen. Natürlich braucht es einiges hermeneutische Talent, diese furchtbare Herabsetzung eurer Lebenserwartung zu erklären: Ich denke, es war eure Art und Weise, nicht in den Abgrund zu fallen, der sich auftut, wenn ein skandalös endliches Wesen der Unendlichkeit seines Geistes innewird. Vielleicht ist das die gemeinste Form der Tierquälerei, und der Herr hat sie für euch reserviert, sein *animal rationale*.

Die Sintflut war die Rechtfertigung Gottes, künftig noch strenger zu euch zu sein, was eure Priester mächtiger machte. Was für Auswirkungen des Klimawandels! Ich sage euch: Ihr wart nicht schuld. Es war noch lange nicht das Anthropozän, sondern das Holozän, als ihr wirklich die Bühne dieser Welt betratet. Steinzeit. Wie viele mögt ihr damals gewesen sein? Weiß Gott nicht viele. Aber schon genug, um die nächste Flut zu überstehen.

Britannien hatte sich unlängst als Archipel wiedergefunden, bisher war es Teil des Festlands gewesen. Und wo eben noch ein Gletscher war, kräuselte nun ein kleines Binnenmeer seine ersten Wellen: die Ostsee. Überhaupt hat die Erdoberfläche erst jetzt die euch noch heute vertrauten Formen angenommen, die ihr für »natürlich« haltet. Was ihr »natürlich« nennt! Bis eben waren sie vollkommen unnatürlich gewesen. Und vor 8000 Jahren hatte dieser großartige Klimawandel begonnen, der eure durchaus beachtliche Karriere erst möglich machte. Lasst euch bloß nicht von euren Göttern etwas anderes erzählen!

Was uns vor allen anderen Tieren auszeichnet, ist: Wir haben als Einzige aus eigener Kraft die Sintflut überlebt. Als Noah auf dem Berg Ararat strandete, waren wir schon da, sagt Günter Grass. Ich glaube, wir sind geschwommen, er sagt, wir hätten uns eingegraben. Egal wie.

Wärme. Land. Licht. Und genug Regen. Eure Population und die unsrige machten enorme Fortschritte. Wir noch mehr als ihr. Noah soll unsere Zahl später als Strafe Gottes interpretiert haben für seine Nichtbefolgung des göttlichen Gebots, alle Landtiere an Bord der Arche zu nehmen, nicht alle minus eins. Bis zu diesem Zeitpunkt hatten wir uns nicht besonders für euch interessiert, aber nun wurdet ihr Bauern. Wo Bauern sind, ist Korn. Erst jetzt darf man wirklich von menschlicher Kultur sprechen. Ihr wisst, was *cultura* heißt? Es heißt »anbauen«.

Doch reden wir nicht immer nur von der Gastronomie. Sprechen wir über das Schlafen. Ich behaupte, das Schlafen ist der Ursprung aller höheren Gemeinschaft. Und der Klimawandel natürlich.

Schlafen

Vom Ursprung der Gesellschaft oder
Worauf nie ein Soziologe kommt

Der Schlaf ist die Nabelschnur, durch die das Individuum mit dem Weltall zusammenhängt, formulierte einst der Dichter Christian Friedrich Hebbel, vermutlich nach einer Nacht, in der er besonders gut geschlafen hatte. Ihr Selbstoptimierer versteht das nicht mehr. Es widerstrebt euch, so viel Zeit zu verschwenden, bewusstlos, für nichts. In eurer schlaflosen Gesellschaft ist ohnehin immer Tag, besonders nachts, besonders in den großen Städten. Eure Soziologen würden vermutlich nie darauf kommen, aber ich glaube, der Ursprung aller höheren Kultur wie der unsrigen und der eurigen, der Anfang der Gesellschaft also, liegt im Schlaf.

Erinnert ihr euch an die Spitzmaus? Wenn die Spitzmaus verschläft, verhungert sie. Zugleich aber muss sie schlafen, sogar recht lange, Säugetiere brauchen ihren Schlaf wie keine andere Gattung zuvor. Das gilt zwar immer noch als eines der größten Rätsel der Biologie, aber ich würde sagen: Ihr Hirn muss ruhen!

Das Leben anderer Tiere ist ohnehin ein ewiger Halbschlaf, das der Reptilien etwa. Mit einem Auge sind die immer wach. Aber uns Säugetiere senkt die Natur in Phasen völliger, lebensgefährlicher Bewusstlosigkeit ab. Ein Säugetier ist also ein Wesen, das dringend seinen Schlaf braucht, obwohl es sich den oft absolut nicht leisten kann. Wie ist dieses Paradox zu lösen? Auftritt: die Gesellschaft!

Je länger und tiefer Säugetiere schlafen, desto mehr neigen sie dazu, in der Gemeinschaft zu leben. Vor allem die Fluchttiere, zu denen auch ihr zählt. So hat das unser großer Sympathisant, der Experte für Katastrophenschutz Francesco Santoianni, einmal erklärt. Sie bauen Löcher und Höhlen, und an die Eingänge stellen sie Wächter. Ein paar Häuser mehr, und schon habt ihr eine schlafende Stadt. Geborgenheit ist alles, was innen ist! So beginnt auch die Arbeitsteilung: Die einen schlafen, die anderen wachen für die Gemeinschaft. Gibt es ein zärtlicheres, ein tieferes Band? Ihr habt dieses Amt inzwischen an euren ständigen Begleiter, den Schlüssel, delegiert.

Natürlich funktioniert die neue Schlaf-wach-Vergesellschaftung nicht bei allen Säugetieren. Delfine etwa haben ein ernstes Problem. Sie müssen schlafen, aber wenn sie das machen, ertrinken sie. Bei fortgeschrittener Arbeitsteilung könnten die wachen Delfine die müden auf den Rücken nehmen. Aber wahrscheinlich überzeugte die Natur dieses Modell nicht vollständig, was sie auf die Idee brachte, die Delfine nur mit jeweils einer Hirnhälfte schlafen zu lassen.

Je kleiner ein Säugetier ist, desto mehr muss es schlafen. Wir sind gern bis zu zwölf Stunden auf diese wunderbar abwesende Weise anwesend. Je sicherer sich die Ratte fühlt, desto länger schläft sie in ihrem Rattenloch. In Kriegszeiten genügen uns auch fünf Stunden. Und glaubt bloß nicht, der REM-Schlaf sei euer Privileg! Krokodile haben keinen. Aber wir. Wenn wir tagsüber durch Labyrinthe laufen, erkunden wir sie nachts im Traum noch einmal. Wir lernen, wenn wir träumen, genau wie ihr.

Natürlich ist meine Schlaftheorie nicht völlig unangreifbar. Die Löwenmänner schlafen fast 20 von 24 Stunden. Löwen zählen nicht zu den klassischen Fluchttieren, und zu groß sind sie eigentlich auch, um so viel zu schlafen. 20 von 24 Stunden? Was für ein ereignisloses Leben.

Südostanatolien!

Ich weiß, moderne Europäer halten Anatolien nicht unbedingt für den Ursprung aller Zivilisation. Ihr irrt! Was habt ihr Anatolien zu verdanken! Zum Beispiel den Westanatoliern, die vor ca. 8000 Jahren nach Europa kamen. Was wäre aus euch geworden, hätten sie euch nicht gefunden? Wahrscheinlich würdet ihr noch immer jagend und sammelnd durch die europäischen Urwälder laufen. Denn die westanatolischen Frühbauern brachten nicht nur ihre Gene mit, die ihr in euch tragt, sondern auch landwirtschaftliches Gerät und gezähmte Tiere. Und mich, die Ratte.

Ihr seht, alle höhere Kultur kommt aus Anatolien! Und sie begann auch dort. Der älteste Tempel der Welt stand hier, in Göbekli Tepe. Lasst mich diese These ein wenig ausführen, schließlich berühren wir jetzt den historischen Augenblick unserer Wiedervereinigung, nachdem sich die evolutionären Wege unserer beiden Spezies für Äonen getrennt hatten.

Was hatten wir denn bei euch verloren? Jäger und Sammler! Wie man nur so von der Hand in den Mund leben kann. Ein bisschen Vorratshaltung war schon die Voraussetzung, dass wir euch schätzen lernten. Und ihr erfandet die Landwirtschaft! Wo aber war das? In Ostanatolien, genau, gleich in der Nähe von Göbekli Tepe, später im ganzen Gebiet des Fruchtbaren Halbmonds. Den habt ihr, wenn ihr eine nicht zu schmale Mondsichel mit dem einen Sichelende an den Persischen Golf legt, dann sichelt sich das gen Norden hoch (Südostanatolien!), und kurz hinter Tel Aviv setzt die zweite Sichelspitze auf. Das ist die Welt unserer gemeinsamen Anfänge. Ihr wisst: Die Erfindung der Landwirtschaft war zugleich die Erfindung der Arbeit. Selbst eure Experten wissen nicht recht, wie euch dieses Missgeschick unterlaufen konnte. Eine folgenschwere Entscheidung, die ihr nie mehr korrigieren konntet: Selbstversklavung. Es war der Beginn der Arbeitsteilung zwischen unseren beiden Spezies: Ihr arbeitet, wir fressen.

Ein Buschmann vom Volk der San, Jäger und Sammler, antwortete einem Anthropologen einst auf die Frage, ob die San schon einmal über die Landwirtschaft nachgedacht hätten: Warum sollen wir pflanzen, wenn es so viele Mongongonüsse auf der Welt gibt? – Die San essen gern Mongongonüsse. Im Unterschied zu vielen modernen Menschen war der Buschmann von der vortrefflichen Einrichtung der Welt überzeugt. Eure Experten wissen auch, dass die ersten Bauern viel hungriger waren als die vergleichsweise wohlgenährten Jäger und Sammler. Aber was heißt hier: Bauern? Bäuerinnen!

Kennt ihr die 14 Vorlesungen über die Frau in der gesellschaftlichen Entwicklung, die die russische Generalstochter und Revolutionärin Alexandra Kollontai 1921 vor Arbeiterinnen und Bäuerinnen an der Swerdlow-Universität hielt? Alexandra Kollontai zufolge hat die Frau die Landwirtschaft erfunden. Wenn der Stamm auf Jagd ging, wurden Mütter mit kleinen Kindern zurückgelassen. Sie sammelten Früchte und Gräser. »Während sie das Korn zwischen ihren Zähnen – den ersten Mühlsteinen – zermahlte, fiel ein Teil des Korns auf den Boden.« Die revolutionäre Entdeckung bestand nun darin, dass die Frauen bei späterer Rückkehr an dieselbe Stelle feststellten, dass das Korn zu keimen begonnen hatte. Der Rest war Optimierung: Lockerung des Bodens, Bewässerung, wenn möglich und nötig. Das Nomadisieren beinhaltete künftig regelmäßige Rückkehr zum Grasplatz, zu den Grasplätzen. Wie oft mögen die frühen Menschengruppen solche Erfahrungen gemacht und wieder vergessen haben?

Die Erfindung der Landwirtschaft, die Domestizierung des Feuers, der Bau der ersten Hütte, um sich und die Kinder gegen den Regen zu schützen, die Erfindung des ersten Handwerks, das Töpfern, Spinnen und Weben, all das verdanken die frühen Gesellschaften der Frau, vermutet nicht nur die russische Generalstochter. Ich fasse zusammen: Am Anfang aller Kultur stand die Frau!

Und ihr wisst: Ohne Landwirtschaft keine Entwicklung von Städten, denn Städter sind Menschen, die grundsätzlich von der Arbeit derer leben, die nicht in der Stadt leben. Aber ich greife vor. Und noch immer ist nicht recht erklärt, warum ihr die Landwirtschaft, also die Arbeit, gewählt habt und nicht bei der Mongongonuss-Zuversicht der San geblieben seid. Wobei die Mongongonuss in diesem Fall ausdrücklich die großen Gazellenherden einschließt, denen sich die Männer mit Pfeil und Bogen zu nähern pflegten.

Eure Wissenschaftler haben da verschiedene Hypothesen. Die einen sagen, es war die reine Not, die euch zu Bauern und Viehzüchtern machte. Eure Mongongonuss wurde kleiner, am Ende der letzten Eiszeit blieben nicht nur in Südostanatolien die großen Gazellen-Herden aus. Aber das ist natürlich ungenau: Ihr wisst, dass wir noch immer im Eiszeitalter leben? Was ihr gewöhnlich »die Eiszeit« nennt, ist nur die letzte Kaltzeit unseres aktuellen Eiszeitalters. Beginn: vor etwa 30 Millionen Jahren. Seitdem folgt Warmzeit auf Kaltzeit, und in einer solchen Warmzeit leben wir seit mehr als 10 000 Jahren. Aber dennoch im Eiszeitalter, alles klar, Klimaretter?

Fakt ist: Die Großfauna verschwand. In euren Abfallhaufen aus jener Zeit fanden sich jetzt statt halber Gazellenskelette Vogelknochen und Fischgräten. Dafür wuchsen nun die Gräser viel besser als früher. Das habe euch zur Interims-Sesshaftigkeit verführt, und ihr seid unvorsichtigerweise immer mehr geworden. Ihr wisst, bei den richtigen Jägern und Sammlern bekommen Frauen nur alle drei bis vier Jahre ein Kind, sonst wäre die

Horde zu langsam. Und genau dieser Umstand trat nach zu langem Verweilen an den Grasplätzen ein, den uranfänglichen Feldern. Ihr wurdet zu langsam. Plötzlich musstet ihr bleiben. Heißt: Nicht ihr habt die Arbeit gewählt, sondern die Arbeit hat euch gewählt.

Und eure Götter haben euch gewählt. Eine völlig neue Art von religiösem Ehrgeiz packte euch. Ich sage nur: Südostanatolien! Dort, am Hügel Göbekli Tepe, habt ihr 1995 den ältesten Tempel der Welt entdeckt, der bis heute erst zu 1,5 Prozent ausgegraben ist. Die Archäologen fanden über 200 bis zu sechs Meter hohe Relief-Säulen, jede bis zu 20 Tonnen schwer. Bis zu diesem Zeitpunkt hatte man Jägern und Sammlern ein solches Bauwerk niemals zugetraut, aber richtige Bauern waren seine Erbauer noch lange nicht. Andererseits: Wer jagt und sammelt, kann nicht zugleich so viele Menschen ernähren, die gerade absolut nicht jagen und sammeln, weil sie eine riesenhafte Tempelanlage errichten müssen. Ganz in der Nähe liegt der Vulkan Karacadağ, der euch als Ursprungsort des Kulturgetreides gilt: Das Einkorn wuchs hier, ein Vorfahre eures Weizens. Tiere einzufangen und später zu töten hat den Vorzug, dass man den Zeitpunkt der Mahlzeit selbst bestimmen kann. Die Erbauer von Göbekli Tepe waren noch Jäger und doch schon die ersten Viehzüchter. Außerdem mussten sie aufpassen, dass ihnen die Rindviecher nicht das Einkorn wegfraßen.

Vor euch liegt also ein Puzzle aus mehreren Teilen: der Tempel, der Vulkan und das Einkorn. Setzt es selbst zusammen! Fraglos ist, dass dieses Bauprojekt die Zusammenarbeit von großen Menschengruppen verlangte, nichts, was Jäger und Sammler zuvor geübt hätten.

Es gibt noch eine spirituelle Hypothese zur Entstehung von Ackerbau und Viehzucht. Sind die Leute von Göbekli Tepe gar vom bloßen Gräsersammeln zum Gräseranbau übergegangen, um den Tempel bauen zu können? Jede Säule wiegt 20 Tonnen! Was für eine Investition ins Ungefähre! Wer im Heiligtum verehrt wurde, habt ihr bis heute nicht herausgefunden. Aber ich weiß es: Ihr selbst. Ihr habt den Tempel gebaut als Vergewisserung eurer Kraft. Ihr nennt das alles auch neolithische Revolution.

Das frühere Paradigma lautete: Wir sind Kinder der Natur. Also muss die Natur für uns sorgen. Das zweite lautet: Wir sind zwar Kinder der Natur, aber wir sorgen lieber für uns selbst und schaffen eine zweite Natur! Was für ein Paradigmenwechsel. Und der Schauplatz war Südostanatolien.

Die Sache hat aber noch eine andere, eine dunklere Seite. Mit der Landwirtschaft entstand das Eigentum. Ich habe euch gesagt, dass die Frau die Landwirtschaft erfand. Es ist beileibe nicht das erste Mal, dass ein Erfinder nicht viel von seinen Erfindungen hat, aber dies ist wohl der spektakulärste Fall. Statt die Früchte ihrer Arbeit zu genießen, wurde die Frau nun selbst zum Eigentum. Friedrich Engels sprach von der »weltgeschichtlichen Niederlage des weiblichen Geschlechts«. Der entstehende Antagonismus von Mann und Frau war Engels zufolge der erste Klassengegensatz.

Ja, der Übergang zur Landwirtschaft war die Erfindung der Arbeit im eigentlichen Sinne. Ich ergänze: und der Möglichkeit, sie auf andere abzuwälzen. Und des Eigentums.

Könnt ihr das alles eigentlich einordnen? Würde eure Existenz, also die Anwesenheit des *Homo sapiens sapiens* auf Erden, eine Stunde dauern, so habt Ihr 56 Minuten davon als Jäger und Sammler gelebt, das heißt in einer egalitären Gesellschaft, in der alles allen gehörte. Nicht fünf Minuten vor zwölf, sondern vier Minuten vor zwölf habt ihr damit aufgehört. 56 Minuten von 60 galt: Alle Nahrung wird geteilt! Seit vier Minuten gilt: Wer nach dieser Maxime handelt, ist ein Dieb! Und: Der Hunger ist immer der Hunger der anderen. Allein wir sind immer tapfere Urkommunisten geblieben. Wir haben eure tiefsten Ideale bewahrt und fraßen stets nach dem Grundsatz: Was dein ist, ist vor allem mein! Wer diesem Gedanken gleich weiter folgen will, der mag schon jetzt ans Ende dieses Buches blättern und das Kapitel »Wer war Bauer Jones?« lesen.

Wir und Homer

Mit uns beginnt die abendländische Literatur, das habt ihr nicht gewusst, oder? Unfug, glaubt ihr, am Beginn der abendländischen Literatur steht nicht die Ratte, sondern Homer! Sag ich ja. Homers *Batrachomyomachia*, der »Froschmäusekrieg«, also die Mäuse-Ilias. Vergesst die andere, lest die *Batrachomyomachia*! Wahrscheinlich hatte Homer auch viel mehr Freude, als er die *Batrachomyomachia* schrieb. 300 Hexameter ungefähr.

Ihr begegnet den gleichen Helden, den gleichen Göttern, fast der gleichen Handlung, nur ist alles viel unterhaltsamer, und die Personen sind viel besser und glaubhafter besetzt. Der durstige Mäuseprinz Psicharpax tritt in einschlägiger Absicht an einen Teich, aus dem der Froschkönig Physignathos auftaucht und den Trinker nach Name, Herkunft und Kontostand fragt. Beide stellen sich einander vor, genau so wie die zu Unrecht etwas populäreren Helden bei Homer es tun. Und genau so reden sie auch weiter, bis der Mäuseprinz dem Froschkönig die grundsätzliche zivilisatorische Überlegenheit des Mäusestaates gegenüber der Froschnation erläutert. Das ist der Auftakt zu einer der größten Schlachten der Weltgeschichte, der Mäuse-Ilias.

Um das Gegenteil zu beweisen, trägt Physignathos den Psicharpax auf seinem Rücken über den Teich, taucht jedoch sofort ab, als er eine Wasserschlange sieht. Ihr erinnert euch, in der *Ilias* war die schöne Helena Psicharpax, der Konfliktfall. Die Maus ertrinkt, die Volksversammlung der Mäuse schwört Rache. Das ist die Stunde des Zeus, bei Homer ist das so. Die Götter sollen Partei ergreifen, fordert Zeus. Athene ist für eine Art

UN-Mission, unparteiische Beobachtung, Eingreifen nur im äußersten Notfall. Wem sollte sie auch helfen? Die Mäuse haben ihren Tempel angefressen, und wenn die Frösche auf immer verstummten, hätte sie keine Kopfschmerzen mehr.

Mit tiefer Rührung habe ich immer wieder die Schilderung unserer homerischen Zweikämpfe gelesen, die dauert ungefähr doppelt so lange wie ein ganzes Heldenleben, und was soll ich euch sagen? Alles spricht für einen Sieg der Unsrigen, Meridarpax heißt unser Held, merkt euch diesen Namen! Zeus sagt, dass der Zeitpunkt des Handelns nun gekommen sei, es gäbe sonst keine Frösche mehr. Athene merkt auf, muss aber an den Mäusefraß an ihrem Tempel denken. Sie hat Kopfschmerzen. Ares glaubt nicht, dass die Kraft eines einzelnen Gottes, etwa die seine, ausreiche, diesem Krieg noch Einhalt zu gebieten. Da schleudert Zeus seinen Donnerkeil, dass der ganze Olymp erbebt. Die ultimative Mausefalle, meint ihr? Falsch. Das tapfere Heer der Kleinsten kämpft weitgehend unbeeindruckt weiter. Erst durch den Kriegseintritt einer ungemein nassen Armee, die noch nie einen Abrüstungsvertrag unterzeichnet hat, auf der Seite des Gegners – Krebse, Krabben, Shrimps und Hummer – können wir zum Rückzug erhobenen Hauptes veranlasst werden. Unsere Feinde sagen, wir flohen in unsere Löcher.

Ich höre schon eure naseweisen Altphilologen protestieren. Die *Batrachomyomachia* sei gar nicht von Homer und auch nicht aus der zweiten Hälfte des 8. Jahrhunderts oder der ersten Hälfte des 7. Jahrhunderts v. Chr., schließlich wisse kein Mensch, ob es einen Autor namens Homer überhaupt gegeben hat, und selbst wenn, was gar nicht wahrscheinlich ist, habe er doch wohl eher gesungen als geschrieben. Ihr könnt so pedantisch sein. Ja, von mir aus Späthellenismus, 1. Jahrhundert v. Chr.

Ihr begründet eure Kleingeisterei mit lexikalischen und stilistischen Merkmalen, und nun sprecht ihr süffisant von der »pseudo-homerischen« *Batrachomyomachia*. Was heißt denn hier »pseudo«? Was wisst ihr denn vom Späthellenismus, oder habt ihr wie wir die alten Pergamente benagt? Unter den Altphilologen gebührt uns auf immer ein Ehrenrang. Und doch, Philologen, ich erkenne in euch verwandte Seelen. Schließlich verbringt auch ihr euer ganzes Leben damit, alte Pergamente zu benagen, auf eure unvollkommene, langwierige Weise, weshalb ihr zu allen nur möglichen charakterlichen Defekten neigt wie Futterneid, Zitatenneid usw. Ihr haltet euch für große Psicharpaxe und seid doch nur Gedemütigte, abhängig Beschäftigte in einem Betrieb, der euch gar nicht bemerkt. Störe ich euch beim Ausfüllen eines Forschungsantrags? Komisch, dass ihr in eure Forschungsanträge immer schon hineinschreibt, was ihr doch erst erforschen wollt. Aber ich will euch nicht kritisieren, wir Altphilologen haben Grund zusammenzuhalten, Cicero etwa war viel zu nachtragend.

Er nahm uns übel, dass wir seine Schrift *Über den Staat* angenagt haben. Dass wir auch ein Stück von Epikurs *Über die Lebensfreude* gefressen haben, schien ihm noch unverzeihlicher. Doch es gab auch große Realisten unter den alten Römern. Erinnert ihr euch an Cato, der jede seiner Reden vor dem römischen Senat mit dem Satz »Und im Übrigen bin ich der Meinung, dass Karthago zerstört werden muss!« beendet haben soll?

Cato sagte, es sei völlig natürlich, dass die Mäuse seine Schuhe fressen. Erst wenn die Schuhe die Mäuse fressen, bestünde ernsthaft Anlass zur Sorge. Die Römer hätten mehr auf Cato hören sollen.

Die Römer wussten auch noch, was das Wort *sacer* bedeutet. Und es ist sehr wichtig, das zu wissen.

Ratten-Theologie (I)

Ihr wisst, dass wir seit je als Getier des Teufels gelten, Kreaturen der Nacht, des Bösen. Ihr versteht also, dass ich gleichsam von Natur aus Theologe bin. Ihr habt ein vollkommen falsches Verständnis von der Heiligkeit. Zwar glaubt ihr immer weniger an den Heiland und an die Heiligen, aber ihr glaubt noch genau zu wissen, was das Heilige ist: eine Sphäre der Reinheit, in der alle Trübungen der Welt aufgehoben sind, das vollkommen durchsichtige Reich der Rettung. Aber das ist falsch.

Das lateinische Wort, das Ursprungswort, ist *sacer.* Und das hat zwei Bedeutungen, bis heute. Es bezeichnet nicht nur das Heilige, sondern auch sein Gegenteil, das Grauenerregende, das Zerstörerische. Die Theologie hat mich schon immer fasziniert. Eine Wissenschaft von einem höchstwahrscheinlich inexistenten Gegenstand: Darauf konntet wirklich nur ihr kommen! Aber interessant ist die Sache gerade wegen der Ambivalenzen, die ihr überall wegschaffen wollt. Und im ursprünglichen, also dem wahrhaftigsten Gottesbegriff liegt genau diese Gegensätzlichkeit: Grund und Abgrund, Schrecken und Rettung zugleich zu sein. Von wegen »Vater im Himmel«! Vielleicht solltet ihr uns die Theologie überlassen, wir neigen nicht zum Moralismus und haben ein denkbar weites Gesichtsfeld.

Überrascht es euch sehr zu erfahren, dass wir auch als heilige Tiere gelten? Im Buddhismus sowieso. Ihr erinnert euch doch, dass Buddha eines Tages alle Tiere zu sich rief, aber die meisten waren viel zu beschäftigt, um seiner Einladung zu folgen. Nur zwölf kamen. Und wer kam als Erste? Die Ratte! Wichtiges von Unwichtigem unterscheiden zu können ist eine Hauptqualifikation eines jeden Lebewesens, aber nicht jedes ist dazu in der Lage. Als Dank für seinen Besuch bekam jedes Tier ein eigenes Jahr. Es würde ganz ihm gewidmet sein, im Zeichen seiner Talente und Tugenden stehen und alle Menschen prägen, die in diesem Jahr geboren werden.

Viele Chinesen möchten noch heute am liebsten im Jahr der Ratte geboren werden, also Ratten-Menschen werden, und sie haben Gründe: Ratten-Menschen gelten als schlau, sie sind voller Erfindungsgabe wie wir und von einem Selbstvertrauen, das nur Nicht-Ratten manchmal ungerechtfertigt scheint. Der Erfolgreiche muss mit Neidern leben. Natürlich übergeben wir unseren hominiden Paten-Kindern einen starken Sexualtrieb, manche werfen uns auch Gefräßigkeit und destruktive Tendenzen vor, aber Nager nagen. Das ist so.

Natürlich gelten wir als Symbole des Reichtums, denn Ratten und Mäuse bewohnen nie Häuser mit ungenügender Vorratshaltung. Ihr kennt die Wendung »arm wie eine Kirchenmaus«, sie weist genau auf diesen Umstand hin. Das gastronomische Angebot in diesem Gebäudetypus pflegt meist äußerst begrenzt zu sein, von geweihten Hostien abgesehen.

In einem der berühmtesten Bücher des Mittelalters, im *Buch der Kelten*, zeichneten Mönche Mäuse beim Vertilgen der Hostie. Ich halte das für nagetierfeindliche Propaganda. Vermutlich sollte die Hostie die ganze Christenheit symbolisieren. Auch eure Kirchen zeigen uns gern, aber immer in destruktiver Pose, etwa Säulen annagend. Wir bringen eure Gotteshäuser zum Einsturz, das traut ihr uns zu.

Es stimmt ja, dass wir Diebe sind. Wir mindern ständig euer Eigentum, wir waren der Schrecken eurer Kornkammern. Erst seitdem meine Kollegen, die Wanderratten, sich auf Abfälle aller Art spezialisiert haben, ist euch das nicht mehr ganz so bewusst. Aber das Wegnehmen liegt schon in unserem Namen. Mir ist so etymologisch zumute: Habt ihr euch mal gefragt, woher der Name *Rattus* kommt? Vom lateinischen *raptus* natürlich, und das bedeutet schlichtweg: »Raub«. Dass die Mäuse, unsere kleinen Brüder und Schwestern, lateinisch *mus* heißen, ist auf den ersten Blick etwas irreführend, schließlich sind wir eine Familie. In einer vorlateinischen alten Sprache soll *mus* bedeuten: »etwas nehmen, ohne bemerkt zu werden« oder »leise fragen«. Im Italienischen werden Diebe auch »Mäuse« genannt – *topi* –, und welchen Ursprungs das deutsche Verb »mausen« ist, brauche ich euch nicht zu fragen. Und trotzdem gelten wir in vielen, weniger kleinlichen Kulturen als heilig. Erklärt das mal!

Das könnt ihr nicht? Ich glaube, ich muss euch ein kleines religionsphilosophisches Seminar geben. Was sind Götter? Götter sind Leute, die man nicht abwählen kann, die man nicht einsperren kann, mit denen man sich arrangieren muss, die man günstig stimmen sollte. So wie es ein antiker, also vorchristlicher Landwirtschaftsführer den Bauern empfiehlt, Ratgeberliteratur gab es damals schon. Der alphabetisierte Bauer las oder ließ sich vorlesen: »Nimm ein Stück Papier und schreibe darauf Folgendes: ›Ich beschwöre Euch, ihr Mäuse, die Ihr hier anwesend seid, dass Ihr weder mir schadet noch duldet, dass eine andere Maus dies tut. Ich gebe Euch jenes Feld dort drüben.‹«[2]

An dieser Stelle hatte der kluge Bauer das den Nagern aus freien Stücken abgetretene Stück seines Eigentums näher zu bezeichnen. Offenbar durfte sich der Spender jetzt zu einer deutlichen Warnung berechtigt fühlen: »Sollte ich Euch aber jemals wieder hier fangen, bei der Mutter aller Götter, ich werde Euch in sieben Stücke reißen.« Dieser Schenkungs-, Bitt- und Drohbrief war vor Sonnenaufgang auf dem Feld auf einem unbehauenen Stein mit der Schriftseite nach oben zu deponieren.

Im Christentum werden keine Schenkungs-, Bitt- und Drohbriefe mehr an Ratten und Mäuse geschrieben. Ich kann das erklären. Der Urvater eures christlichen Gottes ist Jahwe, der Gott der Israeliten, der uns die Arche verbot, und der war *was*? Primär ein Wettergott – wie alle Primärgottheiten. Ihr erinnert euch an Moses, als er das Volk Israel aus Ägypten führte? »Mose streckte seinen Stab zum Himmel empor, und der Herr ließ es donnern und hageln. Blitze fuhren auf die Erde herab.« Exodus 9, 23. Und so geht das weiter. Auch das Wetter ist etwas, was man nicht abwählen kann, mit dem man sich arrangieren muss, das man günstig stimmen sollte, so wie die Ratten und die Feldmäuse. Die Klimaverantwortlichen waren während der längsten Zeit eurer Geschichte die Götter.

Der kleine israelitische Wettergott hat im Lauf seiner erstaunlichen Laufbahn, bald maßgeblich befördert durch einen akut erlösungsbedürftigen jungen Mann namens Jesus, zunehmend vergessen, dass er einer ist. Schon sehr früh wollte er keine anderen Götter neben sich dulden, ich finde das, karrieretechnisch betrachtet, umwerfend. Da erscheint ein kleiner, aus Ägypten vertriebener Newcomer-No-Name-Gott in Palästina, das die ortsansässigen Gottheiten längst unter sich aufgeteilt haben, und erklärt: Ich dulde keine anderen Götter neben mir! So muss man auftreten!

Und seine Selbstherrlichkeit wurde nicht geringer. Bauern, die Bittschreiben an Feldmäuse richteten, durften nicht auf seine Nachsicht hoffen.

Was aber sollten die Bauern tun? Vernichtung der Ernte war kein kleines Vergehen, weshalb der Bischof von Autun etwa im 16. Jahrhundert auf die Idee kam, uns zu exkommunizieren, uns also aus dem Kreis der Kinder Gottes auszuschließen. Das ist immer wieder geschehen, und es war ein harter Schritt, denn schließlich hatte Gott auch uns geschaffen. Alle Geschöpfe!, sagt die Kirche. Vielleicht hätte sie am liebsten hinzugefügt: Außer Mäusen und Ratten! Und Maulwürfen. Aber das war unmöglich, denn dann hätten sie zugeben müssen, dass uns jemand anderer geschaffen hat, dass also noch ein zweiter Gott existiert, und der erste wäre nicht mehr allwissend und allmächtig.

Infrage kam nur der nachträgliche Ausschluss aufgrund schwerer Delikte. Bereits 824 wurde im Aosta-Tal eine Gruppe von Maulwürfen wegen illegaler Tiefbauarbeiten exkommuniziert. Am besten, ich erzähle euch von Autun kurz nach 1500. Wir hatten dort nicht lange zuvor nicht unerhebliche Teile der Gerstenernte gefressen, was die Diözese nicht hinnehmen wollte, also beschloss sie, uns den Prozess zu machen. Gleiches Recht gilt für alle. Also wurden wir, die Ratten von Burgund, in aller Form aufgefordert, vor Gericht zu erscheinen. Ein Justiziar reiste an einen unserer Hauptwohnsitze und las die Vorladung laut vor. Das war nicht ganz ungewöhnlich, auch Insekten konnten mitunter auf großen Schildern an Feldrainen lesen, dass sie dieses Territorium unverzüglich zu verlassen hätten, spätestens aber binnen sechs Tagen. Ein persönlicher Vortrag plus Einladung zum Gericht war natürlich noch ehrenvoller.

Dass wir in der Vorladung als »dreckige, graufarbene Tiere, die in Löchern wohnen« beschrieben wurden, schien mir zwar etwas herabsetzend und mit dem Neutralitätsgrundsatz nicht vereinbar, aber sonst wahrte sie alle Regeln. Wir bekamen sogar einen Pflichtverteidiger, und was für einen: Bartholomäus Chassaneus, den bedeutenden Rechtsgelehrten und späteren Advokaten des französischen Königs Franz I.

Trotz Vorladung erschienen wir nicht vor Gericht. Das sei gar kein Wunder, erklärte Chassaneus, die Vorladung sei lokal zu begrenzt gewesen, sie müsse in allen Teilen der Diözese bekannt gemacht werden. Daraufhin ließ diese die Ratten jeder Gemeinde einzeln vorladen. Doch statt ihren Termin wahrzunehmen, saßen lauter Rechtssubjekte in den Feldern von Burgund und fraßen Gerste. Sie mussten jetzt auch mit einer Anklage wegen Missachtung des Gerichts rechnen. Ihr ahnt, wie wichtig ein guter Verteidiger ist.

Bartholomäus Chassaneus legte nun dar, dass von Herabwürdigung des Gerichts nicht die Rede sein könne, seine Klienten würden den Weg nicht wagen und lieber in ihren Löchern oder auf den Gerstenfeldern bleiben wegen der fiesen Katzen, denen sie begegnen könnten, die zumeist den Bauern gehören würden, die die Ratten verklagt hätten, um eine Entschädigung von der

Diözese zu erhalten. Eine sehr ungute Konstellation, befand Chassaneus. Und im Übrigen verhalte es sich doch so: Den Beschuldigten sei freies Geleit zum Gericht zu gewähren, deren Feinde hätten also dort eine nicht unbedeutende Summe zu hinterlegen, die sie sofort verlören, sollte den Angeklagten unterwegs etwas zustoßen. Das Gericht stellte seine Arbeit alsbald wegen Überforderung ein und legte den Fall zu den Akten.[3]

Ich liebe das Recht, ich möchte nur in einem Rechtsstaat leben. Was ist eine Exkommunikation gegen ein ordentliches juristisches Verfahren?

Seid ihr sicher, dass das Christentum ein Fortschritt war? Ich bin für Rom.

Dass der ewig zürnende Stammes- und Wettergott einer kleinen orientalischen wundergläubigen Erlöserreligion zum Schicksal Europas werden konnte, ist schon eine abenteuerliche Geschichte. Aber solche Dinge passieren beim Zusammenbruch einer Hochzivilisation. Die Krise Roms war schuld. Die Krise, schlechtes Wetter und die Ratten. Ihr wisst doch, dass zur Blütezeit Roms selbst das Klima aufseiten des Imperiums war? Klimatologen sprechen vom »Römischen Optimum«. Die Römer hätten es andernfalls wohl auch nie über die Alpen geschafft.

Das Römische Optimum

Ich weiß nicht, wie aufmerksam Sie Oswald Spenglers *Der Untergang des Abendlandes* gelesen haben. Große Kulturen werden geboren, reifen, verfallen und sterben in Zyklen von jeweils tausend Jahren. Ich habe manchmal darüber nachgedacht. Ich werde euch gleich erklären, dass der Aufstieg eurer Jetztzeit-Zivilisation um das Jahr 1000 begann, und die nächsten tausend Jahre sind auch schon wieder fast um, 2000plus, ich hoffe, ihr wisst das. Und auch, was das bedeutet. Pegida hat gar keine

Ahnung von Oswald Spengler, denen wäre sonst bewusst, dass man gegen Abstieg und Untergang nicht demonstrieren kann.

Wisst ihr eigentlich, was ihr verloren habt mit dem Untergang Roms? Ihr könntet alle noch vollendetes Latein sprechen statt eure vielen kleinen lateinischen Verfallsdialekte wie Spanisch, Französisch oder Italienisch. Und die schwerfälligen Bauernsprachen weiter oben im Norden tragen nicht mal mehr eine linguistische Erinnerung an eure große Zeit. Wissenschaft und Kunst wären nie vergessen, der Geist wäre nie in die harten Fesseln dieses kleinen vorderorientalischen Wunderglaubens gelegt worden. Ihr müsstet die Europäische Union heute nicht so mühsam wieder errichten, sie wäre ja niemals weg gewesen. Römer, ich war einer von euch! Es war ein bequemes Reisen auf euren Straßen und in den Bäuchen eurer Schiffe. Wir verehrten eure Getreidespeicher. Eine Gesellschaft ohne geordnete Vorratshaltung ist uns suspekt. Wir waren wahre Kosmopoliten, ihr und wir, die treuen Begleiter eurer Händler und Legionen. Wir liebten eure Bäder, ich komme noch darauf.

Eine Hochzivilisation erkennt man neben ihren großen, stets gut gefüllten Vorratskammern grundsätzlich an ihrer Kanalisation. Wer hatte schon eine *cloaca maxima* wie ihr? Und eure Bibliotheken! Wie soll man ohne den Geruch und den Geschmack von Papyrus leben? Später brauchtet ihr keine Bücher mehr, kein Wunder, es gab ja niemanden mehr, der sie lesen konnte, von ein paar Mönchen abgesehen. Eine Welt ging unter mit der Bibliothek von Alexandria. Ich weiß nicht, was erschütternder ist, das Ende dieser Bibliothek oder die Schließung der platonischen Akademie.

Ihr habt wieder das Gefühl, in einer Spätzeit, in einer Verfallszeit zu leben, habe ich recht? Ihr wollt in einen Spiegel schauen und die Risse darin deuten. Also noch einmal die Frage: Wie konnte das geschehen? Vergesst die spätrömische Dekadenz, außer einem früheren deutschen Außenminister glaubt schon lange niemand mehr daran. Der Fehler eurer Historiker bestand darin, dass sie darauf beharrten, nur die Geschichte könne die Geschichte erklären. Alles andere galt euch als unwissenschaftlich. Wenn ihr mich fragt: Das ist sehr unwissenschaftlich. Habt ihr schon mal an Ratten gedacht? An Ratten und den Klimawandel?

Lasst mich im Jahr 248 beginnen. Ihr erinnert euch schon, was im Jahr 248 war? Rom feierte sein tausendjähriges Bestehen. Es wurde tausend Jahre alt zu einer Zeit, als von den meisten eurer heutigen Städte noch kein Mensch gehört hatte. Von Berlin zum Beispiel. Das würde selbst tausend Jahre später noch immer keiner kennen, dabei existiert es zu diesem Zeitpunkt schon seit mindestens elf Jahren.

Tausend Jahre Rom also. Ein großes panrömisches dreitägiges Fest. Spiele im Kolosseum, alles, was ihr wollt. Und seit über sechshundert Jahren hatte kein Feind die Stadt eingenommen. Die ewige Stadt eben. Ich glaube, kein Römer hat damals geglaubt, dass sich das ändern könnte. Das Imperium lag ruhig in der Sonne, im Mittelpunkt der Welt, von Mittelmeerküste zu Mittelmeerküste. Allerdings gab es erste Irritationen. Im Jahr 165 hatten die Römer Seleucia belagert und geplündert, ganz im Osten des Reichs, am Tigris. Dort begann ein großes, nie gekanntes Sterben und brandete durch die schönen großen Straßen über das ganze Reich, es fuhr mit den römischen Schiffen in alle Häfen. Das ist der Nachteil der Globalisierung, ihr wisst, wovon ich spreche. Die Krankheit war neu: Fieber, Rachenentzündung, schwarzer Durchfall und rote und schwarze Bläschen auf der Haut ab dem neunten Tag. Das Imperium zählte damals rund 75 Millionen Einwohner, nach der Antoninischen Pest waren es fast 10 Millionen weniger.

In den Städten, auch in Rom, starben viel mehr Menschen als auf dem Land, manchmal fast die Hälfte der Bürger. Das Heer aber traf diese Pest am heftigsten. Bei dem Wort »Pest« denkt ihr natürlich gleich an uns. Aber es waren wohl die Pocken. Ich will mich hier keiner antichinesischen Propaganda schuldig machen, doch auch die Pocken-Viren kamen aus China. Sie kamen, wie später die Pest, über die Seidenstraße und reisten per Schiff. Hätten die Römer Seleucia besser nicht plündern sollen? Oder doch, natürlich mussten sie das tun, wozu sonst die weite Reise und die Kosten? Aber nicht den Apollon-Tempel. Der Apollon-Tempel war ein Fehler. Das konnte der Gott niemals hinnehmen. Erschwerend kam hinzu, dass die Soldaten im Tempel ein heiliges Gefäß umwarfen, aus dem nun der Gifthauch entwich, höchstwahrscheinlich Dämpfe aus den Naphtha-Quellen in Babylon, die Strafe der Götter. Natürlich sahen die Pockenkranken auch die Christen einmal mehr vorwurfsvoll an. Hätten sie sich nicht geweigert, den Göttern zu opfern, wären diese wohl niemals so in Zorn geraten.

Ihr wisst, dass damals Marc Aurel römischer Kaiser war, Marc Aurel, der Philosoph, der letzte Stoiker, der einzige Kaiser auf Erden, den ihr mitunter zur Weltliteratur zählt? Marc Aurel glaubte zwar nicht an den Zorn der Götter, aber von Viren wusste auch er nichts. »Rührt ein Übel von dir selbst her, warum tust du's? Kommt es von einem andern, wem machst du Vorwürfe? Etwa den Atomen oder den Göttern? Beides ist unsinnig. Hier ist niemand anzuklagen. Denn, kannst du, so bessere den Urheber; kannst du das aber nicht, so bessere wenigstens die Sache selbst; kannst du aber auch das nicht, wozu frommt dir das Anklagen? Denn ohne Zweck soll man nichts tun.« So sprach dieser Mann. Es war auch sein Verdienst, dass Rom unter der Antoninischen Pest nicht zusammengebrochen ist, sie währte Jahre, aber das Gleichgewicht war nun empfindlich gestört. Ich glaube, mit Marc Aurels Tod begann der Anfang vom Ende des Römischen Reiches.

Sogar das Klima bemerkte die Grablegung des großen Kaisers. Es beendete umgehend das »Römische Optimum«. So nennt ihr die feuchte Warmzeit im Mittelmeerraum, die dem Aufstieg Roms assistiert hatte. Und nun war sie vorbei. Bald klang der Wetterbericht so: »Nicht mehr reichte im Winter des Regens Fülle aus, um die Samen zu nähren. Nicht mehr stellte sich im Sommer die gewohnte Hitze ein, um das Getreide zur Reife zu bringen.«

Auch in anderen Weltgegenden, die nie ein Römisches Optimum kannten, blickten die Menschen fragend zum Himmel. Es regnete nicht mehr. Bald konnte sich zwischen Don und Wolga kaum einer mehr erinnern, wann es zum letzten Mal geregnet hatte. Auftritt: die Hunnen, Klimaflüchtlinge zu Pferde, westwärts. Das Wort stammt von Kyle Harper, der den Untergang Roms als klimatisches Phänomen beschreibt. Ein kluger Mann!

Wir reiten!, beschlossen die durstigen Hunnen weit im Osten. Ich weiß nicht, ob sie überrascht waren, dass immer dort, wo sie hinkamen, schon jemand war, anfangs am Schwarzen Meer die Ostgoten, später an der Donau die Westgoten. Aber das störte die Hunnen nicht, ihrer Technik des Reiterkampfs hielt ohnehin keiner stand. Meine Brüder und Schwestern, die Wanderratten, würden viel später den gleichen Weg nehmen.

Das Römische Minimum

Die Donau war der römische Grenzfluss. Am anderen Ufer tauchten nun wüste Männer auf, »unstet mit Weib und Kind in einzelnen Gruppen … umhertreibend. Ganz am Anfang nahmen unsere Leute die Sache nicht ernst«, berichtet der römische Historiker Ammianus Marcellinus.[4] Mit Händen und Füßen hätten sie gebeten, sie über den Fluss zu holen. Aber das war kein ordentlicher Asylantrag. Kurz darauf, im Jahr 376, näherte sich der römischen Kaiserresidenz Antiochia im heutigen Syrien eine merkwürdige Delegation. Römer waren das nicht. Wir haben diese Germanen immer gleich erkannt. Selbst die Männer trugen ungepflegte lange Haare und ebensolche Bärte, ihre Körper umhüllte nie eine Toga, wie man es an einem zivilisierten Ort wie Antiochia erwarten durfte. Oft steckten sie geradeso in Fellen wie wir. Die Leute vom östlichen Donau-Ufer stellten nun einen ordentlichen Asylantrag, sie baten um Aufnahme ins Römische Reich.

Kaiser Valens war nicht abgeneigt. Rom brauchte immer Steuerzahler und Soldaten. Und warum sollen nur Römer für Rom kämpfen? Längst hatte das Reich die Vorteile entdeckt, vor allem Fremde für sich streiten zu lassen. Germanen gegen Germanen, warum nicht? Wie sie es gewohnt waren aus ihren heimischen Wäldern. Und billiger ist es auch.

Wie in jedem geregelten Staatswesen machten sich Beamte auf den Weg, die geordnete Einwanderung zu koordinieren und die Leute mit Booten über die Donau zu bringen. Natürlich versuchten die braven Beamten, die Zuwanderer zu zählen, aber ihr wisst, das gelingt nicht immer. »Zahlreich wie die Funken des Ätna«, addierte missmutig Ammianus Marcellinus. 200 000 Menschen? Thrakiens Provinzverwaltungen waren auf diesen Zustrom nicht vorbereitet. Was heißt, sie sollen die Flüchtlinge ernähren und ihnen Land zuweisen? Auch zeigten die Thrakier eine Reserve gegen die neuen Nachbarn. Sie wollten lieber keine. Nicht wenige ließen sich zu der Auffassung verleiten, dass sich aus der Not der Flüchtlinge Profit schlagen lasse. Für einen toten Hund verkauften die Goten sogar ihre Kinder, es waren eben Barbaren.

Freunde, das ist hier keine Geschichtsstunde, das müsst ihr schon alles selber lesen, etwa bei Peter J. Heather in seinem Buch *Invasion der Barbaren*. Ich fasse zusammen: Die Migranten waren sehr enttäuscht von ihrem Gastland und trafen bald auf schon viel länger Enttäuschte, Landsleute, die vorzugsweise in den römischen Bergwerken arbeiteten. Wir gründen eine Migrantenplündererarmee!, beschlossen die Langhaarmänner. Die Flussgrenze wieder zu schließen war den Römern ohnehin nicht mehr gelungen. Am 9. August 378 kam es zur entscheidenden Schlacht. Es war die größte Niederlage Roms gegen ein Germanenheer seit dem Jahre 9. Der Kaiser fiel.

Warum erzählt uns diese Ratte das, fragt ihr? Was sollen wir lernen? Kinder, zuerst sollt ihr lernen, dass das keine adäquate Fragestellung im Umgang mit der Geschichte ist. Als Erkenntnistheoretiker und Polyhistor sage ich euch: Natürlich denkt ihr in Parallelen, ihr assoziiert – das ist die ursprüngliche Tätigkeit des Verstandes, sie ist unverzichtbar. Aber ihr müsst diese Analogien auch wieder distanzieren, sie in ihren je eigenen Zusammenhängen schwingen lassen. Das könnt ihr nicht mehr, oder? Ihr benutzt neuerdings selbst die Geschichte als Munition? Rüstet ab!

Ich glaube, ihr habt den 24. August 410 nie vergessen, habt ihr? Rom brennt. Das Senatsgebäude brennt. Die Goten, die Immigranten, plündern Rom. War das die Strafe der Götter dafür, dass das Christentum unlängst zur Staatsreligion erklärt worden war? Unverzeihlich für die römische Oberschicht, die die neue Sklavenreligion nie annehmen würde. Aber während einer Plünderung gibt es keine Oberschichten mehr. Das Strafgericht dauerte drei Tage. Auch der Tempelschatz aus Jerusalem soll bei dieser Gelegenheit abhandengekommen sein. Ich sehe das so: Er gehörte den Römern ohnehin nicht. Warum also sollte er da bleiben?

Plünderungen sind eine gute Gelegenheit zur Neuverteilung des Eigentums. Wir lieben Plünderungen. Alle Türen stehen offen, die Düfte strömen von allen Seiten, wir sitzen an der Festtafel des Lebens, während um uns herum eine Hochzivilisation zerfällt, von Plünderung zu Plünderung mehr. Denn diese war nur die erste. Es ist seltsam, mein Herz schlägt ebenso für die Anarchie wie für die Annehmlichkeiten einer Hochkultur. Kennt ihr das auch? Schließlich bewohnten wir nicht nur Roms Straßen, Kanäle und Küchen, sondern auch seine Bibliotheken. Man sagt, wir seien der natürliche Feind einer jeden Bibliothek. Aber das ist nicht wahr, wir haben uns zwischen Pergamentrollen immer sehr wohlgefühlt. Wie soll ich Ihnen den Geschmack von Pergament beschreiben?

Es gibt nahrhaftere Speisen, und doch. Auf die grobe Redensart, die Weisheit mit Löffeln zu fressen, konntet nur ihr kommen. Völlerei und Ungeduld liegen darin, zwei Weisen, wie man sich Büchern keinesfalls nähern sollte. Nein, man muss sich die Weisheit erschnuppern und ernagen, in ungefähr der gleichen Langmut, wie sie die Bücher selbst besitzen. Während einer Plünderung hat die keiner, so viel ist wahr. Von allen Römern saßen die Leseratten am sichersten am 24., 25., 26. und 27. August 410. Alarichs Mannen schonten unsere Bibliotheken, das Lesen gehörte nicht zu ihren bevorzugten Kulturtechniken. Diese Ausländer hatten schon Mühe, ein einigermaßen verständliches Latein zu sprechen.

Wisst ihr, was der Fall Roms für die Zeitgenossen bedeutete? Keiner hat es so formuliert wie Kirchenvater Hieronymus: »Schluchzen mischt sich beim Diktieren in meine Stimme … Das strahlendste Licht aller Länder ist ausgelöscht und in einer Stadt der gesamte Erdkreis zugrunde gegangen.« Der heilige Augustinus hätte das nie so gesagt. Er diagnostizierte eine falsche Anhänglichkeit an allzu irdische Güter und fragte kühl: »Ist etwa Petrus deshalb gestorben und beigesetzt worden, dass kein Stein von einem Theater falle?« Und Augustinus schrieb unter dem Eindruck von Roms Fall den *Gottesstaat*. Keine irdische Stadt, auch nicht Rom, sei des Menschen Heimat, diese läge vielmehr beim Herrn allein. Im Himmel, nicht auf Erden. Der Fall Roms widerspräche nicht dem göttlichen Heilsplan. Die geplünderten Römer sahen das anders.

Nun fragt ihr natürlich: Wer waren die Plünderer? Das ist eine sehr wichtige Erkundigung, denn eure Katastrophentheorie zum Untergang Roms besagt, die Einfälle der Barbaren waren schuld. Erlaubt, dass ich euch in einem entscheidenden Punkt korrigiere: Diese Ausländer waren Inländer, sie waren inländische Ausländer, ausländische Inländer. Sie waren Römer und waren doch keine. So wie der Gote Alarich, der Befehlshaber der Plünderer, der Anführer einer minderprivilegierten, unterversorgten römischen Armee, die aus lauter germanischen Söldnern bestand. Er hatte lange gefordert, nun hatte er gehandelt. Unter anderem wollte er für seine Soldaten Siedlungsrechte in der Provinz Africa, der Kornkammer Roms – vergeblich.

Dorthin war schon ein anderer germanischer Stamm unterwegs, die Vandalen. Sie würden die nächsten Belagerer Roms sein, nämlich 455.

Leuten mit einem so miserablen Ruf, wie ihn die Vandalen besitzen, fühle ich mich grundsätzlich verbunden. Es sind Rattenmenschen, gewissermaßen. Ratten und Vandalen gehören zu den meistverkannten Kulturträgern dieser Erde. Also lasst mich kurz zugunsten dieses tapferen Volksstamms aus dem Norden sprechen. Was ist Vandalismus? Mutwilliges, blindwütiges Zerstören, meint ihr? So ist es in eure Alltagssprache eingegangen. Aber die Wendung »hausen wie die Vandalen« ist historisch nicht verifizierbar.

Die Vandalen, ein germanischer Stamm, sind die klassischen Wirtschaftsflüchtlinge des 5. Jahrhunderts. Aber sie wären wohl zu Hause geblieben, irgendwo an der Weichsel, glaube ich, doch als die Hunnen sie von Osten schubsten, liefen sie los und sahen beim Flüchten, dass man auch anderswo leben kann, besser sogar. So erreichten sie schließlich Spanien. Spanien gefiel ihnen gut, sie gründeten dort kleine Vandalenreiche, aber die spanischen Nicht-Vandalen riefen: »Nieder mit den Vandalen!«, man kennt das. Und sie überlegten, ob sie nicht irgendwohin gehen könnten, wo man sich über sie freut. Nun, vielleicht nicht freut, aber sie akzeptiert, als Schutzmacht. Irgendeine leicht demolierte, ziemlich demoralisierte, schutzlose Hochkultur? Karthago vielleicht, Africa, die Kornkammer Roms?

Zuerst belagerten die Vandalen Hippo, die römische Stadt an der afrikanischen Küste, heute Algerien. In Hippo war der Mann Bischof, der nicht der Ansicht war, dass Petrus gestorben sei, damit kein Stein aus einem Theater falle. Der Herr wollte seinen Sinn also schon wieder prüfen. Das Ende der Belagerung wartete Augustinus nicht mehr ab, der Verfasser des *Gottesstaates* starb am 28. August 430 im Alter von 76 Jahren. Achtzehn Monate standen die Vandalen vor seiner Stadt, dann waren sie drin.

Die Ratten und die Vandalen liebten Hippo und später Karthago. Ihnen wurde plötzlich so hochkulturell zumute. Sie lernten sogar Latein, zumindest die Vandalen. Und sie bemühten sich, die einheimischen Römer nicht zu enteignen. Die Vandalen waren also in Wirklichkeit werdende Römer. Und nach Rom kamen sie auch nur, weil man sie rief. Und weil man sie betrogen hatte. Kaiser Valentinian III. hatte seine Tochter Eudocia dem Vandalenkönig Hunerich versprochen, wahrscheinlich wollte er die Getreidelieferungen aus der Kornkammer Roms günstig beeinflussen. Aber Valentinian wurde ermordet, und sein Nachfolger verheiratete Eudocia kurzerhand mit seinem eigenen Sohn.

Als die Vandalen 455 in Rom eintrafen, gelobten sie sinngemäß: Wir zerstören hier nichts, wir plündern nur! Das allerdings taten sie mit einer gewissen Hingabe. Aber Vandalismus war das nicht! Und sie hielten sich weitgehend an die Empfehlung des Papstes, möglichst wenig zu morden.

Rom, offene Stadt?

Auf dem Rückweg nahmen sie viele Handwerker mit, die fehlten in Nordafrika. Und weil sie da ohnehin vorbeikamen, zumindest war der Umweg nicht erheblich, unterwarfen sie auch noch Sardinien, Korsika, die Balearen und Sizilien. Roms Zugang zu seiner Kornkammer hatte sich somit nicht verbessert. Die Vandalen bestimmten ab sofort, wie viele Halme Weizen die derangierte Hauptstadt der Welt bekommen durfte. Wir minderten diese Zahl noch einmal.

Es wird höchste Zeit für eine klimatische Zwischenbemerkung: Das Wetter hatte sich inzwischen nicht gebessert, und es sollte bald noch schlimmer kommen. Ich müsste euch jetzt eigentlich einen Vortrag zum Wandel der römischen Ökonomie unter besonderer Berücksichtigung der Entwicklung der Landwirtschaft halten, zumal wenn die Vandalen die Schlüssel zur eigenen Kornkammer haben, aber so kommen wir nicht weiter. Die Tendenz: weniger Handel, mehr Landwirtschaft. Es war eine latente Rückkehr zur Naturalwirtschaft. Kein Fortschritt. Der herrschende Typus wandelt sich, und ich sage euch: Intellektuelle waren das nicht. Auch der Feudalismus wurde in Rom erfunden.

Nach den Westgoten und den Vandalen erreichten die Ostgoten die Hauptstadt der Welt. Das war 546. Ein Historiker formulierte mit vollendetem Zartsinn: »Die Ostgoten verbrachten mehrere hochprofitable Wochen in der Stadt und nahmen alles Wertvolle an sich.« Mit anderen Worten: Als die Ostgoten wieder abzogen, war Rom eine Ruine. Wer noch etwas zu verlieren hatte, war wohl schon vorher gegangen. Früher lebten über eine Million Menschen in der Hauptstadt der Welt, nun waren nur noch ein paar Hundert Römer übrig. Und wir. Sehr allein und hungrig saßen wir in der stillen *cloaca maxima*.

Ratten-Theologie (II)

Ich habe euch erklärt, dass die Vandalen keine Vandalen, sondern in Wirklichkeit werdende Römer waren. Auch die Goten, sogar ein paar römische Hunnen. Die Nachfahren der Hunnen sind natürlich die Ungarn, die bilden eine Sprachinsel ohne Nachbarn in Europa, ein versprengtes Turkvolk, wenn ihr mich fragt. Wie auch immer, es liegt etwas Schauderhaftes in der Vorstellung, dass vor dem Ansturm dieser Waldmenschen aus dem Norden, die bis eben noch nicht einmal ihren Namen schreiben konnten, die nichts wissen von Recht und Wissenschaft, die nie eine Bibliothek von innen gesehen haben, dass diese rasende

Einfalt also in der Lage ist, die reichste Kultur der Erde auszulöschen, fast so, als wäre sie nie gewesen.

Und jene, die an Wunder statt an Bücher glauben, sind die neuen Herren. Aber schuld sind nicht die Goten und Vandalen. Wisst ihr, wann das angefangen hat? Bei der Kreuzigung des Herrn. Denn nach allem, was Jesus und seine Jünger wussten, war er gar nicht zu kreuzigen. Kein Gerechter konnte eines solchen Todes sterben, oder er war kein Gerechter. Mit seinem Sterben am Kreuz, diesem Schandtod, war Jesus widerlegt. Dass das Judentum kein Jenseits kannte, wisst ihr wahrscheinlich.

Die Jünger hätten also nach Hause gehen müssen: Wir haben uns geirrt, hätten sie sagen müssen, er war doch nicht Gottes Sohn! Sie hätten zurückkehren sollen zu ihren Familien, die sie so hochmütig verlassen hatten, weil die Tage gezählt sind und gleich das Reich Gottes anbricht. Aber nichts brach an außer dem nächsten Tag, voller Gleichgültigkeit. Den Herrn schien der gewaltsame Tod seines Sohnes zu keinerlei Verhaltensänderung zu veranlassen. Aber auch die Jünger blieben, wo sie waren, zumindest einige. Es waren genug.

Um dieses Phänomen zu erklären, muss man schon ein wenig Psychologe sein. Dass die Hinterbliebenen nicht sofort auseinanderliefen, ist begreiflich, sie bildeten eine Interpretationsgemeinschaft, denn sie mussten bei Gefahr des Selbstverlustes sich das Geschehene irgendwie plausibel machen, die furchtbare kognitive Dissonanz überwinden, in die der Tote vom Kreuz sie gestürzt hatte. Aber was heißt Irrtum? Hermeneutik statt Irrtum! Natürlich würde er zurückkehren, und dann sollte er sie möglichst vollzählig antreffen. Am besten noch zahlreicher. Sie glaubten nun so ziemlich das Gegenteil von dem, was sie vorher geglaubt hatten, etwa dass ein Gerechter eines gewaltsamen, unehrenhaften Todes sterben kann, und erklärten das sogar zum Zentrum ihres Bekenntnisses. So arbeitet der menschliche Verstand! Lasst euch das von einer klugen, nichtpromovierten Ratte sagen. Von einer verrückten These kommt er zur noch verrückteren, und manchmal schafft er es, dass ganze Völker, Kontinente, Jahrtausende daran glauben.

Denn das ganze Leben und Wirken Jesu ist nur vor dem Horizont seiner unmittelbaren Erwartung Gottes zu verstehen. Sein Ausbleiben zu erklären, inzwischen schon zweitausend Jahre lang, das ist christliche Theologie.

Für den römischen Verstand: reiner Humbug. Und sein Echo wäre wohl nie zu uns gedrungen, die Mausoleen dieses orientalischen Gottes erhöben sich nicht noch heute in der Mitte eurer Städte, wäre Rom stehen geblieben. Natürlich waren die Barbaren bald Christen. Was sollten die Neuen mit dem griechisch-römischen Götteruniversum anfangen, diesem ästhetisch-religiösen Widerschein einer hoch entwickelten Zivilisation am Himmel? Mit dieser allzeit gefährdeten Götterdemokratie, in der jeder für etwas anderes zuständig war? Wer von den Neulingen sollte sich die vielen Namen merken? Nein, die Götter passten nicht in Untergangszeiten. Die Botschaft *Auch du kannst erlöst werden!* dagegen umso mehr.

Ihr schimpft auf die Bürokratie. Aber wisst ihr, wann ihr wirklich Angst bekommen würdet? Wenn sie plötzlich nicht mehr da wäre. Wenn sie einfach ihr langwieriges Tun einstellen würde. Verwaiste Büros. Jede Bürokratie scheint unsterblich, aber sie ist es nicht. Ich klinge jetzt ein wenig buchhalterisch, sagt ihr? Das täuscht. Wir zernagen unwillkommene Bescheide einfach. Bei euch aber ist das Verschlucken eines feindlichen Papiers schon so etwas wie eine letzte Stellungnahme in auswegloser Lage. Ich will euch Stiefkinder der Natur nur darauf hinweisen, welcher Trostgrund gerade für euch, die ihr nichts anderes habt, in der Existenz einer funktionierenden Bürokratie liegt. Nur bemerkt ihr das normalerweise nicht.

Oder ihr bemerkt genau das Gegenteil, weil ihr noch nie Zeuge des Zusammenbruchs einer Hochzivilisation geworden seid. Das war im alten Rom nicht anders als im Reich der Maya, das seinen Aufstieg begann, als Rom seinem Untergang entgegeneilte. Wenn die Schreiber nicht mehr zur Arbeit kommen, weil es nichts mehr aufzuschreiben gibt, weil der Referenzrahmen fehlt, ist wirklich alles verloren. Für euren nächsten Besuch eines Amtes: Betrachtet es mit einer gewissen zivilisatorischen Zärtlichkeit!

Der Rattenkaiser

Ihr sagt, Westrom ging wohl unter, aber schließlich gab es noch Ostrom, und das stand fast tausend Jahre länger. Das ist richtig. Ihr denkt an Konstantin, auch Konstantin der Große genannt, diesen Sohn einer Stallmagd vom Balkan, der überlegte, ob ein richtiger Kaiser die Hauptstadt seiner Vorgänger benutzen sollte oder ob ihm nicht vielmehr eine ganz eigene nagelneue Hauptstadt zustünde. Er bejahte das. Typisches Neureichengebaren. Und Konstantin gründete Konstantinopel. Dabei wäre ein Mann wie er früher niemals römischer Kaiser geworden, aber seitdem Rom die Ära der Soldatenkaiser eröffnet hatte, war das Unmögliche möglich. Konstantin ist auch der Mann, der den Wunderglauben der römischen Sklaven legitimierte.

In diesem Zeichen wirst du siegen!, soll er im Jahr 312 vor einer großen Schlacht geträumt haben, er hatte wohl ein Christusmonogramm gesehen. Bis dahin hielt er sich mehr für den irdischen Repräsentanten des Sonnengottes Sol, nachdem er nicht mehr glaubte, dass er ein Wiedergänger des Herkules war. Das ist eure Geschichte!

Immerhin hat Konstantin die Christenverfolgungen beendet, und damit die Christen sich nicht gegenseitig verfolgten wegen divergierender theologischer Ansichten, berief er gleich das Konzil von Nicäa ein. Ich habe da ein wenig hospitiert. Die Position Jesu musste dringend geklärt werden. War Gottes Sohn nun ein Halbgott, ein Viertelgott, schlimmstenfalls bloße leibliche Hülle, oder war er selber ein Gott? Ihr erinnert euch doch an den Bischof Arius, den Platoniker? Für Arius war Jesus eine Ausstülpung des göttlichen Logos. Ich habe Arius immer sehr gut verstanden, und seine Anhänger sprachen in der Tat sehr tapfer in Nicäa: Gott habe seinen Logos-Sohn durch den eigenen freien Willen aus dem Nichts gezeugt. Also nicht aus seinem eigenen Wesen, dem Wesen Gottes. Demnach sei der Logos-Sohn ein Geschöpf, ein durchaus prominentes zwar, aber doch ein Geschöpf. Außerdem müsse Gott allein sein, ganz allein, andernfalls habe man keinen Monotheismus mehr. Das war natürlich auch ein Frontalangriff auf den Heiligen Geist.

Konstantin aber fand die Idee grundsätzlich gut, dass Menschen Gott werden können, so wie er selbst schon Sol war. Herkules zählt nicht, das ist ein Halbgott. Manche sagen, der Kaiser habe so lange über Jesu Gottgleichheit abstimmen lassen, bis alle Andersdenkenden abgereist waren. Nun konnte Jesus als Vollgott an die Seite seines Vaters treten. Ich glaube, so war es.

Ich sage nicht, dass Konstantinopel mir nicht gefiel. Alles war sehr neu, es gab schon keine Tempel der alten Götter mehr. Der Hauptgott war Konstantin selbst. Ihr wisst, dass diese Stadt unter meinesgleichen eine gewisse Hochschätzung genießt, denn sie war bei Weitem nicht nur der Sitz des oströmischen Kaisers, sie war bald die Rattenhauptstadt der Welt. Sogar auf der Mese, der zentralen Prachtstraße, die in das Konstantinsforum mündete, liefen wir, und mit uns liefen die Schweine.

Die Herrscher Roms hatten fürwahr nicht erst seit gestern die Angewohnheit, sich zum Zeichen ihres Ruhms eigene Städte fernab von Rom zu errichten, in denen man keine Straße betreten konnte, ohne auf die Statuen ihres Gründers zu stoßen. So wie wir von der Mese aus im Konstantinsforum auf den Kaiser. Er stand da auf der Spitze einer 40 Meter hohen roten Porphyrsäule, eine Riesenstatue, splitternackt, in der einen Hand eine Lanze haltend, in der anderen den Globus. Und um den Kopf trug er die Strahlen der Sonne. Kein Bürger Roms, ein Gott-

König. Keine Ratte würde an die Allmacht einer anderen, splitternackten quasigöttlichen Ratte auf einer vierzig Meter hohen Porphyrsäule glauben, das ist die Weisheit der Tiere, sie hat uns vor den gröbsten Verirrungen bewahrt.

Und dann kam, zwei Jahrhunderte später, Kaiser Justinian, noch so ein Bauernsohn vom Balkan. Er hatte vor nichts Angst, aber uns respektierte er. Wir waren die einzigen Wesen auf dieser Welt, die ihn, den Sieggewohnten, in panischen Schrecken versetzen konnten. Ihr wisst, dass die abendländische Geschichte beinahe ganz anders verlaufen wäre? Justinian wollte Westrom zurück, und er kam ziemlich weit. Ein drittklassiger germanischer Militär hatte den letzten weströmischen Kaiser abgesetzt, das durfte nicht das letzte Wort sein, sagte sich der Oströmer. Das Römische Reich in den Grenzen von 248! *Restauratio imperii!* Mit ihm als Kaiser. Fast zeigte Rom schon wieder die alten Umrisse. Die vandalische Oberaufsicht über die Kornkammer des Reichs hatte Justinian kurzerhand ins Meer fegen lassen. Ja, es hätte alles anders kommen können. Aber nicht mit uns!

Denn Justinian hatte noch mehr getan. Der Kaiser ließ die Platonische Akademie von Athen schließen und verjagte die letzten Philosophen, diese Ungetauften. Mir, der Schutzpatronin der Weisheit, muss so etwas nahegehen. 529 war das Jahr dieser Schande, und die letzten Lehrer der Weisheit flohen nach Persien und Syrien.

Ihr wisst, mit dem Tod Mark Aurels endete das Römische Optimum. Aber nun wurde das Wetter richtig miserabel. Bald brachen ungemein viele Vulkane aus. Das hatte die Welt seit dreitausend Jahren nicht mehr gesehen. Ich weiß, es ist keine völlig unangreifbare wissenschaftliche Position, aber ich habe mich immer außerstande gesehen, diesen vulkanologischen Protest nicht mit der Schließung der Akademie in Verbindung zu bringen. Ihr wisst, 536 war das Jahr ohne Sommer. Die ganze Erde verdüstert. Die Vulkanasche in den oberen Atmosphärenschichten reflektierte das Sonnenlicht. Die Ernten fielen aus. Habt ihr die Klagen der Zeitgenossen noch im Ohr? Es wurde schlagartig kälter. In China fiel im Sommer Schnee. Die Murmeltiere in der chinesischen Steppe wussten nicht mehr, ob sie aufwachen oder schon wieder schlafen gehen sollten. Ihr wisst, Murmeltiere können fast das ganze Jahr verschlafen. Das war LALIA, das *Late Antique Little Ice Age*, die Kleine Eiszeit der Spätantike. Justinian hätte die Akademie nicht schließen sollen.

Die Murmeltiere in China haben da so ein Virus in ihrem Pelz, das bleibt gewöhnlich bei ihnen, aber jetzt sprang es auf uns über. Und Justinian im fernen Konstantinopel orderte Getreide aus China, die Missernten geboten es. Lasst uns eine Weltreise machen, zumindest eine halbe! Die Murmeltiere blieben zu Hause, aber wir fuhren los, zu Land und zu Wasser. Auf unseren Rücken breitete sich diese Krankheit aus, ich werde das im übernächsten Kapitel genauer erklären. In Pelusium, der römischen Stadt in Oberägypten, gingen wir wohl zuerst an Land.

Und jetzt war alles wieder, wie ich es euch an der Antonionischen Pest beschrieben habe, nur viel schlimmer. Ganze Städte wurden entvölkert. Das Virus reiste mit uns auf den römischen Straßen, mit den römischen Schiffen. Wir begrüßten die Ratten des Römischen Reichs, und in Konstantinopel gab es besonders viele. Im Jahr 542 erreichte die Pest die Stadt, genau aus der Richtung, in die die letzten Philosophen geflohen waren. Diesmal war es wirklich die Pest.

Auch Justinian besah die schwarzen Beulen an seinem Körper. Aber er überlebte. Wahrscheinlich, damit er zusehen konnte, wie seine Welt zerfiel. So haben wir, was kein Historiker bisher bemerkt hat, die Wiedererrichtung des Römischen Reichs verhindert. Es wäre nicht mehr das alte gewesen. Nicht nach der Schließung der Platonischen Akademie. Und der Schlusspunkt waren wir.

Ihr Menschen verachtet uns Tiere nicht zuletzt deshalb, weil wir kein Bewusstsein von uns selbst besitzen, weil wir, glaubt ihr, keine Geschichte haben. Aber auch die Europäer des Mittelalters werden vergessen haben, dass sie diese Krankheit nicht zum ersten Mal trifft. Darum erzähle ich euch alles Weitere am Ende dieses Kapitels. Selbst die Klügsten unter ihnen, Petrarca etwa oder Boccaccio, erinnerten sich nicht. An diesem Umstand mag man ermessen, welche Fäden da gekappt wurden.

Es ist immer bedenklich, wenn Leute von kleiner Abkunft zu Weltherrschern werden, Konstantin und Justinian etwa, zwei Bauernsöhne vom Balkan. Wir gelten gemeinhin als Egalitaristen, schon weil wir so viele Nachkommen zeugen, so gesehen sind wir die wahren Proletarier: also diejenigen, die nichts haben als ihre Nachkommen, die *proles*. Aber kein Gelehrter ist Egalitarist. Ich weiß nicht, ob die Bibliothek von Alexandria noch existierte, die größte Bibliothek der Antike, als wir in Oberägypten an Land gingen. Ich glaube, niemand kann genau sagen, wann sie fiel.

Doch wie ihr halten wir uns nicht nur in Bibliotheken auf, sondern viel öfter noch auf der Toilette, auf eurer Toilette, nur dass wir viel offener darüber reden. Über die typisch menschliche Art, diesen Ort, den Ab-Ort also, zu einem bevorzugten Ort der Lektüre zu machen, schweige ich an dieser Stelle, schon aus Gründen des Geschmacks.

Wer eine Gesellschaft verstehen will, darf an ihren Toiletten nicht vorübergehen. Und ich kann das Altertum unmöglich verlassen ohne ein Lob seiner Toiletten. Zu solchen Toiletten haben es die Christen lange nicht gebracht.

Das große Latrinum

Als Rolf B. aus der hessischen Kleinstadt Melsungen unlängst sein Bad betrat, hatte er Besuch. In der Toilettenschüssel stand aufrecht eine kleine Ratte und schaute ihm tief in die Augen. Sie las etwas wie aufrichtige Überraschung darin, um nicht von Entsetzen zu sprechen. Weder Rolf B. noch meine Schwester können im Nachhinein sagen, wie lange sie in dieser Pose des Erstkontakts verharrten. Soll ich die Flucht nach vorn oder die nach unten antreten?, fragte sich die tapfere Taucherin. Rolf B.: »Und dann ist sie lautlos vorn im Knie verschwunden.« Er schloss den Deckel, sicher ist sicher. Eine Stunde später suchte B.'s Frau die Toilette auf. Ohrenzeuge Rolf B.: »Ich habe den Deckel nur noch knallen gehört.«

Das kann auch dir passieren!

Was spricht dagegen, dass die halbe Unterwelt deiner Stadt in deinem Badezimmer an Land geht? Besonders bei Hochwasser fühlen wir uns nicht mehr recht wohl in euren Abwasserkanälen. Außerdem, ihr wisst es, sind wir sehr neugierig. Jedem Hund hättet ihr applaudiert, hätte er so auf zwei Beinen vor euch gestanden wie die kleine Hessin in der Toilettenschüssel. Und wie fragend die Pionierin Rolf angeschaut hat. Aber ihr habt nur Abwehr und Feindschaft.

Die Mutigen unter euch nehme ich jetzt mit auf Entdeckungsfahrt durch das Toilettenrohr. Wir machen eine Zeitreise abwärts und kommen unten bei den alten Griechen wieder raus. Oder bei den Sumerern. Also, Nase zu und runter. Vertraut eurem Führer! Und bitte beachtet gleich hier oben die doppelte Krümmung im Abflussrohr, durch die wir schon gleiten! Eine ingeniöse Erfindung. Alexander Cumming! Uhrmacher, Mathematiker und Mechaniker. Cumming gilt als der Erfinder des modernen Wasserklosetts. *Water Closet*: WC. Und genau dieses s-förmige Rohr, auch »Siphon« genannt, ist von ihm. Es verhindert, dass der Geruch austritt. Es ist ein ungemein gutes Gefühl, durch so ein patentes S zu rodeln.

Ja, Cumming bekam ein Patent dafür, es trug, glaube ich, die Nummer 814. Das war 1775, und ihr benutzt es noch immer, Millionen, nein, Milliarden von euch! Das ist wahre Unsterblichkeit. Obwohl Cumming seinen Ruhm eigentlich hätte teilen müssen, denn er ist keineswegs der Ersterfinder des WC. Der Tüftler John Harington entwickelte bereits 1596 die erste pumpenbetriebene Toilette, die das gesellschaftliche Leben revolutionieren sollte. Voller Ingenieursstolz präsentierte der Engländer das avantgardistische Modell seiner Tante. Haringtons Tante war Queen Elizabeth I. von England. Wahrscheinlich besah sie abwechselnd die Erfindung und ihren Erfinder. Wie widerwärtig, was für eine ungeheuerliche Indiskretion! Und der Erfinder des Water Closets fiel in Ungnade.

Immer abwärts führt der Weg. Wenn jemand spült, geht es plötzlich schneller. Und manche Strecke schwimmen wir gar nicht, die fallen wir einfach, manchmal ganz schön tief. Aber ich muss noch ein Wort über das englische Königshaus sagen. Denn trotz seines anfänglichen Versagens, die Zeichen einer neuen Latrinenzeit zu erkennen, wurde es zum wahren Avantgardisten des Toilettenwesens. Queen Victoria persönlich ließ das erste Wasserklosett Deutschlands installieren, und zwar 1860 auf Schloss Ehrenburg. Und Elizabeth II. soll bei Staatsvisiten immer eine Mahagoni-Toilette mitführen, Kostenpunkt: 50 000 Euro. Man weiß doch nie, wen man besucht.

Am Mittelalter können wir getrost vorbeitauchen. Die hatten keine Toiletten, nur Nachttöpfe und Balken hinterm Haus. Stellt euch vor, ihr geht im Mittelalter über eine französische Straße und hört den Ruf *Gardez l'eau*. Drei Mal ertönt er in der Regel. Will jemand den müden Passanten auf eine nahe Erfrischung aufmerksam machen? Nein, haltet es lieber wie alle anderen und geht rechtzeitig in Deckung, denn anstatt des vierten Rufs wird gleich der Inhalt eines gut gefüllten Nachttopfs übers Pflaster spritzen. Das Pflaster? Nein, wohl eher nicht. Es muss sehr vereinzelte öffentliche Bedürfnisanstalten gegeben haben, darauf weisen überlieferte Berufsbilder hin wie *Schizhusfegerin*. Fegen – wirklich?

Viel verbreiteter war die Profession des menschlichen Dixi-Klos, man hat es, glaube ich, damals etwas anders genannt. Der

Gewerbetreibende brauchte dazu nur einen sehr langen faltenreichen Mantel und zwei Eimer. Sobald ein Bedürftiger einen Dixi-Mann erblickte, warf dieser den Mantel um ihn und stellte ihm einen Eimer zwischen die Beine, wofür er einen kleinen Obulus erhielt.

Wenn Sie mich fragen, ich halte das für eine zivilisatorisch viel fortgeschrittenere Sitte als die Angewohnheit vieler Gäste Ludwigs XIV., sich einfach im Park von Versailles Erleichterung zu verschaffen. Was will man machen, wenn es in einem Schloss mit 2000 Zimmern nur eine einzige Toilette gibt? Ich präzisiere: eine einzige stationäre Toilette, wenn meine Quellen nicht irren. Wahrscheinlich widersprach es dem Standesbewusstsein des Königs und des Adels, selbst eine Toilette aufsuchen zu müssen. War es nicht viel wünschenswerter, die Toilette suchte sie auf, in Form eines diskret angebotenen Stuhls mit Schüssel untendrunter? Es ist ein großer Irrtum zu glauben, ein König, zumal der Sonnenkönig, verbringe sein Leben auf dem Thron. Nein, Ludwig XIV. saß sein halbes Leben auf einem der bereits erwähnten spezifischen Sitzmöbel, also gewissermaßen auf dem Gegenteil eines Throns.

Vulgär gestimmte Gemüter sprachen umstandslos von »Kackstühlen«. Bitte entschuldigen Sie. Aber Sie haben doch gewiss schon einmal von dem spezifischen Leiden des größten Königs aller Zeiten gehört? Nicht nur, dass seine Ärzte ihm alle Zähne ziehen ließen, wobei sie ihm, es war ein Missgeschick, den Unterkiefer zerbrachen und ein unschönes Loch oben im Gaumen sehr gerne hinterließen. Doctor Daquin, der Leibarzt des Sonnenkönigs, notierte: »Zum Zweck der Desinfektion habe ich Seiner Majestät das Loch im Gaumen 14 Mal mit einem glühenden Eisenstab ausgebrannt.«

Das war fatal, gewiss, doch die Zähne mussten raus, solange sie noch gesund waren, denn Zähne galten als die Quelle aller nur denkbaren Infektionen. Bloß arme Leute behalten ihre Zähne, wussten die Leibärzte des Königs. Fast genauso gefährlich wie Zähne aber ist der Darm, wenn er nicht stets sorgfältig gespült wird. Und so viel, wie der König fraß, war das besonders wichtig. Zweimal täglich mindestens, am besten mit einem Elixier aus Weihrauch, Schlangenpulver und Pferdemist. Und ebendarum neigte der allerhochwohlgeborenste Stoffwechsel zu einer gewissen Direktheit, zu einer verblüffenden Umstandslosigkeit, um nicht von majestätischer Dauerdiarrhö zu sprechen. Nicht immer war der hilfreiche Stuhl schnell genug bei ihm.

Aber wir können uns hier nicht länger in die königlichen Gedärme verwickeln lassen, unsere Reise ist längst nicht zu Ende, das große Latrinum noch keineswegs bestanden, wir stecken mitten im Rohr. Apropos Rohr. Wisst ihr, wer es erfand? Aber bevor ich euch das sage, sollten wir den Begriff der Toilette definieren. Was ist das entscheidende Merkmal einer Toilette? Ihr versagt, glaube ich, schon wieder. Fehlt euch denn selbst die Fähigkeit zur elementaren Abstraktion?

Mit einer Toilette habt ihr es genau dann zu tun, wenn sich eine distinkte räumliche Trennung des von innen her Bedrängten von den zu eliminierenden Ursachen seiner Bedrängnis feststellen lässt. Insofern ist ein Nachttopf keine Toilette. Aber schaut nach Mesopotamien! Die alten Sumerer steckten Röhren in die Erde, die waren bis zu 4,5 Meter tief. Das nenne ich räumliche Trennung von Ursache und Wirkung, nein, von Verursacher und Wirkung am Ende des 4. Jahrtausends v. Chr. Liebe Freunde der Hochkultur! Ihr wisst, woran ihr am sichersten eine solche erkennt? An ihren niedersten Orten! Wofür verehrt ihr die minoische Kultur auf Kreta? Vergesst Ariadne und ihren Faden! Vergesst Theseus, König Minos und den Minotaurus! Vergesst die Anfänge der europäischen Kultur! Die Kreter erfanden die Toiletten-Wasserspülung! Wahrscheinlich bereits am Ende des 3. Jahrtausends vor Christi Geburt.

Christi Geburt. Ihr seht, was für ein Spätling der Mann war, nach dessen vollkommen ungesicherten Lebensdaten ihr noch heute eure Zeit messt! Und vor allem: Für die wirklich wichtigen Dinge im Leben wie eine Toilette mit Wasserspülung hatte er keinerlei Wahrnehmung. Wahrscheinlich hat Jesus niemals von der Existenz einer solchen Vorrichtung erfahren. Ein Evangelium für alle ist gewiss nicht übel. Aber ist ein Abtritt mit Wasserspülung nicht mindestens eine ebenso revolutionäre Erfindung? Andererseits richtete sich die Botschaft Christi von vornherein an Leute, die nie auf einer römischen Prachtlatrine gesessen haben. Doch so weit sind wir noch nicht.

Fast viertausend Jahre vor Alexander Cumming kam es also auf Kreta zum entscheidenden Toiletten-Upgrade der Geschichte. Insofern hat Cumming das WC nur noch einmal erfunden – allerdings das S, die revolutionäre Doppelbiegung im Rohr, den Siphon, kannten die Kreter noch nicht.

22 000 Quadratmeter, fast 1200 Räume, umfasste der Palast des Minos, der als Sohn des Zeus und der Europa gilt. Das hieße doch, die Erfindung der Wasserspülung wäre gleichursprünglich mit der Erfindung Europas? Hat man die Tragweite dieses Gedankens jemals gebührend ermessen? Und das sagenhafte unterirdische Labyrinth des Palastes, aus dem Theseus nur mittels Ariadnes Faden wieder herausfand, ist es vielleicht die etwas naive Bezeichnung für das Kanalsystem untendrunter?

Kommen wir zu den Römern! Lateiner, ihr kennt gewiss die alte Warnung: *Cacator cave malum! Aut si contempseris, habeas Jovem iratum*? Liebe Nichtlateiner, beachtet das erste Wort des Satzes, es könnte euch bekannt vorkommen. Also ungefähr so: »Hüte dich, die Straße zu benutzen, sonst wird Jupiters Zorn dich treffen!« Das war aber nur bedingt eine mit theologischer Dringlichkeit versehene Botschaft der römischen Stadtreinigung, das war vielmehr eine Werbeanzeige der römischen Latrinenbetreiber in eigener Sache. Vom Urinieren ist nicht die Rede, das Volk erledigte das nach alter Sitte stets dort, wo es sich gerade befand, weshalb Inschriften an Häusern empfahlen, diese Wand zu verschonen und sich stattdessen an die des Nachbarn zu halten. Wie definiert man das Volk? Durch das allgemeine und gleiche Wahlrecht, sagt ihr? Die Alten glaubten, das Volk, der *plebs* also, werde dadurch charakterisiert, dass er jedes Bedürfnis, das er spürt, auf der Stelle befriedigen möchte. Darum waren Schilder, die die Hauswand des Nachbarn nahelegten, unentbehrlich.

Ich halte die Latrine, also die öffentliche Bedürfnisanstalt, für die größte Erfindung des Römischen Reiches, natürlich neben der Errichtung des Abwasserkanalsystems unter besonderer Berücksichtigung der *cloaca maxima*. Und das sage ich, obwohl meine Art die Toiletten in den gewöhnlichen römischen Mittelschichtshaushalten besonders schätzte, denn sie lagen üblicherweise gleich neben der Küche, oder soll ich das genauer sagen? In der Küche! Denn so brauchte man statt zwei Rohren nach unten nur eins. Es bot sich also an, öfter mal aufwärtszuklimmen, den Düften aus der Küche folgend, beiderlei Düften. Aber auch die Feigen und Faulen wurden belohnt, denn römische Hausfrauen beförderten Essensreste und Abfälle durch das gleiche Rohr. Ich glaube, ihr wisst, wovon ich rede. Manchmal sind euch die alten Römer gar nicht so fern.

Es zählt zu den Nachteilen des Untergangs einer Hochkultur, dass man hinterher alles noch einmal von vorn erfinden muss. Das große Vergessen gehört unmittelbar zu den Folgen, denn Barbaren haben nur Sinn für das Nächstliegende. England glaubt bis heute, es habe die öffentlichen Bedürfnisanstalten erfunden. Ihr erinnert euch doch noch an das Aufsehen, als plötzlich mitten in der Londoner Fleet Street ein Häuschen zu einschlägigem Gebrauch stand? Das muss wohl 1852 gewesen sein. Eine Geschmacklosigkeit sondergleichen!, riefen die Empfindsamen. Und das im öffentlichen Raum!

Die Römer kannten solche Schamhaftigkeit nicht. Sonst hätte sich die Prachtlatrine als gesellschaftliche Institution nie etablieren können: Säulen, Wände aus Marmor, geschmückt mit Mosaiken, Szenen aus dem vorzugsweise sinnlichen Leben, Fußbodenheizung, Übergang zur Therme.

Noch heute pflegt die Geschäftswelt nach erfolgreichen Vertragsschlüssen oder mit Hinblick auf solche gemeinsam essen zu gehen. Doch nach dieser Anspannung sich umstandslos zu Tisch setzen, um sich zu befüllen? Fehlt da nicht das entscheidende Mittelglied?

Die Römer kannten es noch: die große gemeinschaftliche Entleerung! Das heißt, dem Körper ein Zeichen zu geben, dass jetzt der Teil des Tages beginnt, der ganz der Erholung gewidmet ist, das Otium also, die Muße. *Mens sana in corpore sano!* Also fand sich die Businesswelt Roms am frühen Nachmittag in den Prachtlatrinen zum gemeinsamen Toilettengang ein. Beim Geschäft übers Geschäft reden! Habt ihr euch denn nie gefragt, woher die Wendung »sein Geschäft machen« kommt?

Jede wahrhaft sanitäre Einrichtung ist zugleich eine kulturelle Einrichtung, weshalb sich Dichterlesungen und musikalische Darbietungen zur Beförderung der Darmtätigkeit empfahlen. Der römische Dichter Martial weiß auch von Ganztagsbesuchern der Prachtlatrinen, zumindest blieben sie so lange, bis sie ein Gelegenheitsnachbar zum Essen einlud: *Cenaturit Vacerra, non cacaturit!* – »Essen möchte Vacerra, ...« – Den zweiten Teil des Satzes übersetzen Sie am besten selbst!

Meist ging man aber nicht direkt von der Latrine ins Triclinium, ins Speisezimmer, sondern erst noch in die Therme. Nun glaubt ihr vielleicht, die Römer hielten sich am liebsten auf dem *locus* auf, den einen »stillen Ort« zu nennen damals semantisch völlig unhaltbar war. Das ist falsch, aber lasst mich noch kurz beim »stillen Ort« verweilen. Peter Handke hat ihm eine ganze, sehr persönlich gehaltene Kulturgeschichte gewidmet. Schon als Junge in dem slowenischen Dorf Stara Vas fand er oft Ruhe und Sammlung dort, und gleich neben dem Häuschen stand ein schöner Birnbaum. Wohin der seine Wurzeln steckte! Deshalb trug er auch die größten Früchte. Der Dichter sprach damals noch etwas anders als heute, darum stand er eines Tages mit einem Eimer voller Birnen vorm Pfarrer von Stara Vas und sagte: »Herr Pfarrer, ich soll Sie grüßen von meinen Eltern mit diesen Birnen vom Scheißhausbaum!«[5]

Im Gegensatz zu Peter Handke hatten die Römer eigentlich Angst, die Toilette aufzusuchen. Vielleicht gingen sie darum vorzugsweise in Gruppen. Ihre Befangenheit hatte mindestens drei Gründe. Ein Grund waren wir. Ich sage nur, Rolf B.! Der Hausherr sitzt, und wir beißen von unten? Uuuhhh! Der zweite Grund war die Allgegenwart von Dämonen im Römischen Reich. Die Römer fürchteten sich sehr vor bösen Geistern. Und was sollte die römische Hausfrau denn sagen, wenn sie ihre Küche betrat, und aus der Toilette schoss plötzlich eine Stichflamme?

Sie sprach nur ganz selten: Hier haben wir also den Präzedenzfall einer typischen Methangas-Schwefelwasserstoff-Explosion, ich hätte doch weniger Abfälle in den Abort werfen sollen! Wir, die eigentlichen Bewohner der römischen Kanalisation, liebten dieses Toilettenfeuerwerk auch nicht, aber es ereignete sich oft. Schon Luftgemische bis 15 Prozent Methan sind explosiv, und es gab noch keine Ventile und Schleusen in der Kanalisation.

Eigentlich müsste ich euch noch von der römischen Sklaventoilette tief unter einem der prunkvollsten Paläste Roms berichten und von der Steuer, die Kaiser Vespasian unsterblich gemacht hat. Vorgänger Nero hatte die Staatsfinanzen ruiniert, und Vespasian erfand die Urinsteuer. Er besteuerte die Latrinen. Sein Sohn Titus fand die neue Einnahmequelle sehr unappetitlich. Da hielt sich der Kaiser ein Geldstück vor die Nase und sprach: *Non olet!* Dass Geld nicht stinkt, wisst ihr von Vespasian. In Frankreich heißen die Pissoirs noch heute *Vespasiennes*.

Zurück in die Gegenwart. Es wird Zeit, dass wir unser großes Latrinum beenden und durch Rolf B.'s Toilette wieder auftauchen. Rolf B. hat sich hinter seinem WC bald eine Rückschlagklappe einbauen lassen. Alles, was von vorn oben kommt, darf passieren, aber alles, was von hinten kommt, muss wieder umkehren.

Es gibt kein Lob des Säugetiers ohne Anerkennung seiner Stoffwechsel-Endprodukte. Für den Europäer ist die Weisheit, ist die Vernunft gewissermaßen der Gegenbegriff zu dem, was er einen Haufen von etwas nennt. Schon weil wir dessen Nähe nicht scheuen und weil doch meist etwas Brauchbares darin zu finden ist, wäre er nie auf die Idee gekommen, in uns das Sinnbild der Weisheit zu verehren. Die Inder kennen solche Vorurteile nicht.

Karni Mata oder Die göttliche Ratte

Am Eingang einer Kirche oder eines Tempels stehen oft die Statuen der Heiligen. Das ist im Karni-Mata-Tempel in Indien auch so, er ist ganz leicht zu finden, gleich hinter der pakistanischen Grenze. Die nächste größere Stadt heißt Bikaner. Wenn ihr also zum Tempel kommt, empfangen euch die Heiligen, Hunderte Ratten aus Stein. Die Fassade ist aus weißem Marmor, ihr seht Bäume und Heilige, uns also. Ihr tretet durch die schöne silberne Eingangstür und bekommt wieder ein Gefühl für Weite, für Hoheit. Gold und weißer Marmor! Natürlich müsst ihr die Schuhe ausziehen, denn dies ist ein hinduistischer Tempel. Die Demut, vielleicht wisst ihr es noch, beginnt an den Fußsohlen. Ihr habt wohl nicht mehr viel Talent zur Demut, vor allem ihr Europäer nicht. Oder warum macht ihr so gepeinigte Gesichter beim Schuheausziehen? Immerhin dürft ihr unser Reich betreten, 20 000 heilige Ratten heißen euch willkommen.

Die Einheimischen nennen uns *kaba*, das ist ein Kosewort für kleine Kinder. Kaba! Der schöne Mosaikboden, den euer Fuß nun spürt, ist unser großer Teller. Überall liegt Speise für uns bereit. Natürlich lassen auch wir öfter etwas liegen. Fürchtet euch nicht! Wir fressen nicht nur vom großen Teller, sondern vor allem aus den vielen silbernen und bronzenen Schalen. Ihr ahnt nicht, wie man für uns sorgt. Nicht nur, dass wir unsere eigenen Köche, Wärter und Putzfrauen haben, die im Tempel wohnen, auch die Gläubigen kommen fast nie mit leeren Händen. 20 000 von uns leben also diesen Rattenkommunismus. Wir schauen aus allen Löchern, klettern die Marmorsäulen hinauf und wieder hinunter, spielen Fangen miteinander, wenn die Mahlzeit nicht zu üppig war. War sie das doch, liegen wir oft in großen Haufen übereinander. Dann müsst ihr außenrum gehen. Die Tempelvorschriften sind sehr streng. Wer eine Ratte tritt, selbst wenn es nur versehentlich war, muss eine aus Gold spenden.

Die Gläubigen sind sehr froh, wenn sie einen Bissen erhaschen, von dem wir bereits gekostet haben. Sie trinken aus unseren Schalen, wenn wir daraus getrunken haben. Das bringt Glück! Das erlöst von Übeln aller Art. Und wenn eine von uns über euren Fuß läuft, braucht ihr euch keine Sorgen mehr zu machen im Leben. Ihr wisst, dass der Hinduismus wie auch der Buddhismus ein Bild von uns haben, das unserem wahren Selbst durchaus nahe kommt. Wir stehen für alles, was man braucht im Leben, für Schönheit, Klugheit, Reichtum und Erfolg. Einzig der Drache bei den Chinesen genießt noch höheres Ansehen. Aber gibt es Drachen? Es gibt Ratten!

Trotzdem haben wir nur diesen einen Tempel auf Erden. Und auch der ist, wie der Name schon sagt, nicht uns direkt geweiht, sondern Karni Mata. Sie lebte vor fast siebenhundert Jahren, ungefähr zu der Zeit, als der Rattenfänger nach Hameln kam. Karni Mata muss wohl eine Wundertäterin gewesen sein, die Leute brachten ihre toten Kinder zu ihr, dass sie sie wieder aufwecke. Wer nicht Tote aufwecken kann, bringt es nie zum Heiligen, denkt an Jesus! Tote aufwecken zählt zu den Grundqualifikationen. Und doch hat Karni Mata das nicht immer geschafft, weshalb sie in großen Streit mit dem Totengott Yama geriet.

Auf ihre Bitte, einen Jungen wieder herauszugeben, antwortete er, das könne er nicht, der Junge sei schon wiedergeboren worden. Ihr wisst, im Hinduismus ist der Tod nur ein Übergang in eine andere Seinsform. Aber die Familie des Jungen wollte keine neue Seinsform, sondern die alte. Sie wollte ihr Kind zurück. Im Zorn sagen Frauen manchmal gewagte Dinge, so auch die Wundertäterin Karni Mata. Nie wieder würde sich ihr Volk diesem Betrüger anvertrauen, keine Seele würde mehr die Schwelle seines Totenreichs überschreiten. Künftig würden die Ihrigen ihr nächstes Leben grundsätzlich als Ratte beginnen, ohne Yama überhaupt erst zu fragen. Das war eine kluge Wahl, denn wir Ratten haben sehr gute Aussichten, als Charan wiederaufzuerstehen, also gewissermaßen als heilige Sänger.

Ihr begreift, dass die Gläubigen im Tempel uns als verzauberte Menschen sehen? Jede Ratte eine Menschenseele. Die Statue von Karni Mata befindet sich unter einem Baldachin aus purem Gold. Davor trinken wir Milch aus silbernen Schalen. Einen Rat habe ich noch für euch: Am besten, ihr kommt nachts. Ihr wisst, wir sind nachtaktive Tiere. Nachts ist im Tempel einfach viel mehr los. Dieses Gehusche müsst ihr sehen. Und fühlen. Habe ich euch eigentlich gesagt, dass die Europäer im Tempel die Socken anbehalten dürfen? Sie wirkten, allein auf ihre bloßen Füße gestellt, zu mitleiderregend.

Eins aber habe ich nie verstanden. Warum leben im Karni-Mata-Tempel immer 20 000 Ratten? Ihr könnt euch selbst ausrechnen, wie viele wir nach einem Monat, nach zwei Monaten und immer so weiter wären, sein müssten! Aber ihr bleibt bei 20 000. 20 000 Seelenträger längst Verstorbener. Ich habe da einen sehr bösen Verdacht. Was machen die Wärter mit unseren Kindern, mit unseren Alten? Man sagt den Besuchern, die heiligen Ratten seien alle gleich groß, gleich schwer und gleich alt.

Gläubige glauben so etwas. Heilige Ratten eben. Junge Ratten sieht man nicht.

In den großen Schrein dürfen nur Hindus. Der Hauptschrein birgt die heilige Speise, das *prasad*. Ihr wisst, Altar und Hostie gehören zusammen. Aber auf einen Unterschied zum geweihten Brot, dem Leib Christi, will ich euch doch aufmerksam machen. Das Prasad, die heilige Speise, verdient ihren Namen erst, nachdem eine Kaba, eine der Unsrigen, daran genagt hat. Dann dürft ihr davon kosten.

Wisst ihr, dass wir vor der Pest schützen können? In Indien flackert diese alte Geißel der Menschheit immer wieder auf, so Ende des vorigen Jahrhunderts in Surat, im Staat Gujarat. Und die Menschen strömten in unseren Tempel, aßen von unseren vorgekosteten Speisen, tranken unsere Milch. Als Vorbeugung und Medizin gegen die Pest. Und was soll ich euch sagen? Die Pest verschwand wieder. Diese Geschichte habe ich aber schon einmal anders gehört, sagt ihr?

Lob des Mittelalters

Doch bevor ich euch von der Pest erzähle, ist es Zeit für ein Lob des Mittelalters. Damit ihr wisst, welche Welt eure Vorfahren in so großer Zahl und auf einmal verlassen mussten. Das dunkle Mittelalter?

Wie über die meisten Dinge irrt ihr auch hier. Natürlich, Rom war es nicht. Aber eine Art Römisches Optimum kehrte vorsichtig zurück. Das Hochmittelalter war viel wärmer als heute. Ich höre schon eure Klimaschützer: Jetzt leugnet diese miese Ratte auch noch den Klimawandel! Aber, liebe Freunde des Kontrafaktischen, hört mir doch erst einmal zu!

Kennt ihr Floke Vilgardson? Floke Vilgardson war Norweger, näherhin Bauer und Farmer. Ich weiß schon, was ihr denkt:

Bauer und Farmer in Norwegen? Vielleicht sollte er es woanders versuchen? Ebendas dachte sich Floke Vilgardson auch, und er setzte mit seinem ganzen Vieh auf eine unlängst entdeckte riesengroße Insel über. All ihre unendlichen Weidegründe gehören nun mir, dachte Floke Vilgardson. Leider kam ein sehr kalter Winter, und all seine Rinder starben. Das soll eine Geschichte über die mittelalterliche Warmzeit sein?, fragt ihr. Euch fehlt die Geduld. Als Floke Vilgardson die Insel seines Missvergnügens verließ, verfluchte er sie und gab ihr einen abschreckenden Namen: »Eisland« – *Island*. Das war 865, vielleicht auch ein paar Jahre früher oder später, es ist wirklich schon sehr lange her.

Aber kurz nach Floke Vilgardson, nur neun Jahre später, kam Ingolf Anarson. Und blieb. Bis zum Jahr 930 lebten schon 60 000 Norweger auf der Insel, sonnten sich, trieben Ackerbau und Viehzucht und lobten das Schmelzen der Pole. Nein, das Letzte nehme ich zurück. Sie lobten die neue Wärme, also das, was ich als führender Klimatologe die »mittelalterliche Warmzeit« nennen möchte. Die besten eurer Forscher sind mir darin gefolgt. Eigentlich müsste ich von der »hochmittelalterlichen Warmzeit« sprechen, denn im Frühmittelalter war das Wetter kaum besser als die Verhältnisse. Nun gehört das Jahr 865 genauso wie das Jahr 930 streng genommen noch zum Frühmittelalter, aber die Ersten, die den splendiden Klimawandel spürten, waren die Nordmänner; weshalb sie gleich noch Amerika entdeckten, natürlich über die Nordroute, und ständige Schiffsverbindungen zum Mutterland unterhielten. Von wegen, Kolumbus war der Erste!

Die Entdeckung Amerikas über Grönland – »Grünland« also, nicht »Weißland« – war fürwahr keine Schlechtwetterunternehmung, nicht einmal für die Wikinger.

Allmählich spürten auch die übrigen Europäer die neue Milde und errichteten vor Freude gleich eine Hochkultur, die erste im Norden Europas überhaupt. Lasst uns Wein anbauen!

Im südlichen Norwegen, in Pommern, in Ostpreußen, in England! Wo Wein wächst, sind die Nachtfröste überschaubar, und die Sonne scheint lange genug. Weinlagen eben. Norwegen! Und Weizen in Trondheim.

Es ist schon merkwürdig, dass eure kleine Klima-Gotteskriegerin Greta Thunberg Schwedin ist. Unlängst hat man da noch jeden Sonnenstrahl einzeln gezählt. Ja, wenn sie aus Jakarta käme. Die Hauptstadt Indonesiens wird voraussichtlich versinken wie andere asiatische Megacitys auch. Die europäischen Kolonialherren brauchten Häfen, darum waren sie wenig geneigt, beim Städtegründen auf andere Faktoren als die Wasserlage Rücksicht zu nehmen.

Greta weiß gewiss nicht, was mit Skandinavien passierte, als Schluss war mit der hochmittelalterlichen Warmzeit. Damals wäre auch beinahe Schluss gewesen mit Skandinavien.

In Norwegen gab ein Hof nach dem anderen auf. In stummer Trauer standen die verlassenen Häuser, die Ställe, die Brunnen. Verwundert schauten meine Brüder und Schwestern von den Kornböden, die niemand mehr füllte. Das ist sehr traurig, lauter leer stehende Heimaten. Eine sentimentale Ratte sei das Allerletzte, sagen Sie? Wir hatten das bereits erörtert. Die Gemütslage der Wissenschaft ist doch die beste Geistesverfassung, unbewegt *per definitionem*. Also: Von und für Menschen angelegte Orte, die niemand mehr bewohnt, nennt man auch »Wüstungen«. 40 Prozent der norwegischen Höfe wurden nach 1300 von ihren Bewohnern verlassen. Auch das ist Klimawandel, liebe Greta.

Oder nimm nur einmal die armen Wikinger auf Grönland! Sie lebten in zwei großen Siedlungen, in der Ostsiedlung und der Westsiedlung. Schon um 1350 fand ein norwegischer Priester das Western Settlement verlassen. Das letzte Lebenszeichen vom Eastern Settlement traf 1410 in Norwegen ein: Die Verzweifelten hatten einen Zauberer verbrannt, es war ein letzter Versuch, das miserable Wetter zu bessern. Die Wikinger neigten sonst nicht zu Menschenopfern. Aber sie waren stur, genau wie du: Hätten die Grönland-Wikinger von den Inuit gelernt, Pelze zu tragen, Kanus zu bauen und Fische zu fangen, hätten sie noch länger dableiben können. Aber die Wikinger nannten sie *skraelings*, »Wichte«. Von *skraelings* will man nichts lernen. Und sie sagten in ihrer europäischen Arroganz: Wir sind ein Kulturvolk, wir bauen Getreide an, züchten Vieh und tragen Stoffe, egal wo!

Es war eine alte Kulturtechnik der Wikinger, Fremde nicht zu besuchen, sondern sie zu überfallen. Irgendwann überfielen die *skraelings* die Wikinger und nahmen mit, was ihnen gefiel, auch die Wikinger selbst. Glaubt nicht, dass es das Land der Inuit war, die kamen erst, als die Wikinger schon Jahrhunderte hier siedelten. Und wo blieben die Schiffe aus Norwegen? Sie mussten das Walross-Elfenbein holen, das wichtigste Exportgut, und so vieles Unentbehrliche bringen. Aber es kam kein Schiff mehr. Eisberge trieben auf dem Nordatlantik. Die hatte man hier über Jahrhunderte nicht mehr gesehen.

Ich rekapituliere: Hochkulturen bevorzugen Warmzeiten. Schaut euch bloß mal die Kirchen an: Die Romanik baute misstrauische kleine Fenster in wuchtige Wände. Wer drin war, wurde vielleicht noch depressiver als draußen. Ganz anders das Bauen in der neuen Wärme. Es zeigte den Ehrgeiz, die Wände am besten gleich ganz aufzulösen in große Fenster, die die einfallende Sonne mit unendlichem, filigranstem Maßwerk umspielten. Das ist die Gotik, ein Lob des Herrn und seines Wetters, eine »erhabene Hysterie«, wie Ernst Barlach sagte.

Im Hochmittelalter wurden die meisten eurer Städte gegründet, in denen ihr noch immer wohnt. Wusstet ihr, dass Europas Waldfläche damals noch kleiner war als heute? Überall legten eure Vorfahren Felder und Weiden an. Die Welt war, was sie sein sollte: ein Garten. Natürlich hatte die Wärme auch kleine Nachteile. Der Malariamücke war selbst London nicht zu kalt. Sie stach ganz Europa.

Und dann kamen die Kleine Eiszeit und die Pest. Oder nein, das stimmt nicht. Zuerst kam der große Hunger. Denn schon um 1300 begann die Malariamücke empfindlich zu frösteln.

Vor Caffa oder Kleine Einführung in die mittelalterliche Medizin

Die Berichte der Reisenden klangen schon im Vorjahr bedenklich. In China und Persien habe es Wasser mit Würmern geregnet, sagten sie. Andere bestritten das, zumindest für Indien. Es habe vielmehr Frösche, Schlangen, Eidechsen, Skorpione und andere giftige Tiere geregnet. So teilte es ein Geistlicher aus Avignon seiner flämischen Heimatdiozöse mit, das war im April 1348[6], ein Jahr nach dem Ausbruch des großen Infernos, das ein Drittel der europäischen Bevölkerung das Leben kosten würde. 30 Millionen Menschen. Von uns aber sprach niemand, schließlich waren wir nicht giftig, sondern des Menschen nächster Nachbar, lästig wie ein jeder Nachbar, aber nicht giftig. Auch darum fiel der Verdacht nicht auf uns, er fiel über Jahrhunderte nicht auf uns.

Alles, was man in Europa über die Pest wusste, schon bevor sie eintraf, war, dass der Osten der Welt von einer großen Heimsuchung betroffen war, wobei auf den giftigen Tierregen meist ein großes »vom Himmel fallendes Feuer« zu folgen pflegte: »Dabei entstand eine riesige Rauchsäule. Und wer sie erblickte, starb nach einem halben Tag. Und ebenso kamen die Männer und Frauen um, die jemanden sahen, der Augenzeuge dieses Ereignisses gewesen war.«[7]

Doch wo genau lag der Osten der Welt, der Ursprung der großen Plage? Die meisten Weltkarten zeigten an jenen Stellen große weiße Flecken, und selbst wenn es anders gewesen wäre, die Menschen hätten sie doch nicht lesen können. Die äußersten

Vorposten Europas im Osten der Welt waren Caffa und Tana. Tana war eine Niederlassung Venedigs, Caffa gehörte Venedigs Erzfeindin Genua, es war eine genuesische Stadt im Ausland. Sie lag wie Tana im Khanat der Goldenen Horde, Tana am Asowschen Meer, Caffa auf der Krim. Die Stadt lebte vom Handel mit den Mongolen und Russen. In ihrem Hafen konnten 200 Schiffe ankern.

Es ist schwer zu sagen, was die Einwohner Caffas im Frühjahr 1347 über die Gefahr aus dem Osten wussten, denn die Nachrichtenlage war nicht gut. Sie war sogar äußerst schlecht. Der Fürst der Mongolen Dschani Beg Khan hatte beschlossen, Caffa zu vernichten, und die Stadt umzingelt. Er würde ihr den Atem nehmen. Die arroganten Europäer verkauften Angehörige seines Volkes als Sklaven, sie erwiesen ihm kaum den nötigen Respekt. Tana gehörte dem Khan schon wieder, die Venezianer waren im letzten Augenblick übers Meer nach Caffa geflohen. In Tana hatte ein Venezianer einen Mongolen erschlagen. Ja, sein Bruder war viel zu nachsichtig mit diesen Fremden gewesen, er, Dschani Beg, würde diesen Fehler korrigieren. Tod den Venezianern! Tod den Genuesen! Das Heer der Mongolen hielt den Ring um die Stadt fest geschlossen.

Mit den übrigen Einwohnern Caffas sah auch der junge Rechtsanwalt Gabriele de Mussis aus Piazenca dem Ende entgegen. Er wird überliefern, was nun kommt, und ich erkläre mich an dieser Stelle zu seiner kommentierenden Begleitratte, auch werde ich Ihnen sagen, was er noch nicht wissen konnte.

Im Jahr zuvor war der hoffnungsvolle Notar in die Stadt gekommen, ein Fehler, wie er jetzt einsehen musste. Er würde wohl verhungern wie die anderen, es sei denn, die Mongolen stürmten Caffa schon vorher. Nicht Frösche, Schlangen und Skorpione, die vom Himmel fielen, fürchtete die Vorhut der Genueser im Osten, sondern die Pfeile der Mongolen. Natürlich, als Seefahrer waren die Tartaren kuriose Anfänger, denn immer wieder schafften es einzelne Schiffe aus der Heimat, die Stadt von der Seeseite zu erreichen und mit dem Nötigsten zu versorgen. Aber wie lange noch? Schon mehrten sich die Stimmen, die für Frieden und Unterwerfung plädierten, da begann der Belagerungsring plötzlich spürbar zu ermatten. Es war ein Rätsel. Jedes Rätsel galt damals vorzugsweise als Fingerzeig Gottes.

Offenkundig wollte der Herr die Mongolen strafen, jubelten die Bewohner Caffas, und so jubelte auch Gabriele de Mussis aus Piazenca. Die Feinde starben zu Tausenden, aber nicht durch die eigenen Waffen. Es war das Frühjahr 1347. Es war ein Wunder.

Doch dann geschah es. Es regnete. Es regnete keine Würmer, auch nicht Schlangen, Kröten oder Skorpione, es regnete Mongolen, und zwar: tote Mongolen. Übergeben wir das Wort Gabriele de Mussis: »Als die ... geschwächten Tartaren bestürzt und völlig verblüfft zur Kenntnis nehmen mussten, dass ihre Zahl immer kleiner wurde, und erkannten, dass sie ohne eine Hoffnung dem Tod ausgeliefert waren, banden sie die Leichen an Wurfmaschinen und ließen sie in die Stadt Caffa hineinkatapultieren ... Man sah, wie sich die Toten ... zu Bergen türmten.«[8]

Gewiss regnete es auch tote Ratten, aber niemand beachtete sie.

Die eigenen leblosen Soldaten als Geschosse zu verwenden war zwar Leichenschändung, militärisch aber grundsolide gedacht. Wer sagt, dass nicht noch ein toter Krieger siegen kann, wenn schon der lebende es nicht vermochte?

Aber ich denke schon wie ihr, die Verherrlicher der instrumentellen Vernunft. Der Mensch ist das Tier, das seine Toten bestattet, habt ihr gesagt. Die Grablegung sei der Anfang aller menschlichen Kultur. Es ist ein einfacher und großer Gedanke zugleich, noch vor aller Selbsterschaffung durch die Arbeit und was der Menschwerdungsmythen mehr sind, die ihr euch erzählt. Am Beginn des Menschen stand eine elementare Pietät, glaubt ihr. Seht euch den Khan an! Ich präzisiere: Der Mensch ist das sich selbst unterbietende Tier.

Hätten die Eingeschlossenen von Caffa die übel riechenden Leichen der Feinde wegschaffen oder selber fliehen wollen, wären sie ihrem Gegner in die Arme gelaufen. Es blieb also nichts, als die Körper ins Meer zu werfen. »Bald war jedoch die ganze Luft verseucht und ebenso das Wasser durch die krankmachende Fäulnis vergiftet. Es breitete sich ein solcher Gestank aus, dass von Tausenden nur noch einer in der Lage war, … die Flucht zu wagen.«[9] Die gelehrte Ratte muss den Chronisten hier um einiger Korrekturen willen unterbrechen. Wie Sie bereits merken, ist an dieser Stelle vom bis heute sprichwörtlichen Pesthauch die Rede. Es sind die Dämpfe, die krank machen, glaubte de Mussis. Die toten Tartaren rochen, und zwar pestilenzartig. Sie vergifteten die Luft, diese war nun nach allgemeiner Überzeugung mit dem Tode geschwängert.

Die Verwendung des Wortes »Pest« ist an dieser Stelle zu kommentieren, das lateinische Wort *pestis* bedeutet schlicht »Seuche«, de Mussis verwendete es ebenso.

Vielleicht kann ein kleiner Grundkurs in antiker Medizin an dieser Stelle nicht schaden. Die mittelalterliche Medizin war die Medizin des Altertums. Sie war der an sich sehr schönen Vorstellung einer Entsprechung des Makrokosmos und des Mikrokosmos verpflichtet. Der einzelne Mensch ist eine ganze Welt, er ist die Welt im Kleinen. Ein gesunder Mensch spiegelt ihre Vollkommenheit wider, genau wie die gesunde Ratte. Gesund ist der Mensch, ist die Ratte dann, wenn sich die Körpersäfte im Gleichgewicht befinden.

Es sind genau vier: Blut, Schleim, gelbe und schwarze Galle. Fehlmischungen machen krank. Ein Überwiegen der kalten und trockenen schwarzen Galle (*melaina cholé*) prädestiniert zu Melancholie, allerdings galten Melancholiker als vorzüglich gegen die Pest geschützt, wogegen die allzu Vollblütigen im höchsten Maße gefährdet schienen. Blut schien als zu feucht und zu warm, da konnte es leicht zur Fäulnis der inneren Organe kommen, weshalb Aderlässe als Universaltherapeutikum galten, denn das Wesen, das finale Stadium jeder Krankheit und Todesursache zugleich war Fäulnis der inneren Organe.

Zu viel Blut? In der Tat wurde bald vielerorts beobachtet, dass junge Menschen eher starben als alte. Jeder Arzt war zugleich Theologe und Astrologe. Der Blick in die Sterne war in gewissem Sinn noch viel entscheidender für die medizinische Diagnose als der Blick auf einen Kranken.

Als Spezialfall der ärztlichen Diagnose darf die Diagnose der Notwendigkeit, der Unvermeidbarkeit des Eintreffens einer Krankheit gelten. Diese große Heimsuchung musste kommen, befand Guy de Chauliac, Leibarzt von Papst Clemens VI.: Drei Jahre zuvor, genau am 20. März 1345, hätten die drei »oberen Planeten« Mars, Jupiter und Saturn in einer überaus ungünstigen Konstellation zueinander gestanden, die nicht ohne Folgen bleiben konnte.

Im Sommer des folgenden Jahres würden die bedeutendsten Gelehrten der Zeit, die Professoren der Pariser Universität, ihr berühmtes Pestgutachten veröffentlichen:

»Wir, die Mitglieder des Medizinalkollegiums zu Paris, legen hiermit nach reiflicher Überlegung und gründlicher Diskussion über die vorherrschende tödliche Pest sowie nach Erforschung der Meinung unserer alten Lehrer eine klare Analyse dieser Seuche nach den Regeln der Astrologie und der Naturwissenschaften vor.« Sie erklärten Folgendes:

»Man weiß, dass in Indien und den Ländern am großen Meer die Gestirne, welche mit den Sonnenstrahlen und der Hitze des Himmelsfeuers kämpfen, ihren Einfluss besonders auf das Meer ausüben und heftig gegen seine Gewässer ankämpfen. Dabei entstehen Dämpfe, welche die Sonne verdunkeln und ihr Licht in Finsternis verwandeln. Diese Dämpfe bilden einen Kreislauf des Steigens und Fallens von 28 Tagen.«[10]

Der gelehrten Ratte wird ganz schwindlig bei diesen Ausführungen, und doch wäre jede indirekte Wiedergabe hier verfehlt, man sollte den Wortlaut kennen. Das Gutachten fährt fort:

»Schließlich wirken die Sonne und ihr Feuer so stark auf das Meer ein, dass sie große Mengen davon anziehen und in Dampf verwandeln, der sich in die Luft erhebt.«

»Ist nun irgendwo das Wasser durch verendende Fische verdorben, kann es durch die Sonnenwärme nicht mehr aufgelöst und weder in heilsamen Dampf noch Hagel, Schnee oder Reif verwandelt werden, sondern die Dünste verbreiten sich in der Luft und hüllen manche Gegenden mit Wolken ein. So geschah es in Arabien, Teilen Indiens, in den Ebenen und Tälern Mazedoniens, in Albanien, Ungarn, Sizilien und Sardinien, wo kein Mensch am Leben blieb.«[11]

Aber so weit sind wir noch nicht. Und ich wage nicht zu vermuten, wie viele Professoren der Pariser Universität ihr Gutachten überlebt haben.

Es sei also ein verdorbener Wind, *aer corruptus*, der als Pesthauch das Land überzieht. Was aber geschah wirklich in Caffa? Mir scheint es an dieser Stelle folgerichtiger, von einer frühen Form der bakteriologischen Kriegsführung zu sprechen. Die ersten großen Opfer, von keinem Chronisten erwähnt, hatten wir zu beklagen. Wir gelten als Parasiten, aber niemand denkt gewöhnlich daran, dass auch die Parasiten ihrerseits von Parasiten bewohnt werden. Unser Hauptparasit ist der Rattenfloh. Schon der gesunde Rattenfloh ist ungemein lästig, aber der kranke Rattenfloh ist eine wahre Geißel.

Der einzig mögliche Fluchtweg führte die Leute von Caffa übers Wasser, führte Richtung Westen. Gaben sich alle, die noch laufen konnten, als Seemänner aus, um zu entkommen? De Mussis gelangte an Bord einer der genuesischen Galeeren, die nun eine nach der anderen, eine vor der anderen den Hafen verließen. Wurden sie noch beladen? Sicher ist, dass sie Güter des Ostens an Bord hatten, als sie Europa erreichten. Und uns natürlich, die wasserscheue europäische Hausratte, die tollkühnste Seefahrerin aller Zeiten. Die Seemänner starben unterwegs wie die Ratten, die Ratten starben wie die Seemänner. Wenn sie unter Deck gingen, um eine Mahlzeit einzunehmen, begegneten sie uns, den Wächtern ihrer Vorräte. Hatten sie jemals vorher so viele tote Ratten gesehen? Doch so gezeichnet sie schon waren, wir stimmten sie nicht nachdenklich.

Es mag Schiffe gegeben haben, auf denen zuerst alle Ratten und dann die Seemänner starben. Vielleicht war das milder, denn wer mag sich die Verzweiflung der aquaphoben Nichtschwimmer vorstellen, wenn wir allein in den Schiffen zurückblieben, die nun herrenlos auf dem Meer trieben, dem Untergang geweiht, ohne Aussicht auf den rettenden Hafen.

Wer unterwegs ist, ist nirgendwo, genauer: Er ist im Kommen. Die Frage ist natürlich immer, wer kommt. Nutzen wir das Niemandsland, nein das Niemandsmeer einer großen Seereise, wie es schicksalhafter kaum eine gab, um das zu sagen, was keiner bisher gesagt hat und was doch gesagt werden muss. Es wäre ein großer Unterschied gewesen, ob die Wanderratte oder die Genueser Hausratte gekommen wäre, die Wasserratte oder die Landratte. Aber ausgerechnet wir, die Landratten, fuhren übers Meer.

Auf Wanderratten-Gebiet pflegt die Pest nur kursorisch aufzutreten, sie kommt und geht wieder, wie die Wanderratten selbst kommen und gehen, diese Nomaden unserer Art. Es sind sehr unstete Tiere. Sie haben niemals ein solches Vertrauen zu euch und euren Vorräten gefasst wie wir. Es konnte nie geklärt werden, warum die Pest in Europa ab dem 18. Jahrhundert verschwand. Der entscheidende Hinweis könnte lauten: Die Wanderratte erreichte erstmals den Erdteil und begann sofort, uns zu verdrängen, die treue Gefährtin des Menschen, die alles mit ihm teilt, sein Haus, seine Vorräte, ja sogar seine Decken, sein Bett. Und seine Krankheiten.

Aus gegebenem Anlass widme ich die folgenden Seiten dem Entdecker unserer Leiden, dem großen Schweizer Arzt und Bakteriologen Alexandre Yersin und seinen Kollegen. Ein Zeitsprung von mehr als einem halben Jahrtausend ist nun notwendig, bevor wir zu dem jungen Notar de Mussis auf See zurückkehren. Und ihr werdet sehen: Manchmal seid ihr wie die Ratten, selbst die Besten unter euch.

Alexandre Yersin fährt nach Hongkong

Die Europäer neigen inzwischen zu kollektiver Scham, wenn sie an ihre Geschichte denken. Sie verstehen den Ehrgeiz ihrer Vorfahren nicht mehr: Was brachte sie dazu, wenn möglich die ganze Welt zu unterwerfen, noch auf dem entlegensten Weltteil ihre Spuren zu hinterlassen? Was machte sie so sicher, allen anderen überlegen zu sein? Es liegt am System, sage ich da nur, und es ist noch immer das Gleiche. Wir können das beurteilen, wir sind mit Kolumbus bis nach Amerika gekommen, doch davon später.

Ende des 19. Jahrhunderts war auch Asien mehr oder minder fest in europäischer Hand. Die Völker Indiens, Chinas und Indochinas lebten seit Jahrhunderten mit der Pest, und sie hätten es auch weiterhin klaglos getan. Mensch und Ratte zahlen der Ewigkeit Buße für den Vorwitz ihrer Existenz, was ist daran so schwer zu begreifen?

Die Dichter der Chinesen und der Inder wussten auch schon viel vom Zusammenhang ihrer und unserer Leiden. Der Baghavata Purana prophezeite: Wenn du eine Ratte vom Dach fallen und wie ein betrunkener Mann über die Straße torkeln siehst, dann wisse, die Pest ist nah. Und in Yunnan dichtete Shih Tao-nan 1792, während die Leute ringsum starben: Wenige Tage nach dem Tod der Ratten / fallen auch die Menschen / wie Mauern, die einstürzen.

Der moderne Europäer des 19. Jahrhunderts unterscheidet sich von den Asiaten des 19. Jahrhunderts vor allem dadurch, dass ihm Zeilen wie diese nicht als Poesie, sondern als Indiz gelten. Aber der dreißigjährige Schweizer Alexandre Yersin wird sie nicht gekannt haben, als er von einer Expedition über die Hochebenen von Darlac und die Küstenkette von Annam zurückkehrte. Er hatte die Eigentümlichkeiten der Stämme der Moi erkundet. In Saigon erwartet den Schüler Pasteurs bereits ein Auftrag der französischen Regierung. Er möge unverzüglich nach Yunnan reisen, wo gerade die betrunkenen Ratten von den Dächern fielen. Die Regierung formulierte das nur etwas anders.

Wie lange schon hatte sich Yersin um eine Reiseerlaubnis nach Yunnan bemüht, und für einen Schüler Pasteurs ist die Nachricht, dass irgendwo die Pest ausgebrochen ist, durchaus ein freudiges Ereignis. Für einen Schüler Pasteurs steht aber auch fest, dass Yunnan im Augenblick nur die zweitbeste Wahl darstellt. In Hongkong ist alles noch viel schlimmer. Der wahre Epidemiologe geht immer dahin, wo es am schlimmsten ist. Also Hongkong. Paris stimmt zu.

Am 15. Juni 1894 betritt Alexandre Yersin den Boden der Stadt, die ihn berühmt machen sollte. Er betrachtet sie nicht ohne Zufriedenheit: ausgestorbene Straßen, manche ganz zugemauert, keine Schiffe im Hafen. Es muss also wirklich übel stehen. Die Vielzahl der toten Ratten auf allen Wegen fällt Yersin gleich auf.

Die Hälfte der Einwohner ist schon weg. Geflohen vor der Pest, sollte man glauben, aber das ist falsch. Die Chinesen fliehen vor den Hygienemaßnahmen der Briten, vor ihren Desinfektionseinheiten und vor allem vor deren rüder Art, ihre Toten zu bestatten. Binnen kürzester Zeit werden sie in Gräben voller Kalk gelegt und dann mit einer Schicht Zement überdeckt. Kein Toter kann so mit Lebenden kommunizieren, und kein Lebender mit den Toten. Aber das müssen sie. Andernfalls finden weder die Seelen der Toten noch die der Lebenden Ruhe. Darum sind mehr als einhunderttausend Einwohner Hongkongs nach Kanton emigriert, direkt in die Arme der Pest. Denn von Kanton kam sie, und dort ist sie noch immer.

Es sind Reaktionen wie diese, die euch Europäer des 19. Jahrhunderts veranlasst haben, von einem ungeheuer hohen Schemel der Vernunft auf die übrigen Bewohner dieser Erde herabzusehen, befangen in Schmutz und Unwissenheit. Und als deren ureigenste Krankheit definierten sie auch die Pest: als »Erbe der notleidenden, ungebildeten, schmutzigen, auf der untersten Stufe der Zivilisation stehenden Völker«.[12]

Man möchte meinen, dies sei die Situation, einen Schüler Pasteurs in der Stadt aufs Herzlichste willkommen zu heißen. Doch Alexandre Yersin spricht kein Wort Englisch, das scheint den Briten höchst unpassend. Sie sind es nicht gewohnt, Leute ernst zu nehmen, mit denen man sich nicht vernünftig, also in der eigenen Sprache, unterhalten kann. Dafür spricht Yersin fließend Deutsch, schließlich hat er in Marburg studiert. Umso schlimmer, mögen die Briten sich sagen. Und ist die Entsendung eines französischen Bakteriologen nicht über alle Maßen kränkend?

Ohne das Empfehlungsschreiben der französischen Kolonialbehörden an einen früheren Artillerie-Offizier der italienischen Armee, der an der Seite Frankreichs in der Schlacht bei Solferino kämpfte, hätte sich ihm wohl gar keine Tür geöffnet. Der einstige Militär und jetzige Pater stellt ihn in Hongkong allen leitenden Beamten des Kolonialwesens vor, schließlich auch Dr. Lawson, dem alle Krankenhäuser der Stadt unterstehen. Lawson verspricht, dem Franzosen Zugang zum Pestkrankenhaus Kennedy Town zu gewähren.

In Kennedy Town erblickt der Neuankömmling nicht ohne Überraschung seinen japanischen Kollegen, den Robert-Koch-Schüler Professor Kitasato, und zwar: bei der Arbeit. Er beendet gerade die Autopsie einer Pestleiche. Kitasato ist drei Tage vor Yersin angekommen, aber nicht wie dieser allein, sondern mit einem ganzen wissenschaftlichen Stab, der alle Räumlichkeiten für sich beansprucht und vor allem, wie Yersin gleich erfahren soll, alle Leichen.

Mag sein, Alexandre Yersin beobachtet nicht ohne Ironie, wie Kitasato dem Herz eines Pesttoten etwas Blut entnimmt, worauf seine Assistenten sich der Lunge, Leber und Milz zuwenden. Keiner achtet auf die Beulen, die sich vornehmlich in der Leistengegend gebildet haben. Wie gern würde Yersin in eine dieser Beulen stechen. Doch das darf er nicht. Er versucht, mit dem Japaner zu sprechen, auf Deutsch natürlich. Schließlich arbeitete Kitasato sieben Jahre lang bei Koch, und er wird den Bericht über seine Mission in dieser Sprache veröffentlichen, aber jetzt antwortet er nicht, er lacht seinen Konkurrenten nur an. Oder lacht er ihn nicht vielmehr aus?

Nein, eure Spezies sieht auch diesmal nicht gut aus. Es geht um den Sieg über die schlimmste, zumindest die furchteinflößendste Geißel der Menschheit, der Tierheit überhaupt. (Ich betrachte, wie ihr längst bemerkt habt, den Menschen nur als einen Spezialfall der Tierheit, und zwar einen höchst problematischen, worin ich mir der Zustimmung aller Zoologen sicher sein darf.) Es geht um das Ende des Schwarzen Todes, und was macht ihr? Ich will euch sagen, was ihr macht. Ihr liefert euch ein Rattenrennen um den Ruhm – um in der euch verständlichen Sprache zu reden.

Doctor Lawson stellt Yersin in Ermangelung sonstiger Räumlichkeiten und vielleicht auch zur Demonstration von dessen Stellung an diesem Hospital eine Ecke im Treppenhaus zur Verfügung. Von hier aus kann der Franzose immerhin verfolgen, wie die Japaner täglich frische Tote zur Obduktion erhalten. Sie halten das unumschränkte Pestleichenmonopol.

Das macht Alexandre Yersin, der in Marburg und Paris Medizin studierte, der eine sichere Karriere am Institut Pasteur ausschlug, um nach Französisch-Indochina zu gehen, nicht gelassener. Kitasato, diese Ratte, mag Yersin denken, sinngemäß.

Aber er kann jetzt nicht aufgeben. Also erkundigt er sich bei den Matrosen, die die Pestleichen bestatten müssen, ob sie eventuell bestechlich seien. Sie bejahen diese Anfrage entschieden. Noch am selben Tag erhält Alexandre Yersin Zugang zum Pestleichenkeller, wo die Toten nur Stunden verweilen. Der nunmehr frohlockende Bakteriologe berichtet: »Sie liegen schon in ihren Särgen, ganz mit Kalk bedeckt. Ein Sarg wird geöffnet. Ich schiebe den Kalk beiseite, um die Leistengegend freizulegen. Die Beule ist deutlich auszumachen. In weniger als einer Minute habe ich sie herausgeschnitten und bringe sie in mein Labor. Im Nu habe ich ein Präparat hergestellt und lege es unter mein Mikroskop.«[13]

Was der Mediziner dort erblickt, treibt ihm beinahe Freudentränen in die Augen: Bakterien, nichts als Bakterien, ein ganzer Brei von Bakterien, alle gleich, »kleine, gedrungene Stäbchen mit abgerundeten Enden, die das Färbemittel nur schlecht annehmen.« Es handelt sich um Löffler-Blau. Was als Nächstes kommt, ist klar. Die letzte Stunde der Ratten, Mäuse und Meerschweinchen, die der Bakteriologe in seiner Flur-Unterkunft hält, hat geschlagen. Er formuliert das so: »Von meiner Pestbeule« – welche Wortwahl! – »lege ich Bakterienkulturen auf Agar-Nährböden an und injiziere sie Ratten, Mäusen und Meerschweinchen. Einen Teil des Gewebes gebe ich in ein Reagenzglas, um es nach Paris zu schicken.«[14]

Der Bakteriologe kehrt umgehend in die Leichenhalle zurück, um den nächsten Toten illegal Gewebe zu entnehmen. Denn noch ist nichts bewiesen. Es folgt die gleiche Prozedur. Auf dem Flur des Kennedy Town entsteht ein Ein-Mann-Hochleistungslaborbetrieb, unter ständigen Störungen durch das Personal des Krankenhauses, das Yersins Labor noch immer für einen Krankenhausflur hält. Wer hier stört, sind nicht sie, sondern es ist dieser derangierte Franzose, der nicht einmal Englisch spricht, sich aber für einen Wissenschaftler hält. Wenn er wirklich einer wäre, müsste er wohl kaum im Treppenhaus arbeiten.

Alexandre Yersin begreift, dass an diesem Institut für den Entdecker des Pesterregers kein Platz vorgesehen ist. Doch er bekommt die Erlaubnis zur Errichtung eines Schuppens neben einem anderen Krankenhaus. In zwei Tagen baut ihm ein Chinese eine Bambushütte neben dem Alice Memorial Hospital.

Am 22. Juni 1894 zieht der Entdecker des Pesterregers vom Flur des einen in die Hütte neben dem anderen Krankenhaus, mitsamt seinen Versuchstieren. Aber nicht mit allen. Alexandre Yersin spürt ein Gefühl tiefer Dankbarkeit angesichts der toten Ratten, Mäuse und Meerschweinchen, denen er die Bakterienkultur der ersten menschlichen Pestbeule injiziert hatte. Und sie sind nicht bloß gestorben, sondern sie zeigen die charakteristischen Beulen. Yersin öffnet sie, und in der Tat, sie beherbergen den gleichen unbeweglichen Bazillus mit den abgerundeten Ecken.

Dr. Lawson erscheint, um nach dem Hüttenbewohner zu sehen. Dieser ist sehr ungehalten, droht, sich beim Gouverneur zu beschweren, dass man ihm hier alles vorenthalte, vor allem Leichen. Und er präsentiert Lawson seine Präparate. Das ist sehr leichtsinnig, denn schon am nächsten Tag forscht auch Kitasato an den Beulen. Dafür muss Yersin nicht länger in den Leichenkeller einbrechen.

Yersin schickt unaufhörlich Proben seiner Arbeit nach Paris und wird angesichts seiner Präparate beinahe zum Dichter: »Setzt man die Pulpa der Beulen auf Agar-Nährboden an, entwickeln sich weiße, transparente Kolonien, deren Ränder regenbogenfarben schillern, wenn man sie im Gegenlicht betrachtet.«[15] Am liebsten würde er gleich versuchen, einen Impfstoff zu entwickeln, er müsste dazu den Bazillus schwächen, so wie es Pasteur mit den Erregern der Geflügelcholera und des Milzbrandes getan hatte. Aber das ist keine Ein-Mann-Arbeit. Er muss warten. Kitasato reist inzwischen ab.

Yersinia pestis

Nun könnten Sie, lieber Leser, einwenden, dass in der Fachliteratur mitunter noch immer Kitasato als Erstentdecker des Pesterregers genannt wird. Vertrauen Sie einer belesenen Ratte!

Über achtzig Jahre lang stritten die Experten, schließlich hatten die Zeitungen schon am Tag von Kitasatos Ankunft in Hongkong gemeldet, er habe den Bazillus entdeckt. Noch nicht einmal untersucht, aber schon entdeckt? Merkwürdigerweise passten selbst Kitasatos spätere Beschreibungen nie so ganz auf den Pesterreger. Was war geschehen? Wahrscheinlich hatte Kitasato eine Pneumokokke entdeckt! Wir haben hier einen der überaus seltenen Fälle, in denen unzureichende technische Ausstattung die Wissenschaft begünstigt, das muss ich noch erzählen.

Der japanische Professor besaß nicht nur Mitarbeiterstab und Labor, er verfügte neben aller sonstigen technischen Ausrüstung selbstredend auch über einen Brutkasten. Der war auf 37 Grad eingestellt, überall waren Brutkästen wie Mensch und Ratte selbst auf 37 Grad eingestellt, unsere Lieblingstemperatur wie die der Pneumokokken und sonstiger Keime. Wobei ich hinzufügen darf, dass wir notfalls auch mit 35 Grad auskommen. Der Pestbazillus aber bevorzugt die Außentemperatur Hongkongs im Juli 1894: Die lag bei 28,4 Grad. Bei etwas weniger als 30 Grad gedeiht der Erreger am besten, und Yersin besaß keinen Brutkasten. Das war sein entscheidender Vorteil. Pestkranke leiden sehr häufig auch an Pneumokokken-Infektionen, die die Primärerkrankung durchaus verdecken können.

Yersin beweist, dass der Erreger bei Mensch und Ratte der gleiche ist. Dass wir eine Hauptrolle bei der Übertragung spielen, ahnte er schon seit dem Augenblick, als er Hongkong betrat. Er fasst zusammen: »Die Pest ist also eine ansteckende und impfbare Krankheit. Mit einiger Wahrscheinlichkeit lässt sich sagen, dass Ratten ihre Hauptüberträger sind.«[16] Aber wie genau machen sie das?

Der Bakteriologe bemerkt im Sezierraum seiner Hütte ungewöhnlich viele tote Fliegen, ihre Zahl übersteigt jedes gewöhnliche Maß. Sollten also die Fliegen? Also macht er aus einem toten Insekt Fliegen-Haschee, füllt das Ganze mit Fleischwasser auf und injiziert die Lösung einem Meerschweinchen, das diese Prozedur nicht lange überlebt.

Fliegen? Fliegen und Exkremente, so viel scheint außer Zweifel.

Tapinshon ist eine tote Stadt, das am stärksten von der Pest heimgesuchte Viertel Hongkongs. Die Bewohner sind geflohen oder wurden evakuiert, die Straßen sind zugemauert. Am liebsten würden die Briten die Häuser der Chinesen einfach abbrennen, doch sie fürchten die Erbitterung der auf Rückkehr Hoffenden. Und so viel Entschädigung könnten sie niemals zahlen. Also Chlorkalk und Schwefelsäure!

Aber wie tief müssen die in den Boden? Ist es gefährlich, den festgestampften Boden der Häuser umzugraben? Das will Generalgouverneur Robinson Ende Juli von Yersin wissen. Yersin findet Yersinien noch in einiger Bodentiefe. Yersinien, selbstverständlich, denn auch in diesem Fall erhält der Erreger bald den Namen seines Entdeckers.

Exkremente von Mensch, Fliege und Ratte, mit Staub vermischt, auf die unbefestigten Straßen und in die Böden der Häuser gelangt, das muss die Wurzel des Übels sein. Yersin scheint das so klar, dass er unsere Spur nicht weiter verfolgt.

Drei Jahre später ist Alexandre Yersin in Bombay, das von einer verheerenden Pestwelle heimgesucht wird. In Venedig eröffnet am 16. Februar 1897 die 10. Internationale Gesundheitskonferenz, die Hauptfrage lautet: Wie können wir verhindern, dass die Pest auf Europa übergreift? Um diese Frage zu beantworten, müsste man wissen, wie genau die Rattenpest sich auf den Menschen überträgt. Aber niemand interessiert sich dafür. Die allgemeine Auffassung lautet: Die Hindus gehen barfuß durch ihre schmutzigen Straßen, der Virus gelangt über die Abschürfungen an ihren Füßen ins Blut, was gibt es da noch zu verstehen? Doch Dr. Simon, einem Mitarbeiter Yersins vom Institut Pasteur, der ebenfalls nach Bombay gekommen ist, fällt da Verschiedenes auf. Vor allem ein winziges Bläschen, das sich bei Betroffenen in den ersten Stunden ihrer Krankheit bildet. Es enthält in allen Fällen den Pestbazillus. Seltsamerweise ist es nie an verletzten Hautstellen zu finden, etwa an den Fußsohlen, sondern immer dort, wo die Haut gesund ist. Simon nennt es »Phlyktäne präcox«.

Und sieht es nicht fast aus wie ein Insektenstich? Das Bläschen befindet sich meist auch genau dort, wo Insekten am liebsten stechen, am Oberkörper, an Armen, auch auf dem Fußrücken. Je länger er die *Phlyktäne präcox* anschaut, desto mehr fällt ihm die Ähnlichkeit mit einem Flohbiss auf.

Dr. Simon kann nicht behaupten, dass jemand seine Vermutung mit Enthusiasmus aufnimmt. Es liegt eher Nachsicht in den Blicken der Kollegen, Spinner gibt es überall. Doch Dr. Simon lässt sich nicht beirren. Hätte der Floh eine kranke Ratte gebissen, bevor er den Menschen beißt, müsste das Pestbazillus im Darminhalt des Flohs sichtbar sein, unter dem Mikroskop. Er braucht also nur genug Insekten, um diesen Nachweis zu führen.

Und so kann man im Frühjahr 1898 den Mediziner bei einer allerseltsamsten Tätigkeit beobachten, der gleichsam suizidalen Mission eines Mannes, dessen Seelenkräfte dem großen Sterben ringsum wohl nicht länger gewachsen sind. Er beobachtet verendende Ratten und sammelt dann, sobald sie tot sind, ihre Flöhe ein. Und, es ist so unwahrscheinlich, dass es hier eigens vermerkt werden soll: Er überlebt.

Am 2. Juni 1898 gelingt Simon der Beweis: Eine gesunde und eine kranke Ratte sitzen getrennt in ihren Gitterkäfigen. Sie können sich nicht berühren, aber für Flöhe ist der Weg frei. Die todkranke Ratte stirbt zuerst, sechs Tage später folgt die andere.

Der Flohsammler erzittert vor Ehrfurcht. Er hat den Hauptansteckungsweg einer der größten Plagen der Menschheit entdeckt. Dr. Simon hat nur ein Problem. Kaum einer nimmt ihn ernst. Auf die Invasion der Insekten in die Epidemiologie ist die Wissenschaft der Zeit noch nicht vorbereitet.

Kehren wir zurück nach Caffa. Ich fasse zusammen: Befällt das Bazillus *Yersinia pestis* den Floh, so verstopft ein Pfropfen aus ebendiesen Bazillen und Blut eine kleine Tasche in der Speiseröhre des Flohs, den Proventrikel. Das macht ihn sehr wütend, er beißt nun noch schlimmer als gewöhnlich, wobei der fatale Pfropfen in die Blutbahn des Wirtstiers gerät. Die Ratte erkrankt und stirbt, nicht anders als der Mensch.

Der Floh bedarf nun dringend eines neuen Wirtes, also versammeln sich immer mehr Flöhe auf immer weniger Ratten. Genau das ist der Punkt, an dem der Floh aufhört, ein Feinschmecker zu sein, er beginnt jetzt auch das Blut von Lebewesen zu trinken, die ihm die Evolution nicht unmittelbar empfohlen hat, etwa das der Tataren des Khans. Ein toter Tatar aber löst beim Rattenfloh eine ähnliche Panik aus wie eine tote Ratte. So verließen die Flöhe die toten Tataren und sprangen auf die erstbesten Einwohner Caffas und ihre treuen Begleiter, die Genueser Hausratten.

Viren und Bakterien gab es bereits, als noch keine höheren Lebewesen auf der Erde existierten, wobei vor allem eine Lebensform durch solche Selbstbeschreibungen auffällt. Also ist es der Ehrgeiz der Viren und Bakterien, in regelmäßigen Abständen zu beweisen, dass sie all diese Spätentwickler zu Staub zerfallen lassen können. Wobei das *Bakterium pestis* wohl kaum dulden würde, mit dem Covid-19-Virus etwa in einem Atemzug genannt zu werden. Zwischen einem Bakterium und einem Virus liegen Welten, es ist der Unterschied zwischen Bandwurm und Mensch, gewissermaßen. Bakterien sind viel größer, fast noch unter einem gewöhnlichen Mikroskop zu erkennen. Sie besitzen eine richtige Zellwand und eine Binnenstruktur, Viren dagegen sind von bestürzender Primitivität, sie können sich nicht einmal selbst vermehren, sie brauchen einen Wirt. So gesehen starben die Menschen des Mittelalters an einer vergleichsweise komplexen Lebensform.

Der vom Floh Gebissene bemerkt an der entsprechenden Stelle nach einem bis sechs Tagen eine blau-schwarze Nekrose, in den nächsten Tagen schwellen die Lymphknoten an und neigen zum eitrigen Aufbrechen. Der Kranke leidet unter hohem Fieber, Benommenheit und rasenden Kopfschmerzen. Die Lymphe, diese Gesundheitspolizei des Körpers, erkennen die unbeweglichen, stäbchenförmigen Bakterien nicht. Unfähig, sie abzutöten, nehmen sie die Yersinien im Gegenteil als Wirtszellen auf. So entstehen die Pestbeulen, auch »Bubonen« genannt. Die Erreger verstopfen die Kapillaren, verursachen Einblutungen und Ödeme. Entscheidend ist nun, ob die Lymphbarriere hält. Wenn sie bricht – und das geschieht in den meisten Fällen – stirbt der Mensch unter unerträglichen Schmerzen an Blutvergiftung.

Erst im 19. Jahrhundert war es möglich, dass Menschen wie Yersin um die halbe Welt reisten, um der Pest zu begegnen. De Mussis aber und die übrigen Einwohner von Caffa, sofern noch Atem in ihnen war, hatten nur einen Gedanken: die Flucht. Ich erzähle euch nun, wie de Mussis und wir in Europa ankamen, wie wir den Kontinent in unvordenkliche Verzweiflung stürzten und warum ihr uns dennoch, oder gerade deshalb, die Erfindung eurer einzigartigen abendländischen Zivilisation zu verdanken habt.

Der Tod in Venedig

Von »tausend Schiffen« seien gerade »zehn« übrig geblieben, berichtet de Mussis. Mag sein, er hat die Zahl Tausend eher im Sinn einer Metapher gebraucht. Richtig ist, dass nur die wenigsten die europäische Küste erreichten, zehn, vielleicht auch zwölf, wie der Franziskaner Michele da Piazza berichtet: »Es geschah nun, dass im Jahre der Menschwerdung des Herrn 1347, ungefähr Anfang Oktober, zwölf genuesische Galeeren vor der göttlichen Rache flohen, die der Herr über sie kommen ließ, und den Hafen von Messina erreichten.«[17]

Zwölf also, wie die Zahl der Apostel. Schwarze Apostel. De Mussis sah, wie das Volk zur Ankunft der Schiffe zusammenströmte. Und dann geschah das Unausdenkliche. Die zuerst mit den Matrosen sprachen, starben binnen Tagen. Und die mit denen sprachen, die zuerst mit ihnen gesprochen hatten, starben auch. Und ihre ganzen Familien, Freunde und Nachbarn, ja sogar die Haustiere. Da erkannten die Bürger Messinas, dass das rätselhafte Sterben auf die Ankunft der Galeeren zurückging, und trieben die todbringenden Schiffe aus ihrem Hafen. Doch es war zu spät.

Die überlebenden Bürger Messinas flohen nun zu ihren Nächsten, also den Bürgern Catanias. Doch die verweigerten ihnen die Aufnahme. Gebt uns wenigstens die Statue der heiligen Agatha!, baten sie. Es wäre ein Akt elementarer Glaubenssolidarität. Wenn jemand helfen konnte, bannen konnte, dann diese heilige Jungfrau, die einst den Heiratsantrag des römischen Statthalters auf Sizilien abgelehnt hatte, wofür er ihr die Brüste abschneiden und sie schließlich auf glühenden Kohlen sterben ließ. Die heilige Agatha kann die Ausbrüche des Ätna stoppen, sie gilt noch heute als Schutzpatronin aller Feuerwehren. Wer den glühenden Lavaströmen des Vulkans Einhalt gebieten kann, der musste auch dieses schreckliche Sterben beenden können. Catania besaß den größten Knochen und die vollständige Schädeldecke der heiligen Agatha, aber die Stadt verborgte nichts. Kein guter Anfang für das, was Europa bevorstand.

Zurück auf See, trugen die Pestschiffe den Schwarzen Tod an die Küsten Italiens. Zuerst traf es Venedig und Genua, die beiden Städte, erbitterte Feinde, die um die Vorherrschaft im Mittelmeer stritten. Die Kunde der tödlichen Fracht der Galeeren muss ihnen schon vorausgeeilt sein, denn Genua ließ seine eigenen Schiffe mit Brandfackeln beschießen, um sie am Anlegen zu hindern. Venedig aber kannte noch keinen Arg.

Die Serenissima, eine Tochter des Meeres, selbst mehr auf dem Wasser als an Land gelegen, ohne wie alle anderen Städte von einer schützenden Mauer umgeben zu sein, hatte gelernt, der See zu vertrauen. Das Wasser war auch ihre Mauer. Alljährlich fuhr der Doge am Himmelfahrtstag in seiner Staatsgaleere, dem Bucintaurus, auf die Lagune hinaus, dorthin, wo sich das Wasser der Lagune und das Wasser der Adria mischten. Die beiden nahmen nun von der Hand des Dogen noch ein drittes Wasser auf: Weihwasser, die Wasser der Erde und die des Geistes verbindend. Eine Stadt gehört nicht ins Meer. Und darum sprach der Doge, im Bug des Bucintaurus stehend, die Worte: »Ich vermähle mich dir, Meer, zum Zeichen unserer wahren und ewigen Herrschaft.«

Nichts würde diese Herrschaft so gefährden wie das heillose Schiff, dessen Kiel an diesem Februartag 1348 dunkel über die Zone glitt, in der sich die Wasser des Meeres und das Wasser der Lagune vereinen. Es schwamm ohne Aufsehen am Arsenale vorbei, der grandiosesten Schiffswerft Europas, lief in das Becken von San Marco ein.

Noch gibt es kein Schiff, das Venedig nicht willkommen heißt. Es ist eine Handelsstadt, der Handel hat es reich gemacht, der Handel erhält es. Tage später weilen führende Häupter der Stadt, Mitglieder des Großen Rates, Richter und Beamte, nicht mehr unter den Lebenden.

Der venezianische Staat, hat man gesagt, gehöre zu den Wundern der westlichen Welt. In dieser Stadt herrscht Ordnung, es gibt nichts, was er nicht kontrolliert, und natürlich bekommt es auch ein einlaufendes Schiff zuerst mit den venezianischen Behörden zu tun, wobei deren niedere Ränge wiederum den oberen berichtspflichtig sind. Das ist die Vertikale der Krankheit. Wir wagen nicht, uns die Unglücklichen vorzustellen, die mit der Inspektion der Frachträume beauftragt waren. Wir gingen an Land. In Säcken und Decken, in Behältnissen aller Art oder einfach zu Fuß. Endlich wieder den Himmel sehen nach dieser langen Seefahrt, wir sind, um das noch einmal zu betonen, eigentlich nicht gemacht für den Aufenthalt in Verliesen, und Schiffsbäuche gehören dazu. Unsere Vorfahren lebten auf Bäumen, wir sind Dachbewohner, wir wollen immer hoch hinaus.

Niemand beachtete uns. Die Ansteckung schien vielmehr von den Erkrankten, ja mehr noch von den Sterbenden auszugehen: »Hauchte nämlich jemand sein Leben aus, wurde alles von einem unentrinnbaren, tödlichen Ansteckungsstoff erfüllt«,[18] berichtete der Venezianer Lorenzo de Monacis, Chronist des großen Sterbens.

Es wird nun höchste Zeit zu erklären, dass es nicht bloße Unwissenheit und medizinischer Irrglaube waren, die zu dieser Ansicht führten. Den Pesthauch gab es wirklich, man würde heute von Tröpfcheninfektion sprechen. Beobachtet wurde eine Übertragung der Pest, die nicht erst den Umweg über uns und unsere Flöhe nimmt: Es ist die Lungenpest.

De Mussis, der nach Piacenza heimkehrte, hat beschrieben, was bei seiner Ankunft geschah: »Freunde, Verwandte und

Nachbarn aus allen Richtungen (strömten) zu unserem Empfang. Ach, wir selbst trugen die Todespfeile, als man uns umarmte und küsste und festhielt. Wir wurden gezwungen, mit dem eigenen Mund beim Erzählen das Gift auszustreuen ...«[19] – Wie ein Schnupfen wird die Lungenpest übertragen, sie hat eine Inkubationszeit von ein bis zwei Tagen. Dann leidet der Betroffene unter Herzrasen, Bluthusten, Atemnot. Das Lungengewebe zersetzt sich binnen kurzer Zeit, sodass der Kranke meist erstickt, manchmal liegen nur Stunden zwischen Ausbruch der Krankheit und Tod.

Aber es war nicht nur die städtische Beamtenschaft, die es gleich in den ersten Tagen traf. Auf den Straßen und Plätzen der Stadt lebten Obdachlose, die schon im Jahr zuvor von der Terraferma nach Venedig geflohen waren. Sie lebten neben und mit uns, wir machten keine Umwege ihretwegen und liefen einfach über sie hinweg. Missernten hatten in ganz Italien eine Hungersnot ausgelöst, so kamen die Menschen vom Land in die Städte. Venedig ließ rechtzeitig Getreide importieren, aus Sizilien und – dem Schwarzmeergebiet, im Pestjahr 1347. Wir kontrollierten die Transporte. Ja, das Unheil hat erstaunlich viel Sinn für Komplizenschaften, und als ob der drohende Hunger für die Bettler Venedigs nicht genug der Prüfung gewesen wäre, bebte zu Jahresbeginn zudem die Erde.

Die Stöße des Zorns Gottes waren bis nach Deutschland hinein zu spüren. Das geschah am 25. Januar 1348, im Februar kamen die genuesischen Galeeren, und bald darauf begannen die hohen Herren wie auch die Bettler auf den Plätzen und an den Kanälen jene schwarzen Beulen zu zeigen, die man nie zuvor gesehen hatte und die nun so viel Schrecken erregten.

Binnen weniger Tage also war Venedig eine kranke Stadt. Während der Tod über ihr lag, wurde es Frühjahr. Alles deutete auf den Aufbruch neuen Lebens, aber es war das falsche. Unter 10 Grad Celsius liegt unser Floh in der Gliederstarre, nun erwachte er in noch größerer Zahl auf dem Rücken, nein, auf den

Rücken meines Volkes, dessen Martyrium dem des Menschen stets vorauszugehen pflegt und das dennoch nie beschrieben wurde.

Venedig zerfiel, das Sinnbild aller Ordnung auf Erden, damit auch der göttlichen Ordnung.

Das Konzeptionsjahr des modernen Europa

In anderen Städten versuchten Bittprozessionen, das Unheil noch abzuwenden oder umzuleiten. Es war meist vergeblich. Zu Ostern 1349 erreichte der Schwarze Tod die erste große deutsche Stadt, Frankfurt am Main. Ausgerechnet an den Tagen, da der Herr seit Menschengedenken sein Heilsversprechen erneuert.

Niemand auf diesem Erdteil kann sich erinnern, dass Gott die Welt jemals so gestraft hätte. Nur das Alte Testament wusste von vergleichbarem Schrecken. Immerhin, im Winter starben die Leute weniger. Aber mit dem neuen Frühjahr, der neuen Hoffnung, begann alles wieder von vorn. So auch in Frankfurt: blutiger Husten, schmerzhaft geschwollene Lymphknoten, hohes Fieber, Halluzinationen, Tod oft noch am selben Tag. Und hier wie überall in Europa das gleiche Bild: Mütter verließen ihre sterbenden Kinder, Männer ihre Frauen. Und in den Häusern lagen die Toten, die niemand mehr begrub.

Nicht Weihnachten, Ostern war seit dem frühen Mittelalter das Hauptfest der Christenheit und würde es noch lange bleiben. Tod und Auferstehung des Herrn. Denn das war das Generalversprechen des Christentums: Kein Tod ohne Auferstehung! Und, sehr wichtig: Auferstehung für alle! Nicht nur für die Helden, wie im germanischen Walhall. Hätten die Stämme des Nordens ihre alten Götter ohne diese Aussicht je aufgegeben?

Nun aber: Karfreitag ohne Auferstehung. Karfreitag für immer? Ließ der Herr seine Welt fallen?

Jede Epoche hat ihre eigene Ökonomie. Im Mittelalter dominierte die Glaubens-Ökonomie. Alles konnte durcheinandergeraten, aber diese eine musste unter allen Umständen gewahrt bleiben. Die Genueser, die ihre eigenen Landsleute mit Brandfackeln beschossen, hätten natürlich auch Schießpulver nehmen können, eine kurz zuvor gemachte sehr unfromme Erfindung. Genau wie die Turmuhren. Wollten die Menschen jetzt gar dem Herrn die Zeit nachzählen? War er so zornig wegen all der sich neuerdings mehrenden Übergriffe in seine ureigene Kompetenz der *creatio ex nihilo*, der Schöpfung aus dem Nichts?

Manche Schiffe hatten es von Messina aus noch bis nach Marseille geschafft, obwohl ihre Besatzung kaum mehr Lebende zählte. Und so erreichte der Schwarze Tod schon am 2. Februar 1348 Avignon. Avignon war nicht irgendeine Stadt, sie war die Residenz des Papstes. Der Papst war Franzose wie seine Vorgänger, was hatten Franzosen in Rom verloren? Clemens VI. war gerade dabei, sich, vom Ablasshandel finanziert, einen riesigen Palast errichten zu lassen, als ihn diese empfindliche Störung traf. Sein Leibarzt kannte das einzige verlässliche Gegenmittel: Flucht, unverzüglich! Die Stadt war voll von Pilgern und Bittstellern, man hätte sie schon viel früher für Fremde schließen sollen. Soziale Distanz vom Papst! Flucht also?

Der Papst war kein besonders demütiger Mann, er war berühmt für seine Gastmahle, nicht für seinen Glauben, die Wände seiner Gemächer zeigten denkbar unchristliche Szenen der Jagd- und Sinnenfreude. Aber Flucht? Ein fliehender Papst ist nicht gut für die Heilsökonomie. Zumal die Gläubigen den Lebenswandel der Päpste und insbesondere ihre Abkehr von Rom, der Stadt von Petrus, Paulus und den Märtyrern, nun mit anderen Augen sahen. Sollte gar der Papst schuld sein an der Pest? Petrarca nannte Avignon ohnehin nur das »Babylon des Westens«. Und Clemens VI. blieb. Aber niemand durfte zu ihm. Er arbeitete fortan in Quarantäne, im Homeoffice, umlodert von großen Feuerschalen, die den Pesthauch fernhalten sollten. So hatte der Papst zwar eine permanente Rauchvergiftung, aber nicht die Pest.

Auch sein Leibarzt Guy de Chauliac blieb. »Aus Furcht vor der Schande«, wird er später notieren. Als am Ostersonntag 1349 auch in deutschen Landen das große Sterben begann, feierte der Papst schon das zweite Fest der Auferstehung in der pestverseuchten Stadt. Einmal forderte das Bakterium 1800 Menschenopfer an nur drei Tagen. Und hier wie überall war bald niemand mehr da, der sie begrub. Die tröstenden Totenglöckchen durften längst nicht mehr geläutet werden. Und viel schlimmer noch: Wie oft fehlte ein Priester, der ihnen die Sterbesakramente spendete. Denn die es noch taten, lagen bald selbst neben den Toten.

Nicht das Sterbenmüssen machte die Seuche für den mittelalterlichen Menschen zur unvordenklichen Katastrophe, galt das Dasein doch als eher missliche Station, als harte Prüfung auf dem Weg zum ewigen Leben oder, im schlechteren Fall, zu den ewigen Höllenstrafen. Umso unmöglicher war es, ungeleitet zu sterben, ohne letzte Beichte, ohne die Segnungen eines Geistlichen. Clemens VI. bewies Geistesgegenwart.

Er erteilte allen Pestopfern Generalabsolution. Die Sterbenden durften jetzt dem letzten Knecht Gottes beichten, ja sogar Frauen, von denen niemand wusste, ob sie überhaupt eine Seele besitzen. Als die Friedhöfe Avignons nicht mehr ausreichten, kaufte der Papst selbst Land vor der Stadt und bezahlte Bauern als Leichenträger und Totengräber aus der päpstlichen Schatulle. Aber die warfen die Toten dennoch oft einfach in die Rhone. Also segnete Clemens die Rhone als Friedhof. Schon bald nach Ostern 1348 war die Hälfte der Bevölkerung Avignons gestorben, 7000 gänzlich verwaiste Häuser wurden amtlich versiegelt. Wer hörte noch den österlichen Segen des Papstes, *Urbi et orbi*?

Der Papst ist der diplomatische Vertreter der Menschen bei Gott. Offenkundig besaß er wenig Einfluss. Die Überlebenden suchten ihren Weg zum Heil bald auf eigene Faust. In ewigen Karfreitagsprozessionen zogen sie durch die Lande, von Stadt zu Stadt, sich peitschend und züchtigend, die Qualen Christi am eigenen Leib noch einmal erleidend. Man nannte sie »Flagellanten«. Der Herr würde sie sehen. Mehr konnten sie nicht tun. Oder doch? Um die große Heimsuchung noch abzuwenden, ließen die Stadtväter in Basel oder Straßburg die örtlichen Juden verbrennen. Die Pest kam trotzdem.

Karfreitag ohne Auferstehung. Bis 1353 zieht der Schwarze Tod durch Europa, zerstört die Grundlagen der mittelalterlichen Gesellschaft. Jeder dritte Europäer starb. Das wäre, gemessen an der heutigen Bevölkerungszahl, als hätte die Corona-Pandemie in Europa 250 Millionen Opfer gefordert. Als der Schwarze Tod fort war, erfasste die Menschen eine unbezwingbare Daseinslust. Und der Drang, die eigenen Angelegenheiten in die eigenen Hände zu nehmen. Die Türen zur Renaissance standen weit offen.

Die Ehre des Wissenschaftlers ist nüchterne Bestandsaufnahme, es sei auch die meine: Wir ließen Großreiche untergehen. Und wir sind die wahren Steigbügelhalter des Fortschritts. Selbst die entscheidenden Sprünge dessen, was ihr eure zivilisatorische Entwicklung nennt, verdankt ihr uns.

»Das Konzeptionsjahr des Menschen der Neuzeit war das Jahr 1348, das Jahr des Schwarzen Todes«, vermutete Egon Friedell in seiner *Kulturgeschichte der Neuzeit*, natürlich ohne uns, die eigentlichen Inspiratoren, zu nennen.

Wir Ausländerfeinde?

In den Zeiten der Pest ist die Abgrenzung gegen Fremde eine Überlebensfrage, selbst in einer so weltoffenen Stadt wie Venedig. Und es mag schon sein, dass manche von euch das Gefühl hatten, nun endlich sei die Ordnung der Dinge wiederhergestellt: Übermäßiger Wandel und Vermischung der Menschen sind Sünde, genau wie die Jagd nach dem Geld. Insbesondere die Juden litten, vielerorts glaubtet ihr, ihre Ignoranz des Herrn hätte seinen Zorn erregt. Heute würdet ihr Xenophobie diagnostizieren. Diejenigen unter euch, die sich für die Guten halten, sehen sie als Krankheit der Ewiggestrigen. Aber sie gehört zu euch. Sie gehört zum Erbe eurer Gattungsgeschichte.

Wenn ihr jemanden rhetorisch vom Menschsein ausschließen wollt, nennt ihr ihn mitunter »eine Ratte«, um den größtmöglichen Abstand zwischen dem Auszuschließenden und euch anzudeuten. Ihr seid wirklich sehr dumm. Wir sind nicht die ganz Anderen. Ihr seid uns so ungemein ähnlich, das wusste schon Konrad Lorenz. Lorenz sagt, ein Verhaltensforscher von einem anderen Planeten, der mit einem Super-Fernrohr das soziale Verhalten des Menschen auf der Erde untersuchte, käme nie auf die Idee, dass es »von Vernunft oder gar von verantwortlicher Moral gesteuert sei«. Er müsste vielmehr »unvermeidbar den Schluss ziehen, die menschliche Sozietät sei sehr ähnlich beschaffen wie die der Ratten«.[20]

Bevor ihr euch zu eurer heutigen recht absurden Lebensweise entschlossen habt, etwa als Bewohner von Ein-Zimmer-Appartements in den großen Städten, völlig allein inmitten unfassbar vieler, wart ihr Kleingruppenlebewesen, genau wie wir. Über die Jahrmillionen hinweg. Das ist euer stammesgeschichtliches

Erbteil, das werdet ihr nicht los. Wenn ihr ein Kaminfeuer seht, erinnert ihr euch unwillkürlich an das wärmende, nährende Herdfeuer eurer Vorfahren. Das ersetzt keine Induktionsplatte, vor der ihr allein steht. Die entscheidenden Regionen eures Hirns haben keinen Hochschulabschluss und werden nie einen erwerben. Ihr könnt sie nur beraten. Ihr solltet klug sein.

Da ihr vermutlich längst nicht mehr wisst, wie ihr einmal gelebt habt, sage ich euch, wie wir leben. Ungefähr wie ihr, obwohl wir nie gelernt haben, Feuer zu machen, und auch nie als Großwildjäger aufgefallen sind. Schon Konrad Lorenz wusste, warum es so schwer ist, uns zu bekämpfen, die Ratte, »den erfolgreichsten biologischen Gegenspieler des Menschen«. Der Hauptgrund sei, dass wir genau wie ihr »mit traditionsmäßiger Überlieferung von Erfahrung und ihrer Verbreitung innerhalb einer eng zusammenhaltenden Gemeinschaft«[21] geworden sind, was wir sind.

Lorenz kannte uns gut. Er nannte uns »Vorbilder in allen sozialen Tugenden«. Etwa wenn unsere Nächsten hilfsbedürftig sind. Wenn eine Rattenmutter stirbt, sorgen andere Mütter für die verwaisten Rattenkinder. Blinde Tiere werden von gesunden Verwandten geführt. Und wenn eine Ratte in die Falle tappt, beißt ihr die nächste notfalls den eingeklemmten Schwanz ab. Besser eine Ratte ohne Schwanz als eine gefangene Ratte. Bedingungslose Solidarität in der Kleingruppe, erinnert ihr euch?

Und dann der plötzliche Hass, so würdet ihr wohl sagen, die Aggression in der Begegnung mit Fremden, der fremden Sippe. Der eben noch solidarische Rattenhaufen verwandelt sich in die barthaarbebende Verkörperung einer Kollektivwut. Eine macht immer den Anfang: »Da zuckt es wie ein elektrischer Schlag durch dieses Tier, und im Nu ist die ganze Kolonie durch einen Vorgang der Stimmungsübertragung alarmiert, der bei der Wanderratte nur kurz auf Ausdrucksbewegungen, bei der Hausratte aber durch einen scharf gehenden, satanisch hohen

Schrei vermittelt wird.«[22] Habe ich euch jetzt erschreckt? Den Ton möchtet ihr nicht hören, ich weiß. Hoffentlich haltet ihr die Wanderratte jetzt nicht für kultivierter als meine Art.

Wir bilden Gemeinschaften von bis zu sechzig Angehörigen, eher weniger. Überschaubarkeit ist wichtig. Wir erkennen uns schon am Geruch. Wir machen das mit Urin. Jeder trägt die Duftmarke seines Vereins wie ihr die Fahne eures Fußballklubs oder eures Landes. Wer anders riecht, fliegt raus. Das, nichts anderes, ist Xenophobie. Wir sind Reviertiere, wir verteidigen unser Territorium. Und wenn eine Ratte sich versehentlich zu weit von den anderen entfernt und ihren Herkunftsduft verloren hat, möchte ich nicht in der Haut der Rückkehrerin stecken.

Der Verhaltensforscher Irenäus Eibl-Eibesfeld hat einmal eine kleine Rättin für ein paar Tage von ihrer Großfamilie getrennt und sie dann wieder nach Hause kommen lassen. Die Heimkehrerin hatte den Geruch der Ihrigen nicht vergessen, wusste aber nicht, dass sie nicht mehr zu den Gleichriechenden zählte. Zwei erschütterte Verhaltensforscher beobachteten die Familientragödie: Die Kleine fühlte sich völlig sicher und zu Hause, die scharfen Bisse ihrer Nächsten trafen sie völlig unerwartet. Sie sah die anderen aus großen fragenden Augen an, aber sie versuchte nicht, zu fliehen oder sich zu schützen, sie griff nicht an. Das wäre die natürliche Reaktion gewesen. Ihr wisst, dass wir sehr mutig sind. Einem Feind, und wenn es ein Löwe ist, treten wir mit äußerster, legendärer Tapferkeit entgegen. Zumindest, wenn Flucht keine Option mehr ist. Ihr kennt den Ausdruck *fighting like a cornered rat*? Aber hier: keine Gegenwehr, keine Flucht, nur grenzenloses Erstaunen. Sie ließ es geschehen. So ungefähr wie die Kommunisten auf der Anklagebank bei den Moskauer Schauprozessen 1937, die sich den Todesurteilen ihrer eigenen Genossen fügten. Die beiden Verhaltensforscher verloren die Nerven, retteten die kleine Rättin und bedufteten sie neu.

Nein, wir integrieren keine Fremden. Eventuell ein fremdes,

hilfloses Rattenkind. Aber sicher ist das nicht. Findet ihr mich sehr abstoßend? Aber so sind wir. So seid ihr. Oder soll ich richtiger sagen: So wart ihr?

Glaubt ihr, ihr hättet euren Vorfahren im Wald begegnen und sagen können: Hallo, schön, dich zu sehen! Mein Name ist … Weiter wärt ihr kaum gekommen. Der Inupiat in Alaska, der auf einer Eisscholle abgetrieben wird und wieder rettendes Land erblickt, weiß, dass dieses Land ihn höchstwahrscheinlich nicht retten wird. Trifft er nicht auf seine eigenen Leute, ist er ein toter Mann. Bei der Begegnung mit Fremden gab es ursprünglich drei Möglichkeiten: umbringen, vertreiben oder selber weglaufen. Höflichkeit war keine Option.

Ihr taugt ursprünglich so wenig zum Kosmopoliten wie wir. Aber wir sind aufrichtiger. Ich habe nie gesagt, dass wir wie Kosmopoliten denken, ich habe nur gesagt, dass wir wie Kosmopoliten leben. Kulturen mischen sich nicht, das wisst ihr wohl. Sie bilden immer Parallelgesellschaften oder, manchmal, eine dritte Kultur. Man ist nicht *etwas* christlich, *etwas* muslimisch, und wenn doch, so sind ihre Mitglieder schon unterwegs in eine nachreligiöse Gesellschaft. Und auch die ist eine Formation für sich.

Ich habe immer bewundert, zu welcher Weltform ihr gelangen könnt, dass ihr irgendwann angefangen habt, von »der Menschheit« zu reden, von den Menschenrechten, als wäret ihr alle eine große Familie. Soweit ich das sehe, ist das nur in Europa geschehen und in seiner amerikanischen Neuerfindung. Man nennt diese bemerkenswerte Gemütsart auch Universalismus.

Und nun habt ihr trotzdem solche Schwierigkeiten bei der Familienzusammenführung! Ich habe euch lange studiert, überall. Und manche Universalisten bemerken irgendwann, dass sie irgendwie keine mehr sind. Und das irritiert sie sehr. Man könne nun mal nur sinnvoll Universalist sein, sagen sie dann, wenn der andere auch einer sei. Das ist, soweit ich das sehe, die Krux des Universalismus. Also werdet ihr wieder Ausländerfeinde? Ich glaube, ihr müsst einmal über das Wort nachdenken. Warum gleich Feind – wäre Skeptiker nicht besser?

Was ihr »Ausländerfeindlichkeit« nennt, ist von der einen Seite, der mehr westlichen, im Kern das Unbehagen, das entsteht, wenn eine wesentlich nachreligiöse Gesellschaft plötzlich auf Menschen in größerer Zahl trifft, deren Bewusstsein, vom Alltagsbewusstsein bis zum Weltbewusstsein, von der Religion bestimmt wird. Und diese wiederum sind auf die unschuldigste, auf die ursprünglichste, die natürlichste Weise ausländerfeindlich: Natürlich grenzen sie sich ab gegen das Fremde. Sie leben im Selbstbezug. Im Fremdbezug zu leben hat kein ursprüngliches Menschenkollektiv erprobt. Die Religionen sind eure intensivsten Duftmarken. Sie sagen immer etwas anderes als ihr. Eure beispiellose Karriere als Vernunftwesen etwa nennen sie »Abfall von Gott«, und immer so weiter. Ihr Universalisten und früheren Universalisten habt keine Lust mehr, Debatten zu führen, die längst hinter euch liegen. Der Mensch ist das einzige religiöse Tier, Gott sei Dank. Und das einzige Tier, das die Religion wieder hinter sich lassen kann.

Die eigentliche Pointe liegt nun, soweit ich das sehe, darin, dass religiöse Gesellschaften über die viel stärkeren Bindekräfte verfügen. Ihre Mitglieder sind sich nah schon in ihrem Glauben an Gott, und in der Fremde, in der Zumutung des Woanders-Seins, kommen sie sich noch näher.

Und ihr Universalisten, Waisen eines Gottes, was verbindet euch? Ich rede von den starken Bindungen. Viele sind es nicht mehr. Das spricht nicht gegen euch, aber es macht euch sehr verletzbar. Und das spürt ihr. Darum haltet ihr es in der Regel nicht für die allerbeste Idee, wenn die Muslime eure leeren Kirchen zu Moscheen machen, was doch als Nachnutzung durchaus plausibel wäre: Der Bezug nach oben bleibt. Die Hagia Sophia ist – wieder – das prominenteste Beispiel.

Da ist etwas berührt in euch, und da mögt ihr die kältesten

Atheisten sein, das streift ans Elementare. Und das wird stärker, je kleiner die Orte sind, in denen ihr lebt. Was wäre ein Dorf, noch immer, ohne den Turm in der Mitte, ohne das symbolische Haus, das alle anderen drum herum versammelt? Nur eine Ansammlung von Wohnstätten.

Wir könnten jetzt über Heimat reden, über den Ort als erweiterten Leib des Menschen. Über das Bergende. Meist ist es der Ort des eigenen Herkommens. Und dazu gehört vieles. Auch die Silhouette einer Stadt. Für sehr große Städte trifft das natürlich nicht zu, ihre Beständigkeit ist der Wandel, sie strömen, statt zu sein. Sie sind Aufenthaltsorte, keine Heimaten. Und manchmal kann es sehr befreiend sein, statt einer drückenden Heimat einfach einen Aufenthaltsort zu haben, der einen nicht definiert, der nichts von einem will. Ihr begreift?

Was ich sagen will: Euer Gehirn, da könnt ihr ganz sicher sein, hat die Evolution absolut xenophob entworfen. Es teilt eure Welt in »Wir« und »die Anderen«, es kann gar nicht anders. Eine Rattenhorde, eine Altwelt-Menschenhorde, es ist ungefähr das Gleiche. Ein einsichtiger Mann, Irenäus Eibl-Eibesfeld, hat das Paradox eurer Existenz einmal so zusammengefasst: »Wir leben in einer Welt, die wir uns selbst geschaffen haben, aber für die wir nicht geschaffen sind.«[23]

No Rat's Land

Und ihr wisst, dass ihr immerzu Krieg geführt habt gegen eure Nachbarn? Entweder sie wollten in eure Jagdgründe eindringen oder ihr in die eurer Nachbarn, also gewissermaßen eurer Nächsten, die ihr stets als eure Fernsten saht.

Ihr kennt doch die Hallig Norderoog, sie ist nicht sehr groß. 1945 ist mein Volk nach Norderoog gelaufen und geschwommen, es war zu wüst auf dem Festland. Alle Ratten Norderoogs sollten friedlich zusammenleben, so allein mitten in der Nordsee, sagt ihr? Aber sie machten das Gegenteil. Jede Großfamilie erklärte: Norderoog gehört uns! Meist verharrten sie in tiefer Feindschaft auf ihrem je eigenen Gebiet. Ungefähr in der Mitte von Norderoog gab es einen etwa 50 Meter breiten Streifen, der gehörte niemandem, das war *no rat's land*. Das war der Kriegspfad, 50 Meter breit. Hier trafen unsere Armeen aufeinander und schlugen sich die Stirne ein.[24] Irgendwann wäre wohl nur eine einzige Großfamilie übrig geblieben, aber ihr habt uns vom Angesicht Norderoogs fortgenommen. Eine so kleine Hallig kann nicht den Ratten und den Vögeln zugleich gehören, habt ihr gesagt.

Ratten, sagt ihr, kein Wunder. Ich gebe zu, dass wir mit dieser Neigung zum Krieg gegen unseresgleichen eine Sonderstellung in der Tierwelt einnehmen, aber gemeinsam mit euch. Denkt an das Volk der Dani in West-Neuguinea, der amerikanische Geograf Jared Diamond hat es beschrieben.[25] Eine Dani-Gruppe hat Gärten im Hochland, eine zweite auch. Zwischen ihren Gärten verläuft das Niemandsland, vielleicht ist es auch 50 Meter breit, zu beiden Seiten flankiert von bis zu neun Meter hohen Wachtürmen, ständig bemannt mit einem Posten, der alle Aktivitäten auf dem feindlichem Gebiet im Auge behält und im Ernstfall sogleich Alarm auslöst. Dann kämpfen die Ost-Dani gegen die West-Dani. Das prominenteste Beispiel einer solch agonalen Topografie war gewiss die Berliner Mauer, Norderoog noch einmal.

So treten die Fremden schon im eigenen Volk auf, vom Nachbarvolk gar nicht zu reden. Die Furcht vor dem Fremden ist in den ursprünglicheren Bereichen eures Hirns verankert. Positiv gesprochen: Es hat so sehr gelernt, Unterschiede wahrzunehmen, dass es gar nicht mehr anders kann. Der Verhaltensbiologe Eckart Voland erklärt das so: »Wir können lernen, Unterschiede gemäßigt zu interpretieren. Aber wir können sie nicht übersehen.«[26] Zumal die Menschen auch noch über eine ganze

Reihe von Signalen verfügen, die sich zwar von Kultur zu Kultur unterscheiden, aber nur die Aufgabe haben, die Festlegung »fremd« oder »einer von uns« zu erleichtern. Auf dieser Festplatte kann das Programm »Vernunft« nichts löschen, es kann nur beratend, kommentierend tätig sein.

Den größten Teil, nein fast ihr ganzes Leben hat eure Gattung in sozialen Ordnungen zugebracht, in denen jeder jeden kannte. Und die Grundwährung eurer Gemeinschaften war keine Münze, sie hieß: Vertrauen. Mitglieder einer Gruppe sind die, denen ich vertrauen kann, das war überlebenswichtig. Insofern ist es geradezu evolutionär unwahrscheinlich, mit welcher Selbstverständlichkeit ihr euch in den großen Städten bewegt, unter lauter fremden Menschen, deren Absichten ihr nicht kennt, denen ihr nicht vertraut. Jederzeit könnte euch jemand ein Messer in den Rücken stoßen, aber diese Möglichkeit liegt gewöhnlich unterhalb eurer Wahrnehmungsschwelle. Doch sie ist jederzeit aufrufbar, das Leben in euren großen Städten vibriert in einem höchst empfindlichen, prekären, störbaren Gleichgewicht. Und kaum tritt der Störfall ein, ist die entwicklungsgeschichtlich älteste, schon fast vergessene Frage wieder da: Wem kann ich vertrauen?

Ein Herdentier wie ihr, unter alle Imperative der Globalisierung gesetzt, flieht zurück in die Gruppe. Im digitalen Zeitalter ist die Horde nicht zuletzt digital. Die Wiedererschaffung der Höhle, des Höhlenmenschen im Netz! Skurril ist das schon. Ich glaube, ihr sprecht von *Communitys*. Und was ist die gemeinsame Urwährung? Vertrauen. Ich denke, was ihr denkt. Und mehr will ich gar nicht denken. Wir gehören zusammen. Gegen die anderen. Freund – Feind. Erkennt ihr sie wieder, die Welt eurer Anfänge?

Martin Heidegger hat die Grundsituation des Menschen einmal so beschrieben: Hinausgehalten ins Nichts. Das ist ein philosophisches Existenzial, das soll um Himmels willen nicht jeder spüren, alles andere wäre schon der Krisenfall. Wir spüren das nie. Wir sind ein Haufen, eine Seele. Doch in euren zugigen westlichen Gesellschaften machen immer Nicht-Philosophen genau diese Erfahrung: Hinausgehalten ins Nichts. Und sie geben sehr viel dafür, wenn sie jemand wieder hineinholt. Wohin? Egal, Hauptsache hinein. Geborgenheit spüren, Unantastbarkeit. Und dazu kommt: In einer Gruppe muss man sich keinen Zwang antun, das ist eine elementar wichtige Entlastungsfunktion. Das habt ihr gleich erkannt. Dass man miteinander im Netz »aus der tiefsten Seele grölen kann« (Peter Sloterdijk), hat wohl in seinen Anfangstagen niemand geahnt. Die Wiederkehr der elementarsten Reaktionsweisen in der digitalen Welt ist verblüffend. Aber das ist menschlich, das ist rättisch. Oder nein, nicht rättisch. Denn der Mensch ist wie längst erwähnt das einzige Tier, das sich hoffnungslos unterbieten kann.

Wisst ihr eigentlich, dass die Möglichkeit, jeden Andersdenkenden zum Protofaschisten zu erklären, euch viel dümmer macht, als ihr eigentlich seid? Nähme man euch dieses Wort, ihr müsstet wieder denken lernen.

Neuerdings erzittert ihr bei jeder Fremdmeinung regelmäßig vor moralischer Empörung, dass euch der Verstand stillsteht. Nur enthalten die meisten Aussagen ganz unterschiedliche Implikationen: sachliche, werthafte, appellative. Diese auseinanderhalten zu können, nanntet ihr einmal Denken. Wisst ihr, was ihr aufgebt? Euer Verstand, ich wiederhole es gern, sogar euer Gemüt ist immer weiträumiger geworden, beinahe allumfassend, alle-umfassend, sodass ihr oft eure eigenen Anfänge nicht mehr versteht. Das hat kein Tier vor euch geschafft, wir schon gar nicht.

Schauen wir uns das etwas genauer an. Es wird Zeit für einen Grundkurs Globalisierung. Ich erzähle euch, wie wir gemeinsam die Welt entdeckten, Kolumbus und wir, die Landratten, die unerschrockensten Seefahrer seit Menschengedenken.

IV.

Die Wasserratte

Wir entdecken Amerika!

»Am 3. August dieses Jahres, an einem Freitag, verließ ich diesen Hafen, wohlversehen mit Lebensmitteln und Mannschaften, eine halbe Stunde vor Sonnenaufgang und nahm Kurs auf die Kanarischen Inseln, die zum Besitz Eurer Hoheiten gehören.«[1] So beginnt Cristoforo Colombo sein Bordbuch, das er für das für das spanische Königshaus führte. Es ist das Jahr 1492. Wir entdecken Amerika!

Mit uns beginnt die Globalisierung, mit uns beginnt ein ganz neues Weltalter: das »Homogenozän«. Das Wort kommt von »homogen«, es meint das Gleichmachen, das Ähnlichwerden der Welt. Als Erste kamen wir über den Ozean, die Pioniere. Danach fuhren immer mehr Tiere zur See, in beide Richtungen. Ihr glaubt, die nordamerikanischen Ureinwohner, die ihr nicht mehr »Indianer« nennt, wurden schon im Sattel geboren? Aber die kannten gar keine Pferde. Die ersten Pferde waren Spanier. Bevor die Einheimischen mit deren Rücken zu einer beeindruckenden kosmopolitischen Lebensform verwuchsen und leider neue Nachbarn bekamen, waren sie Bauern. Die Amerikaner kannten auch keine Kühe, Schafe, Ziegen und Schweine. Die armen Schweine! Die sind nicht für die Seefahrt geboren, genauso wenig wie wir. Von West nach Ost fuhren fortan vor allem seekranke Truthähne und Meerschweinchen und Papageien. Die Übrigen fuhren von Ost nach West. Wir als geborene Kosmopoliten waren immer in beiden Richtungen unterwegs.

Das Obst war als Passagier viel gleichmütiger. Natürlich gingen immer wieder kleine Zitronenbäume ein, die die Spanier bald mitnahmen, weil sie sich ein Leben ohne Orangen und Zitronen nicht vorstellen konnten. Die Tomate kommt aus Italien, glaubt ihr? *Spaghetti pomodoro!* Aber die Pasta stammt aus China und die Tomate aus Amerika. Die Tomate war am Beginn ihrer globalen Karriere ein ziemlich ungenießbares Kleinstgemüse aus den südamerikanischen Anden, das es irgendwann vor Kolumbus bis nach Mexiko geschafft hatte und dort unter den Händen talentierter Gärtner erst seine Tomatenähnlichkeit erlangte. Überhaupt habt ihr bald auf euren jeweiligen Kontinenten begonnen, das, was da nie wuchs, zu euren Grundnahrungsmitteln zu machen. Deutsche, denkt an die Kartoffel! Der Mais kam nach Afrika, die Süßkartoffel nach Ostasien. Ihr merkt, ich rede vom kolumbianischen Austausch. Die Welt von heute ging auf. Und wir standen an ihrem Anfang, wir, die treuen Reisegefährten des mutmaßlichen italienischen Wollwebersohns Christoforo Colombo. Soll ich euch aufzählen, was ihr alles nicht hättet, wären wir damals nicht losgefahren? Außer Kartoffeln, Süßkartoffeln und Tomaten: keinen Mais, keine Erdnüsse, keine Kürbisse, keine Ananas, keine Papayas, keine Paprika, keine Avocados, keinen Tabak, keine Vanille. Ach, ich höre hier auf. Grund genug, diese allererste, diese singulärste aller Reisen noch einmal zu tun.

»... wohlversehen mit Lebensmitteln und Mannschaften«, sagte der Generalkapitän? Die zahlenmäßig stärkste Mannschaft stellten wir, die Bordratten. Wir waren stets die Ersten auf jedem Schiff, denn wir heuerten gewöhnlich bereits auf der Werft an, wenn die Karavelle noch gar nicht fertig war. Frisch verarbeitetes Holz zu benagen ist ein unvergleichbares Vergnügen. Insofern hatte jedes Schiff seine Stammbesatzung, auch die *Santa Maria*. Natürlich gab es unter uns auch Leichtmatrosen, die sich immer wieder neu einschifften, vor allem nachts. Sie liefen über die Seile. Es war unruhig im Hafen von Palos an der andalusischen Küste, denn die spanischen Juden, die nicht zum Christentum übertreten wollten, mussten das Land umgehend verlassen. Ihr wisst, dass zuvor die letzte maurische Festung in Spanien, in Europa gefallen war? Stichtag für den erzwungenen Exodus der spanischen Juden war der 2. August 1492, der Tag, bevor wir auslaufen sollten.

Unsere Aufgabe an Bord war sehr verantwortungsvoll, uns oblag die Oberaufsicht über die vom Großadmiral des Ozeanischen Meeres erwähnten Lebensmittel. Soll ich aufzählen? Fässer voller Wein, Wasser, Essig, gepökeltes Fleisch und gesalzener Fisch. Unmengen von Schiffszwieback, auch Hafermehl, wenn ich mich richtig erinnere. Es war Proviant für ein Jahr. Sofern wir nicht bereits am Geruch feststellen konnten, was drin war und ob dies auf unser Interesse rechnen durfte, nagten wir Löcher in die Fässer, um Proben zu entnehmen. Das führte zu bedauerlichen Verlusten.

Ihr wisst, dass unser Schiff, das mit uns Weltgeschichte schreiben würde, nur 25 Meter lang war? Zur Mannschaft der *Santa Maria* zählten neben uns auch vierzig Matrosen, Bootsmänner, Zimmerleute, Kalfaterer und ein Schiffsarzt. Wenn »Mannschaft« denn der richtige Ausdruck sein sollte für diese furchtgeschüttelte Existenzform, die zu studieren wir viele Wochen lang ausgiebig Gelegenheit finden würden, denn wir liefen, beratschlagten und schliefen mitten unter ihr. Man hat immer wieder behauptet, die Besatzung der *Santa Maria* habe aus lauter Strauchdieben und Kriminellen bestanden, denn wer auf den Schiffen des Kolumbus anheuerte, dem versprach das Königshaus Straffreiheit in allen Prozessen, die gerade gegen ihn geführt wurden. Man befürchtete, es würden sich andernfalls nicht genug Lebensmüde finden für diese Reise. Kerker oder aber Schiff plus königlicher Heuer plus anschließender Straffreiheit? Das war schon eine Überlegung wert.

Was die Seeleute so irritierte, war der Zielhafen unserer kleinen Flotte. Sie hatte keinen. Jedes Schiff, das noch einen zurechnungsfähigen Kapitän besaß, fuhr an der Küste entlang. Nie das Land aus den Augen verlieren! Aber dieses wollte quer übers Meer, geradewegs dorthin, wo die Welt zu Ende war. Zumindest glaubten das die bordeigenen Räuber und Mörder.

Als alte Schiffsratte muss ich euch wohl erst einmal eine kurze Einführung in die christliche Seefahrt geben: Es gab keine Küche, kein Bad, keinen Abtritt, denn ringsum war ein riesiges Wasserklosett, aber wir benutzten es nie. Darum pflegten alle Schiffe unter Deck bald heimatlich nach Rattenurin zu duften, seltsamerweise konnten sich die Seeleute nie wirklich daran gewöhnen, dabei hatten sie jahrhundertelang Zeit.

Gekocht wurde auf dem Vorschiff. Ich habe vergessen, ob die *Santa Maria* dort nur eine oder doch zwei gemauerte Herdstellen hatte, wir assistierten nur selten bei der Zubereitung der Mazamorra, es war zu gefährlich. Ihr kennt die Mazamorra? Es gab eigentlich immer Mazamorra, Brei aus Zwieback und Wasser. Die Gourmetvariante wurde mit Olivenöl, Speck und Knoblauch zubereitet, war aber meist nicht lange verfügbar. Dafür pflegte sich der Zwieback im Laufe der Zeit mit überlebenswichtigen Proteinen anzureichern, allerdings ließ sich dann auch nicht mehr eigentlich von Zwieback sprechen als vielmehr von Zwiebackstaub mit Würmern. Aber so weit sind wir noch nicht. Wir haben ja noch nicht einmal abgelegt.

Die Matrosen, die *marineros*, mussten allein kochen, oder richtiger: Sie stellten die Schiffsjungen, die *grumetes*, an den Herd. Für die Offiziere kochten ihre Diener oder Sklaven.

Eine eigene Kajüte besaß nur der Kapitän, in der Kajüte des Kapitäns wohnten die Kapitänsratten. Aber der Aufenthalt in der Kapitänskajüte war wissenschaftlich durchaus unergiebig. Der Großadmiral des Ozeanischen Meeres saß da und schrieb, einerseits in sein Bordbuch, in das er alles eintrug, was die Königin und der König lesen sollten, und andererseits in sein geheimes Bordbuch, in das er alles eintrug, was die Königin und der König nicht lesen sollten. Das Erste ist nur in Abschriften überliefert, das Zweite gar nicht, aber seine vormalige Existenz gilt unter euch als ausgemacht. Man behauptet sogar zu wissen, was drinstand: Natürlich Klagen über uns, unsere absolute Überzahl. Und Klagen über das Schiff. Ich erkläre das noch.

Eigentlich war nichts unwahrscheinlicher als diese Reise. Königin Isabella hatte eine Expertenkommission eingesetzt, die darüber befinden sollte, ob das Vorhaben des ebenso beharrlichen wie lästigen Ausländers, den westlichen Seeweg nach Indien zu entdecken, die Unterstützung der Königin verdiene oder nicht. Keineswegs!, hatte die spanische Kommission geurteilt – wie schon zuvor die portugiesische und danach die Schiffseigentümer sowie die Bordkriminellen der *Santa Maria*. Lauter falsche Berechnungen, eine rein suizidale Unternehmung, ebenso gut könne Isabella ihr Geld vor der Küste Andalusiens im Meer versenken, wenn sie noch welches hätte, was zu verneinen sei, fasste die Kommission zusammen, in etwas anderen Worten.

Ich habe viel darüber nachgedacht, was die Königin von Kastilien bewog, den schon abgewiesenen Kolumbus im letzten Augenblick zurückzurufen. Expertenkommissionen entdecken niemals neue Seewege, geschweige denn eine neue Welt, muss sich Isabella gesagt haben. Und ihr war so nach Aufbruch zumute. Hatte etwa jemand daran geglaubt, dass man die Mauren aus Spanien vertreiben könnte? Aber eben erst, in diesem Jahr 1492, war es geschehen, nach über sechshundert Jahren. Wenn das möglich war, was war dann sonst noch möglich? Dieser zurückgerufene Genueser Wollwebersohn stellte nun völlig inakzeptable Forderungen, die man mit etwas königlicher Selbstachtung nur ablehnen konnte, wohl zum Zeichen, dass er mit Spanien schon abgeschlossen hatte und die ihm zugefügten Kränkungen nie vergessen würde. Aber das Unbegreifliche geschah: Isabella ernannte den unverschämten Italiener zum »Großadmiral des Ozeanischen Meeres«, zum ständigen Gouverneur aller Inseln und des Festlands, das er entdecken und/oder erobern würde. Wie er es gefordert hatte. Das waren beinahe Nebenkönigswürden, aber wahrscheinlich würde man den ambitionierten Fremdling ohnehin nicht wiedersehen.

Vielleicht hatte Isabella auch das Gefühl, sich Gott gegenüber erkenntlich zeigen zu müssen. Immerhin hatte der Herr ihr gegen die Mauren geholfen. Das Evangelium über den Ozean zu tragen war gewiss ein achtenswertes, löbliches Vorhaben. Colombo nannte sich *Cristoforo*, »Christusträger«, »Christusüberträger« wäre genauer.

Ihr seid schon eine seltsame Spezies: Es ging offenkundig um Machtsphären, um Handelsvorteile und um Gold. Ich müsste direkt einmal nachzählen, auf wie vielen Seiten des Bordbuchs des Großadmirals des Ozeanischen Meeres das Wort »Gold« geschrieben steht. Auf der Hälfte? Manchmal begegnet es uns drei Mal auf einer einzigen Seite. Aber ich greife vor.

Sie wissen, dass Kolumbus das Schiff, das ihn trug, aus ganzem Herzen verabscheute? Die anderen beiden, die *Niña* und die *Pinta*, waren Karavellen, schnell und wendig. Die *Santa Maria* aber war unfassbar langsam, und bis sie dem Wind mit behäbigem Richtungswechsel antwortete, hatte der sich schon wieder gedreht. Er hatte mit drei Karavellen segeln wollen, aber niemand gab ihm überhaupt ein Schiff. Da erschien ein Beamter der Königin und beschlagnahmte kurzerhand die *Niña* und die *Pinta*. Eine dritte Karavelle fand er nicht und auch keinen dritten Karavellen-Kapitän, der lebensmüde genug gewesen wäre, unter das Kommando des Genuesers zu treten, denn der konnte diese neumodischen Schiffe nicht manövrieren. So blieb ihm nur die *Santa Maria*, geleast.

Glauben Sie nicht dem Kolumbus! Die *Santa Maria* war ein wunderbares Schiff, eine Nao. Mit einem riesigen Bauch, wie ihn Frachtsegler haben mussten. Und dieser Bauch war randvoll. Ich wage zu behaupten, dass es im August 1492 in ganz Spanien, ja der ganzen Welt keinen besseren Platz gab für eine Schiffsratte als die *Santa Maria*. Dass sie so wohlgefüllt war, lag vor allem daran, dass eben niemand wusste, wohin man wollte und wie lange das dauern könnte. Das stimmte die Besatzung jedoch nicht zuversichtlicher.

An dieser Stelle stoßen wir auf einen sehr aufschlussreichen Mentalitätsunterschied zwischen Mensch und Ratte. Ich verallgemeinere: Der Mensch ist das irrationale Tier! Die Unsrigen sahen, dass sie inmitten von Vorräten lebten, die sie nicht auffressen würden können, selbst wenn sie zehn Leben gehabt hätten. Solche Wahrnehmungen pflegen auf normal empfindende Lebewesen wie uns einen besänftigenden Einfluss auszuüben. Die Botschaft lautet: Wir sind in Sicherheit! Euch musste diese Information verfehlt haben.

Die Matrosen zeigten sich von Dingen beunruhigt, die sie gar nichts angingen. Ja, es stimmte, dass die *Santa Maria* keinen Zielhafen hatte und auch nicht wusste, wie lange sie brauchen würde, um mitten in der absoluten Hafenlosigkeit anzukommen. Aber war für solche Erwägungen nicht der Kapitän zuständig? Und hatten sie nicht Extra-Heuer, Straffreiheit und Aussicht auf große Belohnungen bekommen für die kleinen Unwägbarkeiten ihrer Reise?

Wir können, ich fand schon öfter Gelegenheit, dies zu erwähnen, im Gegensatz zu gewöhnlichen Matrosen zwar schwimmen, sind aber genauso wasserscheu wie sie. Früher habt ihr uns, die Gemeine Europäische Hausratte, meist »Schiffsratte« oder »Dachratte« genannt. Man sollte meinen, eins geht nur. Entweder man wohnt auf Dächern oder in Schiffsbäuchen. Aber wir können beides, man nennt das auch »situative Intelligenz«. Euch fehlte vollkommen die situative Intelligenz.

Am Anfang der Reise ging noch alles gut. Vorerst segelten wir nur von Palos de la Frontera zu den Kanaren. Vielleicht sollte ich noch erwähnen, dass die *Santa Maria* in Palos noch ein Mannschaftsmitglied an Bord genommen hatte, den Bordkater, ein heillos überfordertes Tier.

Dem Maß seiner Unfähigkeit widersprach auf groteske Weise das Maß seiner Wertschätzung. Im Black Book of the Admiralty, einem alten Regelbuch für alle Belange der Schifffahrt, soll gestanden haben, dass Schiffseigner für durch Ratten beschädigte Waren haften mussten, wenn keine Schiffskatze an Bord des betroffenen Handelsschiffes war. Und der schottische König

Alexander II. erließ im 13. Jahrhundert ein Dekret, nach dem ein gestrandetes Schiff so lange im Besitz des Eigentümers blieb und nicht als herrenloses, freigegebenes Schiffswrack galt, solange sich darauf noch ein lebender Mann, ein lebender Hund oder eine lebende Katze befanden. Von einer lebenden Ratte war nicht die Rede. Der Begründer des Merkantilismus, Jean-Baptiste Colbert, forderte, dass in Handelsverträgen erwähnt werden müsse, dass sich zwei Katzen an Bord befänden – anderenfalls sei das Schiff nicht reisefähig. Ich hätte Colbert gleich sagen können, dass das unmöglich war. Zwar galt der Bordkater überall als Glücksbringer, aber zwei Bordkater brachten Unglück, zumindest glaubte das die Royal Navy. Bloß nicht zwei schwarze Katzen!

Ich habe eure Teilnahme für eine so alberne Existenzform wie den Bordkater nie verstanden. Ihr habt Schiffskatzen gerettet, die ins Wasser gefallen waren, wahrscheinlich waren sie vor lauter Eitelkeit von der Reling gestürzt. Man hat beobachtet, wie ein halbes Dutzend Seeleute in einem Beiboot versuchte, ein solch gefallenes Tier zu retten. Das Schiff hatte natürlich beigedreht. Wegen einer Katze. Seemannsgarn, sagt ihr? Ich glaube das nicht, denn John Locke hat den Vorfall überliefert, verbunden mit der Vermutung, dass ein über Bord gegangener Matrose wohl kaum auf einen solchen Einsatz hätte rechnen dürfen. Aber ich kann das erklären: Eine ins Wasser gefallene und nicht gerettete Schiffskatze bedeutete Sturm. Folgenschwerer war nur die absichtliche Misshandlung eines Bordkaters. Das entfesselte einen Orkan, mindestens.

Matrosen sind die abergläubischste Lebensform unter der Sonne. Was den Menschen vom Tier unterscheidet, ist seine immerzu fehlgeleitete Einbildungskraft. Das Tier hat Angst bei Gefahr. Der Mensch hat noch mehr Angst bei eingebildeter Gefahr.

Ich kann mich nicht mehr genau erinnern, ob die Matrosen der *Santa Maria* das Viech mit derselben Aufmerksamkeit beobachteten, wie es auf den Schiffen der Christenheit üblich war. Kam das eitle Tier auf den Seemann zu, war dieser seines künftigen Glückes, also seines vorläufigen Überlebens sicher. Lief es ihm aber vor die Füße, ohne ihn zu beachten, war sein baldiger Ruin so gut wie beschlossen. Schlimmer war nur ein Bordkater, der aus freien Stücken abheuerte, etwa in einem fremden Hafen das Schiff verließ. Darauf stand Untergang.

Ich fand es sehr vernünftig, dass die Royal Navy 1975 Schiffskatzen endgültig den Zutritt zur Kriegsmarine verweigerte, wir fuhren natürlich weiterhin zur See. Ich glaube, ich habe mich verplaudert. Aber niemand kann von mir verlangen, dass ich diese verwöhnte, nichtsnutzige, feige Existenzform gänzlich unkommentiert lasse.

Der Bordkater der *Santa Maria* und wir spielten viel Katze und Maus miteinander, meist haben wir gewonnen. Ich glaube, das Tier hatte wirklich große Angst vor uns.

Schon am dritten Tag unserer Reise brach das Steuerruder der *Pinta*, Kolumbus glaubte nicht an Materialermüdung, sondern vielmehr an Anstiftung des Eigentümers der *Pinta*, der sein Schiff retten wollte. Kurz darauf ereignete sich eine zweite Steuerhavarie, und leck war die *Pinta* auch. Auf den Kanaren angekommen, sahen alle aus dem Vulkan von Teneriffa gewaltige Flammen lodern. Dies stimmte die Mannschaften nicht zuversichtlich.

Kolumbus wollte auf den Kanaren ein Ersatzschiff für die *Pinta* suchen, fand aber keines. Also Reparatur. Mit Wohlgefallen sahen wir, wie neue Fässer in den Bauch der *Santa Maria* gerollt wurden. Am 6. September verließen wir den Hafen von La Gomera. Der Großadmiral hatte erfahren, dass die Portugiesen versuchen würden, ihn mit mehreren Schiffen abzufangen. Er wählte einen Kurs, auf dem die Portugiesen ihn nicht vermuten würden, wie er hoffte. Furcht und Zittern der Matrosen.

Nachtigallen und Seegras

Am Freitag und Sonnabend bis nachmittags um drei herrschte vollkommene Windstille. Unsere Schiffe dösten auf dem Wasser. Die Matrosen nahmen es als Warnung, als Zeichen Gottes. Kehret um! Aber der Großadmiral blieb stur. Am Sonntag, dem 9. September, segelten wir 36 Seemeilen westlich der Insel Ferro vorbei, am selben Tag verloren wir das Land gänzlich aus den Augen, worauf viele Matrosen bitterlich zu weinen anfingen. Es war wie ein symbolischer Tod. Der Kapitän hätte nun eine außerordentliche Matrosenvollversammlung einberufen und ihr die zwei Briefe des großen italienischen Astronomen Paolo dal Pozzo Toscanelli vorlesen können, die dieser ihm sandte. Zumindest Kolumbus' Sohn würde das einmal behaupten.

Im zweiten heißt es: »Ich lobe Euren Wunsch, nach Westen zu schiffen, und ich bin überzeugt, dass Ihr aus meinem früheren Brief erkannt habt, dass die Unternehmung, welche Ihr im Sinne habt und gern ausführen möchtet, nicht so schwierig ist, als man zu glauben pflegt; dass im Gegenteil der Weg, das heißt die Überfahrt von den Westküsten Europas nach Indien sicher auf der Bahn erfolgen kann, welche ich Euch bezeichnet habe. Ihr würdet vollkommen von dieser Leichtigkeit überzeugt sein, wenn Ihr, wie ich, Gelegenheit gehabt hättet, mit einer großen Anzahl Personen umzugehen, die in diesen Ländern gewesen sind. Seid versichert, dass Ihr dort mächtige Königreiche, große und völkerreiche Städte und reiche Provinzen finden werdet.«[2]

Toscanelli schätzte die Entfernung zwischen Portugal und Hinterindien auf 5000 Seemeilen mit Zwischenstopp auf den leider noch unentdeckten Inseln Antilia und Cipangu, sodass »keine großen Wasserflächen … überquert werden müssen«.

Antilia, die Insel der sieben Städte! Auf dieses sagenhafte Atlantik-Eiland sollen im 8. Jahrhundert sieben portugiesische Bischöfe vor den Mauren geflohen sein. Leider hat niemand je wieder von ihnen gehört. Doch der Oberbefehlshaber würde sie schon finden. Cipangu ist Japan. Kolumbus hätte sogar einen Papst zitieren können, Papst Pius II., der 1461 eine viel beachtete Kosmografie geschrieben hatte, in der der Atlantik auch nicht viel mehr als eine exzentrische Pfütze ist. Oder Pierre d'Aillys Traktat *De imagine mundi* von 1410: Konnte man nicht beinahe über den Ozean schwimmen?

Und dennoch: 5000 Seemeilen. Nach Toscanelli. Wahrscheinlich hätten die Matrosen bei dieser Zahl erst recht zu schluchzen begonnen, es klang so unfassbar viel. Und der Großadmiral begann mit seiner doppelten Buchführung. Am Sonntag waren wir 60 Seemeilen weitergesegelt, er aber trug viel weniger ins Logbuch ein. Am Montag, dem 10. September, schafften wir 240 Seemeilen in Tag-und-Nacht-Fahrt, aber unser Kapitän unterschlug 48 davon. Es war wohl ein richtiger Instinkt. Was den Abstand zwischen den Längengraden angeht, setzte Kolumbus auf den arabischen Gelehrten Al Farghani, doch dessen Zahlen legten die arabische Meile zugrunde, nicht die römische. Die arabische aber beträgt 1,978 Kilometer, die römische nur 1,475. Also weniger Meilen für den gleichen Weg. Das blieb dem Großadmiral vorsätzlich verborgen. Ja, Kolumbus hat sich verrechnet.

Die Matrosen glaubten das ohnehin. Kein Mensch, der noch bis drei zählen kann, fährt aufgrund von Zahlenbergen mitten ins Blaue hinein. Und wenn noch niemand vor ihnen diesen Weg gesegelt war, so hatte das einen ganz einfachen Grund: Da gab es keinen. Zumindest keinen, von dem je einer zurückgekehrt wäre.

Hinzu kamen tiefgreifende kosmologische Meinungsverschiedenheiten zwischen Kapitän und Mannschaft. Jeder Mensch, der Augen im Kopf hat, weiß, dass die Erde eine

Scheibe ist. Obendrüber ist der Himmel, untendrunter ist die Hölle. Irgendwo ist die Scheibe zu Ende, da stürzen die Wasser und die Schiffe in die Tiefe, und da wollten sie jetzt hin? Nur unter den Gelehrten hatte sich das ganze Mittelalter über hartnäckig die aristotelische Lehre von der Kugelgestalt der Erde behauptet.

Wir Schiffsratten vertraten weder die eine noch die andere Position, wir gaben uns, innenraumgeborgen, unseren Lieblingsbeschäftigungen hin, die auch die euren sind: Wir fraßen, schliefen und vermehrten uns. Letzteres kam in eurem Fall natürlich nicht infrage, ihr Virtuosen der Enthaltsamkeit. Ich kann nicht sagen, dass das ewige Geräusch von Wasser ringsum unseren Nerven wohltat, aber wir hatten gelernt, euch zu vertrauen, so wie auch eine Mannschaft ihrem Kapitän vertrauen sollte.

Der wiederum vertraute dem Herrn. Und über diesen personalen Umweg vertraute er sich selber: »Sonntag 16. September: ... Mit wahrem Genuss erlebte ich die Schönheit eines jeden Morgen, denen fast nichts anderes zu ihrem vollen Zauber fehlte als der Sang der Nachtigallen.«

So reden nur exzentrische Frühaufsteher. Solche Euphorien blieben seinen Untergebenen verwehrt, zumal sie ihre Nächte in dem zubrachten, was ihr wohl ein Rattenloch nennen würdet. Insofern dieses unschöne Wort den Umstand bezeichnet, dass alles, was unterhalb des Schiffsdecks war, unser Reich war und die Matrosen hier bestenfalls geduldet, lasse ich es ausnahmsweise gelten. Es fanden ohnehin nicht alle Platz unter Deck, manche schliefen auch oben unterm Wind. Da roch es weniger nach uns.

Am 16. September registrierte Kolumbus außer der Abwesenheit der Nachtigallen auch eine neue Anwesenheit, die zu allgemeiner Zuversicht Anlass gab: »Und hier war es auch, wo wir zum ersten Mal große Mengen grünen frischen Grases sichteten, das sich erst vor Kurzem von der Erde losgerissen zu haben schien.«[3] Gras – hieß das nicht Land? Alle wähnten sich schon in Inselnähe. Bereits auf Madeira, als Kolumbus noch versucht hatte, die Portugiesen für seine Westfahrt zu gewinnen, hatte ihn nichts so sehr an das Land hinterm Horizont glauben lassen wie die bei Westwind angeschwemmten Pinienstämme und verzierten Holzstücke.

Als Meeresbiologe muss ich erwähnen, dass Kolumbus das Sargassomeer erreicht hatte und es sich nicht um Gras, sondern um Beerentang handelte, eine riesige Teppiche bildende Algenart. Manche hatten schon Angst, inmitten dieser falschen Wiese stecken zu bleiben. Doch die Schiffe segelten weiter. Am folgenden Tag notiert der Kapitän über den Gemütszustand seiner Mannschaft: »… die Matrosen zeigten sich furchtsam und bekümmert, sagten aber nicht warum.«[4] Weil sie am Land vorbeigefahren waren?

Wir segelten weiter in die Rossbreiten, in eine Zone abflauender Winde. Zwei Wochen Beinahe-Windstille. Und aus Westen kein Hauch. Würden sich unsere Segel je wieder blähen und sie zurück nach Hause tragen? Die Seeleute sahen in der Windstille ein strafendes Zeichen Gottes. Uns ging es anders.

Sehen Sie, wir sind alle Landratten, wir sind nicht gemacht für den Aufenthalt auf schwankendem Grund. Wir werden seekrank, genau wie ihr. Sich übergebende Matrosen, sich übergebende Ratten: gar kein schöner Anblick. Aber das passiert bei Wind. Habe ich euch erschreckt? Keine Angst, ihr werdet nie eine kotzende Ratte sehen. Unsere Mägen sind so konstruiert, dass sie bei konvulsivischen Reaktionen nicht einfach überlaufen. Nie werden wir einen so beklagenswerten Anblick bieten wie ihr Stiefkinder der Natur.

Man weiß von Matrosen, die ihre Seekrankheit nie überwanden. Wir dagegen werden zwar genauso seekrank wie ihr, aber unsere Natur stellt sich viel schneller auf die neue Lage ein. Insofern besitzt jede Landratte ein natürliches Talent zur Wasserratte. Trotzdem bevorzugen wir die Flaute. Das Unfallrisiko, also die Gefahr, von euren Vorräten erschlagen zu werden, ist auch viel geringer. Ohne die fatalen Schräglagen und das unangenehme Wassergeräusch draußen fällt es zudem viel leichter, uns vorzustellen, wir befänden uns auf unseren, nein, auf euren heimischen Kornböden. Die Seeleute haben bei Flaute auch viel bessere Tage. Aufentern, abentern? Nichts davon.

Dennoch reifte in den Kojen, die wir umhuschten, unaufhaltsam der Entschluss zur Umkehr. Notfalls müsse man den verrückten Ausländer, der sich Großadmiral des Ozeanischen Meeres nennt, einfach über Bord gehen lassen. Im Bericht des Admirals: »Manche meinen, sie seien bereits derart weit vorgedrungen, wohin zu segeln die Menschen nie hätten wagen dürfen. … Einige getreue Freunde (und es sind wenige an der Zahl) haben mir erzählt, manche hielten es für das Beste, mich eines Nachts ins Meer zu werfen, falls ich dabei bliebe weiterzusegeln. Sie würden später erklären, ich sei über Bord gefallen.«[5]

Am 22. September dankte der Admiral dem Herrn für eine unbedeutende Brise. Manchmal verhindert ein kleiner Luftzug eine große Meuterei.

Als Bordpsychologe muss ich hier noch eine Anmerkung machen: Auch als Seefahrer, als Eroberer des Außen seid ihr in Wahrheit Innenweltbewohner. Das Schiff, diese Nussschale auf dem Meer, wird auf knapp 200 Quadratmetern zum schwimmenden Kleinst-Staat. Euer Gesellschaftsvertrag unterscheidet sich kaum von dem unsrigen. Es gibt keine Einzelratten, es gibt auch keine Einzel-Matrosen. Wer nicht zu einer ihn schützenden Gruppe gehört, hat gar keine Chance an Bord. Es hilft, aus der gleichen Gegend zu kommen: Also gründet man an Bord das Heimatdorf zum zweiten Mal, also ein Rattennest. Wie bei uns hält die Familie bedingungslos zusammen und steht wacker vor dem Nachbardorf, der Konkurrenzhorde. Ich weiß, ihr beschreibt das gewöhnlich ein wenig anders, aber glaubt einer alten Schiffsratte: Es ist im Prinzip das Gleiche. Die Seeleute nennen ihre Rattennester *camaradas*. Ich habe vergessen, wie viele wir an Bord der *Santa Maria* hatten.

Ihr zeigt auch ungefähr das gleiche Dominanzverhalten. Es gibt bei euch die lineare Hierarchie, das heißt, A schikaniert B, und B schikaniert C und immer so weiter, und die nicht lineare Hierarchie, in der man wiederum die Despotie von der zirkulären Dominanzbeziehung unterscheidet. Letztere bevorzugen wir. Das heißt, die Ratte, die zuerst einen ungewohnten Bissen findet, entscheidet, ob alle davon fressen oder besser nicht. Zirkuläre Dominanzbeziehungen kommen auf euren Schiffen eher nicht vor, denn das hieße: Jeder hat mal das Kommando. Eine solch fortgeschrittene, aufgeklärte Form der Anführerschaft wie wir praktiziert ihr nicht, nicht allgemein, so weit seid ihr noch nicht. Bei euch ist das Prinzip der Despotie am häufigsten anzutreffen. Das heißt: A tyrannisiert alle. Ihr nennt das auch »Kapitänsprinzip«. Ein Problem beim Kapitänsprinzip tritt immer dann auf, wenn alle genug haben vom Despotismus. Und wenn dann noch eine Flaute dazukommt! Sehr gefährlich.

Wahrscheinlich achtete der Großadmiral darauf, nicht unter seinen Männern zu stehen, sondern vielmehr vor ihnen. Am besten, sie lagen alle vor ihm auf den Knien wie am 25. September, und ebenso war es an Bord der *Pinta* und der *Niña*. Sie beteten laut *Gloria in excelsis Deo*. Denn alle hatten es gesehen: Land! Der Großadmiral hatte schon zuvor jeden Pelikan einzeln ins Bordbuch eingetragen, denn die Vögel entfernen sich nie allzu weit vom Land, wusste er. Und hatten nicht die Portugiesen manche Inseln nur durch Beobachtung des Vogelflugs entdeckt? Dem Matrosen, der das Land zuerst erblicken würde, hatte das Königspaar ein »lebenslängliches Ruhegehalt von 10 000 Maravedis« versprochen. Die Schiffe änderten ihren Kurs und fanden: einen Haufen Wolken. Tiefe Niedergeschlagenheit.

Als Bordpsychologe weiß ich, was auch der Admiral wusste: Das durfte sich nicht wiederholen, diese Enttäuschung nicht. Sie war die potenzierte Landlosigkeit. Eine Meuterei würde die unerträgliche Spannung, die alle spürten, auflösen. Muss ich euch das erklären? Es gibt Punkte, da will man nur noch, dass eine als unhaltbar empfundene Situation endet, egal wie. Dazu kam, dass die Kompassnadel sich des Öfteren weigerte, ordnungsgemäß nach Norden zu zeigen, das war den Seeleuten das böseste Zeichen. Außerdem war die vom Generalkapitän angegebene Entfernung nun bald selbst nach den gefälschten Angaben überschritten, aber kein Land weit und breit. Und diese segelnde kollektive Angstpsychose wird man einmal die Entdeckung Amerikas nennen?

Mag sein, der kräftige Wind, der in der ersten Oktoberwoche aufkam, rettete dem Admiral das Leben. Wer in den Seilen hängt, meutert nicht.

Der Admiral war inzwischen der Meinung, schon zwischen den China vorgelagerten Inseln, wie sie Marco Polo erwähnt, hindurchzufahren, er hatte das berechnet. Die *Niña* befand sich meist an der Spitze des kleinen Geschwaders, weil sie der beste Segler war. Als Kolumbus am Morgen des 7. Oktober an Bord trat, hörte er das Krachen einer Bombarde und sah, wie eine Flagge am Großmasttop der *Niña* gehisst wurde. Land!

Das ist bestimmt Cipango, also Japan, dachte der Admiral. Er hatte schon am Vortag mit dem Kapitän der *Niña* über einen Kurswechsel Südwest zu West gestritten. Kolumbus hatte abgelehnt, es wäre doch besser, vorläufig an Japan vorbeizusegeln und das Festland auf direktem Weg zu erreichen. Auf dem Rückweg könne man sich immer noch Japan anschauen. Doch jetzt, nach der Land!-Bombarde, hatte der Admiral des Ozeanischen Meeres keine Chance mehr. Er gab nach. Die kleine Flotte änderte ihren Kurs Richtung Japan. Ich darf wohl sagen, keine von uns hat diesem folgenschweren Wechsel nach Südwest übermäßig Beachtung geschenkt. Kolumbus hätte sonst wohl möglicherweise Nordamerika entdeckt. Cipango, Japan, blieb vorläufig unauffindbar.

Es gab immer wieder Berichte, wonach es auf der Überfahrt zu ernsthaften Übergriffen auf unser Leib und Leben gekommen wäre und dass die Seeleute unser frisches Fleisch dem

Pökelfraß bei Weitem vorgezogen hätten. Nach meinen Recherchen kann ich das nicht bestätigen, nicht für diese Reise.

Am Freitag, dem 12. Oktober, um zwei Uhr morgens ertönte erneut ein Kanonenschuss. Es war die *Pinta*. Der Matrose Rodrigo de Triana hat im schwachen Mondschein das Land zuerst gesehen. Wir nennen ihn hier ausdrücklich im Namen aller Übervorteilten, Betrogenen, Verratenen dieser Erde. Denn er hat das ihm zustehende »lebenslängliche Ruhegehalt von 10 000 Maravedis« nie bekommen. Der Admiral hielt es wohl für unvereinbar mit seinem Nachruhm, dass man einmal sagen könnte: Rodrigo de Triana, ein strafbefreiter Matrose, entdeckte Westindien.

Ihr werdet begreifen, dass ich die Erstbegegnung zwischen den Spaniern und den Insulanern aus der Perspektive der Insulaner schildern werde, schon weil über die Jahrhunderte hinweg niemand auf diese Idee gekommen ist. Das ist die natürliche Solidarität der Erniedrigten und Beleidigten. Im Verhältnis zu den Spaniern waren die Insulaner die Verächtlichen, die Ratten.

Nackt!

Am frühen Morgen erblickten die Einwohner von Guanahani drei Boote auf dem Meer, aber die waren unvorstellbar groß, und es wuchsen mehrere kahle Baumstämme obendrauf. Am mittleren Stamm wehte ein großes Tuch, das in der Mitte ein blutrotes Kreuz zeigte. Die drei Boote kamen direkt auf sie zu, oder nein, sie verharrten bald in respektvollem Abstand, doch dann setzten die Riesenboote kleinere Boote ins Wasser, und die wollten, kein Zweifel, zu ihnen. Natürlich hattet ihr, liebe Insulaner, große Angst. Normalerweise habt ihr Angst vor den Kariben, die eure Männer und Frauen rauben, um sie zu fressen. Aber die sich da eurem Strand näherten, waren offenkundig keine Kariben, die haben andere Boote, nur übte diese Erkenntnis keinerlei beruhigende Wirkung auf euch aus.

Alles hing von eurer Reaktion ab, ihr durftet jetzt keinen Fehler machen. Das Nächstliegende wäre, das wusstet ihr wohl, sie mit Pfeilen zu beschießen, denn sie waren Fremde, sie hatten hier nichts verloren. Aber so einfach ist das nicht. Es gibt auch Fremde, die in Wahrheit die Nächsten sind. Das sind die Toten, die Ahnen. Was, wenn die Fremden in den Booten eure Ahnen wären, die euch besuchen wollen?

Ich merke schon, der spätkulturelle Leser braucht an dieser Stelle wohl etwas Unterricht in Ahnenkunde. Er hat keine rechte Idee mehr davon, was ein Toter ist. Ein lebloser Körper? Im Unterschied zu euch, liebe Bewohner von Guanahani, die ihr euch Lukku-Cairi nanntet, weiß er wirklich nicht, dass der Umgang mit den Toten erst das begründet hat, was der Mensch »Kultur« nennt. Natürlich gibt es Ausnahmen.

Einer seiner Philosophen hat sehr gut erklärt, was ihr schon immer wusstet: Die Toten umschließen wie in einem zweiten Ring die Lebenden, denn sie gehören zu euch, sie gaben euch das Leben und alles, was ihr seid, was ihr wisst. Ihr könnt sie also nicht einfach vergessen, ihr könnt sie allerdings auch nicht einfach bei euch behalten in ihrer neuartigen Reglosigkeit. »Wo die archaischen Kleingruppen sich auf ihre Toten beziehen, dort ist der Sphärenraum über die aktuellen Verhältnisse zwischen Verwandten und Zusammenlebenden hinaus erweitert zu einer größeren Blase, die Anwesende und Abwesende umspannt. Sie bildet den Mindestumfang einer Kultur.«[6]

Ihr versteht, dass mich diese Dinge interessieren, denn hier liegt der tiefere Unterschied zwischen Mensch und Ratte, der Grund, warum wir trotz aller sozialen Arbeitsteilung und Solidarität am Ende wohl doch keine Kulturen bilden. Zumindest behauptet ihr das. Wir begraben unsere Toten nicht, ich möchte nicht ausschließen, dass auch wir trauern, dass wir unsere Freunde vermissen, aber wir leben nicht mit unseren Toten.

Der Philosoph sprach von der »größeren Blase, die Anwesende und Abwesende umspannt«. Problematisch wird es, wenn die Abwesenden die Anwesenden plötzlich besuchen wollen wie jetzt am 12. Oktober 1492. Entschuldigt, liebe Bewohner von Guanahani, dass ich das Datum der Fremden nenne, aber ich weiß nicht, wie spät es bei euch damals war, wie ihr die Zeit zähltet.

Die in den Booten schienen euch doch Menschenähnliche zu sein. Sie stießen Hölzer ins Wasser wie ihr, um voranzukommen. Die mit den Hölzern hatten aber offenbar nichts zu sagen. Wer rudern muss, ist Arbeiter, nicht Herrscher. Das Merkwürdigste an den Ankömmlingen, das erkanntet ihr bald, war, dass sie ihre Körper ganz mit bunten Stoffen behängt hatten, statt sie zu bemalen, wie die Menschen es tun. Einer, der sich noch mehr und noch bunter behängt hatte als die anderen, war offenbar ihr Kazike, ihr Anführer.

Statt, wie es die Höflichkeit geboten hätte, ehrerbietig auf euch zuzukommen, tat er etwas Merkwürdiges. Die anderen nahmen Aufstellung um ihn, und er breitete ein großes gemustertes Tuch am Strand aus, während zwei Männer zwei Tücher mit einem grünen Kreuz in der Luft schwangen. Und er sprach in einer vielleicht menschenähnlichen, jedoch völlig unverständlichen Sprache zu den anderen. Es lag Würde darin, so viel konntet auch ihr hören. Aber ihr habt nie erfahren, was der Kazike der Fremden zu seinen Getreuen sagte. Am besten, ich gebe ihm selber das Wort: »Ich rief die beiden Kapitäne und auch all die anderen, die an Land gegangen waren, ferner Rodrigo d'Escobedo, den Notar der Armada, und Rodrigo Sánchez von Segovia zu mir und sagte ihnen, durch ihre persönliche Gegenwart als Augenzeugen davon Kenntnis zu nehmen, dass ich im Namen des Königs und der Königin, meiner Herren, von der genannten Insel Besitz ergreife.«[7]

Ist das nicht unfassbar? Wenn ihr das gewusst hättet, hättet ihr die Fremden nicht sofort zurück ins Meer gejagt? Er nannte eure Insel San Salvador – »Erlöser« –, denn er glaubte an einen jungen Mann, der einst behauptet hatte, der Sohn Gottes zu sein, wofür man ihn tötete. Zur Strafe versprach er, am Ende aller Tage wiederzukommen. Zumindest behaupteten das die, die an ihn glaubten, wie der fremde Kazike. Euer Ursprungsgott Yaya, der das Meer schuf, hatte auch einen Sohn, aber der wurde nicht hingerichtet, den fraß er selber auf. Doch das ist wohl eine andere Geschichte. Aber ihr wisst jetzt, dass eure Insel Guanahani auf die Berufsbezeichnung eines Mannes getauft wurde, an den die Fremden so sehr glaubten wie ihr an eure Ahnen: Erlöser.

Und ihr habt wirklich gedacht, sie wären es selber, eure Ahnen, sie kämen geradewegs aus Coaybay, der Welt der Toten. Die Würde, mit der sie euer Land in Besitz nahmen, hieltet ihr für die Würde der Abgeschiedenen. Als sie am Strand waren, konntet ihr auch ihre Gesichter erkennen. Es waren Totengesichter, ganz bleich. Vielleicht hatten sie die Stoffe nur angelegt, um euren Augen den Anblick ihrer bloßen Knochen zu ersparen. Also überhäuftet ihr sie mit Geschenken, mit allem, was ihr hattet. Ihr habt ihnen sogar Zemis geschenkt, eure Göttersymbole, schließlich waren sie selber welche, wie ihr meintet. Seltsamerweise erkannten sie sie nicht.

Ihr Kazike berichtete über eure Freigiebigkeit so: »Sie erreichten schwimmend unsere Schiffe und brachten uns Papageien, Knäuel von Baumwollfaden, lange Wurfspieße und viele andere Dinge noch, die sie mit dem eintauschten, was wir ihnen gaben, wie Glasperlen und Glöckchen.«[8] Es klingt Herablassung darin, hört ihr das? Sie hatten schon Vermutungen darüber, was euch wertvoll scheinen könnte, das haben sie an den Küsten Afrikas gelernt. Und ihr habt genauso reagiert wie die Afrikaner, ihr glaubtet, wer solche Gaben bringe, verfüge über magische Kräfte. Die Ankömmlinge dagegen taxierten euch kühl.

Schon zwei Tage später notierte der Admiral: »Sollten Eure

Hoheiten den Befehl erteilen, alle Inselbewohner nach Kastilien zu schaffen oder aber sie auf ihrer eigenen Insel als Sklaven zu halten, so wäre dieser Befehl leicht durchführbar, da man mit einigen fünfzig Mann alle anderen niederhalten und zu allem zwingen könnte.«[9] Kein Zweifel, der 12. Oktober 1492, dieses weltgeschichtliche Datum eurer Erstbegegnung, war kein guter Tag. Ich kann wenig zur Entschuldigung unseres Kaziken sagen. Nur so viel: Seine Reise war keine Vergnügungsfahrt, sie kostete viel Geld, und er hatte versprochen, dass das Kazikenpaar hinterm Horizont, dessen Diener er war, über und über entschädigt werden würde.

Aber woher diese Geringschätzung, fragt ihr? Ich will es euch sagen. Ihr wart unbekleidet. Allein eure Blöße machte euch zu Kindern, ja zu halben Tieren in ihren Augen. Und solche Urteile hatten nur einen geringen Anteil von Bewusstheit. Was da urteilte, sich fremdschämte, die Augen abwenden wollte, ist die Gewalt einer ganzen kulturellen Tradition. Auf den ersten Illustrationen, die nach Kolumbus' Rückkehr in Europa erschienen, hat man euch mit Lendenschurzen umwickelt, alles andere hätte euch vollends zu Tieren gemacht.

Der Mensch ist das einzige Tier, das sich bekleidet. Und in der Tat ist die Begegnung in zivilisatorischen Zusammenhängen nur in bedecktem Zustand möglich. Ja, wenn ihr noch ein Fell hättet! Stellt euch einen Staatsbesuch unter gänzlich Entblößten vor! Was hier in Rede steht, sind die zivilisationsbegründenden Ich-du-Abstände. Ich kann das beurteilen, denn meinesgleichen fehlt weitgehend der Sinn für Distanzen, wir mögen es, uns beständig zu berühren. Wir kriechen unaufhörlich unter- und übereinander, um unsere Zuneigung auszudrücken. Die Zärtlichkeit der Großen ist es, über die Kleinen zu kriechen. Die Kleinen kriechen vorzugsweise unter den Großen durch. So zeigen wir Kontaktbereitschaft. Ich weiß, ihr habt da etwas andere Ausdrucksformen gefunden.

Auch unser Fell ließ uns das Problem nie so stark empfinden, wir sind nie so nackt wie ihr, darum haben wir es auch nie zur Zivilisation gebracht. Aber ganz so einfach ist es doch nicht. Ihr habt doch gewiss schon vom Nacktmull gehört? Der Nacktmull ist auch ein Nagetier, aber eben völlig nackt. Er sieht aus wie eine grotesk enthaarte Ratte. Eigentlich nimmt man inmitten der peinlichsten Entblößtheit des ganzen Wesens nur die beiden vorderen Schneidezähne wahr. Er ist wirklich sehr hässlich. Das Erstaunliche ist: Ausgerechnet der Nacktmull hat es unter all den Nagern zu einer vergleichsweisen Hochzivilisation gebracht. Die leben in einer Art Sultanat, doch mit einer Sultanin an der Spitze.

Aber, liebe Ureinwohner von Guanahani, vielleicht interessiert ihr euch gar nicht für den ostafrikanischen Nacktmull, bitte entschuldigt meine unangemessene Ausführlichkeit. Ihr wisst, dass der Kazike der Fremden eure Insel »San Salvador« genannt hat und die Inselgruppe »Bahamas«, das kommt von *baja mar*, »flaches Meer«. Es gibt in der deutschen Sprache das schöne Wort »Menschenskind«, es ist ein offenes, solidarisches, alle umschließendes Wort. Aber für den Kaziken wart ihr Menschenskinder Kindermenschen, und das ist etwas anderes.

Das Beste, was sich von den Fremden und ihren drei Schiffen sagen ließ, war: Eines Morgens war der Horizont leer. So schnell, wie sie kamen, waren sie auch wieder verschwunden, in der Nacht des dritten Tages. Doch hatten die Fremden mehrere eurer Männer mitgenommen, gewissermaßen als menschliche Belege ihrer Entdeckung.

Die Ratten verlassen das sinkende Schiff

Der Blick des Großadmirals des Ozeanischen Meeres hatte sich kaum von der Nase eines jungen Mannes am Strand von San Salvador abwenden können. Sie war durchlöchert, und was darin steckte, war das nicht: Gold? Und ringsum lauter Inseln. Der Großadmiral wusste gar nicht, welche er zuerst erkunden sollte. Er suchte die Goldinsel, doch von seinen Geiseln wusste keiner die Richtung. Zwei flohen in der Nähe des nächsten Eilands.

Die Spanier bemerkten bald, dass sich die Nachricht von ihrer Ankunft per Feuerzeichen von Insel zu Insel verbreitete, noch bevor sie selbst eintrafen. Bereits am zweiten Tag, nachdem sie San Salvador verlassen hatten, griffen sie auf dem Meer einen Mann auf, der in seinem Kanu eine Glasperlenkette und zwei kastilische Münzen hatte, wahrscheinlich als Existenzbeweis der Fremden für die Nachbarn. Sie beschenkten ihn reich und ließen ihn wieder frei. Die Kunde würde sich verbreiten, ferne Jahrhunderte würden einmal das Wort »Öffentlichkeitsarbeit« dafür finden.

Vereinzelt näherten sich Kanus den Schiffen, ein Mann hatte ein Knäuel Baumwolle, wollte es eintauschen, mochte dafür aber keinesfalls an Bord kommen. Da ließ der Admiral den Furchtsamen holen: »Ich ließ mir den Mann vorführen, schenkte ihm eine rote Kappe, einige grüne Glasperlen, die ich ihm um den Arm legte, und zwei Glöckchen, die ich an seinen Ohren befestigte, und erteilte den Befehl, ihm sein Kanoe wiederzugeben, das bereits an Bord eines unserer Schiffe gehisst worden war, und ihn wieder frei an Land zu setzen.«[10] Auch diese Kunde würde sich verbreiten, würde den zahlreichen Bewohnern der Inseln Vertrauen geben.

Ich kann euch jetzt nicht erzählen, wie der Goldsucher weiter von Insel zu Insel fuhr, eine jede in Besitz nahm und taufte, wie er »Juana« fand, das die Einheimischen »Kuba« nannten, und schließlich das benachbarte Hispaniola, das sich heute Haiti und die Dominikanische Republik teilen. Die Insulaner nannten es damals »Bohio« oder »Babeque« und gaben den Fremden zu verstehen, dass dort das Gold zu finden sei. Ich glaube, sie waren sehr klug. Sie wussten bald, wie sie diese Ungerufenen unfehlbar wieder loswerden konnten. Sie brauchten bloß in eine Richtung zu zeigen und dazu »Gold!« rufen, und schon waren sie weg.

Als Kolumbus von Kuba aus auf der Seite des heutigen Haiti ankam, war er sicher, Japan, Cipango, nun bald erreicht zu haben. Und dann wurde es Weihnachten. Am 24. Dezember notierte er, dass die Eingeborenen Cipangu »Cibao« nennen würden. Gold! Es war gewiss zum Greifen nah. Doch vorerst hatte er sich entschlossen, das Weihnachtsfest mit dem örtlichen Kaziken zu verbringen. Der bemühte sich sehr um seine Gesellschaft, auf eine schon fast auffällige Weise. Am nächsten Tag würde er an Land gehen.

Heiligabend gegen 23 Uhr legte sich der Großadmiral des Ozeanischen Meeres schlafen, das Meer war so still, wie es sich an diesem Tag gebührte, die Schiffe lagen friedlich nebeneinander vor der Bucht von San Tommaso. Der Admiral taufte auch Kaps und Buchten, schon um sie besser wiederfinden zu können. Sie waren nur noch zu zweit, zwei Schiffe, denn die *Pinta* war weg. Ihr Kapitän hatte wohl beschlossen, auf eigene Faust Gold zu suchen und der Erste zu sein, was den Admiral sehr erbost hatte. Aber er konnte mit der *Santa Maria* ohnehin nicht hinterher. Und nun ging er zu Bett. Weihnachten in einer neuen Welt, dem Golde so nah. Zur Wacht am Steuerruder wurde ein Schiffsjunge eingeteilt. Der Großadmiral hatte erklärt, dass er niemals einen Schiffsjungen in der Nähe des Steuerruders sehen wolle. Aber es war Weihnachten.

Ich kann nicht sagen, dass wir die Gefahr spürten, obwohl der Admiral, Verzeihung, der Großadmiral, später sagen wird, man habe in dieser stillen Nacht, heiligen Nacht die kleine Brandung am Riff doch hören können. Wir hören, wie ihr wisst, sehr gut, aber ich glaube, uns hat nichts beunruhigt. Vielleicht war auch das Knacken des Schiffszwiebacks zwischen unseren Zähnen zu laut. Vielleicht mit Rücksicht auf das besondere Datum lief die *Santa Maria* so sanft auf die Sandbank auf, fast ohne Lärm, als wollte sie niemanden aufwecken. Der Schiffsjunge hörte dennoch ein leises Krachen, er spürte, wie das Steuer auf Grund stieß. Er schrie.

Ihr wisst, was jetzt folgte? Richtig: Die sprichwörtlichen Ratten verließen das sprichwörtlich sinkende Schiff. Natürlich beinhaltet diese eure Redensart keinerlei Anerkennung für uns, für das Frühwarnsystem unserer Wahrnehmung. Ihr sagt solche Dinge, wenn Leute, statt mannhaft mit ihrem insolventen Unternehmen unterzugehen, noch abzuspringen versuchen. Miese Charaktere eben, notorische Selbstretter statt tragischer Helden. Dass es jedoch auch unter uns tapfere Untergeher gibt, spiegelt eure Redensart »untergegangen mit Mann und Maus«. Erst jetzt, im letzten Augenblick, gesteht ihr uns den Platz zu, der uns gebührt: den Platz an eurer Seite. Mann und Maus, wir gehören zusammen.

Kiel auf Land also. Unsere Nester liegen direkt über dem Kiel, denn wir wohnen in der Bilge. Das ist da, wo sonst keiner hinkommt, auch der Schiffskater nicht, es ist noch unter den Laderäumen. Die *Santa Maria* legte sich bald etwas zur Seite. Der aufgeweckte Großadmiral notierte es so: »… denn da sie sich etwas geneigt hatte, trat durch die Fugen Wasser ein, das den unteren Schiffsteil zu füllen begann.«[11] Genau das ist die Situation, in der wir das sinkende Schiff verlassen. Nicht dass wir einen siebten Sinn hätten, aber wir merken gewöhnlich als Erste, wenn es von unten unangenehm wird. Und die Seeleute haben gelernt, unseren Meldungen »Schiff undicht!« bedingungslos zu vertrauen. Wenn die Ratten an Deck strömten, wussten sie, dass sie so gut wie verloren waren. Der Großadmiral ließ den Großmast umlegen, um das Schiff zu erleichtern, um es vielleicht wieder flottzukriegen. Zumindest hat er das gesagt.

Wenn Sie mich fragen, eine alte Schiffsratte: Genau das hatte er nicht vor! Er war als Erster an Deck, oder hatte er auf diesen Moment gewartet, hatte er gar nicht erst geschlafen? Ja, ich würde noch viel weiter gehen, und ich weiß, einige von euch sind mir längst in dieser Vermutung gefolgt. Ich glaube, Kolumbus hat das Schiff absichtlich auf Grund laufen lassen. Was nützt es, eine Welt zu entdecken respektive zu erobern, wenn man gleich wieder weg ist? Und dann kommen womöglich die ohnehin schon sehr alarmierten Portugiesen als Zweitentdecker und sagen: Wir haben sie zuerst gefunden! Sie gehört uns! Beweise mal einer in Abwesenheit das Gegenteil. Am besten also, man bleibt gleich da. Präsenz zeigen, darauf kam es an!

Andererseits mussten sie jenseits des Atlantiks überhaupt erst erfahren, und zwar dringend, dass man nicht gesunken, sondern schon fast in Japan war, in größter Goldesnähe. Hier kam, vielleicht muss man das im digitalen Zeitalter eigens erwähnen, keine SMS infrage, sondern nur persönliche Nachrichtenüberbringung. Vonnöten war also ein simultanes Hierbleiben und Abreisen, ein Abreisehierbleiben, ein Bleibeabreisen. Das konnte, glauben Sie einer alten Schiffsratte, nur mittels kontrollierten Schiffbruchs gelingen. Also nicht Totaluntergang, sondern partieller Untergang, möglichst ohne Verluste, sodass alle Fracht noch gerettet werden konnte, wie es dann in der Tat geschah. Aber ich greife vor.

Die Redewendung »Die Ratten verlassen das sinkende Schiff« suggeriert in sehr demagogischer Weise, wir wüssten, wohin wir gehen. An Land zum Beispiel. Aber das ist falsch. Gewöhnlich vermeiden wir es, in der Bilge zu ersaufen, aber auf Deck angekommen, stehen wir Auge in Auge dem gegenüber, was wir nie zu erblicken wünschten: dem Meer. Manche stürzen sich gleich ins Wasser, das sind die Paniker. Andere klettern bis auf die höchste Mastspitze, denn jede Sekunde Leben zählt. Sie verstehen, was ein selbstbestimmtes Ende in Würde und mit Seeblick vom elenden Ersaufen in der Bilge unterscheidet? Haltung, Grandezza bis zum Schluss, darauf kommt es an, das ist mein Standpunkt.

In eurem Fall konnte von Haltung keine Rede sein. Bevor Kolumbus den Großmast umlegen ließ, befahl er seine Leute in das Beiboot am Heck, sie sollten dort einen Anker ins Meer werfen, damit das Schiff nicht noch weiter auf die Sandbank trieb. Warum vom Beiboot aus, warum ließ er den Anker nicht von der *Santa Maria* selbst werfen? Es hat mir nie ganz eingeleuchtet. Der verängstigten Besatzung im Boot wohl auch nicht, sie spürte nur, sie waren in Sicherheit, und statt den Anker zu werfen, floh sie zur *Niña*, die lag zwei Seemeilen entfernt. Der Besitzer der *Santa Maria*, Juan de la Cosa, zählte zu ihnen. Kinder, das ist jämmerlich! Die Kameraden im Stich lassen und mit dem einzigen Boot fliehen. Ich weiß nicht mehr genau, ob es auch einigen der Unsrigen gelang mitzufahren. Dicht an dicht drängten wir uns an Deck und schauten auf das nächtliche Schwarz des Wassers. Nacht der Nächte? Aber die Bootsratten trafen es kaum besser als die Schiffsratten. Die *Niña* empfing wohl zornige Signale von der *Santa Maria*, sie schickte alle Flüchtlinge wieder zurück und ein Hilfsboot dazu.

Allmählich wurde allen klar, dass das Schiff nicht sofort sinken würde. Heil dir, Sandbank. Ein Stück würde immer noch herausschauen, vielleicht auch mehr. Das war unsere erste Nacht an Deck, die Heilige Nacht.

Am nächsten Morgen schickte der Großadmiral das Boot zum örtlichen Kaziken, mit dem er Weihnachten feiern wollte. Seinen Namen könnt ihr euch gleich merken: Er hieß Guacanagari. Guacanagari entsandte augenblicklich sein ganzes Dorf in unzähligen Kanus, um die Ladung der *Santa Maria* zu retten. Er versicherte dem Großadmiral unter Tränen, dass alles, was ihm gehöre, auch dem Großadmiral gehören solle. Dieser war hochzufrieden mit dem selbstlosen Einsatz und der Umsicht der Insulaner. Nicht eine Nadel sei verloren gegangen, ließ er die kastilischen Majestäten wissen. Und nicht eine Ratte, hätte er hinzufügen können.

Wir trauern um die Karibische Riesenreisratte

In den Kanus der Eingeborenen, wie ihr früher sagtet, in den Booten der Leute von Hispaniola also, erreichten wir die Insel. Hier betrat meine Art, die europäische Hausratte, auch »Dach-«, »Pest-« oder »Schiffsratte« genannt, zum ersten Mal amerikanischen Boden. Es war ein fürwahr historischer Augenblick. Ratten und Europäer! Es war das Gleiche, zumindest in den Augen der Nachfahren von Guacanagaris Volk. Allerdings hat es diese Einsicht nicht lange überlebt.

Sie wissen, dass die Ureinwohner Amerikas keine schriftlichen Berichte ihrer Heimsuchung hinterlassen haben. Auch die ersten Eindrücke meines Volkes auf amerikanischem Boden sind nicht überliefert. Im Süden ist alles viel größer, auch die Ratten. Wahrscheinlich ist mein Volk sehr erschrocken, als es der ersten Karibischen Riesenreisratte (*Megalomys*) begegnete. Mit Schwanz war sie 70 Zentimeter groß.

Ihr habt sie ausgerottet, genau wie die karibische Urbevölkerung. Ihre Anwesenheit auf euren Plantagen missfiel euch. Große Ratten verursachen noch größere Schäden als kleine Ratten. Ich nenne hier voller Trauer und in ewigem Angedenken die Namen derer, die euch nicht überlebt haben: *Megalomys audreyae*, wohnhaft auf Barbuda, *Megalomys curazensis*, wohnhaft auf Curacao, *Megalomys desmarestii*, wohnhaft auf Martinique, *Megalomys georginae*, wohnhaft auf Barbados, *Megalomys luciae*, wohnhaft auf Saint Lucia.

Die *Megalomys desmarestii* auf Martinique war die größte. Sie war wunderschön, ihr Rücken schimmerte rotbraun, der Bauch war fast weiß. Die Ureinwohner Martiniques jagten sie, um sie in ihre Kochtöpfe zu stecken. Aber tapfer, wie sie war, überlebte sie alle Pein. Sie überlebte anfangs auch die Franzosen. Ja, die Karibische Riesenreisratte von Martinique begrüßte ausdrücklich deren Idee, zur Verbesserung der rättischen Ernährungslage riesige Zuckerrohrplantagen anzulegen. Aber dann wollten sie die ganze Ernte für sich allein. Über Jahrhunderte hat die größte und schönste Karibische Riesenreisratte den Feindseligkeiten der Zuckerrohrfarmer getrotzt. Wenn es ums Ausrotten geht, werdet ihr erfinderisch, nicht wahr?

Ihre stolzen Heerscharen schrumpften bald auf Bataillonsgröße, später kämpften versprengte Kompagnien in den Feldern, bis am Ende nur noch unbeugsame Partisaneneinheiten Widerstand leisteten. Und doch, allein hättet ihr es wohl nicht geschafft. Am Ende musstet ihr den Mont Pelée um Hilfe bitten. Das war am 8. Mai 1902. Keine Ratte überlebte. Die vieltausendjährige Evolutionsgeschichte der größten Karibischen Riesenreisratte war unwiderruflich zu Ende.

Und doch, ich glaube, das hättet ihr nicht machen sollen. Das nennt ihr Schädlingsbekämpfung? Ihr erinnert euch doch noch an den Ausbruch des Mont Pelée? Wie ihr morgens in den Kirchen von Saint-Pierre saßt, denn es war Christi Himmelfahrt, und es würde auch die eure werden. Schon um 7.52 Uhr riss die Verbindung des Telegrafen ab. Der Berg explodierte, noch in über 600 Kilometer Entfernung waren die Eruptionen zu hören. Eine Glutwolke stieg aus der Südwestflanke, und eine plinianische Wolke stieg aus dem Gipfel des Bergs und verdunkelte den Himmel in einem Radius von 80 Kilometern. Verlangt jetzt nicht von mir, dass ich euch erkläre, was eine plinianische Wolke ist, ihr geologischen Laien! Bleiben wir bei der Glutwolke. Sie raste mit einer Geschwindigkeit von etwa 670 Stundenkilometern auf Saint-Pierre zu und erreichte es nach knapp einer Minute.

Die Rumbrennereien und Lagerhäuser explodierten. Tausende Rumfässer, für den Export nach Europa bestimmt, detonierten im Hafen. Als die Wolke das Meer erreichte, begann es zu kochen. Die Mehrzahl der achtzehn vor Anker liegenden Schiffe sank oder verbrannte, so auch der kanadische Fracht- und Passagierdampfer *Roraima* der Québec-Linie, dabei hatte er eben erst, um 6.30 Uhr, angelegt. Wollt ihr einen Zeitzeugen hören?

»Der Berg wurde in Stücke gerissen. Es gab keine Warnung. Die Flanke des Vulkans war herausgerissen und schleuderte eine ungeheure Feuerwand geradewegs auf uns zu. … Brennender Rum rann in Strömen die Straßen von St. Pierre hinab ins Meer. … Nach der Explosion war niemand Lebendiges mehr an Land zu sehen.«

Die Temperatur der Glutwolke kann den Schmelzpunkt von Kupfer nicht ganz erreicht haben, denn einzig die Kupfer-Telefondrähte blieben unversehrt. Der Schmelzpunkt von Kupfer liegt bei 1084 °C. Die meisten Einwohner von Saint-Pierre starben in den Kirchen bei den Himmelfahrtsmessen. Ich frage noch einmal: Und das nennt ihr Schädlingsbekämpfung?

Aber gegen Fremdinselratten vermochte auch der Mont Pelée nichts auszurichten. Ich werde euch nachher die Jamaika-Ferkelratte vorstellen, auch sehr gut gewachsen. In den Tropen wird alles größer, das haben mir auch die Küchenschaben gesagt. Die erste Begegnung zwischen einer gewöhnlichen Küchenschabe der *Santa Maria* und einer einheimischen ist auch nicht überliefert.

Ich glaube, ich habe mich um ein paar Jahrhunderte und etliche Inseln von unserem Schauplatz Weihnachten 1492 entfernt. Ob die Jamaika-Ferkelratte damals auch auf Hispaniola lebte, kann ich nicht bezeugen. Eure Zoologen werden dort später den Schlitzrüssler bestaunen, denn den gibt es nur hier. Der Schlitzrüssler sieht aus wie eine besonders hässliche Ratte, ist aber mit niemandem näher verwandt, auch nicht mit uns. So etwas fasziniert euch.

Aber im Augenblick war eine andere Spezies wichtiger, nämlich die *Ptinidae*. Die *Ptinidae* sind winzig klein, doch zählen sie zu den Hauptfeinden der christlichen Seefahrt. Das liegt an ihrer Ernährungsweise: Sie fressen die Schiffe. Ihr nennt sie auch »Poch-« oder »Klopfkäfer«. Das Pochen und Klopfen war an Bord der *Niña* zuletzt nicht mehr zu überhören, es machte die Matrosen sehr melancholisch.

Die Situation des Entdeckers Amerikas stellte sich nun so dar: Die *Santa Maria* lag unrettbar auf einer Sandbank, die *Niña* leckte, und die *Pinta* war verschwunden. Kolumbus neigte zu der Auffassung, sie wolle allein Gold finden und dann als Erste zurück in Spanien sein, des Ruhmes und des Reichtums wegen. Aber nicht mit ihm, Cristoforo Colombo aus Genua, der sich in Portugal Cristovão Colom und in Spanien schließlich Cristóbal Colón nannte. Er musste mit der *Niña* Spanien erreichen, bevor die *Ptinidae* ihr Lebenswerk vollendet hatten.

Ein Schiff. Zwei Besatzungen. Es war jedem klar, dass nicht alle die Heimreise würden antreten können. Im Vergleich zur *Santa Maria* war die *Niña* erheblich kleiner. Wer fuhr? Wer blieb? Wenn ich einem nicht glaube, dann der Auskunft des Großadmirals zur Art und Weise der Entscheidungsfindung: »Tatsächlich hatten viele meiner Leute sich mit der Bitte an mich gewandt, ihnen meine Einwilligung zu erteilen, an jenem Orte zurückbleiben zu können.«[12]

Aus den Schiffswänden der *Santa Maria* sollte *La Navidad* entstehen, die »Weihnachtsstadt«, doch halt, es war keine Stadt, es war eine Weihnachtsfestung. Am zweiten Feiertag gab der Entdecker den Befehl, »eine Festung mit einem Turm und einem tiefen Graben« anzulegen. Nicht aus Angst vor den Einheimischen, wie er betonte. Das verriet ihn, er wusste genau, dass die Spanier im Ernstfall keine Chance haben würden. Er wollte die Insulaner beeindrucken. Solange die Bewohner Hispaniolas an ihren höheren ontologischen Status glaubten, wären die Spanier vor ihrer zahlenmäßigen Überlegenheit am besten geschützt.

Vierzig Männer würden bleiben. Natürlich konnte der Entdecker nicht allein die Strauchdiebe und Kriminellen zurücklassen, aus denen der bösen Überlieferung zufolge seine Mannschaften bestanden, nein, *La Navidad* durfte keine apokalyptische, zur Straffälligkeit neigende Aussteigerkommune sein, sie musste die spanische Gesellschaft im Kleinen spiegeln, also eine tief ständische Gesellschaft. So blieben der Königliche Haushofmeister Pedro Gutiérrez und der Schiffsprofos Diego de Harana sowie der Schriftführer der Flotte Rodrigo de Escobedo zurück. Außerdem ein Schneider, ein Böttcher, ein Schmied, ein Arzt: Leute, die ein Gemeinwesen braucht. Sie bekamen Brot und Wein für ein Jahr und das Boot der *Santa Maria*. Ich mag mir nicht vorstellen, wie die zum Bleiben Verurteilten die Reisevorbereitungen der anderen verfolgten.

Am 30. Dezember kam es zu einem denkwürdigen Bekleidungsaustausch mit dem Kaziken Guacanagari. Im Bericht des Großadmirals: »Der ›cacico‹ nahm seinen Kopfschmuck herunter und setzte ihn mir auf, worauf ich meinerseits eine aus echten roten Achaten und anderen, in lebhaften Farben leuchtenden Steinen zusammengesetzte Halskette abstreifte und sie dem ›cacico‹ um den Hals legte. Ferner legte ich mein weites, scharlachrotes Gewand ab, das ich zur Feier des Tages angezogen hatte, und kleidete den König damit.«[13] Und immer so weiter.

Als Bordpsychologen der auf Grund gelaufenen *Santa Maria* interessieren mich solche Szenen sehr, Szenen, die verständlich sind vor jeder gemeinsamen Wortsprache, über Kulturen und Kontinente hinweg: Der Entdecker und der Häuptling beschenken einander mit dem Wertvollsten, was sie zu vergeben hatten. Menschen und Ratten, die Wertschätzung erfahren, neigen nicht zur Aggression, im Gegenteil: Sie befinden sich augenblicklich in einem tiefen Einklang zwischen Ich und Welt. Ja, könntet ihr einander doch immer mit von roten Achaten besetzten Halsketten und Kopfschmuck beschenken!

Doch mit welchen Hintergrundannahmen traten die beiden sich gegenseitig Schmückenden einander gegenüber? Die des Kolumbus kennt ihr bereits, wenn nicht, lest das nächste Kapitel!

Aber auch Guacanagari dankte wohl seinen Ahnen, dass sie ihm noch gerade rechtzeitig Verbündete geschickt hatten, bleich wie sie, denn auf seiner Insel war unlängst ein Fremd-Häuptling eingetroffen, der Guacanagaris Reich zu seinem Reich machen wollte. Das passiert in Häuptlingstümern öfter. Guacanagari hatte den Augenblick verpasst, den Neuen rechtzeitig ins Meer zurückzuschicken. Der andere war auch ein Taino wie er, sie teilten die gleiche Kultur, die gleiche Sprache, die gleiche Mythologie. Und die kennt die Sage vom »fremden König«, der dem alten die Krone vom Kopf nimmt und dessen Tochter heiratet. Ja, Guacanagari hatte viel Beistand nötig.

Das größte anzunehmende Unglück in einer jeden traditionellen Kultur tritt dann ein, wenn selbst die Ahnen sich von dir lossagen. Und an der Ankunft des Großadmirals des Ozeanischen Meeres erkannte Guacanagari, dass es noch nicht zu spät war. Ja, er, Guacanagari, würde diese Spanier an sich binden. »Hispaniola« hat der Fremde seine Insel genannt, Spanien also. Man würde schon sehen, wer hier wen benutzt. Er würde ihm immer neue Goldplatten überreichen lassen. Nichts fasziniert diese Meerfahrer so wie Gold, das hatte Guacanagari längst verstanden.

Ich möchte an dieser Stelle eines bereits in aller Deutlichkeit sagen: Indigene Urbevölkerung Amerikas! Ohne die Guacanagarihaftigkeit eurer Anführer, das wisst ihr wohl, hätten die Europäer euren Erdteil nie erobern können. Nicht mit all ihrem Schießpulver. Ihr hättet, statt Verbündete gegen eure alten Feinde zu suchen, gleich eine antispanische Internationale bilden sollen: »Unbekleidete aller Völker, vereinigt euch!« Ihr habt es nicht getan. Ihr hattet kein Bewusstsein der Gefahr.

Am 4. Januar 1493 trat die *Niña* die Heimreise an. Nach zwei

Tagen traf sie auf die hochverräterische *Pinta*. Aber was hieß Hochverrat angesichts der Weiten, die vor beiden Schiffen lagen?

Der geköpfte Entdecker

In Boston gibt es einen Kolumbus-Park, den Christopher Columbus Waterfront Park. Dort steht auch eine Kolumbus-Statue, nur hat sie seit Juni 2020 keinen Kopf mehr. Das erzürnte nichtweiße Volk der USA hat den Großadmiral des Ozeanischen Meeres enthauptet. Das war, nachdem der schwarze Bürger George Floyd in seiner Heimatstadt Minneapolis durch Polizeigewalt zu Tode kam. Nicht nur in Boston, auch in anderen Orten stellte das Volk eine unmittelbare Verbindung zwischen diesem Todesfall – Mordfall? – und dem Beginn allen Unglücks her.

In Richmond, Virginia, wurde Kolumbus versenkt. Und an manch anderen Orten zwischen Boston und Richmond ging es dem Entdecker Amerikas kaum besser. Lasst mich, den Sachverständigen, den Bordpsychologen der *Santa Maria*, erklären: Das sind symbolische Ritualmorde. Nach einem halben Jahrtausend. Zeiten des Bildersturms waren nie gute Zeiten.

Ich darf euch erinnern: Wie viele Kunstwerke des Mittelalters gingen für immer verloren, als kurz nach Kolumbus' Tod die Anhänger einer neuen Frömmigkeit in die Kirchen eindrangen und Bilder von den Wänden schlugen, alles, was golden glänzte im falschen Glauben. Ein Professor von der Universität Wittenberg hatte 1522 eine Flugschrift veröffentlicht, die hieß *Von abtuhung der Bylder*. Das Himmelreich lasse sich nicht durch Kirchenprunk erkaufen, schrieb Andreas Karlstadt. Mögen die Reichen ihr Geld den Armen geben, statt fromme Bildwerke zu stiften, das helfe zum Seelenheil. Weg mit dem Tand! Das Volk hört nur selten auf Professoren, diesmal war es anders.

Ihr wisst, ein Teil meiner selbst ist immer auf der Seite der Menge, es ist gewissermaßen die meine. Wir können eine schreiende Wutmeute bilden wie ihr. Wisst ihr noch, wie es war, als die revolutionären Massen von Paris Notre Dame zum Pferdestall machten und die Grablege der Könige von Frankreich stürmten, die Särge öffneten und den zerfallenen, hochwohlgeborenen Inhalt in die Seine kippten? Auch das war eine symbolische Beerdigung der Vergangenheit, doch schwerlich eine Sternstunde der Emanzipation des Volkes.

Mit dem Sturz der Kolumbus-Statuen wollt ihr alle symbolischen »Verhältnisse umwerfen, in denen der Mensch ein erniedrigtes, ein geknechtetes, ein verlassenes, ein verächtliches Wesen ist«. Ihr erinnert euch doch gewiss an die Marx'sche Reformulierung des Kant'schen Kategorischen Imperativs? Wenn nicht, lest noch einmal in der Einleitung *Zur Kritik der Hegelschen Rechtsphilosophie* nach. Nur dachte Marx weniger an die symbolischen, sondern an die realen Verhältnisse. Aber ihr habt recht, irgendwo muss man anfangen.

Betrachten wir das einmal genauer. *Mancipium*, ich erwähnte es bereits, war das römische Wort für den gekauften Sklaven. E-manzipationen nun sind immer höchst zwiespältige Angelegenheiten. Die Existenz von Sklaven machte die der Bürger erst möglich. 400 000 römische Sklaven standen einst 20 000 römischen Bürgern gegenüber. Und Sklave ist nicht nur der, der ausdrücklich so heißt. Sein modernerer Bruder war der Proletarier. Im 19. Jahrhundert riefen die Proletarier immer lauter: *I can't breathe!* Die DDR war eine Spätfolge dieser kollektiven Atemnot im 19. Jahrhundert. Auch die Arbeiterbewegung war eine große Bilderstürmerin. Kolonialismus, glauben viele, ist eine Sache von gestern, darum können wir ihn gelassen verurteilen. Aber noch der »Anschluss« der DDR an die Bundesrepublik erfüllte viele Kriterien einer Kolonisierung. Von der Kultur der Eingeborenen durfte nichts übrig bleiben, ihre Mitwirkung bei der Gestaltung ihrer Lebensverhältnisse war nicht vorgesehen.

Es gab aber zwei Besonderheiten. Die erste: Gewöhnlich lassen Kolonialherren die alten Eliten an ihrem Platz, überformen sie nur. Hier mussten sie weg, das hatte verschiedene Gründe. Die zweite Besonderheit ist einmalig in der gesamten Kolonialgeschichte: Die Eingeborenen haben ihre Kolonisierung frei gewählt! Aber ich verplaudere mich.

Zurück zu Kolumbus. Ich glaube, ich muss euch noch etwas von der Heimfahrt erzählen. Auf der Höhe der Bermudas gerieten die Schiffe in einen heftigen Westwind, der sie über den Ozean trug. Kolumbus ließ sich vom Golfstrom zurück nach Hause bringen. Es ging diesmal viel schneller. Doch im Winter stoßen über dem Atlantik Warm- und Kaltluftmassen mit großer Heftigkeit aufeinander, ein meteorologisches Phänomen, dessen Auswirkungen der Großadmiral so schilderte: »Im Laufe der Nacht ging ein Sturmwind los, die Wogenberge nahmen eine erschreckende Größe an; sie kamen von allen Seiten, stürzten aufeinander«[14] und auf das Schiff, hielten es wie in einem Hexenkessel gefangen. Das war am 14. Februar 1493.

Bald glaubte niemand an Bord der beiden Schiffe *Pinta* und *Niña* mehr daran, Spanien wiederzusehen. Alle an Bord gelobten, im Falle ihrer Rettung nur mit einem Hemd bekleidet in einer Prozession zur nächsten Kirche der heiligen Mutter Gottes zu ziehen. Doch selbst wenn sie die Kunde von der Entdeckung neuer Länder und Reichtümer nun nicht mehr persönlich überbringen konnten, so musste sie doch überbracht werden. Das Verhältnis von Expeditionsaufwand und -ergebnis stünde andernfalls in keinem akzeptablen Verhältnis. Das war die Stunde der Flaschenpost. Und so begann der Großadmiral des Ozeanischen Meeres unter bedenklichsten Gleichgewichtsverhältnissen einen Brief an die Königlichen Majestäten von Spanien zu schreiben. Der Brief wurde in Wachsleinwand gewickelt, in einen Wachskuchen gesteckt, der wiederum in ein großes Fass mitsamt der Nachricht für den glücklichen Finder, seiner harrten bei ordnungsgemäßer Überbringung tausend Dukaten. Niemand hat das Fass je gefunden. Beinahe hätte die Nachricht von der Entdeckung Amerikas Europa niemals erreicht.

Leichte Wetterbesserung am 15. Februar 1493, und Kolumbus schrieb auf hoher See noch einen Brief, diesmal an Luis de Santángel, den Schatzmeister des Königs und der Königin von Kastilien. Dieser Brief ist erhalten: »Auch Aloe und Sklaven werden von dort in jeder gewünschten Menge eingeführt werden können. Ich glaube, auch Rhabarber und Zimt gefunden zu haben.« Vom Gold hatte er bereits gesprochen, Gold, Sklaven und Rhabarber also.

Nein, dieser mutige Seefahrer wollte nicht nur wissen, was hinterm Horizont lag. Er wollte nicht bloß den empirischen Beweis für eine große wissenschaftliche Hypothese. Er wollte nicht allein unter Einsatz von Leib und Leben nachschauen, ob er richtig gerechnet hatte. Er hatte nicht richtig gerechnet, sonst wäre er kaum losgefahren. Und dass das, was er da gefunden hatte, nicht der Archipel vor Hinterindien war, ist ihm bis zu seinem Tod kaum klar geworden. Sonst hieße der Erdteil heute wohl Columbia statt America, und es würde den transatlantischen Uneinverstandenen kaum genügen, dem Entdecker nach einem halben Jahrtausend den Kopf abzuschlagen, sie müssten auch noch ihren Kontinent umbenennen. So trägt er den Vornamen eines florentinischen Kaufmanns, der da klarer blickte, Amerigo Vespucci.

Wie kein Zweiter steht Christoph Kolumbus am Anfang eurer modernen Welt, in der ihr immer noch lebt: in der des modernen Kapitalismus. Er war der Unternehmer *par excellence*. Beabsichtigt war keine Atlantik-Kreuzfahrt mit unterhaltsamen Insel-Landgängen; er musste seinen Gläubigern beweisen, insbesondere dem spanischen Königshaus, dass sie richtig investiert hatten, nämlich in ihn. So erreichte die Verwertungslogik Amerika, gleich mit den allerersten Schiffen.

Mit Christoph Kolumbus beginnt vollends die Geschichte der Globalisierung. Wenn die Bilderstürmer seine Statuen stürzen, ist das in Wahrheit ein Widerruf der Globalisierung. Er ist nicht ganz neu. Am 12. Oktober 1492 erscholl vom Mastkorb der *Pinta* der Ruf »Land!«. Der 12. Oktober war stets ein Feiertag gewesen in den Ländern Lateinamerikas. Heute ist er oftmals gestrichen oder durch einen »Tag der Trauer« ersetzt wie bei den Indigenen von Panama. Niemand könne von ihnen verlangen, dass sie tanzen auf den Gräbern ihrer Vorfahren. Die allergrößte Zahl der Ureinwohner Amerikas hat die Ankunft der drei spanischen Schiffe nicht sehr lange überlebt. In Honduras wollte man dem Entdecker 1998 in Abwesenheit den Prozess machen. Aber gibt es ein Menschenrecht, nicht entdeckt zu werden?

Im Augenblick denkt Schwarz gegen Weiß. Alle Welt denkt nur noch schwarz-weiß. Und Bilderstürmer denken immer schwarz-weiß, nie historisch. Vielleicht befreit es für Augenblicke, wenn man die Geschichte symbolisch stürzt. Allein: Sie lässt sich nicht stürzen.

Fast alle alten Kulturen der Erde, sehr kleine und sehr große, kannten die Sklaverei. Auf den Sklavenmärkten des Orients zahlte man für Europäer Höchstpreise, und die Wikinger, die Gründer Russlands (der Kiewer Rus), sorgten für ein zuverlässiges Angebot. Die Europäer fanden die Institution der Sklaverei überall in den neu entdeckten Ländern. Und in Afrika gehörte sie von alters her zu dem, was sich von selbst versteht: zur Kultur also. In Afrika besaß man nicht vorzugsweise Land wie in Europa, sondern Menschen. Die Größe eines Mannes bemaß sich an der Zahl seiner Sklaven.

Es waren Afrikaner, die Afrikaner in die Sklaverei verkauften, sie in Ketten legten, an Bord der Schiffe trieben und bewachten. Und natürlich darf man seine Feinde in die Sklaverei verkaufen, schließlich hat man sie besiegt. Wer seine Schulden nicht mehr begleichen konnte, bekam keinen Insolvenzprozess, sondern wurde zum Sklaven. Vielleicht muss man das heute eigens sagen: Die Europäer machten die Afrikaner üblicherweise nicht selbst zu Sklaven, sie kauften sie. Indem sie es in so großem Maßstab taten, so mit System und Methode, wie sie alles, was sie begannen, mit System und Methode machten, gewann es seine besondere Niedertracht. Es war monströs. Kein Tier hat je ein anderes versklavt. Nein, wir sind euch nicht gefolgt. Es liegt zu viel Verrat darin.

Kolumbus kam aus einer tief ständischen Gesellschaft. Welten lagen zwischen einem Bauern und einem König. Schon beim Bauern waren sich viele nicht sicher, ob er nicht doch mehr zu den Tieren zähle. Die Existenz unmündigen Seins beunruhigte ihn nicht. Das wurde erst mit der Aufklärung anders. Soeben habt ihr auch Immanuel Kant als Rassisten verdächtigt. Man weiß nicht recht, ob man darüber weinen oder lachen soll. Der Mann war ein Aufklärer. Für einen Aufklärer steht die wahre Schöpfung der Menschheit am Ende, nicht am Anfang. Sie ist Arbeit, ist Entwicklung. Eine Existenzweise, die sich nie aus ihren Anfängen heraus entwickelt hat, durfte nicht auf seine besondere Wertschätzung rechnen. Und lest bloß nicht Hegel!

Es klingt in der derzeitigen Situation vielleicht etwas deplatziert, darauf hinzuweisen, dass, nun ja, der alte weiße Mann es war, der das Unhaltbare der Sklaverei begründete, natürlich mit System und Methode. Kant und andere vor ihm. Der alte weiße Mann, der es plötzlich als Beleidigung des eigenen Menschseins, des Menschseins aller begriff, solange auch nur ein anderer in die Sklaverei gestoßen wird. Ihr seid schon seltsam. Ihr müsst eure klügsten Köpfe aufbieten, um zu unserem Standpunkt zurückzufinden, zur Humanität der Tiere. Nun war der Mensch, egal welcher Hautfarbe, nur noch Mensch, auch für Kant. Man nennt diese Wahrnehmungsform, wir sprachen bereits darüber, auch »Universalismus«. Kein Stammesangehöriger, für den die Menschheit im strengen Sinn dort endet, wo das Gebiet des eigenen Volkes endet, wäre je auf eine solch skurrile Idee verfallen. Die Aufklärung hat das »Freiheit! Gleichheit! Brüderlichkeit!« erst möglich gemacht, unter dessen großem Schutzschirm immer neue Menschengruppen nun ihre Unabhängigkeitserklärung abgeben.

Wo Kolumbus im Dezember 1492 auf Hispaniola, Haiti also, die Weihnachtsstadt, die erste europäische Siedlung in der Neuen Welt, gegründet hatte, befreiten sich die Sklaven der Insel 1791 im Namen der Französischen Revolution.

Ihr wisst, was aus La Navidad, der Weihnachtstadt, wurde? 1493, noch im Jahr seiner Ankunft in Spanien, kehrte Kolumbus zurück, diesmal mit einer ganzen Armada. 17 Schiffe voller Glücks- und Goldsucher. Als sich die Flotte Ende November La Navidad näherte, fand man in den Buchten des Vorgebirges Monte Christo vier Leichname, stark verwest. Kein gutes Zeichen. Der starke Bartwuchs verriet ihre Herkunft. La Navidad war zerstört, die hölzernen Palisaden niedergebrannt. Keiner der vierzig Reisegefährten des Kolumbus war mehr am Leben. Nicht der Triumphzug des Herrn des Ozeanischen Meeres durch Spanien, sondern *dies* war das eigentliche Ende der wohl denkwürdigsten Schiffsreise der Weltgeschichte.

Osterinsel

Immer sind wir schuld. Herrscht irgendwo Niedergang oder gar Untergang: Die Ratte ist schuld. Als besonders tragisches Beispiel des Untergangs einer Kultur, vielleicht der kleinsten Hochkultur der Welt, gilt euch die Osterinsel. Und ihr wusstet auch bald, wer sie auf dem Gewissen hatte: wir, die Fremden, die Immigranten, die Ratten. Heute betrachtet ihr die Insel zugleich als Menetekel für den Zusammenbruch eines ganzen Ökosystems. Und manche denken, wenn sie »Osterinsel« sagen, sofort an das Ende der Welt. Schließlich ist die Erde ein genauso verlorener Punkt im Weltraum, wie die Osterinsel einer im Ozean ist, fast 4000 Kilometer vom nächsten Festland entfernt.

Weder die Erdinsulaner noch die Osterinsulaner können sagen: Unser Stern ist hin, packen wir die Koffer, lasst uns umziehen! Und wir sind schuld?

Ich habe das schon immer etwas anders gesehen, und neuerdings gibt es Wissenschaftler unter euch, die denken genau wie ich. Oder denke ich genau wie sie?

Am Ostersonntag des Jahres 1722 segelten drei Schiffe der Westindischen Handelskompanie durch die Weiten des Stillen Ozeans, der vielleicht doch den falschen Namen trägt. Denn sein Seegang kann furchtbar sein, aber ungemein verlassen ist er schon. Auch das kann »still« bedeuten. An den letzten Landgang konnten sich die Seefahrer zu diesem Zeitpunkt schon fast nicht mehr erinnern, sie suchten den legendären »Südkontinent«. Kolumbus' Reise nach Amerika war ein Ausflug dagegen, zumindest war man an Bord der *Afrikanischen Galeere*, das war ihr Name, geneigt, es so zu sehen. Ostersonntag, Auferstehung des Herrn. Es fällt schwer, an solche Dinge zu glauben inmitten der Wasserwüste.

Und dann der Ruf: Land! Laaand! Am Ostersonntag, dem 6. April 1722. Der Südkontinent? Oder doch nur eine Insel? Und keine Palme weit und breit. Was für ein kahles Stück Land! Der Rostocker Carl Friedrich Behrens, 21 Jahre alt, spähte ans Ufer. Er erkannte bald die Umrisse großer Steinkolosse. Aber er sah sie nur von hinten, denn sie schauen grundsätzlich landeinwärts, nie aufs Meer. Sie beschützen die Menschen, nicht das Wasser. Doch die meisten von ihnen waren längst umgeworfen, manche zertrümmert.

Die Seefahrer sahen auf der Insel Rauch aufsteigen, sie suchten eine Bucht als Hafen, als ihnen ein Insulaner im Boot entgegenkam, ganz allein. Wahrscheinlich haben die anderen ihn zu dieser Kamikaze-Mission zwangsdelegiert. Die Seeleute holten den nackten, bunt bemalten Mann an Bord, dessen Ohrläppchen ihm bis auf die Schultern reichten.

Ich weiß, dieses Kapitel handelt von unserer Schuld/Mitschuld/Unschuld am Niedergang der Osterinsel, aber ich muss noch ein wenig bei dieser ersten interkulturellen Begegnung verweilen. Wir sahen es bereits am Beispiel des Kolumbus: Ihr Europäer hattet große Schwierigkeiten im Umgang mit Unbekleideten. Es ist nicht höflich, beim Empfang eines Gastes sofort seine Garderobe zu kritisieren, das wussten auch der holländische Kapitän Jakob Roggeveen und seine Leute, aber genau das taten sie. Behrens: »Wir nahmen ihn in unser Schiff und gaben ihm ein Stück Leinen um seinen Leib, weil er ganz nackt war.«[15]

Bald darauf trug er Hemd und Hose und einen Hut. Das war gewissermaßen die Menschwerdung eines Inselmanns in weniger als einer halben Stunde. Erst jetzt war er ein Gegenüber für euch, auch wenn er sich das Glas Wein, das ihr ihm gabt, in die Augen goss. Auch wenn er nicht verstand, warum ihr ihm zu essen gabt und ihn gleichzeitig hindertet, damit anzufangen, indem ihr den Gebrauch so absurder Gerätschaften wie Messer und Gabel zwischen seinen Mund und die Gaben auf dem Tisch geschoben hattet. Trotzdem muss der Abgesandte mit seinem Aufenthalt an Bord zufrieden gewesen sein, denn »er schied ungern von uns und hob seine Hände, wendete seine Augen gen Land und fing stark an zu schreien mit den Worten: ›O dorroga! O dorroga!‹«[16]

Wahrscheinlich war in seiner Mission Rückkehr nicht vorgesehen. Oder er sollte die Fremden mitbringen, über deren Status man sich am Ufer keineswegs im Klaren war. Am wahrscheinlichsten war, dass es sich um Götter handelte. Um die eigenen Ahnen.

Carl Friedrich Behrens war der erste Europäer, dessen Fuß das Eiland betrat. Natürlich hieß es noch nicht »Osterinsel«, den Namen bekam es erst an diesem Tag, und keiner der Einwohner würde das erfahren. Sie selbst nannten sich *Rapa Nui*, und so hieß auch ihre Insel. Es hat keinen Sinn, sich anders zu nennen als das Land, das einen trägt.

Die *Rapa Nui* liefen am Strand zusammen, schwammen »zu Tausenden« auf die drei Schiffe zu, brachten in Nachen »ungekochte und gebratene Hühner und viele Wurzeln«. Wer den Göttern nicht ausweichen kann, sollte ihnen besser entgegenkommen, mochten sie sich gesagt haben. Die Insulaner schienen Behrens ungemein erlösungsbedürftig, mag sein, dass sie ihn für den Sohn Gottes hielten, für den Messias. Der Tag stimmt, doch ihr irrt euch in der Person, hätte Behrens ihnen sagen können. Erst am dritten Tag gingen 150 Mann an Land. Überall bei den Riesenstatuen am Strand brannten Feuer, die Zahl der Andrängenden war groß, zu groß. Und der Seemann entschloss sich zu einer Begrüßung, wie sie am wenigsten zu diesen Tagen passte. Er ließ in die Menge feuern, um sie auf Distanz zu bringen. Der Gast an Bord war unter den Opfern. Behrens: »Es wurden … viele erschossen, auch lag der Mann, der vorher bei uns gewesen war, bei den Toten, was uns sehr jammerte.«[17]

Sollte man so eine fremde Insel betreten? War das nicht eine Kriegserklärung?

Doch die Insulaner antworteten nicht mit Gegenwehr, nicht mit Pfeil und Bogen: »Um die Toten abzuholen, kamen sie in Haufen und brachten von allen Früchten und Gewächsen Präsente mit, damit wir sie herausgaben. Die Verwirrung der Leute war ungemein groß.«[18] Sie näherten sich den Fremden auf Knien, boten alles, was sie hatten, auch ihre Frauen. Waren sie Verlassene, Waisenkinder ihrer Götter, Überlebende einer großen Katastrophe? Welche Schuld lag auf ihnen?

Nun sah Behrens die *Moai*, die Riesenköpfe, aus der Nähe, auch die gestürzten. Genau wie den Insulanern reichten ihnen die Ohren oft bis auf die Schultern. Es waren Vorväter aus Stein. Später würde man fast 900 Moai auf der Insel zählen, viele bis zu zehn Meter hoch. Sie wiegen zwischen zehn und neunzig Tonnen. Manche sind noch größer und schwerer. Die Moai sind zuletzt aus dem gleichen Geist gemacht wie die gotischen Kathedralen, ein Gedanke, der Behrens gewiss tief befremdet hätte. Er sprach nur von den »Götzen«, bei denen die Leute Schutz suchten. Doch weder er noch sein niederländischer Kapitän Jacob Roggeveen konnten sich diese Riesenfiguren aus Tuffstein erklären. Wie gelang es den Insulanern überhaupt, sie zu formen? Ja mehr noch: sie zu transportieren und aufzurichten?

Dazu braucht man Bäume, aus denen sich Rollen oder Schlitten machen lassen und aus deren Rinde die Seile sind. Aber da wuchsen keine Palmen. Behrens sah nur bestelltes Land, »wie nach der Schnur akkurat abgemessen und sehr artig eingerichtet«. Es war die Zeit der Reife; Gärten und Äcker trugen, soweit der Rostocker das überblicken konnte, reichlich Frucht.

Was Behrens und sein Kapitän Roggeveen nicht wussten: Diese nicht sehr große Insel, 160 Quadratkilometer, war einst mit 16 Millionen Palmen bedeckt. Und auch die Insulaner waren einmal viel zahlreicher. Der Rostocker Carl Friedrich Behrens trat gewissermaßen Überlebenden gegenüber. Einzig die Population der Moai war unverändert geblieben, fast 900, liegend oder stehend, unversehrt oder halb zerstört, kaum begonnen oder fast fertig, aber nie mehr vollendet. Bloß die Zahl der Unsrigen war wohl wieder gewachsen. Was war geschehen?

Ich glaube, es wird höchste Zeit, euch eine liebe Freundin vorzustellen, die Kleine Pazifikratte, *Rattus exulans.* Sie ist die Kleinste unter uns, also unter denen, die euch bedingungslos vertrauen und euch überallhin folgen, unter den Kulturratten also. Sie ist eine große Seefahrerin und dabei doch wie alle Schiffsratten ungemein wasserscheu. Aber sie wusste: Es gibt keine höhere Zivilisation ohne Unzuträglichkeiten, ohne Aufbruch ins Ungewisse. Außerdem ist die Wasserscheu völlig normal unter Seefahrern, Behrens konnte gewiss auch nicht schwimmen. Die Kleine Pazifikratte ist wirklich sehr schön mit ihrer spitzen Schnauze und den großen Ohren. Wahrscheinlich ist sie die Schönste von uns allen. Nur die großen Füße bei einer so kleinen Ratte sind höchst merkwürdig. Aber es gibt, habe ich gehört, auch bei euch sehr zierliche kleine Mädchen mit unfassbar großen Füßen.

Die Maori gaben meiner Freundin den zärtlichen Namen *kiore*. Daran merkt man erst, was für großmütige Leute die Maori sind, schließlich haben die *kiore* einst fast ganz Neuseeland aufgefressen. Allerdings haben die Maori sie auch mitgebracht. Die Pflanzen und Tiere, die Sie heute zumeist auf Neuseeland finden, sind nur noch Nachlassverwalter, Ersatzpflanzen, Ersatztiere, Sekundärpopulationen ohne Originalität. Es war wirklich gewissenlos von meiner Freundin, Neuseeland zu fressen, denn was dort wuchs, lief und flog, gab es in vielen Fällen nur dort. Und nun ist es weg, ratzekahl verschwunden. Ihr nennt solche unersetzbaren Unikate der Natur, ich sagte es bereits, »endemische Arten«. Ich entschuldige mich im Namen der Kleinen Pazifikratte in aller Form dafür, dass wir Neuseeland verdaut haben, zumindest das, was obendrauf war. Wir waren sehr hungrig und ökologisch ungebildet, das ist keine gute Kombination. Hoffentlich begegnen Sie Kiore in der nun folgenden Geschichte dennoch mit der Sympathie, die sie trotz ihrer Fehlbarkeit verdient.

Wir hatten uns zuletzt die Frage gestellt: Wo sind die 16 Millionen Osterinsel-Palmen geblieben? Der Forscher Terry Hunt von der Universität Hawaii benannte die Schuld der kleinen Kiore so: Als die Polynesier die Osterinsel besiedelten, brachten sie neben Hühnern auch die Kiore mit; nein, er sagt nicht »Kiore«, er sagt *Rattus exulans*, und die verursachte eine Bevölkerungsexplosion und fraß die Nüsse von 16 Millionen Palmen. Es waren übrigens die größten Palmen der Welt, die *Jubaea chilensis*, eine nahe Verwandte der chilenischen Honigpalme. Glauben Sie das? Wir fraßen sie zumindest an, sodass sie nicht mehr keimen konnten, sagt Hunt. Aber in Chile wächst die Palme immer noch, und da ist der Boden voller Nüsse, die wir signiert haben. Kurz nach 1200, meint Hunt, könnten wir schon zwischen zwei und drei Millionen Ratten auf der Insel gewesen sein, also gewissermaßen kurz nach unserer Ankunft.

Uns vor Augen, hätten sich bald auch die Moai außerstande gesehen zu helfen, und mit dem Wald starb die Insel, die die Menschen nicht mehr ernähren konnte, weil der einst fruchtbare Boden vom heftigen tropischen Regen fortgeschwemmt wurde. Waldvögel starben aus, Reiher, Rallen und Papageien, mindestens sechs Arten. Seevögel verließen die Insel ohne Bäume, Albatrosse, Fregatt- und Sturmvögel. Die Rapa Nui fuhren nicht mehr aufs Meer hinaus, denn ohne Baumstämme konnten sie irgendwann keine großen Kanus mehr bauen. Und das alles sollen wir gewesen sein?

Natürlich leugnet Hunt nicht, dass auch der Mensch Bäume fällte, schon weil er Äcker brauchte und Kanus, aber die Hauptschuldigen seien wir gewesen. Die Folge: Hungersnöte. Stammeskriege. Kannibalismus? Behrens und seine Leute erfuhren auch, was die Rapa Nui noch immer einander sagten, wenn sie sehr unfreundlich sein wollten: »Das Fleisch deiner Mutter hängt zwischen meinen Zähnen.«[19] Das verzeiht niemand, auch nicht ein Rapa Nui. Wie drastisch die Zäsur gewesen sein muss, erzählen noch heute die Steinbrüche. Moai aller Fertigungsstufen liegen dort, gerade begonnene ebenso wie fast vollendete. Als wäre von einem Tag zum anderen niemand mehr zur Arbeit gekommen. Vielleicht sollte ich noch erwähnen, dass die Rapa Nui eine eigene Schrift besaßen, die Rongorongo-Schrift. Bis heute hat sie niemand enträtseln können.

Von den Rapa Nui, die den Rostocker Carl Friedrich Behrens empfingen, fertigte längst keiner mehr neue Moais, schon weil sie so schändlich versagt hatten. Und längst schrieb niemand mehr etwas auf.

Meine Freundin Kiore

Ich möchte einen Befangenheitsantrag gegen Terry Hunt stellen. Hawaiianer haben keinen wissenschaftlich neutralen, objektiven Blick auf uns, schon weil wir, nun ja, ich sollte es zugeben, nicht nur Neuseeland, sondern auch Hawaii gefressen haben. Wenn wir da nie an Land gegangen wären, also meine liebe Freundin Kiore und ihre Kinder, die Inseln sähen heute ganz anders aus. Offenbar war niemand auf unsere Ankunft vorbereitet, die Evolution hatte unsere Feinde vergessen. Trotzdem, es tut uns leid. Wir bitten die ökologische Diversität der Vergangenheit um Verzeihung. Aber Sie verstehen, dass kein Hawaii-Mann uns mit der gebotenen wissenschaftlichen Neutralität begegnen kann?

Und eine Sache ist da noch, am besten, ich sage das gleich: der Ratten-Lungenwurm – den gibt es vor allem auf Hawaii. Gar keine schöne Sache. Ratten-Lungenwurm heißt er, *Angiostrongylus cantonensis*, aber bei euch greift er mehr ans Gehirn. Doch glaubt bloß nicht, nur ihr wäret die Opfer. Schließlich leben die Würmer in unserer rechten Herzkammer und den Lungenarterien. Dort legen die Würmer auch ihre Eier. Die wandern in unsere Lungenbläschen, wo die Larven schlüpfen. Manche husten wir aus, manche schlucken wir wieder. Die werden dann, nun bereits im zweiten Larvenstadium, über unseren Kot ausgeschieden. Alles verstanden so weit? Ich glaube, man sollte besser keinen Rattenkot fressen. Aber Frösche, Schnecken und Fische machen das, so werden sie zum Zwischenwirt. Und wenn ihr dann die Frösche, die Schnecken oder die Fische grillt, medium, dann habt ihr eure Karriere als Neben-Hauptwirt schon begonnen und bekommt Kopfschmerzen. Sehr böse Kopfschmerzen, sage ich euch. Manchmal endet das tödlich. Auf Hawaii.

Ein großer Verteidiger unserer unveräußerlichen Ehre ist der Geograf Jared Diamond. Wenn Ratten die Kultur der Osterinsel zu Fall gebracht haben, sagt er, dann waren es solche mit Feuer und Macheten. Denn Spuren von Brandrodung finden sich auf Rapa Nui überall. Glaubt ihr, wir haben die Feuer gelegt? Und heute kann man das sehr gut untersuchen. Ein internationales Team rekonstruiert gerade die Landwirtschaft der Osterinsel. Und es fand bei seinen Ausgrabungen nur auf 10 Prozent der historischen Palmnüsse Kiores Initialen! Aber dafür überall zwischen den freigelegten Baumstümpfen polynesische Kochtöpfe. Und in den Kochtöpfen war nicht selten unsere Schwester, die Kiore, neben Wurzeln und anderem Gemüse.

Ihr braucht gar nicht so zu schauen, als ob ihr euch soeben beim Lesen den Magen verdorben hättet. Viele sagen, die Polynesier haben uns vor allem als Proviant mitgenommen. Und Ratte, ich erwähnte es längst, gilt bei den wirklichen Feinschmeckern dieser Welt noch heute als Delikatesse. Ratte am Spieß zum Beispiel, am besten Waldratte. Man sagt aber nicht Ratte, man sagt »Buschfleisch«.

Am teuersten ist das Buschfleisch der *White Tail Bush Rat*, da sie ungemein würzig ist. Sie kostet ungefähr 3,30 Dollar pro Stück. Ratte schmeckt, glaubt man, wie Schlange, nur besser; Schlange wiederum erinnert an Aal. Ich weiß, manche essen noch lieber rohes Affenhirn oder süßsauren Hund als Ratte am Spieß, aber Affen und Hunde gab es nicht auf der Osterinsel. Wer heute Ratte am Spieß bestellt, bekommt nicht nur eine, sondern viele Ratten am Spieß, denn es gilt: ein Bissen, eine Ratte. Natürlich mit Schwanz. Und Kiore ist so klein. Da brauchte es schon viele, um einen Kochtopf zu füllen.

Als Kolumbus auf Jamaika landete, das war 1494, hätte er auch schon Ratte essen können wie die Einheimischen daselbst, nicht bloß Schiffsratte, sondern *Geocapromys brownii*, die Jamaika-Ferkelratte. Ich hatte das bereits anlässlich des historischen Augenblicks erwähnt, da ich, die europäische Hausratte, *Rattus rattus*, zum ersten Mal amerikanischen Boden betrat. Die Jamaika-Ferkelratte ist viel, viel größer als Kiore. Aber ich schweife ab.

Wir wollten über die polynesischen Kochtöpfe vor 1600 sprechen. Die funktionieren so: Neben den Stümpfen von Palmen wird das Backgut vergraben, gewissermaßen im Erdofen, dann legt man Feuer an den Palmstumpf, und die Hitze gart nebenan die Ratte mit Gemüsebeilage. Das Feuer formt, was übrig bleibt, zu einem beständigen Material, darum konnten Forscher von der Universität Kiel immer wieder konservierte Röhren entdecken, in denen einst die Palmwurzeln steckten, auch Kochtopfreste, aber nirgends ein Andenken der Stämme.[20] Was ist mit den Stämmen passiert, bevor man die Stümpfe abbrannte? Bevor wir diese Frage nach bestem Gewissen beantworten, stellen wir fest, dass Kiore nicht nur als Tatverdächtige, sondern auch als Opfer anzusehen ist.

Außer Zweifel steht, um 1600 fielen die letzten Palmen auf der Osterinsel, also lange vor der Ankunft der Europäer, die in diesem Fall genau wie Kiore nicht Ursache der Verderbnis waren. Sonst sagt ihr doch immer, die Ratten und die Europäer sind schuld.

Jared Diamond glaubt, ihr seid einfach zu viele geworden auf der kleinen Insel, ihr, nicht wir. Und die Palmen waren gleich dreifach gefährdet. Erstens floss aus ihren Stämmen ein süßer, wohlschmeckender Saft, zweitens brauchten die Rapa Nui stets Platz für neue Felder, um ihre immer größere Zahl zu ernähren, und drittens ließen sich die Götter, die Moai, auf ihren Stämmen ans Ufer rollen. 16 Millionen weltgrößte Palmen!

An den Göttern durfte man nicht sparen, denn nur verwöhnte Götter sind gnädige Götter, und die waren unabdingbar, denn sie allein garantierten, dass die Rapa Nui, die richtigen

Rapa Nui, auf ihrem weltverlorenen Eiland auf dem richtigen Weg waren. Ihr erkennt euch? Die Insulaner lebten zu ihren besten Zeiten in elf oder zwölf Großclans, sie hatten die Insel wie eine Torte geteilt. Ungefähr in der Mitte stießen alle Stücke zusammen. Und an der Küste stellte jeder Clan seine eigenen Moai auf. Ihr erinnert euch, was ich euch über die unfriedliche Koexistenz der Familien meiner Art auf Norderoog erzählte? Hier war es etwas anders, aber nicht viel.

In jedem Tortenstück gab es etwas, das die anderen nicht hatten. In dem einen lag der Krater Rano Raraku, der das beste Gestein zur Herstellung von Moai barg, dafür hatte das nächste den besten Basalt für die *ahu*, das sind die Fundamente der Moai, ein drittes aber besaß Obsidian, aus dem sich die schärfsten Werkzeuge machen lassen, und immer so weiter.[21] Das begründete Kooperation. Man brauchte einander. Das beweisen auch die Moai. Sie enthalten aus jedem Stück Kuchen etwas, und die Wege zur Anlieferung führten jeweils durch mehrere Territorien. Natürlich versuchte jeder Insel-Clan die mächtigsten Moai zu bauen, die sie am besten beschützten. Und je prekärer die Lage wurde, desto entscheidender wurde das. Die größten Moai wurden nachweislich zuletzt errichtet. Und im Steinbruch von Rano Raraku liegt noch eine unvollendete Statue von 21 Metern Größe, Gewicht: 270 Tonnen. Wer hätte die aufstellen können?

Kein Mensch. Vielleicht war sie im Angesicht der letzten Inselpalmen behauen worden. Das ist Glaubens-Ökonomie. Auf natürlichem Wege gab es irgendwann ohnehin keine Rettung mehr, und es lohnte auch nicht, die letzten Palmen zu schonen. Mein Nachbar fällt Bäume? Ich fälle auch. Vielleicht wohnte Rettung in der allerletzten Palme? Wo die Gefahr wächst, wächst das Rettende auch. Hölderlin. Rapa Nui. Und dann kämpften wohl nicht mehr die Moai gegeneinander, symbolisch, sondern die Rapa Nui, nicht symbolisch.

Wissen Sie, ich bin sehr ambivalent gestimmt, während ich

das schreibe. Ist es nicht umwerfend, dass da ein Volk, völlig allein im Ozean, tagaus, tagein nur für die Kultur, für die Ewigkeit arbeitete? Alles, was sie waren, was sie hatten, ging in diese Skulpturen ein. Andererseits hatten sie dann nichts mehr.

Der Rattenfeind von Hawaii gibt meinem Volk die Schuld am Untergang der Osterinsel vielleicht auch darum, weil er Rousseauist ist: Wie der Franzose des 18. Jahrhunderts möchte er an einen frühen, paradiesischen Zustand des Menschen glauben, da dieser noch in Einklang mit der Natur lebte, auch mit seiner eigenen. Also kam vor allem Fremdverschulden infrage. Daher ist es wichtig zu wissen, wann die ersten Polynesier überhaupt auf der Insel landeten. Früher nahm man das 9. Jahrhundert nach Christi Geburt an. Also hätten die Bewohner der Osterinsel lange Zeit in Einklang mit sich selbst und ihrer Umwelt auf der Insel gewohnt, bevor die Balance verloren ging. Durch Fremdverschulden. Doch ausgerechnet wir können belegen, dass die ersten Osterinsulaner erst viel, viel später das Eiland erreichten, fast vierhundert Jahre später. Anhand unserer Fundknochen und der von uns eigenzähnig benagten Palmnüsse legt die Radiokarbon-Methode ein viel späteres Besiedlungsdatum nahe: nach 1200.

Pollenanalysen in den Schichten des Strandes zeigten zudem, dass die Palmwälder innerhalb nur eines Jahrhunderts ihren dramatischen Rückzug begannen. Um 1200 kamen die ersten Siedler, um 1550 war die Insel bereits weitgehend entwaldet. Wälder erzeugen ihr eigenes Klima. Und das kippte, als die Bäume fielen. Also Insel-Klimawandel: Tropenwinde wehten den fruchtbaren Boden von den nun ungeschützten Feldern ins Meer. Hunger. Stammeskriege. Sturz der Moai, dieser Versager. Das Ende einer Hochkultur. Freispruch für die Ratte? Nein, eine Mitschuld trifft uns gewiss. Im Katastrophenfall kommen gemeinhin die verschiedensten Faktoren auf die ungünstigste Weise zusammen. Ihr dürft auch die Trockenheit auf Rapa Nui nicht vergessen. Und immer der Wind. Ich höre noch die 16 Millionen weltgrößten Palmen rauschen. Vor Behrens' nächstem Landgang kam ein Sturm auf, die Schiffe verloren zwei Anker, sie mussten schnell zurück auf den Ozean, wollten sie nicht selbst zu Osterinsulanern werden.

Nur die Stein-Moai spendeten nun noch Schatten, diese Mahnmale der Gottverlassenheit der Rapa Nui. Die Übriggebliebenen prüften ihre Lage. Steine? Man kann nicht nur Götter aus ihnen machen. Man kann mit ihnen auch mulchen, Terrassen und Windschranken bauen, die Felder befestigen. Die stolze Moai-Kultur wurde zur Steinmulch-Kultur. Carl Friedrich Behrens setzte im April 1722 als erster Europäer den Fuß auf den Boden einer Insel, auf der nicht mehr die Moai die Macht hatten, sondern die Mulcher. Die Leute, die nach der Katastrophe kommen.

Wir Kosmopoliten! (I)

Das Zeitalter des Kosmopolitismus begann, wie ihr wisst, mit jener ersten Seefahrt, zu der wir den Kolumbus mitnahmen. Ich erkläre euch jetzt das Wesen des Kosmopolitismus, 25 Jahre nach unserer Entdeckung Amerikas. Die Schildlaus etwa war anfangs gar keine Kosmopolitin, sondern überzeugte Afrikanerin, genau wie der afrikanische Wegerich. Schon 1516 kamen spanische Kolonisten auf die Idee, den afrikanischen Wegerich von den Kanaren nach Amerika mitzunehmen. Die Schildlaus, auf dem Wegerich sitzend, reiste mit. Aber was heißt »die Schildlaus«? In Afrika gibt es allein ein Dutzend Schildläuse, die nur Bananen befallen. Das war keine gute Nachricht für die neuen spanischen Bananenzüchter auf Hispaniola.

Bananen kommen natürlich nicht aus Afrika, sondern aus Südostasien. Die Schildlaus also ging an Land, sah sich um und war sehr erfreut. Kein natürlicher Feind, nirgends. Aber Wegerich und Bananen, Orangen- und Granatapfelbäume, Ortsfremde allesamt. Die Afrikanerin ohne Feinde vermehrte sich explosionsartig, worauf nun eine Einheimische aufmerksam wurde, nämlich die tropische Feuerameise, die *Solenopsis geminata*. Die süßen Ausscheidungen der Neuamerikanerin waren eine absolute Neuerung auf ihrem Speiseplan und gleich eine Delikatesse. Die Ameise vermehrte sich nun proportional zur Reproduktionsrate ihrer Lieblingsspeise.

1518 betrachtete der spanische Dominikaner-Mönch Bartholomé de Las Casas mit großem Missmut die Orangen-, Granatapfel- und Kassiaplantagen auf Hispaniola. Ich müsste euch viel über ihn erzählen, aber hier ist er nur der Begutachter einer Obstplantage. Merkt euch den Namen, Bartholomé de Las Casas! Die Orange ist eine gebürtige Chinesin, genau wie der zimtartige Kassiastrauch, der Granatapfel aber ist ein Perser. Alle drei fühlten sich gerade sehr unwohl in ihrer neuen Heimat, wobei der Orange möglicherweise nicht das volle Stimmrecht zukam, denn das übrige Obst verachtet sie, weil sie gar kein richtiges Obst ist, sondern bloß eine Kreuzung aus Mandarine – *Citrus reticulata* – und Pampelmuse – *Citrus maxima*. Aber das war jetzt auch schon egal. Denn in allen drei Fällen handelte es sich um ehemaliges Obst.

»Von der Wurzel aufwärts«, fand Las Casas die Pflanzen abgestorben. Tausende Morgen Obstplantagen, »vertrocknet und verdorrt, als ob Flammen vom Himmel gefallen wären und sie verbrannt hätten«. Das Einzige, was in den Pflanzungen lebte, war die *Solenopsis geminata*, die amerikanische Feuerameise, afrikanische Schildläuse verdauend. Ihr ahnt, woher sie ihren Namen hat? Las Casas beschrieb die Wirkung ihrer Bisse, sie verursachten »größere Pein als Wespen«. Auch hatte die Ameisenüberbevölkerung sehr schlechte Laune, denn sie suchte zunehmend nervös nach ihrer neuen Lieblingsspeise. Als sie diese auf den Feldern nicht mehr fand, suchte sie in den Häusern der Spanier weiter, sogar auf den Dächern, die sie ganz schwarz färbten, »als wären sie mit Kohlenstaub überzogen«. Fortan liefen die Spanier nur noch in Stiefeln durch ihre Häuser. Aber wo sollten sie schlafen?

Die gescheiterten Obstbauern stellten anfangs die Pfosten ihrer Betten in große Schüsseln voller Wasser. Das half etwas. Aber letztlich sahen sie doch ein, dass sie ausziehen mussten, dass sie ihre Häuser und ihre kleine Stadt Santo Domingo verlassen mussten. Das ist angewandter Kosmopolitismus, 25 Jahre nach unserer ersten Ankunft in Amerika.

Santo Domingo war der dritte Versuch einer dauerhaften spanischen Niederlassung. Von der Weihnachtsstadt und ihrem schmählichen Ende hatte ich euch schon erzählt, es folgte La Isabela, auch La Isabela endete in der Katastrophe, erst recht nachdem die unterernährten Spanier begonnen hatten, die Vorratslager der Taino zu plündern. Santo Domingo, diesmal an der Südseite der Insel gelegen, war also der dritte Versuch, und er wäre beinahe ausgegangen wie oben beschrieben. Jedoch gab es ein paar allerletzte Spanier, die der Ansicht waren, sie seien nicht über den riesigen Ozean gekommen, um von ein paar zornigen Ameisen vertrieben zu werden, weshalb sie einen Heiligen anriefen, ihnen wider die *Solenopsis geminata* zu helfen.

Anfangs konnten sie sich nicht auf einen Heiligen einigen, weshalb sie ihn auslosten, es war der heilige Saturninus. Er soll bereits im Jahr 250 in Toulouse gepredigt haben, weshalb er an den Schwanz eines wütenden Stiers gebunden und zu Tode geschleift wurde. Als Beistand gegen eine Stierplage wäre seine Anrufung durchaus plausibel gewesen, aber eine *Solenopsis geminata* hatte er in seinem kurzen Märtyrerleben nie gesehen. Trotzdem erledigte er seine Aufgabe sehr gewissenhaft, denn die Plage habe sich fortan sehr verringert, berichtet Las Casas.

Große Kosmopoliten sind weiterhin Viren und Bakterien, sie waren von Anfang an mit uns. Sie sind furchtlose Reisende, allerdings selbst völlig immobil. Sie brauchen immer eine Mitfahrgelegenheit. Viren haben es nie bis zur Zelle gebracht, nie bis zum eigenen Stoffwechsel, weshalb ihr sie gar nicht als Lebewesen zählt. Ihr habt stattdessen die Formulierung »dem Leben nahestehend« gefunden. Nahestehend, wirklich? Zumindest brauche ich euch seit letztem Jahr nicht mehr zu erklären, wie etwas, das noch nicht einmal lebt, der ganzen Welt zum Schicksal werden kann. Und wie traf es erst die Amerikaner, also jene, die dort längst wohnten, etwa die tapferen Taino! Sie hatten es auch mit biologischer Kriegsführung versucht, indem sie Kürbisse, gefüllt mit Asche und gemahlenen Peperoni, auf die plündernden Spanier warfen. Aber es war ohnehin zu spät.

Die erste Seuche erfasste die Leute von Hispaniola schon 1493, kurz nach unserer Ankunft. Aufgrund der Symptome glaubt man heute, es könnte die Schweinegrippe gewesen sein. Danach kamen die Grippe, die Pocken, Masern, Hepatitis und andere mehr. Kommen wir zu den nächsten großen Kosmopoliten, den Bakterien. Die zählen schon zu den Lebewesen. Eigener Zellkern, eigene Zellwand, eigener Stoffwechsel, fertig ist das Lebewesen. Die Bakterien aus Europa brachten Pest und Cholera, Typhus und Tuberkulose, Diphterie, Scharlach und Meningitis. Nein, die Taino und mit ihnen die Menschen des gesamten Doppelkontinents hatten keine Chance. Und die schlimmsten Krankheitsüberträger waren wohl wir, die europäischen Haustiere. Ihre Immunsysteme waren auf diesen Angriff nicht vorbereitet. Drei Viertel der amerikanischen Urbevölkerung starb, die Taino wurden ausgelöscht. Gegen diese Art der biologischen Kriegsführung waren ihre mit Asche und Peperoni gefüllten Kürbisse machtlos.

Zugunsten der Europäer lässt sich nur eines sagen: Sie haben diesen Krieg nicht absichtlich geführt. Ihr wisst, dass die Geschichte anders weitergegangen wäre, hätten die Ur-Amerikaner statt der Europäer über das wehrhaftere Immunsystem verfügt oder über Armeen von Viren und Bakterien, die auf ihrer Seite kämpften? Von wegen Sieg der überlegenen Zivilisation und des Christentums!

Aber auch ihr Europäer seid bestraft worden. Einerseits hat die Entdeckung Amerikas euren schon wieder übervölkerten Erdteil in mancher Hinsicht gerettet, andererseits wurde es empfindlich kalt. Die Kleine Eiszeit nahm Fahrt auf. Und warum? Es war die Globalisierung, es waren die fehlenden Feuer der vielen Millionen amerikanischer Ureinwohner, die es gewohnt waren, regelmäßig ihre Wälder abzubrennen, weshalb Seefahrer den Kontinent schon lange riechen konnten, bevor sie ihn sahen. Riesige verkohlte Flächen blieben zurück, Felder *in spe*. Das verbrannte Holz heizte über das Kohlendioxid der Luft noch Europa. Und plötzlich hörte das auf. Die Ratte spinnt, sagt ihr? Fragt eure Klimahistoriker, die erklären das so, nun gut, vielleicht nicht alle. Nicht nur, dass die Luftheizung plötzlich ausfiel, die nachwachsenden Wälder in Amerika banden auch noch zusätzliches CO_2. Der Preis: 300 Jahre sinkende Temperaturen in Europa, sogar Goethe hat das noch erlebt.

Das, liebe Freunde, ist also die Globalisierung.[22] Das ist Kosmopolitismus. Vielleicht hatte Blaise Pascal doch recht, als er sagte, alles Unglück der Welt rühre nur daher, dass die Menschen nicht still in ihren Zimmern sitzen bleiben.

Diese miese Ratte verschweigt uns doch etwas, sagt ihr? Ja, da ist noch etwas. Wir sind die erfolgreichsten Kosmopoliten der Erde, dank eurer Boote und Schiffe sind wir überall. Ihr kennt doch Pitcairn? Das ist die Insel, auf der sich die Meuterer von der *Bounty* versteckten, denn sie war unbewohnt. Allerdings war das nicht immer so. Das merkten auch die Meuterer, als sie Überreste von Tempeln fanden. Sogar die Nachbar-Kleinstinsel Henderson war einst bewohnt. Auf Henderson gab es zuvor neun Landvogelarten und Brutkolonien von sechs Seevogelarten. Später brüteten die Seevögel lieber woanders oder gar nicht mehr, fünf Landvogelarten waren ausgerottet. Ich würde lügen, wenn ich unsere Mitschuld leugnen würde. Die Polynesier und wir kamen überall gemeinsam an, zwei invasive Arten, mit denen niemand rechnete, schon gar nicht die Evolution.

Landvögel auf einer Korallen-Kleinstinsel mitten im Pazifik und weit und breit keine Nachbarn, bis auf Pitcairn eben? Und auch das war rund 250 Kilometer weit weg, ein Punkt im Ozean. Wenn ihr mich fragt: Durchdacht war das nicht. Und darunter Vögel, die noch nicht einmal fliegen konnten. Rallen. Ich bitte Sie! Die Evolution nahm an, solch exaltierte Fortbewegungsweisen brauchen die hier nicht. Wohin hätten sie auch fliegen sollen auf Henderson? Höchstens ins Meer. Natürlich haben wir ihre Eier gefressen. Und auch die Vögel selbst, wenn sie nicht zu groß waren. Was sollten wir denn machen auf einer so kleinen Insel? Nun gut, es war nicht nur diese Insel. Es waren viele Inseln, sehr viele.

Die Zeit zurückdrehen

Neuerdings habt ihr Kosmopoliten euch darauf verlegt, die Zeit zurückzudrehen. Man kann die Globalisierung nicht mehr rückgängig machen, das wisst ihr genau, aber ihr versucht es trotzdem. Auf unsere Kosten. Nehmt die Seychellen, nördlich von Madagaskar.

33 Granitinseln, 70 kleine Korallenatolle. Auf den beiden Inseln Frégate und Cousin soll alles wieder so werden, wie es war, bevor ihr dort ankamt und wir, eure treuen Begleiter. Um drei Jahrhunderte habt ihr die ökologische Uhr zurückgedreht. Wenn ihr mich fragt, ich finde es schade um die schönen Kokospalmen, um die Vanillesträucher und Zimtbäume. Nur weil die da ursprünglich nicht wuchsen.

Die Vanille kommt aus Amerika, wie ihr wisst, sie ist eine Orchideenart. Der Aztekenkönig Motecuzoma II. soll täglich etwa fünfzig Tassen Vanille-Kakao getrunken haben. *Motecuzoma* bedeutet »Er schaut finster drein wie ein Fürst«, aber wohl nicht beim Vanille-Kakao-Trinken. Er hat ihn wohl auch

Hernán Cortés angeboten, ich glaube, das war ein Fehler. Hätten wir nicht für euch Amerika entdeckt, ihr würdet weder Kakao noch Vanille haben. Und nun habt ihr Puristen all die schönen Pflanzen wieder ausgerissen.

Nur für den Magpie Robin, eine komische Elster, eine Elsterndrossel, die dort einmal wohnte: sieht aus wie eine Elster, gehört aber zur Familie der Fliegenschnäpper und benimmt sich wie eine Amsel. Und dieser kleine Vogel, der nicht mal wusste, wer er werden wollte, soll wieder auf denselben Bäumen sitzen wie seine Vorfahren, nicht auf einer liederlichen Immigrantin wie der Kokospalme. Es soll nur noch sieben Magpie Robin gegeben haben, weltweit. Jetzt sind es wieder viel mehr. Besonders stolz seid ihr auch auf den *Polposipus herculeanus*, eine schwerfällige Schwarzkäferart mit Panzer. Aber wir haben ihn trotzdem geknackt. Und plötzlich war der *Polposipus herculeanus* fast weg, und nicht nur er. Auch den inseleigenen Tausendfüßler haben wir wohl gern gefressen. Sie ahnen, dass sich die Feindschaft der Leute von Frégate nicht nur gegen Kokospalmen und Vanillesträucher richtete. Sie misstrauten uns sehr.

Ich kann auch nicht erklären, warum wir bis 1995 gebraucht haben, um auf Frégate anzukommen, gewöhnlich sind wir schneller. 80 Prozent der Inseln der Erde haben wir schon erobert, und jährlich kommen etwa drei dazu, schätzt ihr. Auf Frégate lebte nur eine einzige Säugetierart, Flughunde. Die fraßen Früchte und bauten ihre Nester auf dem Erdboden. Auf dem Erdboden! Auch für die Flughunde begann eine schwere Zeit.

Aber wer spricht von unserer Pein, als ihr beschlossen habt: Die Ratten müssen weg! Das war nur fünf Jahre nach unserer Ankunft. Und dann habt ihr alle Tiere eingesammelt, die ihr mochtet. Komische Vögel und Käfer. 170 Riesenschildkröten habt ihr evakuiert, ihr wisst schon, diese reaktionsarmen gepanzerten Fleischberge, die bis zu einer Vierteltonne wiegen und bis zu 100 Jahre alt werden. Das ist die Aldabra-Riesenschildkröte.

Seit 75 Millionen Jahren wohnt die hier, nicht erst seit fünf wie wir. Aus solchen Zahlen leitet ihr ein dauerhaftes Wohnrecht ab, die meisten ihrer Verwandten sind längst ausgestorben. Und dann habt ihr uns umgebracht. Mit Gift, uns alle. Ich erspare euch und uns die Einzelheiten. Bis heute darf sich kein Boot unerlaubt der Insel nähern. Ihr habt Angst, da könnte jemand drin sitzen, der nicht auf die Insel gehört. Ich schlage vor, Frégate zur ausländerfeindlichsten Insel der Welt zu erklären. Warum seid ihr eigentlich noch da? Ihr gehört da auch nicht hin, ihr schon gar nicht! Runter von der Insel!

Was ihr für glänzende Augen bekommt, wenn ihr von den Stiefkindern der Natur sprecht, die auf kleinen Inseln leben. Vögel, die nicht fliegen können. Flughunde, die ihre Jungen am Boden aufziehen wollen, obwohl sie genau wissen, dass da immer jemand vorbeikommen kann. Schildkröten, die nichts können außer fressen und wachsen. Und immer so weiter. Statt euch zu freuen an Inseln voller intelligenter, jeder Situation gewachsener, euch ebenbürtiger Lebewesen: Inseln voller Ratten also. Was habt ihr gegen Ratteninseln? Aber ich verstehe schon. Ihr mögt es nicht, wenn irgendetwas wegkommt, dabei passiert euch das immerzu.

Aber dass ihr uns jetzt schon im Südpolarmeer nach dem Leben trachtet! Ihr wohnt da doch gar nicht, euch wäre es hier viel zu kalt. Warum kommt ihr mit euren Gifthelikoptern bis nach Südgeorgien im Südpolarmeer? Wir sind mit euch einst hier eingetroffen, mit euren Robben- und Walfängern, und dann waren einige von uns leichtsinnig genug, gleich dazubleiben. Es ist verdammt kalt hier, auf den Seychellen war es viel besser. Und es wächst fast nichts außer den über 100 Gletschern von den hohen Bergen, aber inzwischen hat auch das aufgehört. Jetzt schmelzen sie, aber kalt ist es immer noch. Trotzdem haben die Tapfersten von uns hier Familien gegründet und sich durchgebissen, wie ihr sagt. Verdient das nicht etwas Respekt?

Ihr kamt am 1. März 2011, morgens um fünf. Mit den Helikoptern. Die Pinguine schliefen noch, Kopf unterm Flügel. Wir hatten unsere Nachtruhe gerade begonnen. Ihr nanntet euch *Team Rat*. Was für ein zynischer Name, *Team Dead Rat* wäre aufrichtiger gewesen. Eure Mission war acht Millionen Euro schwer, anfangs. Acht Millionen, nur um uns auszulöschen. Danach wurde es etwas teurer. Natürlich wolltet ihr auch auf Südgeorgien die Zeit zurückdrehen, in diesem Fall um 250 Jahre. Und warum?

Vor allem wegen des Riesenpiepers. Das ist die am südlichsten lebende Singvogelart. Schon sein Name verrät, dass er nicht recht ernst zu nehmen ist. Was macht ein Singvogel südlich der Polarfront? Welchen Frühling will er hier loben? Er hat sich verirrt. Könnt ihr das nicht zugeben? Er heißt zwar »Riesenpieper«, ist aber auch nicht viel größer als ein gewöhnlicher Pieper. Darum behalten wir ihn immer im Auge. Mit den fiesen Pinguinen legen wir uns eher nicht an. Es gibt so viele Pieper auf der Welt, etwa den Spornpieper (*Anthus richardi*), den Orientspornpieper (*Anthus rufulus*), den Zimtspornpieper (*Anthus cinnamomeus*), den Australspornpieper (*Anthus novaeseelandiae*), den Braunrückenpieper (*Anthus leucophrys*), den Vaalpieper (*Anthus vaalensis*), den Stelzenpieper (*Anthus pallidiventris*), den Malindipieper (*Anthus melindae*), den Kimberleypieper (*Anthus pseudosimilis*). Soll ich weitermachen? Ihr schlaft bestimmt schon, bevor ich meine Aufzählung beendet habe. Was kommt es da auf diesen einen an? Warum wollt ihr für ein paar von denen einen Völkermord an den Unsrigen begehen?

Nun gut, es ist nicht der Riesenpieper allein. Es ist auch die Südgeorgien-Spitzschwanzente. Die gibt es nur hier, sagt ihr. Sie frisst als einzige Ente auf der Welt auch Fleisch. Das ist zumindest cleverer, als auf Insekten zu warten wie der Riesenpieper. Insekten auf Südgeorgien!

Die Insel ist ungefähr so groß wie Mallorca, aber die Strände sind viel voller. Glaubt nicht, dass wir das sind. Millionen antarktische Seebären und etwas weniger See-Elefanten breiten hier ab Oktober dicht an dicht ihre Badetücher aus. Ich weiß nicht, was ihr über Mallorca denkt, aber was hier am Strand stattfindet, überbietet alles. Ihr nennt es das weltweit größte Paarungstreffen von Meeressäugern. Wir halten uns da raus. Wir haben noch nie einem Seebären oder See-Elefanten etwas zuleide getan. Und den Pinguinen auch nicht. Nicht den Königspinguinen, nicht den Goldschopfpinguinen, nicht einmal den Eselspinguinen. Auch nicht den Albatrossen und Riesensturmvögeln – insofern sie auf ihre Eier und die Kinder aufpassten. Hätte das alles nicht so bleiben können?

Das *Team Rat* wohnte in einem verlassenen Walfangdorf. Was hier alles rumliegt! Der ganze Schrott, den ihr zurücklasst, wenn ihr irgendwo einen Standort aufgebt.

1775 hat James Cook Südgeorgien gefunden. Eine der überflüssigsten Inseln, die er je entdeckt hatte, fand Cook, schenkte sie aber trotzdem seinem König. Kurz darauf gingen hier die Robbenfänger an Land, um die Robben zu Tran zu kochen. Die Kessel und uns brachten sie mit. Allerdings wuchs hier nichts, womit sie ihre Kessel heizen konnten. Kein Baum nirgends. Da fiel ihr Blick auf die Pinguine. Ich zitiere den Bericht eines Walfängers von 1843, nachzulesen im Museum von Port Stanley:

»Schon seit Wochen war die Kohle knapp, und unsere Tanks waren noch mehr als halb leer. Also taten wir erneut das, was wir bereits öfters getan hatten, wir fingen Pinguine. Sie brannten ziemlich schlecht, aber es gab sie in Mengen. Wir fingen die Tiere direkt vor der Baracke und warfen sie gleich lebend in den Ofen. Das Geschrei der Tiere war unerträglich. … An diesem Tag verfeuerten wir sicherlich 700 von ihnen.«

Auf den Kerguelen hielt man es auch so, aber hier kamen die Tiere nicht gleich in den Ofen, sondern in eine Presse für lebende Pinguine, da das reine Pinguinöl ergiebiger brannte als die ganzen Körper. Erkennt ihr euch wieder? Wenn ich mir vorstelle, dass die Trankocher dazu den Gesang des Riesenpiepers hörten, nein, das will ich gar nicht hören. Wahrscheinlich heizten sie mit den Pinguinen auch ihre Häuser, wie auf den Kerguelen. Aus den Seebären von Südgeorgien wurden Hüte und Handschuhe. Es dauerte nicht lange, dann waren die Robben, Seebären und Pinguine weg. Da tauchten die Wale vor Südgeorgien auf. Ihr ahnt, was nun begann? Ich werde es euch nicht erzählen. Dann waren auch die Wale weg.

Die Nachmieter eurer verlassenen Robben- und Walkochdörfer habe ich immer gemocht. Ich habe gern gesehen, wie die antarktischen Seebären auf den alten Wal-Schlachtrampen flegelten, wie sie um die Wracks eurer Schiffe tobten. Sieger der Geschichte?

Mag sein, ihr fühlt euch schuldig. Vielleicht ist es eine Art Selbsthass. Am liebsten würdet ihr die Erde wieder so machen, wie sie war, bevor ihr kamt. Aber das könnt ihr nicht, also fasst ihr uns ins Auge, eure treuen Gefährten. Nie ist mir das so klar geworden wie 2013, als ihr die *Lyubov Orlova* aufgegeben habt. Sie trug den Namen des ersten Stars des sowjetischen Kinos, einer großen Schauspielerin, die irgendwann nicht mehr schlafen konnte, aber ihr nanntet die *Lyubov Orlova* bald nur noch das »Rattenschiff«. Das war wie ein letzter Grund zu wünschen, es möge endlich sinken.

Wir waren die letzten Passagiere an Bord des einstigen Kreuzfahrtschiffes mit »Eisklasse«. Eisklasse meint, es konnte selbst in die Arktis und Antarktis fahren, nach Südgeorgien etwa. Wir sind nicht wie die Ratten, aber ihr. Ende September 2010 wurde die *Lyubov Orlova* in St. John's in Neufundland festgesetzt, weil ein Spediteur noch offene Forderungen gegen den Reeder des Schiffes hatte. Die Besatzung, Russen und Ukrainer, hatte schon seit mehreren Monaten keine Heuer mehr erhalten. Über Monate durften sie das Schiff nicht verlassen. Das vom Russian Maritime Register of Shipping klassifizierte Schiff ist am 5. April 2011 aus dem Register gestrichen worden. Aber es war noch da, in St. John's, Neufundland. Und wir waren noch da.

Ein iranischer Geschäftsmann ersteigerte es für 275 000 Dollar, zum Spottpreis, zum Schrottpreis: Auf Hispaniola, heutiger gesprochen, in der Dominikanischen Republik, sollte es abgewrackt werden. Da riss sich die *Lyubov Orlova* am 23. Januar 2013 bei schwerer See vom Seil ihres Schleppers los. Es war nicht das erste Mal, dass wir die Letzten an Bord waren. Aber wir reisen doch lieber mit euch. Bei Sturm auf einem manovrierunfähigen Schiff, das ist der übelste Fall einer Seefahrt. Für zweihundert von euch war es ausgelegt, und wir waren nun wohl Tausende letzte Kreuzfahrer. Die Dominikanische Republik! Dort würden viele von uns wieder von Bord gehen, im Land unserer ersten Ankunft in Amerika.

Das war, sagen wir, der Plan. Wir sendeten unaufhörlich Positionsdaten. Aber erst eine Woche später kamen wir wieder auf Kurs. Ihr hattet gefürchtet, wir könnten mit euren Bohrinseln kollidieren, da hat das Versorgungsschiff *Atlantic Hawk* uns gesichert. So reisten wir fünf Tage lang. Dann ließ uns die *Atlantic Hawk* wieder vom Haken. Wir waren, glaubte sie, nun keine Bedrohung mehr für die Bohrinseln. Außerdem schwammen wir ab sofort außerhalb der 200-Meilen-Zone, also in internationalen Gewässern. Erkennt ihr euch wieder? Niemand fühlte sich mehr zuständig für unser Geisterschiff. Auf dem Nordatlantik wurde alles, was schwimmen konnte, vor uns gewarnt. Wir würden nicht ausweichen. Und besser, keiner versucht, die Passagiere zu retten.

Unsere Geschichte ging durch eure Zeitungen. Ihr wusstet auch, wovon wir lebten an Bord: von unseren Nächsten. Ihr wisst, dass ihr euch in ausweglosen Situationen ebenso ernährt? »Kannibalenratten« habt ihr uns genannt. Trieben wir nach Schottland? Und nun hattet ihr erst recht nur noch eine Hoffnung: dass unser schönes Schiff möglichst schnell sinken möge. Und in der Tat verschwand die *Lyubov Orlova* bald von eurem Radar, spurlos. Am 23. Februar 2013 habt ihr noch ein letztes Signal aufgefangen, wie es eine Notfunkbake bei Wasserkontakt auslöst: Position 51 46' N 035 41' W. Der Irish Coast Guard suchte uns dort. Er hat uns nie gefunden.

Wir haben die ganze Geschichte der Seefahrt miteinander geteilt, und wenn unsere Schiffe untergingen, dann gingen sie unter mit Mann und Maus. Und so lasst ihr sie enden.

Ihr ahnt unser Schicksal auf Südgeorgien? Noch nie habt ihr uns vom Angesicht einer so großen Insel gelöscht. Ohne GPS hättet ihr auch keine Chance gehabt. Es regnete Schultafelkreide, wie *Geo* schrieb. Eure Helikopter mussten Linie für Linie fliegen, streng parallel, nicht der kleinste Flecken durfte frei bleiben. Natürlich konntet ihr nicht das ganze übrige Südgeorgien evakuieren. Ihr konntet die Giftkreide nach Konsistenz, Geruch und Größe nur so herrichten, dass andere Tiere sie nicht gern schluckten. Natürlich habt ihr auch im Walfängerdorf kein Zimmer, keinen Winkel vergessen. Ihr seid uns nicht begegnet, aber am nächsten Morgen war die meiste Kreide weg.

Das änderte sich nach drei, vier Tagen. Die falschen Leckerbissen lagen nun unberührt da. Die Rezeptur des Giftes ist geheim, ich komme später noch darauf. Eines aber wusstet ihr genau: Es war ein qualvoller Tod. Ihr hättet es uns wohl gern leichter gemacht, aber ihr musstet den Zeitpunkt des Fressens und den des langsamen Sterbens weit auseinanderlegen, damit wir die Verbindung zwischen beiden nicht herstellen.

Quadrat für Quadrat mit den Gletschern als natürlichem Schutz vor Flüchtenden und Überläufern habt ihr uns getötet. Die acht Millionen Euro reichten nicht, aber eure Mission gilt als erfolgreich. Nun kommt das *Team Rat* immer wieder, um mit Hunden nach Kotspuren einer allerletzten Ratte zu suchen und gegebenenfalls Fallen aufzustellen. Keine Überlebenden.

Der Riesenpieper singt wieder, ein paar dumme fleischfressende Enten haben auch von unserer Kreide gekostet, was sie teuer bezahlten. Die anderen haben sich inzwischen von dem Schreck erholt. Und euch kommt es vor, als hättet ihr an Südgeorgien etwas von dem wiedergutgemacht, was ihr ihm angetan habt. Sogar den Pinguinen könnt ihr wieder in die Augen sehen.

Inzwischen habt ihr schon einen neuen Feind auf Südgeorgien geortet: das Rentier. Es gab ursprünglich keine Rentiere auf Südgeorgien. Die Walfänger hatten sie mitgebracht, zum lustigen Rentierschießen. Das Rentier muss weg! Andererseits ist es das Wappentier der Insel.

Robinson, die Ratte

Ich kann so nicht aufhören, es ist zu traurig. Ich erzähle euch jetzt die Geschichte von Robinson, der Ratte. Der letzten Ratte auf einer einsamen Insel. Es ist natürlich eine Heldengeschichte. Robinson gab es wirklich, nur den Namen hat er von mir. Es ist das gleiche Szenario, das auch ihr kennt: ein Mann, ausgesetzt auf einer einsamen Insel. Und was macht der Mann? Er schaut aufs Meer und wartet auf ein Schiff. Was macht dagegen Robinson, die Ratte? Das werdet ihr gleich lesen.

Genau wie euer Robinson hat auch der unsrige eine Vorgeschichte. Er war eine ganz normale neuseeländische Pakihi-Island-Wanderratte mit einem ganz normalen Pakihi-Island-Wanderrattenleben. Bis zu dem Tag, als er ein Stück Schokolade fraß. Wahrscheinlich hat er lange gezögert, denn wir misstrauen Delikatessen, die uns plötzlich einfach im Weg liegen. Wahrscheinlich ist er mehrmals vorübergegangen und dann doch zurückgekommen, um nachzuschauen, ob die Schokolade noch da war. Sollte er sie wirklich einem anderen überlassen, einem, der mutiger war als er? Lass es!, befahl sein Warn-Ich. Friss sie, empfahl sein Feinschmecker-Ich. Und so fraß der völlig unauffällige Bürger von Pakihi Island die Schokolade. Dann verlor er das Bewusstsein.

Als er wieder erwachte, fand er sich allein am Strand einer einsamen Insel, auf die er noch nie zuvor eine Pfote gesetzt hatte. Robinson! Im Unterschied zu eurem Robinson trug der unsrige nun einen kleinen Radiosender. Was hätte euer Robinson für einen Radiosender gegeben, Rettung wäre so einfach gewesen, statt Tag für Tag auf den leeren Horizont zu blicken. Unseren Robinson allerdings wollte keiner retten, im Gegenteil.

Die Biologen der School of Biological Sciences der Universität von Auckland wollten überprüfen, wie sich eine allerletzte Ratte auf einer Insel bekämpfen lässt. Wie sie auf alle nur denkbaren Angriffe reagiert. Ihr wisst schon aus dem letzten Kapitel, dass die Neuseeländer uns nicht mögen, weil wir die ganzen Bodenbrüter und Flugunfähigen gefressen haben, die nur dort vorkamen. Eine Insel nach der anderen nehmen sie uns jetzt. Sie nennen das »Befreiung«. Sie sprechen von »rattenfreien Inseln« wie vom Paradies. Neuseeland war rund 80 Millionen Jahre isoliert, ein Versuchslabor der Evolution. Jeder weiß, dass nicht alle Versuche glücken. Aber die Neuseeländer wollen das nicht wissen, sie sind die größten Uhren-Zurücksteller.

24 Stunden am Tag habt ihr unseren Robinson überwacht. Seine neue Insel heißt Motuhoropapa, aber vermutlich war ihm das egal. Motuhoropapa liegt dreißig Kilometer südlich von Pakihi Island, also gewissermaßen auf dem Mond. Robinson durchstreifte täglich, also mehr nächtlich, eine Fläche von 0,2 Hektar. Und traf: niemanden. Dass sie nicht die cleverste Ratte gefangen hatten, wussten die Forscher, sonst hätte Robinson schließlich nicht die Schokolade gefressen. Also stellten sie nun an strategisch ausgeklügelten Orten Schokoladen- und Erdnussbutter-Fallen auf. Motuhoropapa bot nichts Vergleichbares. Die Forscher dachten, nach zwei, spätestens drei Tagen könnten sie wieder nach Hause fahren. Aber Robinson rührte nichts an. Die Forscher wurden nervös. Was hatte diese miese Ratte vor?

Oder war ihr die Schokoladenerfahrung auf den Magen geschlagen? Also verdoppelten die Wissenschaftler geduldig die Fallen und bestückten die zweite Hälfte mit Salami und Lachs. Aber jetzt! Wieder nichts. Die Tage vergingen. Die Wochen vergingen. Robinson ließ die Gourmetwelt links liegen. So schwer war es also, die allerletzte Ratte auf einer Insel zu fangen. Aber wo die Verführung nicht hilft, da hilft noch immer Gewalt. Fiese Hunde trafen auf Motuhoropapa ein, Ratten-Spürhunde, gekreuzt aus Fox- und Borderterrier mit Spezialausbildung. Sie rannten und schnüffelten, schnüffelten und rannten: nichts. Vielleicht war Robinson schon gestorben. Aber hätten sie nicht noch immer sein Funksignal empfangen müssen? Hätten die Hunde seinen Leichnam nicht finden müssen?

Die Wissenschaftler resignierten. Von der Nachbarinsel Otata wurde zwei Wochen später ungewöhnliches Verhalten von Seevögeln gemeldet. Es war zwar unmöglich, aber die frustrierten Feinde der allerletzten Inselratte fuhren dennoch nach Otata. Sie fanden Rattenkot. Sie verglichen dessen DNA mit der Robinsons. Es war sein Häufchen.

Wo also liegt der Unterschied zwischen eurem Robinson und unserem Robinson? Weder euer Robinson noch unser Robinson ist als Robinson zur Welt gekommen. Eure Ich-Religion und eure Kommunikationstheorien, in denen sich Individuen nachträglich vernetzen, legen zwar etwas anderes nahe, aber glaubt einer klugen Ratte: Das autonome Ich ist eine Illusion. Ihr seid nur in Bezug auf andere, nicht einmal im Mutterleib wart ihr allein. Ihr wart geborgen in einem größeren Anderen. Hört mal das hier: »Die Mutter bleibt dieser erweiterte Uterus, dieses Gesicht, das später zur Hütte, zum Iglu, zum Haus, zum Universum wird. … Wir verlassen nie wirklich den Uterus, der sich allerdings im Lauf des Lebens erweitert, andere Formen und andere Proportionen annimmt.«[23]

Wenn ihr diesen Gedanken weiterverfolgen wollt auf etwa 3000 höchst unterhaltsamen Seiten, dann lest Peter Sloterdijks *Sphären*, Band I bis III. Das rät euch eine Leseratte.

Die Leistung eures Robinsons war es nun, seine Insel, das absolute Außen, in diesem Sinne zum Innen gemacht zu haben, sie in Ermangelung eines *Du* mit lauter Ersatzformen des *Du* bevölkert zu haben. Der Unterschied zwischen euch und uns ist: Ihr bleibt beim Ersatz, wir aber lassen eine Insel voller Delikatessen zurück, wenn uns die Welt fehlt, die Innenwelt also. Wir stürzen uns lieber todesmutig ins offene Meer, als so ohne Kameraden zu sein – unter besonderer Berücksichtigung der Kameradinnen. Wanderratten können gut schwimmen, aber noch nie hat man gehört, dass eine kleine Ratte sich ganz allein ins offene Meer gewagt hätte. Es war fast ein halber Kilometer bis nach Otata.

Wenn ihr mich fragt, wer ein Held ist: Robinson, unser Robinson, ist einer.

Die schlechte Nachricht für ihn war: Es gab auch auf Otata keine Ratten. Ihr hattet beide Inseln ein paar Jahre zuvor von uns »gesäubert«, so sagt ihr wohl. Ich mag mir die Enttäuschung des Schwimmers nach seiner Ankunft gar nicht vorstellen. Und nun gingen eure Forscher, die schon seit vielen Wochen wieder zu Hause sein wollten, nochmals in Stellung. Sie verteilten Delikatessen und warteten. Sie brachten auch wieder ihre Hunde mit, aber die fanden ihn nicht. Ich mache es kurz: 18 Wochen brauchten sie, bis sie Robinson fingen. 18 Wochen!

Am Ende ging er in eine Pinguin-Frischfleisch-Falle. Ich glaube, das war eine verschlüsselte Nachricht an euch, ihr habt sie garantiert nicht verstanden. Wir mögen gar kein Pinguinfleisch. Robinson wollte euch sagen: Glaubt bloß nicht, dass ich so dumm bin, noch einmal in eure Fallen zu gehen. Verzicht ist der Schlüssel zum gelingenden Leben. Aber warum fraß er dann doch den toten Pinguin? Ich denke, es war eine Art Suizid, wie er unter Intellektuellen vorkommt, die alles durchschaut haben. Die Welt war leer, vollkommen leer. Was sollte er noch auf dieser Erde, so ganz allein? Etwa zurückschwimmen nach

Motuhoropapa? Die Forscher schrieben dann in *Nature* über ihre Zeit mit Robinson, nein, über ihre Zeit ohne Robinson, aber das letzte Kapitel, seinen Freitod, haben sie nicht verstanden.

Am Beispiel von unserem Robinson könnt ihr auch das unwahrscheinlichste Kapitel in der Geschichte der Seefahrt verstehen: die Besiedelung der Inseln des Pazifiks durch die Polynesier und uns in kleinen Auslegerkanus. Die Wahrscheinlichkeit, irgendwo auf eine Insel zu treffen, war äußerst gering. Sie hatten Robinson-Seelen.

Wir Kosmopoliten! (II)

Gewöhnlich bezieht ihr den Begriff des Weltbürgers auf euch selbst, aber das ist natürlich Unfug, wie ihr gesehen habt. Ich glaube nicht, dass ihr das Talent habt, zu acht Milliarden Kosmopoliten zu werden, dazu seid ihr doch zu sehr Kleingruppenlebewesen mit Kleingruppenseelen. Heimaten sind nicht weltweit, nicht für die meisten. Aber ich gebe zu, dass manche von euch zu beachtlichen Seelenraumdehnungen in der Lage sind.

Erinnert ihr euch an Garry Davis, den »Weltbürger Nummer 1«? Er war ursprünglich Schauspieler und zerstörte während des Zweiten Weltkriegs deutsche Städte, wofür ihn seine Heimat sehr lobte. Was für patriotische Großtaten! Davis registrierte erhebliche Ambivalenzen in sich. Sind nicht die Vaterländer am Ende die Wurzel allen Übels? Gäbe es nicht viel mehr Menschen, wirkliche Menschen, wenn es weniger Vaterländer gäbe? Und er erstattete den USA seine Staatsbürgerschaft zurück und rief die Weltbürgerbewegung ins Leben.

Ludwik Lejzer Zamenhof in Bjelostok bewegten schon vorher ähnliche Gedanken. Bjelostok war eine polnische Stadt, gehörte aber zum Russischen Reich. Neben Polen, Russen, Litauern und Deutschen wohnten auch Juden in Bjelostok, und die

Nachbarn vertrugen sich nicht gut. Meist lebten sie nebeneinander her, wenn sie sich doch nahe kamen, dann oft in Form von Handgreiflichkeiten und gelegentlichen Pogromen. Zamenhof war Jude, aber das war mehr eine äußerliche Zurechnung, denn bereits sein Vater folgte der jüdischen Aufklärung, der *Haskala*. Zamenhof wäre gewiss gern Weltbürger Nummer 2 geworden, aber er starb bereits 1917. Doch schon in der Schule hatte er darüber nachgedacht, ob aus Polen, Litauern, Russen, Deutschen und Juden endlich Menschen würden, wenn sie alle eine gemeinsame Sprache sprächen. Und so veröffentlichte Zamenhof 1887 in Warschau eine Broschüre über die Grundlagen der neuen Sprache. Das Esperanto war geboren, die Hoffnungssprache. Sie sollte die Gleichgültigkeit der Welt überwinden, wie er sagte.

Aber gehört zu einer gemeinsamen, neutralen Sprache nicht auch eine gemeinsame, neutrale Weltanschauung? Und der jüdische Augenarzt begründete den Hillelismus. Hillel war ein vorchristlicher jüdischer Gelehrter, dessen Seele tendenziell so weit war wie die Welt. Zamenhof war auf dem Weg nach Paris zum 10. Esperanto-Weltkongress, als er in Köln den Ausbruch des Ersten Weltkriegs erlebte. So seid ihr. Seid ihr so?

Ich glaube, was Davis und Zamenhof wollten, wird doch einmal kommen, wenn ihr überleben wollt. Und es ist erstaunlich, zu welchen Davis- und Zamenhof-Formen eure Jäger-und-Sammler-Urseelen doch fähig sind. In dieser Hinsicht seid ihr wirklich beispiellos im ganzen Tierreich. Aber ist *animal rationale* das richtige Wort dafür? Die Ratio allein vermag das nicht. Nach dem Ersten Weltkrieg habt ihr den Völkerbund gegründet, nach dem Zweiten die UNO. Was kommt als Nächstes? Ich glaube, ihr lernt nur aus Katastrophen.

V.

Die miese Ratte

Der Sinn des Lebens

Ihr habt Probleme, die verstehen wir, andere verstehen wir nicht. Zwar tretet auch ihr zunehmend wieder als Meute auf, ihr habt bloß andere Worte dafür. Etwa »Wutbürger« oder »Initiativgruppe«. Dabei hatten eure Soziologen schon fast geglaubt, das Problem der Massenaufläufe verschwinde im digitalen Zeitalter. Ich würde sagen, es gewinnt eine ganz neue Dringlichkeit. Aber das müsst ihr klären. Was mich interessiert, ist vielmehr: Nichts widerstrebt dabei eurem Selbstbild so sehr, wie bloßer Partikel einer Masse zu sein. Warum eigentlich?

Ich sage euch, und ich bin Spezialist für diese Dinge: Nirgends ist es besser als in der Masse! Einigen von euch ist das vollkommen klar, etwa den Fanklubs eurer Fußballvereine. Sie sind der letzte Nachklang einer Kriegsmeute unter den Bedingungen fortgeschrittener Zivilisation, noch immer geht es um Sieg und Niederlage, nur dass der letale Ausgang suspendiert ist und ihr als Zuschauer nicht mehr für den Kampf selbst, sondern nur noch für das Kampfgeheul zuständig seid. Aber die Sensation der heroischen Verklumpung bleibt. Die Klubs machen, was Jung-Männer-Meuten immer getan haben, egal ob bei Menschen, Ratten oder Elefanten: Sie terrorisieren die Gesellschaft und testen deren Grenzen der Leidensfähigkeit. Und doch sind all dies nur Sekundärphänomene.

Im Kern geht es, glaube ich, um etwas viel Elementareres, und niemand hat das Phänomen so eindringlich beschrieben wie Elias Canetti. Allerdings war Canetti nicht beim Fußball, sondern bei einem Arbeiteraufstand.

Er war 22 Jahre alt, als er 1927 versehentlich da hineingeriet. Und er war nicht der Einzige. Niemand scheint vorher gewusst zu haben, was geschehen sollte. Der Ausgangspunkt: »Einige wenige Leute mögen beisammengestanden haben, fünf oder zehn oder zwölf, nicht mehr. Nichts ist angekündigt, nichts erwartet worden. Plötzlich ist alles schwarz von Menschen.«[1] Der, wie viele Nicht-Ratten glauben mögen, nächstliegende Impuls sei es, dieser Menschenschwärze zu entrinnen, der plötzlichen Nähe, ja Bedrängnis durch die Leiber der anderen. Wir verstehen das nicht, wir mögen keine Ich-Du-Abstände. Aber ihr fühlt euch gewöhnlich schon belästigt und dreht euch strafenden Blickes um, wenn am Schalter irgendeines Amtes euer Hintermann zu nah an euch herandrängt, in der Annahme, es gehe so schneller. Materie am falschen Ort! Das ist eigentlich die geläufige Wahrnehmung des Alltags, wenn Fremd-Körper die Mindestdistanz unterschreiten. Und ich finde es immer wieder berührend, wie angelegentlich ihr euch entschuldigt, wenn es doch einmal unabsichtlich passiert. In unserem Gemeinwesen wäre so etwas undenkbar.

Ja, weglaufen wäre der nächstliegende Impuls gewesen, stattdessen strömten bei Canetti alle in die entgegengesetzte Richtung, dorthin, wo noch mehr Menschen sind. In die Mitte, immer ins Zentrum. Auch Canetti, eigentlich ein Mensch des Abstands wie jeder Intellektuelle, spürte plötzlich den Sog. Und kann ihn erklären: »Nur alle zusammen können sich von ihren Distanzlasten befreien. Genau das ist es, was in der Masse geschieht. In der *Entladung* werden die Trennungen abgeworfen, und alle fühlen sich *gleich*. In dieser Dichte, da kaum Platz zwischen ihnen ist, ist einer dem anderen so nahe wie sich selbst. Ungeheuer ist die *Erleichterung* darüber. Um dieses glücklichen Augenblickes willen, da keiner mehr, keiner besser ist als der andere, werden die Menschen zur Masse.«[2] Und der Autor hat es mitempfunden.

Es ist, hat man vermutet, die Essenz vom Glück des Kommunismus. Und so leben wir eigentlich immer, wenn uns keiner stört: ungemein beieinander. Orte können nicht nur schwarz sein vor Menschen, sondern auch schwarz vor Ratten. Entschuldigt, wenn ich euer Zartgefühl beleidige. Eure allgemeine Empfänglichkeit für das Glück des Kommunismus scheint somit nachgewiesen zu sein, nur dass es sich bei euch wohl um ein akutes Erregungsphänomen handelt und weniger um eine Gesellschaftsform: Nur Masse, Beischlaf, Musik und Tod befreien vom *principium individuationis*, mit dem erst die Natur und dann auch noch die Kultur euch geschlagen hat.

Um die Aufhebung der Abstände von Ich und Du geht es auch im Stadion oder bei Rockkonzerten. Um die Möglichkeit, die fatale Last seines Ich einen Stadionnachmittag lang nicht mehr spüren zu müssen. Das wollen wir an dieser Stelle festhalten.

Ich sagte, ihr stellt manchmal Fragen, auf die nun wirklich kein anderes Tier kommen würde, etwa: Was ist der Sinn des Lebens? Was für eine Erkundigung von grundstürzender Naivität oder, sollte ich sagen, von beginnender Verzweiflung? Keiner, der sich gerade mitten in einem Arbeiteraufstand, einem Fußballspiel oder einem Rockkonzert befindet, verfiele darauf. Dieser Einspruch setzt euch *per se* schon als Vereinzelte, als Abgeschiedene voraus. Früher war Gott für die Antworten auf Nachfragen wie diese zuständig, allerdings neigten seine Auskünfte zu einer gewissen Eintönigkeit, denn er antwortete immer mit Hinweis auf sich selbst. Aber auch jedes Tier könnte euch Auskunft geben: Der Sinn des Lebens ist selbstverständlich das Leben selbst.

Um das zu wissen, braucht ihr nur ein paar junge spielende Ratten anzusehen, oder ist das ein schlechtes Beispiel? Also spielende Hunde, von mir aus. Obwohl Lebewesen, die auf einen Pfiff von euch alles stehen und liegen lassen, nicht meiner ungeteilten Wertschätzung sicher sein dürfen.

Vorsätzlich zurückgeworfen auf euch selbst, stellt ihr manchmal noch seltsamere Fragen, etwa: Habe ich ein Recht, auf der Welt zu sein? Ich existiere. Manchmal kommt es euch vor, als lasse sich nicht mehr zu eurem Vorteil sagen: Ich existiere! Und es klingt wie ein Urteil: Lebenslänglich! Das ist großartig, sagt jedes Tier. Das ist viel zu wenig, sagt der Mensch. Er will immer, dass da noch etwas mehr ist, ein kleines Surplus. Spaß? Ich glaube, nicht nur. Ich vermute, es geht um Resonanz.

Erinnert ihr euch an Leonardo, der sagte, die meisten Menschen taugen doch nur zum Befüllen der Latrinen? Bloße Stoffwechsler, nicht gut fürs Klima. Nein, das Letzte hat Leonardo natürlich nicht gesagt, das ökologische Zeitalter war noch lange nicht angebrochen, Europa hatte unlängst ein Drittel seiner Bevölkerung durch die Pest verloren, es gab nicht zu viele Menschen. Und doch, der Satz gehört zu denen, die man nicht mehr abschüttelt.

Ihr empört euch über Leonardo, und doch gebt ihr ihm auch ein wenig recht. Ihr steht unter einem Zwang, den kein Tier spürt: Ihr habt den Eindruck, dass ihr euren Aufenthalt auf Erden rechtfertigen müsst. Ein tiefer Skeptiker eurer Gegenwartskultur, Ludwig Klages, hat gesagt, die Arbeit sei dem modernen Menschen doch der natürlichste Zustand. In allen anderen Zusammenhängen sei er zumeist außer sich, in diesem einen im besten Falle bei sich.

Ihr ekelt euch nicht nur vor uns. Ihr habt eine erstaunliche Fähigkeit, die die Evolution schwerlich vorsah: Ekel vor euch selbst, Ekel vor der eigenen Gattung. Es liegt mir ganz fern, euch das auszureden. Im Gegenteil, ich mag es, wenn ihr euch schlecht fühlt. Ein Genie des Selbstekels war natürlich Franz Kafka. Aber dass er seinen Abscheu vor sich selbst zugleich mit uns verband, muss ich entschieden zurückweisen: »Bei einem gewissen Stande der Selbsterkenntnis … wird es regelmäßig geschehn müssen, dass man sich abscheulich findet. Man wird einsehn, dass man nichts ist als ein Rattenloch elender Hintergedanken.«[3] Das hat er 1915 notiert, im selben Jahr, als *Die Verwandlung* erschien, ihr wisst schon, die Geschichte, wie Gregor Samsa zum Käfer wurde.

Wenn von den zur Selbstverwerfung Begabten unter euch die Rede ist, darf natürlich einer nicht fehlen: Friedrich Nietzsche. Manchmal, bekannte er, müsse er sehr an sich halten, um auf der Straße nicht dem nächsten Vorübergehenden einfach ins Gesicht zu spucken. Und das lag nicht an der Unhaltbarkeit der Person des Vorübergehenden, sondern vielmehr an seiner eigenen. Nietzsche war es auch, der euch die »Vielzuvielen« nannte, die »Überflüssigen« sogar. Hört euch das an: »Viele sterben zu spät, und Einige sterben zu früh. Noch klingt fremd die Lehre: ›stirb zur rechten Zeit!‹ … Freilich, wer nie zur rechten Zeit lebt, wie sollte der je zur rechten Zeit sterben? Möchte er doch nie geboren sein! – Also rathe ich den Überflüssigen. Aber auch die Überflüssigen thun noch wichtig mit ihrem Sterben, und auch die hohlste Nuss will noch geknackt sein.«[4]

Was für eine Kälte, was für eine Rücksichtslosigkeit gegen die eigene Gattung! Und er war längst nicht der Einzige.

Welterschöpfungstag

Einer der unmöglichsten Pfarrer, die euer Geschlecht je hervorgebracht hat, trat seine erste Pastorenstelle im Jahr 1797 an, in Südengland. Ein Pfarrer ist, wie ihr wisst, ein Mensch, der die Versöhnung zum Beruf gemacht hat. Der Grundgestus seines In-der-Welt-Seins ist die Mildtätigkeit; die Botschaft, die er von Berufs wegen verbreitet, lautet: Du bist angenommen! Ich hätte zu gern einmal eine Predigt von Thomas Robert Malthus gehört.

Steht da vor seiner Gemeinde, vielleicht mit beschwörend erhobenen Armen, und spricht: »Ein Mensch …, der in einer schon okkupierten Welt geboren wird, wenn seine Familie nicht die Mittel hat, ihn zu ernähren, oder wenn die Gesellschaft seine Arbeit nicht nötig hat, dieser Mensch hat nicht das mindeste

Recht, irgendeinen Teil von Nahrung zu verlangen, und er ist wirklich zu viel auf der Erde. Bei dem großen Gastmahl der Natur ist durchaus kein Gedeck für ihn aufgelegt. Die Natur gebietet ihm abzutreten, und sie versäumt nicht, diesen Befehl zur Ausführung zu bringen.« Niemals würden wir so zueinander sprechen. Das unterscheidet den Menschen vom Tier. Eine frohe Botschaft ist das nicht. Was hier fehlt, ist die christliche Primärtugend überhaupt, das Mitleid.

Es ist, das darf ich wohl sagen, eine der kältesten Botschaften, von der Art, wie sie nur Menschen einander überbringen können. Ich gebe zu, ich habe gelogen, der Pfarrer hat diese Sätze seiner Herde nicht gepredigt, er hat nicht gesagt: Meine lieben Schafe, ihr seid zu viele, ich wünschte, ihr wäret nie geboren! Nein, er hat diese Sätze, und das ist die volle Wahrheit, nach seinen Predigten notiert. Pfarrer schreiben gewöhnlich Erbauungsliteratur, aber dieser schrieb etwas gänzlich anderes: *An Essay on the Prinicple of Population* – »Essay über die Grundlagen der Bevölkerungsentwicklung«.

Inzwischen hattet ihr euch ein großes Ziel gesetzt. Ihr nahmt zum ersten Mal in der Geschichte Anlauf, weltweit die Eine-Milliarde-Marke zu überschreiten. Um 1815 habt ihr das geschafft. Und London erreichte 1801 die erste Million. Von 1825 bis 1925 würde es die bevölkerungsreichste Stadt der Erde sein. Ich verschone euch an dieser Stelle mit Zahlen zu unserer Parallel-Bevölkerungsentwicklung. Oder nein, warum eigentlich? Es ist ganz falsch, euch zu schonen, das wusste schon Thomas Robert Malthus.

Blicken wir beherzt in die Gegenwart: London zählt 2019 fast neun Millionen Einwohner – ich glaube, Malthus hätte vor Grauen seinen Aufenthalt auf Erden eigenmächtig beendet. Großbritannien kommt heute auf 66,5 Millionen gewöhnliche Briten und rund 200 Millionen britische Ratten. Euer Problem ist, dass wir nicht mal mehr in eure Rattenfallen passen. Ihr erinnert euch doch noch an die Nachrichten 2016 aus der Londoner Kanalisation? Ratten, größer als die meisten Katzen, 60 Zentimeter ohne Schwanz, 10 Kilo Lebendgewicht. Zu viele Proteine? Zu viel Fast Food? Zu viel Vitamin K? Wir klären das später.

Zurück nach Südengland, kurz bevor London die Eine-Million-Marke hinter sich ließ. Der Pfarrer sah mit unverhohlenem Abscheu auf die allgegenwärtige unübersehbare Übererfüllung des göttlichen Gebots: Seid fruchtbar und mehret euch!

Gott hätte besser rechnen sollen, bevor er solche Gebote erließ. Thomas Robert Malthus holte jetzt nach, was der Herr versäumte, und stieß auf das »Axiom der Bevölkerungsentwicklung«, wie er es nannte. Die Menschheit vermehrt sich in exponentiellen Schritten, also 1, 2, 4, 8 und immer so weiter. Seine eigenen Eltern waren das beste Beispiel. Mit 22 Jahren haben sie geheiratet und sieben Kinder bekommen. Jedes dieser sieben Kinder würde wieder sieben bekommen. Nein, nur sechs Kinder der Familie Malthus, denn er gedachte da nicht mehr mitzumachen.

Das Problem liegt nun darin, dass die Bevölkerung also in exponentieller Weise steigt, die Nahrungsmittelproduktion jedoch auf arithmetischen Reihen besteht: 1, 2, 3, 4. Man könne gewiss durch bessere Bewässerung die Erträge um 20 Prozent steigern, aber viel mehr sei unmöglich. Zwischen beiden Reihen würde eine tiefe Kluft entstehen, das ist die Malthus'sche Bevölkerungsfalle. Die Menschheit pflege sie mit Krisen, Kriegen, Krankheit, Kriminalität zu füllen, bis die Zahl der hungrigen Mäuler wieder eine vertretbare Zahl angenommen habe.

Kein Zweifel, dass die intellektuelle Neigung dieses Mannes viel mehr den Gesetzesaussagen galt als den Sendschreiben der Hoffnung. Er formulierte gern Gesetzmäßigkeiten, etwa die, dass ein gewisser Teil der Menschheit immer Not leiden müsse, nämlich der überflüssige, nicht mehr ernährbare Teil, dem es eben nicht gelänge, seinen Magen aus eigener Kraft zu füllen. Und das Schlimmste, was man in einer solchen Situation tun könne, sei, den Armen zu helfen. Denn dann bekämen sie nur noch mehr Kinder. Ihr seht, die Logik ist ein fürwahr teuflisches Instrument. Man sagt, das Verhalten der britischen Regierung, die der großen irischen Hungersnot, der *Irish potatoe famine* Mitte des 19. Jahrhunderts, weitgehend tatenlos zusah, ginge auch auf ihre verbreitete Malthus-Lektüre zurück.

Und in der Tat schien diese Hungersnot wie zu seiner Bestätigung gemacht, er hat sie nicht mehr erlebt. Eine Million Tote zwischen 1845 und 1849. Zwei Millionen Menschen gelang die Flucht. Was war geschehen?

Um 1660 hatte Irland 500 000 Einwohner. Als der Geistliche Thomas Robert Malthus seinen *Essay on the Prinicple of Population* schrieb, waren es schon über vier Millionen. 1841 aber waren es 8,10 Millionen. Was für eine vorbildliche exponentielle Reihe! Die irischen Bauern, und Bauern waren sie fast alle, lebten als Pächter auf den Gütern englischer Besitzer. Schon war das Pachtland der Familien in der Regel zu klein, als dass es sie hätte ernähren können. Was sie produzierten, Fleisch und Getreide, lieferten sie an den Eigentümer; sie selbst lebten in der Regel von Kartoffeln. Bis die große Kartoffelfäule kam, das Todesurteil für eine Million Iren.

Ein Wissenschaftler kennt keine höhere Verzückung als die Bestätigung seiner Theorien. Aber vielleicht hätte diese sogar einem wie Malthus Unbehagen bereitet. Der untragbare Pfarrer, der Gottes Wort vor denen, die es nötig hatten, strukturell in sein Gegenteil verkehrte und statt »Ihr seid angenommen!« »Ihr seid abgelehnt!« sagte, hatte 1806 einen Ruf an das Haileybury College erhalten, wo er weltweit erster Professor für Politische Ökonomie wurde.

Ihr kennt doch Ebenezer Scrooge aus Charles Dickens' Weihnachtsmärchen? Was meint ihr wohl, wessen Züge der geizige Verächter des Weihnachtsfestes trägt? Andererseits kann ein Wissenschaftler natürlich nichts für die Wahrheiten, die er entdeckt. Sie sind nicht moralisch bewertbar. Und vielleicht hat

Reverend Malthus auch besonders zärtliche, nächstenliebende Predigten gehalten zum Ausgleich für die erschütternden Wahrheiten, die er entdeckte. Wir wissen es nicht.

Was für Wahrheiten denn?, fragen Malthus' Gegner bis heute. Man braucht die Armen nicht verhungern zu lassen, man muss bloß die sozialen Verhältnisse ändern, die Verteilung des Reichtums, antworteten ihm Marx und Engels. Und die Optimisten von heute sagen: Die Erde trägt inzwischen fast acht Milliarden Menschen, und den Hunger schaffen wir auch noch ab!

Gut, dass ich diese Welt nicht mehr gesehen habe!, hätte Malthus ihnen geantwortet: Gut auch, dass ich die Erfindung von Liebigs Kunstdünger nicht erleben musste, die dieses Ernährungswunder und alle folgenden erst möglich machte.

Aber zuvor fiel Europa zweimal mitten hinein in Malthus' Bevölkerungsfalle. Das erste Mal, als das Klimahoch des Mittelalters zu Ende ging, in den frühen Jahren des 14. Jahrhunderts, kurz bevor die Pest kam, und dann noch einmal am Ende des 16. Jahrhunderts. Ernten fielen aus, die Getreidepreise stiegen ins Schamlose, die Ärmeren konnten ihre Familien nicht länger ernähren. Eure Wissenschaftler erkennen das an den Spitzenwerten der europäischen Getreidepreise. Demnach geriet Europa dreimal in die Malthus'sche Falle: kurz nach 1300, kurz vor 1600 und um 1800, als er eben über diese Krise nachdachte. Das erste und das letzte Datum bezeichnen den Anfang und das allmähliche Ende dessen, was man die »Kleine Europäische Eiszeit« nennt.

Acht Milliarden. Ich habe es erwähnt, ohne Justus von Liebigs Erfindung des Phosphatdüngers wäre es unmöglich gewesen, eine solche Zahl zu ernähren. Und heute? Ihr wisst, worum es geht: um den Welterschöpfungstag. Um die ultimative Malthus'sche Falle. Der Welterschöpfungstag ist das fiktive Datum, da die Erde sagt: Das war's, Kinder. Macht ruhig weiter, aber ohne mich! Die UN hat ausgerechnet, wann dieser Tag kommt oder ob er gar schon gekommen ist. Wenn alle so leben würden wie die Europäer, könnte die Erde zwei Milliarden Menschen tragen, hat der Club of Rome 1972 festgestellt. Sie könnte sechs Milliarden einer wesentlich bescheideneren Lebensform bewirten. Ihr seid aber schon fast zwei Milliarden darüber, noch immer mit deutlicher Tendenz zur Unbescheidenheit, und unter euch sind solche Otto-Übernormalverbraucher-Existenzformen wie die Nordamerikaner. Lebtet ihr alle so wie sie, wäre der Welterschöpfungstag längst eingetreten.

Und nun? Bis vor Kurzem glaubten eure Vereinten Nationen, 2050 würde das Bevölkerungswachstum zum Stillstand kommen. Sie haben sich korrigieren müssen, bis 2100 werdet ihr auf jeden Fall immer mehr. Nun müsst ihr euch auf die elf Milliarden vorbereiten. Das hat, glaube ich, noch keiner zu berechnen gewagt. Da gibt es wohl auch nichts mehr zu berechnen. Unter euren Staatsoberhäuptern existiert ein stillschweigendes Übereinkommen, dieses brennendste aller Themen nicht zu berühren, es schafft leicht Missstimmungen, Missverständnisse.

Aber ich bin eine Ratte, näherhin eine Ratte mit malthusianischer Vorbildung, ich muss nicht eure Rücksichten nehmen. Im Grunde hat eure Wirklichkeit Malthus längst überboten, seinem Instrumentarium die Zeiger abgebrochen. Ihr sagt, der Klimawandel ist das Problem! Aber in Wirklichkeit seid ihr das Problem. Immer mehr Menschen, immer mehr Raubbau an der Erde, immer mehr CO_2.

In Afrika leben heute 1,3 Milliarden Menschen. 2050 werden es doppelt so viele sein. 40 Prozent der extrem Armen könnten dann, Studien zufolge, in nur zwei Ländern leben: in Nigeria und dem Kongo. Aber schauen wir nach Äthiopien, Äthiopien ist ein gutes Beispiel.

1960 hat das Land noch 22,1 Millionen Einwohner. Heute sind es 111 Millionen. Wer will für solchen Zuwachs Strukturen, Arbeit, Nahrung schaffen? In den sechzig Jahren seither hat Äthiopien 80 Prozent seines Waldes verloren, einst Lebensraum für Tierarten, von denen manche nur dort vorkamen.

Aber schließlich gibt es noch die Nationalparks, sagt ihr, etwa den Bale-Nationalpark. Das mag sein. Seine Wälder sind wie ein riesiger grüner Schwamm, im Bale-Nationalpark entspringen vierzig Flüsse, die Lebensadern des Landes und seiner Nachbarn. Doch die Menschen dringen längst auch in den Park vor, schlagen Feuerholz, weiden ihr Vieh. Wenn das so fortgeht, der Schutz der Bäume fehlt wie anderswo, entsteht Karstland, drohen die Flüsse in einer der ohnehin trockensten Regionen der Erde zu versiegen. Ihr verachtet uns Tiere wegen unserer Unfähigkeit, die eigene Lage zu begreifen und ins Morgen zu blicken. Wir haben keine Vergangenheit, keine Zukunft, nur eine blinde Gegenwart, sagt ihr. Aber seid ihr denn besser?

Oder doch, eine Vergangenheit habt ihr schon. Ihr nennt sie »Tradition«. Die Tradition sagt, nur wer viele Kinder zeugt, ist ein großer Mann. Und alle patriarchalischen Gesellschaften sind sich einig, dass nur das Kind die Existenz einer Frau rechtfertigt, sonst wäre sie ein leeres Gefäß. Natürlich, sobald Frauen die Möglichkeit hätten, über ihr Leben mitzuentscheiden, würde die Geburtenrate rapide sinken, aber das hat die Tradition nirgends vorgesehen. Eure Traditionen, eure Religionen also, entstanden zu einer Zeit, als die Erde noch leer war. Darum sagen die Bibel und der Koran auch nichts über eure Mega-Städte.

São Paulo hatte 1955 noch drei Millionen Einwohner, genau wie Mumbay etwa, das frühere Bombay. Heute leben 20,8 Millionen Menschen in São Paulo, in Mumbay sind es 20,7 Millionen. Aber ihr habt recht, ich höre schon auf.

Das Leben ist eine Gleichgewichtsfrage. Je länger ich euch studiere, desto deutlicher wird mir das. Die Natur hat euch vieles vorenthalten. Wer so ins Offene ausgreift, ins Vorbildlose wie ihr, der sollte ein besonders feines Gleichgewichtsorgan besitzen. Aber eben das fehlt euch auch.

Als Malthus seinen fatalen *Essay* schrieb, hatte er sich gerade über den Optimisten William Godwin geärgert. Er ärgerte sich überhaupt über Optimisten. Man fasst diese intellektuell auffällige Gruppe bis heute unter dem Oberbegriff »Aufklärer« zusammen, sie glauben an das meiste nicht, an das immer geglaubt wurde, etwa an die alten Götter. Aber sie glauben an die unendliche Vervollkommnungsfähigkeit der menschlichen Natur. Noch ist der Disput Malthus–Godwin so unentschieden wie vor 200 Jahren. Damals wart ihr eine Milliarde. Bald müsst ihr noch eine Eins davorsetzen, falls eure Gattung das noch erleben sollte.

Überzähliges Dasein

Die Depression, von einer Ratte erklärt

Es gibt Individuen unter euch, die wollen das Bevölkerungsproblem auf ihre Weise lösen. Und sie werden immer mehr, allerdings bleiben sie Einzelne dabei. Inhaftierte in sich selbst, hingegeben der Auffassung, niemand sei so allein wie sie. Schon weil ihre gesamte Umwelt ihnen fremd wird. Sie erkennen schlagartig, gleichsam von einem Augenblick auf den anderen und mit absoluter Sicherheit: Ich bin zu viel auf dieser Welt! Auf mich hat niemand gewartet, am wenigsten ich selbst. »Überzähliges Dasein« nannte das Rainer Maria Rilke, die Philosophen sprachen lange von »Melancholie«, eure Ärzte diagnostizieren bündig »Depression«.

Natürlich wusste Rilke genau, wovon er sprach. Es ist nicht so, dass er rein arithmetisch zu diesem, sagen wir, bionegativen Ergebnis gekommen wäre. Es war auch nicht das Platzproblem. In einer 20-Millionen-Stadt mag sich ein Bewohner ab und zu fragen, ob er hier nicht einer zu viel ist – und von den Städten eurer Zukunft habe ich noch gar nicht gesprochen –, aber Rilke lebte nur anfangs in Städten, später meist auf Schlössern und vorzugsweise dann, wenn die Hauseigentümer nicht da waren.

Seine Einsicht, überzähliges Dasein zu verkörpern, hat also nichts mit realen Platzverhältnissen auf dieser Erde zu tun, die den Einzelnen heute und morgen schon zum Verschwinden bringen könnten. Womit aber dann?

Es geht um die Platzverhältnisse der Seele. Und da zählen die Quadratmeter ganz anders. Ihr habt es gar nicht nötig, euch von einer Ratte über die Depression belehren zu lassen? Mein Gott, seid ihr arrogant. Wisst ihr denn nicht, dass euer Nervensystem dem unsrigen ungemein ähnlich ist? Wir testen all eure Antidepressiva, wir kommen noch darauf. Also vertraut dem Spezialisten, denn so viel ist klar: Jeder Depressive sitzt in einer seelischen Kleinst-Zelle, egal ob Rilke oder eine Ratte, er spürt die Außenwelt nicht mehr, nur noch die Wände seines Ich. Und die rücken immer näher. Dass der Depressive eigentlich von morgens bis abends nur darüber nachdenkt, wie er diese Welt am besten verlassen könnte, liegt genau daran: Die Zelle ist zu eng. Er muss da raus, jeder Sträfling versteht das, und einen Schlüssel gibt es nicht. Oder doch?

Zu den Schlüsseln kommen wir noch. Nun könnte sich der Depressive sagen, dann schlafe ich eben, bis die Welt wieder weiter wird. Ihr kennt doch noch den alten Spruch eurer Eltern, wenn ihr einmal nicht mehr an euch, die Welt oder eure Freunde glaubtet: Morgen ist ein neuer Tag, morgen sieht die Welt ganz anders aus! Es gibt keinen Satz, mit dem ihr einen Depressiven mehr erschrecken könntet: Was, morgen ist ein neuer Tag? Noch einer? Wie soll ich den überstehen? Der größte Feind des depressiven Menschen, einer depressiven Ratte ist der Morgen, sein größter Freund der Abend: Alles stirbt, die Sonne, der Tag. Einschlafen dürfen, um nie mehr aufzuwachen! Aber selbst das ist nur ein Wunsch. Denn schlafen kann er meist ohnehin nicht mehr, was seinen Zustand nicht verbessert. Selbst gesunde Menschen ahnen nach einer durchwachten Nacht, was Verzweiflung ist.

Wenn Sie depressiv sind und nicht schlafen können, habe ich

eine gute Gute-Nacht-Lektüre für Sie, nach der Sie vermutlich nie wieder schlafen können: E. M. Cioran, der größte Philosoph unter den Schlaflosen, oder sollte ich sagen: der größte Schlaflose unter den Philosophen? Zwei seiner schönsten Bücher heißen *Auf den Gipfeln der Verzweiflung* und *Vom Nachteil, geboren zu sein*. Es sind im tiefsten Grund Abrechnungen mit Gott, an den er nicht glaubt und den er doch liebt. Kein Schlafloser glaubt an Gott.

Das Hauptproblem der depressiven Ratte und des depressiven Menschen ist eines, das für die anderen gar nicht existiert: Wie kann ich wollen wollen? Allein die nächste kleinste Bewegung fordert mir alles ab, was an Entschlusskraft noch in mir ist. Und die maßlose Erschöpfung danach! Im Kampf ums Dasein kommt man so nicht weit. Für mein Verständnis ist die Depression eines der tiefsten Rätsel der Evolution. Ich glaube, es gibt überhaupt nur eine Erklärung: Sie mag euch nicht. Es ist bestimmt kein Zufall, dass sie diese Plage vor allem euch vorbehalten hat.

Vergewissern wir uns noch einmal der Ursachen der Depression. Was mag eine Seele so aus dem Gleichgewicht bringen, etwa die Rilkes?

Die Schöpferischen haben es ohnehin schwer. Sie spüren schärfer, wenn sie nicht mehr schöpferisch sind, wenn die Auftriebskräfte versiegen. Wer schafft, ist potenziell weltumspannend. Was, wenn das endet? Erschwerend kam hinzu: Ich bin nicht auf so harmlose Weise nützlich wie die anderen, wusste Rilke. Ja, wäre er Bäcker geworden oder Gleiswart bei der Eisenbahn, irgendein unproblematischer Diesseitsbewohner, er hätte ein froher Mensch werden können. Dichter sind *per se* unglücklich.

Rilke hat vielleicht auch das schönste Depressionsgedicht der Welt gemacht, und das Großartigste daran ist: Es handelt nicht von euch, sondern von einem Panther. Eine Ratte wäre noch besser gewesen, vielleicht eine Laborratte, aber ich will mich nicht beschweren, ein Panther ist auch ein Tier. Rilke war 1903 im Jardin des Plantes, Paris, mit folgendem Ergebnis:

Der Panther

Sein Blick ist vom Vorübergehn der Stäbe
so müd geworden, daß er nichts mehr hält.
Ihm ist, als ob es tausend Stäbe gäbe
und hinter tausend Stäben keine Welt.

Der weiche Gang geschmeidig starker Schritte,
der sich im allerkleinsten Kreise dreht,
ist wie ein Tanz von Kraft um eine Mitte,
in der betäubt ein großer Wille steht.

Nur manchmal schiebt der Vorhang der Pupille
sich lautlos auf –. Dann geht ein Bild hinein,
geht durch der Glieder angespannte Stille –
und hört im Herzen auf zu sein.[5]

Diesen Planeten mit der eigenen Anwesenheit zu belästigen, dafür braucht man schon sehr gute Gründe, wussten Rilke, Nietzsche und ihre Brüder und Schwestern im Geiste. Rattenlogik ist das nicht, aber ich mag eure Kompliziertheiten. Wie empfindlich ihr seid!

Ich konsumiere, also bin ich!, zählt, wie wir sahen, nicht als Existenzbeweis, obgleich jedes Tier das bestreiten würde, genauso wie eure Konsumgesellschaft, die nichts weiter von euch will, als dass ihr Tag für Tag auf ebendiese Art euren Aufenthalt auf Erden rechtfertigt. Ich verdaue, also bin ich? Rein faktisch sehr schwer zu widerlegen, aber trotzdem falsch, siehe Leonardo, erstes Unterkapitel. Und nun?

Arthur Schopenhauer nannte den »gewöhnlichen Menschen« die »bloße Fabrikware der Natur«. Nietzsche hat sich den Satz sofort gemerkt und konnte ihn leider nie wieder vergessen. Sie spüren die Malthus'sche Kälte? Und ohne die mentale Einstimmung durch seine Malthus-Lektüre wäre Darwin der Evolution kaum auf die Spur gekommen. Wenn Gott nun also seine Hand von euch zurückzieht, die er immer über euch gehalten hat, wahrscheinlich wegen Nichtexistenz, was dann?

Um das Jahr 2000 entdeckten auch die Philosophen die Depression, immerhin begann sie gerade als neue »Volkskrankheit« zu gelten. Bis dato galt sie mehr als Leiden der etwas komplizierter Gearteten. Nie hätte man geglaubt, dass auch, sagen wir, ein Busfahrer depressiv werden kann. Oder eine Sekretärin. Aber nun sprach der französische Soziologe Alain Ehrenberg von einer *fatigue d'être soi*, einer »Müdigkeit, man selbst zu sein«.

Die Depression sei die Melancholie einer Gesellschaft, »in der alle gleich und frei sind, es ist die Krankheit von Demokratie und Marktwirtschaft *par excellence*. In dieser Hinsicht ist die Depression die unvermeidliche Kehrseite der Souveränität des Menschen, nicht dessen, der falsch handeln, sondern dessen, der gar nicht handeln kann.«[6]

Andere sagen, nicht die Gesellschaft mache depressiv, es gäbe vielmehr genetische Anlagen. Spätestens jetzt wird es Zeit für unseren Auftritt.

Strukturell pervers, wie euer Geschlecht nun einmal veranlagt ist, habt ihr nicht Abstand genommen, über 33 Generationen einen todtraurigen Rattenstamm zu züchten.[7] Zutiefst melancholische Eltern bekamen noch verzweifeltere Kinder. Ich frage lieber gar nicht erst, wie ihr das gemacht habt. Ich ahne es ohnehin.

Ihr seid Meister im Erfinden immer neuer Ausweglosigkeiten. Ihr sperrt uns über Stunden in engste Käfige, in denen wir kein Glied rühren können. Ihr setzt uns in Wassertanks, aus denen wir nie herauskommen. Und Elektroschocks! Elektroschocks vergesst ihr fast nie. Und saßen die Ratten dann doch einmal fast unbelästigt da, machten sie nichts mehr von dem, was gewöhnliche Ratten tun. Sie spielten nicht, sie kletterten nicht, sie saßen einfach nur da und schauten ins Leere. Die Angehörigen eures 33-Generationen-Stamms der traurigsten Ratten, die je auf Erden lebten, waren wahrscheinlich nicht nur depressiv, sondern litten zugleich unter einer posttraumatischen Angststörung. Mich wundert, dass ihr sie überhaupt noch dazu überreden konntet, sich zu paaren.

Natürlich habt ihr diese Kandidaten des Jenseits nicht aus lauter Gemeinheit so zugerichtet, sondern um herauszufinden, ob es noch irgendetwas gibt, was diese seelischen Lemuren ins Dasein zurückholen könnte. Und wenn ja, was das für euch bedeutet.

Bevor ich euch das Ergebnis mitteile, muss ich euch den Porsolt-Schwimmtest vorstellen, auch »Verzweiflungstest« genannt. Dieser Test prüft die Wirksamkeit eurer Antidepressiva, und zwar an uns.

Stellen Sie sich vor, Sie werden an zwei aufeinanderfolgenden Tagen für 15 Minuten in einen schmalen Zylinder voller Wasser gesetzt. Aber das Zeitlimit kennen Sie natürlich nicht. Sie schwimmen, weil sie dort rauswollen. Wer nicht schwimmt, wer sich nur noch treiben lässt – *floating* – hat schon aufgegeben. Sagt ihr. Die Pointe ist nun, dass wir eure noch nicht zugelassenen Antidepressiva geschluckt haben. Und nun stellt ihr euch das so vor: Je länger die Ratte schwimmt, obwohl sie keine Chance hat, desto wirkungsvoller das Antidepressivum. Wer sich treiben lässt, gilt als hoffnungslos depressiv.

Also, ich weiß nicht. Wir sind ziemlich klug, ich glaube, ich muss das nicht mehr eigens erwähnen. Eine Ratte, die nicht erkennt, dass sie aus diesem Zylinder nicht herauskommt, ist nicht depressiv, sondern dement. Die Ratio gebietet, spätestens am zweiten Tag, nach der Erfahrung des ersten: Kräfte sparen und auf Hilfe warten! Also weiter treiben. Eines habe ich auch nie verstanden: Ihr testet immer gesunde Ratten. Aber eure

Antidepressiva bekommen die nicht ganz so fitten, denn bei den Gesunden wirken sie gar nicht. Und warum nehmt ihr immer Männer?

Als Ratte sind Männer doch nun wirklich zweite Wahl. Weil ihr die Hormonschwankungen der Frauen ausschließen wollt, sagt ihr. Oder meint ihr, der Modellorganismus ist nun mal der Mann? Aber die meisten Depressionspatientinnen sind Frauen, und die haben auch Hormonschwankungen. Ihr seid wirklich nicht ganz, verzeiht, dass ich das so sage, bei klarem Verstand. Außerdem testet ihr uns fast immer am Tag, ihr nennt diese widernatürliche Frist euren Arbeitstag, aber da schlafen wir normalerweise und schwimmen nicht. Wir sind nachtaktive Tiere. Es ist, als ob man euch mitten in der Nacht wecken würde: Los, schwimmen! Da wäret ihr auch nicht die schnellsten. Vielleicht sind wir gar nicht depressiv, nur müde? Und das sind nur einige Bedenken gegen euren Schwimmtest.

Und wie stellt ihr die Wirksamkeit eurer Präparate am Menschen fest? Durch Gespräche, durch Patientengespräche!

– Wie fühlen Sie sich heute, nach vier Wochen Doxepin …?

– Ich weiß nicht, Herr Doktor. Besser? Nein, ich weiß wirklich nicht!

So kann man das doch nicht messen. Ich finde, die müssen schwimmen, alle!

Übermensch und Überratte. Wir fahren Auto

Und dann bekamen die traurigsten Ratten der Welt, nein, keine Antidepressiva, sondern eine Überweisung in die Psychotherapie. Man setzte sie in ein Rattenparadies.

Wenn ihr euch das Paradies vorstellt, ich glaube, ihr nennt es das »Himmelreich«, dann denkt ihr immer an eine Art Sozialhilfe-Existenz. Alle liegen auf dem Sofa, keiner arbeitet. Und im

Fernsehen läuft nur ein einziges Programm: Die Engelschöre singen. Ich weiß nicht, wem das einfallen konnte, aber ich sage euch: Das ist nicht das Paradies, eher ist es das ideale Setting für erworbene Depression. Dabei wisst ihr schon, wie ein richtiges Paradies aussehen könnte. Für uns habt ihr es gebaut: Riesige Käfige, nein, eher ein Rattenpark. Abwechslung! Spiel! Verstecke! Noch mehr Verstecke! Kletterparcours! Herausforderungen an jeder Ecke. Fast alles lässt sich zernagen. Und, ganz wichtig: viele Brüder und Schwestern.

Was soll ich euch sagen? Ihr erinnert euch doch noch an die letzte Strophe von Rilkes »Panther«: *Nur manchmal schiebt der Vorhang der Pupille/sich lautlos auf –. Dann geht ein Bild hinein,/geht durch der Glieder angespannte Stille –/und hört im Herzen auf zu sein.* Aber der Blick der Ratten, der nichts mehr hielt, wurde plötzlich scharf, die Bilder von außen erreichten ihr Herz. Sie vergaßen vollständig, dass sie die niedergeschlagensten Nagetiere der Welt waren.

Leider war der Aufenthalt im Paradies begrenzt. Die Vertreibung aus dem Paradies ist ein altes Motiv, es ist die schwerste aller Strafen, die Strafe an sich. Aber wofür? Meine Brüder und Schwestern, die vormals traurigsten Ratten der Welt, hatten nichts Böses getan, sie hatten nicht einmal den Apfel vom Baum der Erkenntnis angefressen.

Trotzdem kamen sie direkt vom Paradies in den Wassertank. Schwimmen! Zum höchsten Entzücken der Forscher benahmen sich die einst depressiven Tiere nun wie ganz »normale« Ratten. Sie schwammen auf der Suche nach einem Ausweg, sie wollten zurück ins Paradies. Natürlich wäre das Sich-Treiben-Lassen die kognitiv überlegene Reaktionsweise: Hier kommen wir doch nicht raus! *Let it be.* Aber nichts Lebendiges, nichts wirklich Lebendiges reagiert so. Die Forscher waren beglückt. Die gute Nachricht für euch ist: Selbst bei genetischer Anlage zur Depression, lasst euch ins Paradies einweisen, und alles wird gut! Wahrscheinlich solltet ihr einen Wissenschaftszweig Paradiesforschung einrichten, ich würde mich als Studienleiter zur Verfügung stellen.

Bereits im Rattenversuch konnte bewiesen werden: Chillen ist nicht die Pforte zum Paradies. Für niemanden. Auf die innere Spannung kommt es an. Wenn ihr die verliert, verliert ihr am Ende euch selbst. Noch hat wohl niemand darüber nachgedacht, aber ich glaube, Engel sind ungemein langweilig. Halten wir fest, das Nichtstun ist nicht der Himmel auf Erden, sondern nur das Interimsparadies, das nach der Anstrengung kommt. Nun wäre diese Auskunft gewiss ungenau, ohne ein Wort zur Natur dieser Anstrengung zu sagen.

Da berühre ich schon wieder die Sinnfrage. Warum gleich den Sinn des Lebens suchen, fragt doch zuerst einmal nach dem Sinn eurer Arbeit! Gibt sie euch etwas zurück, außer Geld? Bringt sie euch hervor, oder benutzt sie euch nur? Ihr habt euch schon so sehr daran gewöhnt, dass der Mensch arbeitet, um Geld zu verdienen, das Leben aber beginnt, wenn die Arbeit aufhört. Diese Einstellung gehört zu den konstituierenden Schizophrenien eurer modernen Gesellschaft. Wir arbeiten nicht. Das ist die Weisheit der Tiere.

Natürlich weiß ich um all jene, die ihr unter euer Joch gezwungen habt. Es gab nicht nur *eine* Arbeiterklasse, es gab mindestens zwei im 19. Jahrhundert. Die zweite, die geschundenste überhaupt, waren die Pferde, diese Proletarier unter den Tieren. Wir verneigen uns vor euch! Niemand hat ein Manifest für euch geschrieben. Und ich behaupte noch einmal: Tiere arbeiten nicht. Bevor ihr mir jetzt widersprecht, schreibe ich nachher lieber gleich noch ein Kapitel über Tiere bei der Arbeit. Denn wenn, arbeiten wir anders als ihr. Vielleicht könnt ihr etwas lernen von uns.

Natürlich, ihr könntet anfangen zu klettern, euch zu verstecken und zu nagen wie wir. Spielen ist wichtig, glaubt mir. Wer nicht mehr spielen kann, ist schon fast verloren. Ich spiele, also bin ich! Das ist der beste, der unwiderlegbare Existenzbeweis, eure Philosophen sind nie darauf gekommen. Nicht einmal Friedrich Nietzsche.

Dabei glaubte er, gerade er, endlich die Rechtfertigung eurer Anwesenheit auf Erden gefunden zu haben. Und er erfand den Übermenschen. Das ist nicht der Herrenmensch, wie die geistig etwas grob Gezimmerten unter euch glauben. Ebenso wie Nietzsches »blonde Bestie« kein SS-Hauptsturmführer ist, sondern mein entfernter Bruder, der Löwe. Nietzsche hielt viel von uns Tieren, uns hat er nie die »Überflüssigen« oder die »Vielzuvielen« genannt. Tiere zählen nicht zu den Überflüssigen, den Vielzuvielen. Man müsste euren Schädlingsbekämpfern einen Grundkurs Nietzsche zur Pflicht machen.

Der *Zarathustra* ist das Evangelium des schöpferischen Menschen. Es ist ein ungemein hartes Evangelium. Zählen Schädlingsbekämpfer eigentlich zu den schöpferischen Menschen?

Das Problem dieses heroischen Programms der Selbststeigerung ist nur, dass kein Mensch dauerhaft auf der Höhe seiner eigenen Möglichkeiten lebt. Niemand ist dauerhaft schöpferisch, nicht einmal Nietzsche war es, der schon gar nicht. Vielleicht ist der Übermensch letztlich ohnehin eine Chimäre. Zu Recht haben ihn die Amerikaner *Superman* genannt. Ich glaube an die Superratte.

Es geht um Selbststeigerung. Das sei euer Privileg, glaubt ihr. Vollkommen falsch. Wusstet ihr, dass wir Auto fahren können? Gewöhnlich langweilt ihr meine Brüder und Schwestern von der Wissenschaft, die Laborratten, mit absurd unterkomplexen Aufgaben, wenn eure Tests nicht von vornherein eine offensiv grausame Note haben. Aber die Amerikanerin Kelly Lambert, eine große Sympathisantin unserer Art, wusste genau: Die Ratte wächst mit ihren Aufgaben! Und darum brachte sie uns Autofahren bei.

Das Rattenauto heißt *ROV*, das bedeutet *rodent-operated vehicle*[8]. Eine Klarsichtbox, vier Räder und drei Hebel: Gas, Bremse, Steuer, ihr kennt das, ganz einfach. Oder habt ihr wirklich geglaubt, ihr seid die Einzigen, die Auto fahren können? Wer noch ein paar gesunde Reflexe hat und nicht ganz auf den Kopf gefallen ist, schafft das. Aber das Auto fahren, meint ihr, gehört doch zu den, nun ja, etwas komplexeren Tätigkeiten, und durch eine besondere Neigung zur Komplexität sei noch kein Tier aufgefallen. Wir wollen nicht streiten. Und ich gebe zu, dass unser Lerneifer wesentlich dadurch befeuert wurde, dass am Ende der Autofahrt ein guter Bissen auf uns wartete, der nur gasgebend, lenkend und umsichtig bremsend zu erreichen war. Erklärt mir jetzt bloß nicht, dass ihr alles, was ihr macht, um seiner selbst willen unternehmt.

Einen großen Unterschied gibt es aber doch, wenn ihr Auto fahrt oder wenn wir uns hinter das Steuer setzen. Normalerweise messt ihr nicht die Stressmarker in euren Stoffwechsel-Endprodukten, wenn ihr die Hände vom Steuer nehmt. Ihr ahnt das Ergebnis auch so. In unserem Fall aber wurde das gemacht. Mit einem für euch erstaunlichen Ergebnis: Die Autofahrer unter uns waren viel entspannter als die Nichtautofahrer, obwohl die nichts, rein gar nichts für ihr Futter tun mussten. Die Autofahrer genossen die Herausforderung, sie waren konzentriert. Eure Psychologen nennen den Effekt »Selbstwirksamkeit«. Ich würde es so formulieren: Das Autofahren ist eine Erweiterung unseres schöpferischen Selbsts. Es ist das Gefühl des »Alles-ist-möglich«.

Es gab aber noch eine Variante: Verführung durch Luxus. Die Ratten mit Führerschein wurden spazieren gefahren und unterwegs gefüttert. Danach mussten sie wieder wählen: entweder Taxi mit Catering oder selber fahren. Wie würdet ihr euch entscheiden, ihr korrumpierten Konsumbürger? Ich ahne es, ich befürchte es. Ahnen Sie auch, wie wir uns entschieden haben? Fürs Selbstfahren natürlich! Im Schweiße unseres Angesichts erfuhren wir uns das tägliche Stück Brot.

Darum fuhren die meisten meiner Brüder und Schwestern mit Führerschein auch dann weiter, wenn die Tour gar nicht mehr prämiert wurde. Ratte und Auto wurden zu einem neuen, dritten Wesen: *Easy Rider*! Einer eurer Philosophen sprach einmal von dem »Sich-fallen-Lassen in Auftriebskräfte«. Er dachte dabei nicht primär an Ratten, die Auto fahren, aber er hat das schon sehr gut gesehen.

VI.

Die Kanalratte

Sie kommen!

Eure Wissenschaftler sind nicht völlig sicher, aber es muss wohl das unvorstellbar große Erdbeben vom November 1727 gewesen, das weite Teile Asiens erschütterte. Ganze Städte versanken binnen Minuten, allein Tabris in Persien zählte 77 000 Opfer, in der Region Kalkutta sollen es 300 000 gewesen sein.

Ein wirklich intelligentes, von der Natur nicht im Stich gelassenes Lebewesen wie wir weiß natürlich vorher, wenn ein Erdbeben kommt. Meine Cousins und Cousinen saßen in ihren feuchten, selbst gebauten unterirdischen Labyrinthen voller kunstvoll angelegter Gänge, Schlafkammern und Vorratsräume an den Flussufern und dachten: Nicht schon wieder Plattentektonik! Dass sich die Arabische Halbinsel jährlich um zwei Zentimeter gen Nordosten vorschiebt, ist eine sehr missliche Angelegenheit. Nieder mit der Plattentektonik! Aber kein Wünschen half. Das ionisierende Gas drang aus den haarfeinen Rissen der Erde in ihre Nasen, was einen starken Anstieg des Serotoningehalts im Blut meiner Verwandten bewirkte, der ihnen alle Ruhe nahm. Sie strömten an die Oberfläche, denn hier war die Konzentration des Gases geringer, und dann kam es, das große Beben.

Natürlich hätten es die Überlebenden so halten können wie ihr: Alles wieder aufbauen und auf die nächste Katastrophe warten. Nach der Apokalypse fängt das Leben neu an, wer wüsste das besser als wir? Aber diesmal war etwas anders. Immobilienbesitzer kennen das Problem. Manche können nach einem Einbruch nicht mehr in ihren alten Häusern bleiben. Das Heimatgefühl ist gestört. Ebenso ging es meinen Verwandten. Wir emigrieren!, beschlossen sie. Wir gehen dahin, wo die Plattentektonik nicht hinkommt! Also ziemlich weit weg. Wahrscheinlich betrachteten sie nicht ohne Wehmut die Kadaver ringsum in den Straßen. Was für ein Schlaraffenland! Sollten sie wirklich fortlaufen, gerade jetzt? Den Ort verlassen, wo sie seit Urururururururururzeiten gefressen und sich geliebt haben, die Rattenheimat? Aber eine Ratte ohne Prinzipien kommt nicht weit. Also fraßen sie erst und gingen dann.

Nach Europa! Es war sehr weit. Keine Familie würde allein dorthin gelangen, also bildeten meine Cousins und Cousinen große Wandervereine, riesige Emigrationsgenossenschaften. Ihr habt ja keine Ahnung, was Flüchtlingsströme sind!

Im Sommer 1728 durchzogen sie die Ebenen nördlich des Kaspischen Meeres, des größten Sees der Erde. Sie kamen nach Astrachan, an die Wolga. Es erwies sich als unmöglich, die Wolga zu umwandern. Also schwimmen! Meine Cousins und Cousinen können fast einen Kilometer schwimmen, ohne Pause. Sie überleben bis zu drei Tage im Wasser. Aber die Wolga verlangte ihnen alles ab. Jede hielt den Schwanz der vorderen im Maul, um zusammenzubleiben, so weiß es *Brehms Tierleben*. »Vor mir tauchte plötzlich ein riesiges Feld in Bewegung auf, ein Feld aus Rattenkadavern, das der Strom gen Süden führte«, berichtet Alexis Turgai, einer der ersten Zeugen des Marschs auf Europa. Wer einmal die Wolga gesehen hat, weiß um die Gründe dieser Niederlage. Die Wolga ist kein Fluss, sie ist ein Meer.

Hier bei Astrachan hätte alles zu Ende sein können, aber Sie kennen die Pointe jeder Rattengeschichte: Eine schafft es immer! Nein, es waren bestimmt mehrere. Die Überquerung der Wolga war eine gute Vorbereitung für die Überwindung des Dnjepr.

Ich habe schon gesagt, wir stehen uns nicht sehr nah, die Wanderratte und meine Art, die gemeine europäische Hausratte. Die Wanderratte ist längst nicht so schön wie wir, dafür ist sie größer. Einst gehörte uns Europa allein, jetzt gehört es diesen

Neuankömmlingen. Ich werde euch noch sagen, warum. Natürlich, wir sind viel schöner, viel eleganter. Aber was zählt am Ende die Schönheit?

Doch ich will nicht ungerecht sein. Spätestens an der Wolga wären wir wieder umgekehrt. Keine Dachbodenratte schafft es durch die Wolga, das ist nicht Feigheit, das ist Realismus. Die Wanderratte kann zwar nicht ganz so gut klettern wie wir, aber das wäre im Augenblick kaum die richtige Qualifikation gewesen. Schwimmen Sie mal durch den Dnjepr! Das heldenhafte Volk der Wanderratten erlitt wiederum herbe Verluste, und nun kam der russische Winter.

Der russische Winter hat schon die Stärksten in die Knie gezwungen, denken Sie an Napoleon oder die deutsche Wehrmacht, wenn ich das mal so sagen darf. Wer Russland erobern will – und den Unsrigen ist es im Gegensatz zu den beiden Unbefugten gelungen –, sollte schon in der Lage sein, Temperaturen von minus 40 Grad auszuhalten. Sie kennen doch sicher die Geschichte von Elisha Kent Kane, dem prominenten Vertreter der Theorie vom eisfreien Nordpolarmeer?

Seine Brigg *Advance* brach am 30. Mai 1853 auf, um das zu überprüfen. Sie überwinterten im Kane-Becken, 78,5 Grad nördlicher Breite, und fuhren mit Schlitten gen Norden, der, wie sie hofften, eisfreien Zone entgegen. Leider fror die *Advance* währenddessen heillos fest, sodass an Rückkehr nicht zu denken war. Als das Schiff in New York ablegte, konnten die Bordratten nicht ahnen, wohin die Reise ging. Die Theorie vom eisfreien Nordpolarmeer war ihnen gleichgültig, sie wären viel lieber nach Kuba gereist, aber nun lernten sie das Überleben bei minus 40 Grad. Und natürlich lernten sie viel besser als die Besatzung. Das Wichtigste bei solchen Temperaturen ist eine ausgewogene Ernährung. Leider reichten die Vorräte an Bord nicht für alle. Ich erspare Ihnen an dieser Stelle die Einzelheiten.

Einem Teil der Besatzung gelang die Rückkehr, teils mit

Hundeschlitten, teils zu Fuß, teils mit Beibooten. Kane litt sehr an Rheuma. Ich habe nie verstanden, was einen Menschen mit Rheuma die unhaltbare These vom eisfreien Nordpolarmeer angeht.

Die Russland-Pioniere im Winter 1728 waren keine Rheumatiker. Nachdem sie den Dnjepr durchschwommen hatten, schlitterten sie zu Fuß über die nächsten Flüsse. Die Temperaturen schienen ihnen angenehm.

Und so zogen sie weiter. Viele haben die Ankunft der riesigen Flüchtlingstrecks beschrieben, etwa so: »In Byostargraad« – das ist ein albanisches Dorf in der Nähe von Tirana – »kam der schwarze Fluss bei Sonnenuntergang an. … Nichts konnte ihn aufhalten …, weder die tosenden Sturzbäche noch die schweren Pforten des Klosters. … Wer nicht mit auf den Berg steigen wollte und glaubte, dem Tod zu entgehen, indem er sich hinter seiner Haustür verbarrikadierte, wurde am nächsten Tag als Skelett aufgefunden.«[1] Wandern macht hungrig, und vielleicht ist der Hauseigentümer den Ankömmlingen in unfreundlicher Absicht entgegengetreten.

1753 erreichten die Wanderratten Paris, um 1790 fand man sie in Deutschland bereits beunruhigend oft, um 1850 hatten sie ganz Europa besetzt. Nicht alle aber reisten so beschwerlich auf dem Landweg. Die auf mehr Komfort Bedachten nahmen das Schiff. Mit der Britischen Ostindien-Kompanie und Vollpension kamen sie schon 1732 von Asien zuerst nach London, 1755 gingen sie in Nordamerika an Land. Wann *Rattus norvegicus* Norwegen erreichte, wissen wir nicht, mit der Unwirtlichkeit im Norden hat die Ratte so wenig zu schaffen wie mit Honolulu. Vielleicht wollte der Namensgeber andeuten, dass diese wärmegewohnte asiatische Migrantin sogar in Norwegen überlebt.

Heinrich Heine schrieb den Neueuropäern ein großes Begrüßungsgedicht. Es lautet:

Die Wanderratten

Es gibt zwei Sorten Ratten:
die hungrigen und satten.
Die satten bleiben vergnügt zu Haus,
Die hungrigen aber wandern aus.

Sie wandern viele tausend Meilen,
ganz ohne Rasten und Weilen,
Gradaus in ihrem grimmigen Lauf,
Nicht Wind noch Wetter hält sie auf.

Sie klimmen wohl über die Höhen,
sie schwimmen wohl durch die Seen;
Gar manche ersäuft oder bricht das Genick,
Die lebenden lassen die toten zurück.

Es haben diese Käuze
Gar fürchterliche Schnäuze;
Sie tragen die Köpfe geschoren egal,
Ganz radikal, ganz rattenkahl.

Die radikale Rotte
Weiß nichts von einem Gotte.
Sie lassen nicht taufen ihre Brut,
Die Weiber sind Gemeindegut.

Der sinnliche Rattenhaufen,
Er will nur fressen und saufen,
Er denkt nicht, während er säuft und frisst,
Dass unsre Seele unsterblich ist.

So eine wilde Ratze,
Die fürchtet nicht Hölle, nicht Katze;
Sie hat kein Gut, sie hat kein Geld
Und wünscht auf's neue zu teilen die Welt.[2]

Das Willkommensgedicht ist an dieser Stelle noch lange nicht zu Ende, und Sie hören wohl, dass hier, wenn von uns gesprochen wird, noch eine andere Rotte in Rede steht. Die andere kommt ungefähr zur gleichen Zeit an, nur dass ihr Weg viel kürzer ist, meist stammen die Wanderer bloß aus den umliegenden Dörfern, aber sie haben, genau wie wir, nichts als ihre Nachkommen, *proles*. Und so hat man sie genannt: »Proletarier«. Ich werde später noch einmal auf unsere Verwandtschaft zurückkommen.

Die Erstbegegnungen zwischen uns, der alten europäischen Hausratte, und den Neubürgern mit Migrationshintergrund sind nicht überliefert.

Und dann habt ihr uns eine unterirdische Stadt gebaut …

1850 war nicht nur das Jahr, in dem meine Brüder und Schwestern, die Wanderratten, ganz Europa besetzt hatten. Es war auch das Jahr, in dem sich in Paris große Dinge ankündigten. Die Stadt hatte, wie ihr wisst, gerade die 48er-Revolution hinter sich.

Die Herrschenden verabscheuen Revolutionen. Und Barrikaden. Einerseits hatten sie schon lange gespürt, dass etwas in der Luft lag. Aber dann waren sie trotzdem überrascht. Ich sage euch, man hätte es wissen können. Ich schwänzelte damals, im Sommer 1847, unter den Zuschauern, die in drei Reihen von den Tuilerien bis zur Barrière du Trône die Quais und die Rue de

Faubourg Saint-Antoine säumten. Ich glaube, ich stand genau neben Victor Hugo. Wir beobachteten die Kutschen, die in den Park von Vincennes zum großen Sommerfest des Herzogs von Montpensier fuhren. Sommerfest?

Nicht für uns, nicht für die, die da standen. Wir winkten den Ausfahrenden auch nicht zu, wir riefen ihnen vielmehr Drohungen und Verwünschungen nach. »Es war wie eine Wolke aus Hass um dieses Leuchten eines Augenblicks«, sagte Victor Hugo zu mir. Und das war erst der Anfang. Die Wahlrechtsreformer träumten von der Reform des Wahlrechts in Frankreich. Was, wenn alle wählen dürften statt nur die Wohlhabenden, dann gäbe es statt einer Viertelmillion Wähler plötzlich 10 Millionen! Alle: also alle Männer. Ihr wisst, wie das endete: mit Barrikaden und Blut, mit Blut und Barrikaden.

Treibt die Ratten zurück in ihre Löcher!, hieß es. Sie bemerken, ich spreche jetzt von den nicht wahlberechtigten Barrikadenbauern unter euch, die den Gästen des Sommerfestes des Herzogs von Montpensier im Juli 1847 nicht alles Gute gewünscht haben. Aber war das wirklich die Lösung? Ein Neffe des großen Napoleon Bonaparte, Louis-Napoléon, hatte schon lange über diese Frage nachgedacht. Während eines Gefängnisaufenthalts – als Neffe Napoleons hat man Feinde, erst recht wenn man sich auch so benimmt – fand er Muße, ein Traktat mit dem Titel *L'extirpation du paupérisme* zu verfassen: »Die Beseitigung des Massenelends«. Seine Grundidee möchte ich so zusammenfassen: Emanzipation der Ratten und fort mit den Löchern! Er hat sich dann vor allem auf den zweiten Teil konzentriert. Das lag auch daran, dass er nach sechs Jahren in Handwerkerkleidung aus dem Gefängnis fliehen konnte und nach London ins Exil ging. London hat ihn beeindruckt. Breite Straßen. Parks. Kanalisation.

Da ich im Dezember 1850 im Rathaus von Paris unter den Zuhörern war, darf ich euch die konkretisierenden Worte des künftigen Kaisers zitieren, es war, wenn ihr mich fragt, eine regelrechte

Bauhaus-Rede: »Paris ist das Herz Frankreichs. Strengen wir uns alle an, diese große Stadt zu verschönern … Lassen Sie uns die Straßen öffnen und die dicht bewohnten Stadtteile, denen es an Licht und Luft fehlt, gesünder gestalten, auf dass der wohltätige Sonnenschein überall in unsere Mauern dringt.«[3]

Ja, Napoleon III. wollte ein ganz neues, beispielloses Paris. Nein, falsch, ein Beispiel, ein Vorbild hatte er: London, ich erwähnte es bereits. Große gerade Straßen, die man nicht mit Barrikaden verstellen kann. Parks mitten in der Stadt, usw., usw. Bald schon würde Baron Haussmann beginnen, im Auftrag des neuen Kaisers für meine unlängst aus Asien eingetroffenen Brüder und Schwestern eine eigene unterirdische Stadt zu errichten. Das ist ihre Überlieferung, aber so viel ist richtig: Der Präfekt des Kaisers plante von Anfang an eine Doppelstadt – eine Stadt oben für die Menschen und eine unten für die Ratten, fast genauso groß.

1753 erreichten die Wanderratten Paris; genau ein Jahrhundert später, 1853, fing Haussmann an. Die Neupariser mit Migrationshintergrund haben das immer als ungemeine Liebeserklärung aufgefasst, als etwas verspätetes Begrüßungsgeschenk, als großartige nachträgliche Geste des Willkommens. Die Zuwandererratzen brauchten gar nicht mehr selbst zu graben und bauen, sie mussten nur noch einziehen in die Komfortunterkunft, in die nagelneue Pariser Kanalisation. Das ist Kommunismus: Der Wohnraum wird von der Kommune gestellt, und die Lebensmittel kommen durch Röhren. Und zwar nicht dann und wann, sondern immer. Und im Überfluss. Nicht in jedem Fall ansprechend verpackt, aber zuverlässig.

Ich weiß, ihr habt das immer ein wenig anders gesehen. Die Pariser Kanalisation wurde gar nicht für uns gebaut, sagt ihr, sondern um der Hygiene willen. Ja, findet ihr es denn hygienisch, wenn Abertausende von Ratten unter euch wohnen? Und da bleiben sie nicht einmal. Paris ist die Stadt der Flaneure, war es schon immer. Auch die moderne Pariser Gegenwartsratte flaniert, vorzugsweise von Mülltonne zu Mülltonne. Heute kommen zehn Pariser Ratten auf einen gewöhnlichen Pariser. Das sind die Fakten.

Nun fragt ihr: Und was geschah mit den zu emanzipierenden, zum Barrikadenbau neigenden menschlichen Ratten, deren lichtlose Löcher der Kaiser für immer schließen wollte? Nun, die mussten umziehen. Die wohnten bald gar nicht mehr in Paris. Ihr nennt das heute, glaube ich, Gentrifizierung.

Schauen wir also zurück und fragen noch einmal: Für wen genau baute Kaiser Napoleon III. das neue Paris? Es ist übrigens genau das Paris, das ihr heute vor Augen habt, sobald ihr seinen Namen sagt.

Er begann also 1853. Vorher gehörte die Stadt uns. Soll ich euch noch einmal ins alte Paris führen, so wie wir es kannten und liebten, wie es nie wieder sein würde? Am besten ins vorrevolutionäre Paris, und jetzt meine ich die Revolution von 1789, die Mutter aller Revolutionen. Sie wissen, was der französische Adel sagte: Wer das Leben vor 1789 nicht gekannt hat, der weiß nichts von der Süßigkeit der Welt. Ungefähr so. Wie könnte ich widersprechen?

Cimetière des Innocents

Paris war noch immer, trotz aller Aufklärung, eine mittelalterliche Stadt. Und was ist das Hauptmerkmal einer mittelalterlichen Stadt wie aller Städte zuvor? Sie verfügen über eine stark ausgeprägte olfaktorische Identität. Lasst mich deutlicher werden.

Ihr erinnert euch doch an den Anfang von Patrick Süskinds Roman *Das Parfum*? Hier ist er: »Zu der Zeit, von der wir reden, herrschte in den Städten ein für uns moderne Menschen kaum vorstellbarer Gestank. Es stanken die Straßen nach Mist, es stanken die Hinterhöfe nach Urin, es stanken die Treppenhäuser nach fauligem Holz und Rattendreck, die Küchen nach verdorbenem Kohl und Hammelfett, die ungelüfteten Stuben stanken nach muffigem Staub, die Schlafzimmer nach fettigen Laken, nach feuchten Federbetten und nach dem stechend süßen Duft der Nachttöpfe. Aus den Kaminen stank der Schwefel, aus den Gerbereien stanken die ätzenden Laugen, aus den Schlachthöfen stank das geronnene Blut.«[4] Jetzt kommt der Autor zu euch Ungewaschenen. Ich erspare euch diese Begegnung mit euch selbst. Noch Haussmann wird – ein ganzes Jahrhundert später – in seine neuen Häuser keine Bäder einbauen lassen, die galten als eine zu neumodische Erfindung aus England.

Und da Paris die größte Stadt Frankreichs war, stank es in Paris am meisten. Aber nirgends, sagt Süskind, stank es so wie um den Cimetière des Innocents. Ihr erinnert euch, das war der größte Friedhof von Paris, auf dem die Verstorbenen aller 22 Pariser Pfarreien beerdigt wurden, die Toten aus dem Hôtel-Dieu, die Pestopfer, die Cholera-Opfer, meist in langen Totengräben, in vielen Lagen übereinander. Zu Massenbegräbnissen kam es natürlich auch bei Hungersnöten. Darum befand sich die Erdoberfläche auf dem Cimetière des Innocents Mitte des 18. Jahrhunderts bereits 2,5 Meter über dem sonstigen Pariser Niveau, was das Wasser in den umliegenden Brunnen nicht verbesserte. Überflutungen waren gefürchtet. Auch der Brodem des Friedhofs erweckte Misstrauen. Man sagte, er ließe Milch gerinnen, Wein zu Essig werden und Fleisch innerhalb von Augenblicken verfaulen.

Unmittelbar an der Friedhofsmauer begann das Pariser Leben, wie es Baron Haussmann einmal so missfallen würde. Ich wohnte damals auf der Rue de la Lingerie, direkt am Cimetière des Innocents. Der Präfekt der Zukunft mochte es nicht, wenn wir auf der Straße vor ihm liefen oder auch nur seinen Weg kreuzten, dabei galt seit der Französischen Revolution die grundsätzliche Gleichberechtigung der Passanten. Er war auch der Auffassung, Straßen sollten nicht riechen. Nicht nur nicht an jeder Ecke anders und im Sommer anders als im Winter, sondern überhaupt nicht. Kein Mensch, keine Maus hätte das damals verstanden.

Die Straße der Vergangenheit war viel mehr als nur eine Straße. Sie war zugleich ein Abwasserkanal, darum hatte sie meist eine Rille in der Mitte. Die Menschen leerten ihre Nachttöpfe in der Rille aus. Alles, was sie nicht mehr brauchten, warfen sie auf die Straße, Flüssiges und Festes, auch tote Tiere. Der festen Bestandteile nahm sich der Unrat-Abräumer an, für das Flüssige waren die Rille und der Regen zuständig. Und was sie nicht wegspülten, trocknete die Sonne. Haussmann sah diese überkommene Arbeitsteilung mit tiefem Argwohn. Was, wenn man dem Abwasser eigene Straßen baute, und zwar unter der Erde?

Sie wissen, dass der Cimetière des Innocents am 1. November 1780 für immer geschlossen wurde? Wir lebten bereits im Zeitalter der Aufklärung, und auf der Rue de la Lingerie, wo ich zu Hause war, soll ein Gräbergraben durchgebrochen sein, der ganze Inhalt fiel auf die Straße. Anwohner meiner Straße sollen an den Faulgasen erstickt sein. Es ist, wie es ist, hätte man früher gesagt. Auf die Idee, einen Friedhof zu schließen, der schon die Anfänge von Paris gesehen hatte, wäre wohl niemand gekommen. Und wahrscheinlich hätte die Erdoberfläche dort schon sechs Meter über dem Straßenniveau gelegen, hätte man die Toten nicht längst immer so schnell als möglich wieder ausgegraben und sie in den Beinhaus-Arkaden an der Friedhofsmauer gestapelt. Leider erreichten immer weniger Tote einen Zustand, der diese Umbettung wirklich erlaubte. Aber nun sagte der Polizeipräsident, wahrscheinlich ein Aufklärer: Schluss jetzt! Wir räumen den ganzen Friedhof.

In Paris war seit einiger Zeit ein merkwürdiges Phänomen zu beobachten. In manchen Straßen fehlte plötzlich ein Haus. Eben stand es noch da, aber von einem Augenblick auf den anderen war es weg. Oder Kutschen. Gerade fuhren sie noch auf der Straße, dann waren sie fort, ohne dass sie je ihr Ziel erreicht hätten. Manche fielen 25 Meter tief. Das lag daran, dass Paris auf lauter Löchern stand. Über die Jahrhunderte hatte man unten die Steine abgebrochen, die man oben verbaute. Grubensicherung wäre eine gute Idee gewesen, es kam aber keiner drauf, schon aus Kostengründen. Nun verfielen die Stadtväter auf einen ingeniösen Gedanken. Sie ließen die Löcher segnen, 6000 Kubikmeter von ungefähr 300 Kilometer Tunneln und Stollen, und in langen nächtlichen Fackelzügen schafften sie die Toten vom Cimetière des Innocents in die Löcher unter dem 14. Arondissement. Das geschah ab April 1786.

Knochen und Köpfe wurden gestapelt, der Ordnung halber meist alle Köpfe übereinander, die Knochen extra. Sechs Millionen Skelette! Wenn die alle wiederauferstehen am Jüngsten Tag! Ihr könnt das heute noch besichtigen. Wenn ihr mich fragt, ich habe nie ganz einsehen können, wie es mit der Idee der Totenruhe vereinbar sein soll, wenn jemand Kopf und Gliedmaßen nicht beieinanderhat und sich, Schädel an Schädel mit völlig fremden Leuten, immer fragen muss: Wo sind meine Beine? Wo sind meine Arme? Das muss einen Tumult geben bei der Wiederauferstehung.

Und wisst ihr, was sie dann aus dem früheren Friedhof gemacht haben? Einen großen Viktualienmarkt, einen Lebensmittelmarkt. Auf geweihtem Boden. Das war so respektlos, das ist die Aufklärung, und genau da haben Haussmann und sein Kaiser weitergemacht. Die Stadt gehört den Lebenden, nicht den Toten? Aber stellt euch mal vor, da fiel ein Kohlkopf runter von den Marktständen auf diese durchtränkte Totenerde! Also, ich habe nie unter den Tischen dort meine Mahlzeiten eingenommen, ich konnte eure Toten nicht riechen. Haussmann hat hier dann die großen Pariser Markthallen errichten lassen, *Les Halles*, auf dem ältesten Friedhof der Stadt. Natürlich waren die viel größer. Wenn ihr in Paris mit der U-Bahn fahrt und in Les Halles aussteigt, wisst ihr, wo ihr seid. Natürlich stehen da nicht mehr Haussmanns Markthallen, sondern seit den 1970er-Jahren ein riesiges Einkaufszentrum. Seine Erbauer haben die alte Friedhofserde fortgeschafft, bevor sie alles betoniert haben. Das ist euer Fortschritt.

Licht und Ordnung

Nein, der Präfekt des Seine-Départments hat das alte Paris nicht geliebt. Ich erinnere mich noch, wie er schließlich seine Lebenserinnerungen schrieb und sich an seinen Amtsantritt erinnerte: »Es war für mich eine große Befriedigung, bei meinen Anfängen in Paris das alles abzureißen.«[5]

Als Haussmann zum ersten Mal vor den Kaiser trat, am 29. Juni 1853 im Schloss von Saint-Cloud, sah er den schönsten Stadtplan seines Lebens: »Der Kaiser verlor keine Zeit und zeigte mir eine Karte von Paris, auf der man, von Ihm selbst nach dem Grad der Dringlichkeit in Blau, in Rot, in Gelb und in Grün eingezeichnet, die verschiedenen neuen Verbindungswege erkannte, die auszuführen Er sich vorgenommen hatte.«

Verbindungswege? Riesenschneisen! Doch auf den künftigen Schneisen stand überall etwas, Tausende Häuser aller vergangenen Jahrhunderte. Kleinmütigere Geister hätten an dieser Stelle resigniert. Doch der Kaiser und sein Präfekt riefen: Das kann alles weg! Alles, was armselig, alt und eng ist. 20 000 Häuser! Fast das ganze mittelalterliche Paris.

Euer Denkmalschutz würde aufstöhnen, aber den kannte damals noch keiner. Was man jedoch kannte, war das Vorrecht des Kaisers, Arbeiten zum öffentlichen Nutzen zu befehlen. Die letzte Cholera-Epidemie hatte die Stadt 1849 gesehen. Und das Gesetz zur Enteignung von Grundstücken, wenn sie anderweitig, also zum öffentlichen Nutzen benötigt wurden, stammte bereits aus dem Jahr 1841. Damals ging es um den Eisenbahnbau.

Das alte Paris, das Quartier der Barrikaden, wurde also der Länge nach aufgeschnitten, mitten durch das Gewirr der Gassen. Der Präfekt benutzte für das, was er tat, gern das Wort *éventrer*, »ausweiden«. Er behandelte die Stadt wie ein erlegtes Wild. Und war es nicht großartig, wenn mit den alten Straßen und Plätzen auch ihre Namen verschwanden und damit das Gedächtnis an die Kämpfe der Vergangenheit? Daumier hatte das Massaker in der Rue Transnonain von 1834 gemalt, aber die Rue Transnonain existierte bald nicht mehr.

Und es begann, was bereits die Zeitgenossen die *grands travaux* nannten, die »großen Arbeiten«. Fast zwanzig Jahre lang war die Stadt nun eine einzige große kakofone Symphonie des Baulärms, gewebt aus dem Jammern der Seilwinden, den Rufen der Arbeiter, dem Hämmern und Schlagen. Und über allem erhob sich das Stampfen der Dampfmaschinen. Das hörte nicht mehr auf, und es war überall. Statt Luft atmeten die Pariser Mörtelstaub.

So entstanden die großen Schneisen mitten durch die Stadt! Schaut auf den Stadtplan von Paris! Schnurgerade Straßen statt krummer Gassen, und breit mussten sie sein. Als ob sie mitten hinein in eine lichte Zukunft führten. Straßen, die Adern der Städte! Denn das Leben einer Stadt, so sie denn diesen Namen verdient, folgt, wie ihr wisst, einer spezifischen Fortbewegungsweise: Es pulsiert.

Auf den großen Magistralen kamen nun auch die Soldaten mit ihren Kanonen schneller durch, wenn in Paris mal wieder Revolution war. Eine Stadt, gebaut aus lauter Vernunft!

Vernunft, dein Name ist Kanalisation. 75 Kilometer Straßen ließ Haussmann bauen, aber über 300 Kilometer Trinkwasserleitungen und 600 Kilometer Abwasserkanäle. Was für eine ingeniöse Idee, beides voneinander zu trennen! Seit den Römern ist niemand mehr in größerem Maßstab darauf gekommen.

Zum ersten Netz. Bislang holten die Frauen das Wasser in Krügen aus der Seine oder den städtischen Brunnen. Inzwischen gab es auch mietbare Wasserträger. Und sogar erste Wasserleitungen. Leider zogen sie das Wasser oft genau dort aus der Seine, wo auch die Abwässer der großen Stadt den Fluss erreichten. 1854 hatten 6000 Pariser Häuser fließendes Wasser im Hof. 1870 verfügten mehr als 30 000 darüber, mehr als die Hälfte! Und es kam in zwei großen Leitungen nicht mehr aus der Seine oder dem Ourq-Kanal, sondern direkt aus der Champagne, 60 000 Kubikmeter am Tag. Eine Leitung war 131 Kilometer lang, die andere 173.

600 Kilometer Abwasserkanäle! Eine neue Heimat für die asiatischen Migranten. Es war fast wie in ihren feuchten Flussufer-Labyrinthen zu Hause. Aber schon zuvor hatten die Neupariser Wohnung genommen in den 30 Kilometer langen unterirdischen Gewölben, die bereits Napoleon Bonaparte für die Abwässer bauen ließ. Die Leseratten unter euch kennen dieses Labyrinth, denn in Victor Hugos Roman *Die Elenden* wird es zum Fluchtweg des Sträflings Jean Valjean. Er lief ungefähr von der Rue Saint-Denis bis zum Ausfluss bei der Anhöhe von Chaillot.

Haussmann nun ließ überall unter den Bürgersteigen Leitungen legen, die schließlich in einem einzigen großen Kanal endeten, der *cloaca maxima*. Der Name ist nicht zufällig, denn Haussmann sah sich durchaus als direkter Erbe des Ingeniums der alten Römer. Die *cloaca maxima* führte von dem Place de la Concorde fünf Kilometer bis Asnières. Durchmesser: 5,60 Meter. Höhe: 4,40 Meter. Ja, so kann man wohnen. Natürlich fuhren auf der *cloaca maxima* auch Schiffe, oder sagen wir: Boote. Bald schwammen neugierige elegante Damen durch die Jauche, von den Neuparisern mit asiatischem Migrationshintergrund beobachtet, denn die *cloaca maxima* durfte besichtigt werden. Heute noch möglich, nur sind die alten Schiffe durch moderne Boote ersetzt worden, weil sich zu viel Unrat in den Schrauben verfing.

600 Kilometer Hygiene! Das, nicht Willkommenskultur für die wandermüden Wanderratten ist gemeinhin eure Erklärung der neuen Pariser Kanalisation. Mag sein, ihr habt recht. Aber macht es euch nicht zu einfach! Was heißt es denn, wenn direkt unter euren Füßen, unter der Vernunft-Stadt voller Licht, ein völlig anderes Reich beginnt, nämlich das unsere?

Das Phantom der Oper

Natürlich war die Vernunft-Stadt keine neue Idee. Schon René Descartes hatte zwei Jahrhunderte zuvor von einer solchen Haussmann-Stadt geträumt. Städte sollten überhaupt nur am Reißbrett entworfen werden. Mit der hellen, vernunftmäßigen Anlage eurer Städte fange alles an, überlegte Descartes. Dann könne es nicht mehr weit sein bis zu dem großen Ziel, die menschlichen Dinge überhaupt hell und vernunftgemäß zu machen. Das war die Vision. Und, was für eine Stadt nicht unwichtig ist: Vernunft, *ratio*, ist Schönheit! Glaubten Descartes und Haussmann, und alle Modernisten glauben es bis heute. Wer die Architektur der zweiten Hälfte des 20. Jahrhunderts kennt, glaubt das vielleicht nicht mehr, aber ich schweife ab. Den Schattenwurf dieser vernunfthellen Architektur sahen Descartes und Haussmann nicht: das ewige Phantom der Oper.

In diesem Kapitel will ich euch erzählen, wer das Phantom der Oper in Wirklichkeit war. Denn es war kein Phantom, egal was die Musicals euch sagen. Für alle, die den Roman von Gaston Leroux nicht gelesen und das Musical von Andrew Lloyd Webber nicht gesehen haben: Dem Verfasser zufolge wohnt das Phantom in der fünften Keller-Etage, besucht aber allabendlich die Loge 5, deren Alleininhaber es ist, was nicht zuletzt seine Menschenscheu erforderlich macht. Weiterhin bezieht es von der ersten Direktorin der Oper ein monatliches

Gehalt von 20 000 Franc, denn es soll einst maßgeblich an den Tiefbauarbeiten beteiligt gewesen sein. Dann kommt alles wie bei jedem Wechsel im Management. Die beiden neuen Opern-Direktoren halten die Auskunft, dass die Loge 5 nicht vergeben werden kann, weil sie einem Phantom gehört, für äußerst unbefriedigend. Sie vermieten die Loge sofort neu, und die 20 000 Franc zahlen sie auch nicht mehr. Das Phantom ist sehr verärgert, und das Unheil nimmt seinen Lauf. Zumal sich das Phantom von seiner Loge aus in die kleine Choristin Christine verliebt hat.

Die Frage also lautet: Wer war das Phantom? Hier kann nur die Architekturgeschichte weiterhelfen. Fangen wir über der Erde an! Kein Gebäude repräsentierte Geist und Stil des neuen Paris so wie seine neue Oper. Die alte lag in der Rue Le Peletier, einer ziemlich engen Straße, und wenn der Kaiser in die Oper wollte, war es keineswegs sicher, dass er dort lebend ankam. Am 14. Januar 1858 etwa warf ein italienischer Patriot zwei Bomben auf die kaiserliche Kutsche. Acht Tote. 150 Verletzte. Kaiser und Kaiserin blieben unverletzt. Der Kaiser hatte bereits viel Übung darin, Attentate zu überleben, und würde sie auch künftig nötig haben, und doch: Auf dem Weg zur Oper überfallen zu werden ist sehr beeinträchtigend. Viel sicherer ist es, eine Oper liegt am Schnittpunkt schöner großer, übersichtlicher Boulevards, einsehbar von allen Seiten. Das ist die oberirdische Perspektive. Unterirdisch betrachtet, würde sie auf einem eiszeitlichen Flussbett stehen. Aber sollte Haussmann etwa die ganze Geometrie seiner Stadt ändern, sämtliche Sichtachsen durcheinanderbringen wegen eines indiskutablen Flussbetts?

Eine Oper muss vor allem eines sein: opulent. Der Glanz eines Zeitalters spiegelt sich im Glanz seiner Oper. Und diese ist bis heute die größte der Welt geblieben. Für Opulenz eignet sich am besten Barock. Natürlich kam einfache Nachahmung nicht infrage, Überbietung hieß das Gebot der Stunde. Allein die Wandelhalle nimmt es mit dem Spiegelsaal von Versailles auf.

Als die Kaiserin den jungen Architekten Charles Garnier fragte, in welchem Stil er sein Werk denn auszuführen gedenke, soll dieser geistesgegenwärtig geantwortet haben: »Dies ist Napoleon III., Madame!« Leider hat der Kaiser die Eröffnung seines Opernhauses nicht mehr erlebt.

Aber darunter, was ist das? Das war nicht Napoleon III., das waren wir. Wir besaßen – und besitzen noch heute – tief unter dem größten Opernhaus der Welt einen eigenen See. Natürlich fahren auch hier ab und zu Boote, ich komme noch darauf. Lange mussten wir unseren See mit der Pariser Feuerwehr teilen, die ihn bis 1930 als Löschwasserteich benutzte. Aber meist stört uns hier keiner, schon weil das Personal gestern und heute abgeneigt ist, uns zu besuchen. Das Haus hat insgesamt 17 Stockwerke, aber nur zehn davon befinden sich über der Bühne. Der ganze Bauch der Oper muss nach unten, hatte der junge Architekt beschlossen. Garderoben, Kantinen und Werkstätten, aber vor allem die riesige Bühnenmaschinerie. Und die Kulissen. Die Pferdeställe sowieso. Denn nur Pferde können Kulissen schieben, die bis zu 15 Meter hoch sind und mehrere Tonnen wiegen.

Natürlich hatte Garnier die Oper ohne See geplant. Das Wasser kam gleich, schon in den ersten Wochen des Aushubs. Noch nach Jahrtausenden erinnerten sich Pariser Wasseradern ihres eiszeitlichen Flussbettes. Aber Garnier plante weiter ohne See. Ich deutete schon an, dass eine Verlegung des Bauplatzes nicht infrage kam. Die Geister des Fortschritts sind von archaischen Gewalten nicht zu beeindrucken. Garnier ließ acht riesige Dampfpumpen aufstellen, umgab den Bauplatz mit zwei gewaltigen Caissonwänden, die er mit Bitumen füllte. So entstanden die fünf Stockwerke unter der Bühne, der Bauch der Oper. Als alles fertig war, kam auch das Wasser zurück, um nach seinem alten Bett zu schauen. Es tropfte und tropfte, bis aufs Fundament, dort blieb das Wasser und stieg und stieg.

1875 war die einzige Oper der Welt mit See endlich fertig, nach vierzehn Jahren, eigentlich hatte schon niemand mehr daran geglaubt. 21 Millionen Gold-Franc hatte das Haus kosten sollen, am Ende waren es über 35 Millionen, ihr kennt das. Gut, dass der Kaiser das nicht mehr erleben musste. Bei der Eröffnung hörten viele Leute merkwürdige Geräusche, die kamen aber nicht von der Bühne, sondern von unten. Ich glaube, das war unser See. Vielleicht haben wir zu laut gebadet. Ihr wisst, wir lieben die Musik.

Wenn schon den Parisern ihre Oper unheimlich war, was erst sollte das Personal sagen? Unser Haus hatte 1500 Bedienstete und 2500 Türen. Immerzu kamen auf mysteriöse Weise Dinge abhanden und wurden nie wiedergefunden. Kein Wunder bei 2500 Türen! Und auf den Fluren traten sich die *petit rat de l'Opéra*, die »kleinen Ratten der Oper«, gegenseitig auf die Füße. Es waren Mädchen. Man nannte sie so, weil es so viele waren, weil sie aus dem Volk kamen, arm waren und alle denselben Traum hatten: zu tanzen.

Einmal fehlte – zumindest im Roman – auch ein ganzes Pferd, das eigentlich Kulissendienst gehabt hätte. Das konnten unmöglich die Ballettratten oder kleptomane Schließerinnen gewesen sein. Und erinnert ihr euch noch, als sich ein Gegengewicht am Kronleuchter löste, runterfiel und eine wackere Pariser Concierge erschlug? Genauso ist es geschehen. Ihr kennt die entsprechende Stelle im Roman? Da lässt das Phantom den ganzen Kronleuchter fallen, der Autor behauptet, er wiege 200 Tonnen. Das ist falsch. Der Hauptkronleuchter der Pariser Oper Garnier wiegt sieben Tonnen.

Leroux hat mit dem Personal gesprochen, er war eigentlich Journalist, er war verliebt in Tatsachen. Er erfuhr, dass die Opern-Leute mehr als alles andere die Schatten an den Wänden störten, besonders einer, der immer abwärtslief, nie aufwärts, immer hinunter zum See. Eine Oper ist ein Ort der gehobenen, kulturell anerkannten kollektiven Halluzination der Oberschichten, wer will es den Türschließerinnen und Ankleiderinnen, den Schneiderinnen und Kulissenarbeitern verdenken, wenn auch sie Kongestionen haben? Und sie hatten Grund. Immer wieder fand man Tote in den Stockwerken unter der Bühne. Schuld war nicht das Phantom, schuld war die Commune. Ihr erinnert euch doch an die Pariser Commune von 1871?

Sie hat die Bauarbeiten auf sehr unschöne Weise unterbrochen, ihr wisst, Revolutionäre haben fast nie Sympathien für Opernhäuser. Diesmal kamen die Aufständischen aber nicht aus Paris selbst, denn dort konnten sie längst nicht mehr wohnen. In Haussmanns neuen Häusern waren die Mieten viel zu teuer. Gentrifizierung, ihr kennt das. Der rote Gürtel um Paris war entstanden, und der zog sich nun zusammen. Der labyrinthische Bauch der halb fertigen Oper gefiel den Kommunarden aber, hier ließen sich Waffenkammern und Folterkammern einrichten. Natürlich findet man Leichen hier. Natürlich sieht man Schatten in einem Haus mit so einer Vorgeschichte. Aber was nun ist mit dem einen, der immer abwärtsflieht, nie nach oben, immer hinunter zum See?

Und dort fährt er dann mit der Barke von einem Ufer zum anderen wie im Roman. Leroux sagt: Das war Erik, der frühere Inhaber der neu vermieteten fünften Loge, der sich in die kleine Choristin Christine verliebte. Erst Andrew Lloyd Webber hat aus Christine eine *petit rat de l'Opéra* gemacht. Ich muss sowohl Gaston Leroux als auch Andrew Lloyd Webber widersprechen: Der abwärtseilende Schatten, der dann auf der Barke über den See fuhr, war – ich glaube es fast mit Bestimmtheit zu wissen – ein Rattenfänger. Er besuchte uns oft, in feindlicher Absicht.

Und noch immer schwimmen Barken über den See. Genauer: alle zwei Jahre. Doch weder Erik noch ein Rattenfänger staken das Boot. Das sind Bautechniker. Die senken den Wasserspiegel und prüfen die Fundamente. Denn je ausgreifender eure Entwürfe im Namen der Vernunft und der Machbarkeit, desto tiefer die Schattenwürfe ihres Lichts.

Eine Stadt mit 88,3 Millionen Einwohnern?

Stadt und Rationalität gehören zusammen, glaubt ihr. Paris ist nur das populärste Beispiel. Der Tendenz nach war das immer so. Aller Fortschritt, sagt ihr, ist ein Kind der Stadt. Der Handel, die Wissenschaft, die Kunst sind Kinder der Städte. Und nicht zuletzt, vielleicht zuallererst: Die Freiheit ist ein Kind der Stadt. Vielleicht müsst ihr bald umdenken.

Wir sprachen vom Welterschöpfungstag und von der Entwicklung eurer Megacitys, von denen viele schon heute über 20 Millionen Einwohner haben wie Mexiko City, Mumbay oder São Paulo. Aber über 80 Millionen?

Im Jahr 2100, sagen eure Experten, werden die drei größten Städte der Welt in Afrika liegen. Es sind Lagos in Nigeria mit 88,3 Millionen Einwohnern, Kinshasa im Kongo mit 83,5 Millionen und Dar-es-Salaam in Tansania mit 73,7 Millionen. Eine einzige Stadt hätte dann mehr Bürger als ganz Deutschland heute. Das ist völlig unmöglich!, höre ich Eugène Haussmann aus der Vergangenheit rufen: Solche Kanalisationen gibt es gar nicht. Und wer soll die ernähren?

Ihr wisst, Städte ernähren sich nicht selbst, sie werden ernährt. Als Haussmann das neue Paris erschuf, hatte es eine halbe Million Einwohner. Und Dar-es-Salaam bestand aus einer Handvoll arabischer Villen, aufgereiht wie Perlen am Strand. Dass die Mehrheit der Menschen auch künftig auf dem Land leben würde, galt nicht nur Haussmann als unumstößlichste aller Gewissheiten. Sie ist dahin.

Nichts wird euren Umzug vom Land in die Stadt mehr aufhalten können, so viel steht fest. Als geborener Skeptiker der urbanen Existenzform darf ich, die gemeine europäische Dachratte, einige Bedenken hinsichtlich eurer Mehrheitsexistenzweise der Zukunft äußern. Dass ich bald aussterben werde, liegt auch daran, dass ich mich nie ganz mit der Stadt anfreunden konnte. Die Kanalratte dagegen ist seit je eine große Befürworterin der urbanen Lebensform, vielleicht erteile ich auch ihr kurz das Wort.

Ursprünglich lebtet ihr alle auf dem Land, also von dem Boden, der euch nährte. Euer Umzug in die Städte währt nun schon 10 000 Jahre. Aber es handelte sich doch immer um einen sehr moderaten Wohnungswechsel, vielleicht auch, weil man in einer Stadt, allen Chancen zum Trotz, ungemein verloren gehen kann. Erst unlängst habt ihr einen Hochbeschleunigungsumzug daraus gemacht. Bald werden 90 Prozent der Weltbevölkerung in den Entwicklungsländern leben und die meisten in den Megacitys. Eure 20-Millionen-Metropolen von heute waren um 1950 noch malerische, verträumte Miniaturstädte von höchstens drei Millionen Einwohnern.

Damals, 1950 also, verharrten noch zwei von drei Weltkindern in der ländlichen Existenzform. 2008 gab es erstmals mehr Stadtbewohner als Landbewohner auf der Erde. Wir sind es gewohnt, mit großen Zahlen zu rechnen, ihr merkt, in jeder Ratte steckt ein geborener Statistiker. Ich bilanziere: Der Damm war gebrochen.

Und nun? Noch sind erst 38 Prozent der Afrikaner in die Städte gezogen, um das Jahr 2050 werden schon mehr als die Hälfte dort leben. Die Zahl der Stadtbewohner wird sich verdreifacht und die der afrikanischen Großstädte wird sich verfünffacht haben. Die Hälfte aller Bewohner dort werden Jugendliche sein. Und zum ersten Mal in eurer Geschichte hat der Prozess der Verstädterung nichts mit der Entwicklung der Wirtschaft zu tun. Ihr wisst, dass die städtische Existenzform soziale Ungleichheiten verschärft?

Man könnte auch sagen: Städte sind *per se* ungerecht. Sie machen die Reichen reicher und die Armen ärmer. Ihr wahrer

Regent ist das Geld, der schützende Halt in Traditionen und älteren Solidarsystemen fehlt. Auch darum ist Kriminalität in afrikanischen Städten allgegenwärtig. 70 Prozent der Städter werden binnen fünf Jahren Opfer eines Verbrechens, sagt die afrikanische Statistik. Und wenn bald die Hälfte der Stadtbewohner Jugendliche sind, macht das die Lage nicht besser. Junge Männer sind die Hauptträger jeder Kriminalität, sie nehmen sich auf ihre Art die Chancen, die sie nicht bekommen.

Als eure genaue Beobachterin konstatiere ich: Die alte Gleichung von Urbanität und Rationalität scheint sich aufzulösen. Das ist nicht wahr!, höre ich schon Eugène Haussmann, in Afrika entstehen gerade wunderbare cartesianische Retorten-Reißbrettstädte, nagelneu vom ersten bis zum letzten Stein, und man muss nicht einmal ganz alte Stadtkerne vorher abreißen, denn da sind gar keine. Diamniadio in Senegal zum Beispiel. Und in Nigeria sollen allein fünf neue Städte entstehen. Hauptgeldgeber gewöhnlich: China. Aber wer wird dort einmal wohnen? Die Leistungsträger der Zukunft natürlich, sagen die Stadtplaner. Werden diese neuen Städte gar Hochsicherheitstrakte in einer zunehmend unberechenbaren Umgebung sein? Die alten sind zu voll und zu chaotisch. Schon bei Haussmann fanden sich die Bewohner des alten Paris an seinen Rändern wieder.

Die Bewohner von Kibera gehören wohl nicht zu den Leistungsträgern der Zukunft. Kibera ist eine »informelle Siedlung«. So sprechen eure Wissenschaftler inzwischen vorzugsweise. Ich würde sagen: uncartesianische Wohnverhältnisse. Die etwas ältere Bezeichnung lautet: *Slums*. Also nicht von Haussmann geplant. Nairobi hat viele informelle Siedlungen, aber Kibera ist die größte. Es ist der größte Slum Afrikas. Hier kommen die Land- und Kriegsflüchtlinge an, die meisten von ihnen, um für immer zu bleiben.

Wir hausen hier wie die Ratten, sagen die Leute von Kibera. Keiner weiß, wie viele Menschen genau dort leben, ungefähr eine Million, wahrscheinlich mehr, aber eines wissen alle: In Kibera gibt es noch mehr Ratten als Menschen. Und wir verstecken uns nicht, wir verschwinden in keiner Kanalisation. Wir benutzen dieselben Gänge wie ihr, »Korridore«, wie sie hier sagen. Schmal, dunkel, gefährlich. Trennung von Abwasser- und Trinkwasser? Toiletten? Müllabfuhr?

Die wenigen Wasserleitungen sind in Privatbesitz. Wasser ist teuer. Toiletten? Die meisten benutzen die *flying toilets*. Also kleine Plastiktüten, die man dann seinem Nachbarn vor die Tür stellen kann, sozial verträglicher ist es aber, sie einfach aufs Wellblechdach zu werfen. Schon der Name Kibera sagt, was das hier ist: keine Stadt, es ist eine Wildnis zweiter Ordnung. Das alte nubische Wort *kibra* heißt »Dschungel«.

Die Stadt hat traditionell Bürger. Der Dschungel hat keine. Der Dschungel hat Überlebende. Die Ratte ist der natürliche Sympathisant der Verworfenen, aber sagt selbst, wie wollt ihr aus diesem Dschungel herauskommen? Eine erste Idee hätte ich schon: Jeff Bezos, der Amazon-Gründer, der reichste Mann der Welt, der sein Vermögen 2020 fast verdoppelte, könnte jeder Kibera-Familie eine Bio-Trenn-Trocken-Toilette schenken. Funktioniert ganz ohne Wasser, vollkommen geruchsfrei. Und ein Solar-Panel für den Strom dazu.

Eure Wissenschaftler sagen, die Einwohnergrenze von wirklich planbaren, kontrollierbaren, beherrschbaren, atembaren, versorgbaren Städten liege bei 10 bis 15 Millionen Einwohnern. Schon die 20-Millionen-Städte von heute gehören nicht mehr dazu.

Die meisten Afrikaner wohnen nicht nur informell, sie arbeiten auch so, und zwar zu 85,5 Prozent. Es sind unregulierte Arbeitsverhältnisse, ohne Vertrag, ohne Sicherheiten, für die keine Steuern anfallen. Also haben auch die Städte wenig Steuereinnahmen, mit denen man das schaffen könnte, was Städte nun einmal definiert: Organisation und Infrastruktur.

Der Mensch ist das einzige Tier, das Steuern zahlt. Überall

auf der Welt wissen Menschen, was Steuern sind: eine der größten Geißeln der Menschheit. Wozu sich also unter eine Geißel beugen, unter der schon andere genug stöhnen? Was, ihr wollt mit meinem Geld eine Kanalisation bauen?, würde vermutlich ein junger Informeller überall in Afrika fragen. Es widerspricht seinem Gerechtigkeitsempfinden. Was ist er seiner Stadt, seinem Staat schuldig, die ihm nichts schuldig sind?

Ich bin eine Ratte, ich bin Anarchist. Ich kann ihm nicht antworten.

Eugène Poubelle oder Masse und Müll

Ja, Afrika, sagt ihr mit leicht resignativem Unterton, Afrika ist anders. Ihr macht es euch schon wieder zu einfach. Wisst ihr, wie ihr auf die Erfindung der Mülltonne reagiert habt? Mit wütendem Protest.

Eugène Poubelle, Jura-Dozent an verschiedenen Universitäten, war leichtsinnig genug gewesen, sich zum Präfekten des Départements Seine ernennen zu lassen. In dieser Eigenschaft erließ er am 24. November 1883 ein folgenreiches Dekret. Er forderte nicht weniger als eine Kulturrevolution. Hauseigentümer waren ab sofort verpflichtet, verschließbare Behälter aufzustellen, in denen die Mieter ihre Abfälle deponieren mussten. Über die Jahrhunderte hinweg hatten die Hausfrauen ihre Abfälle aus dem Fenster geworfen, und jetzt plötzlich sollte das falsch sein? Der Jura-Dozent forderte auch eine kompromisslose Mülltrennung: Austernschalen, Glas und Porzellanscherben waren getrennt zu sammeln. Was soll ich euch sagen? Die Hausfrauen waren empört! Die Hausbesitzer waren empört! Die Unrat-Abräumer waren empört! Wir waren empört! Das geforderte, unmögliche, von keiner Tradition vorgesehene Behältnis wurde umgehend *boîte Poubelle* genannt.

Natürlich waren wir dagegen. Die Erfindung der Mülltonne gehört in die Reihe der größten Feindseligkeiten eures Geschlechts gegen das unsrige. Das Einzige, was ich an ihr bis heute mag, ist der Gesichtsausdruck eurer Müllmänner, wenn ihnen beim Öffnen einer Poubelle drei, vier Rattenschnäuze verwegen ins Gesicht schauen. Fragt die Pariser Müllmänner nach uns! Die wissen, was Respekt ist. Die Mülltonne heißt in Frankreich bis heute *Poubelle*. Aber wir wollten vom Gestern sprechen.

Bis eben waren die Unrat-Abräumer und wir für die städtische Müllentsorgung zuständig gewesen. Wir prüften und fraßen alles, was brauchbar war. In unsere Zuständigkeit fiel vor allem der Bio-Müll, während die Unrat-Abräumer mehr für die etwas festeren Abfälle zuständig waren. Poubelles Edikt ruinierte von heute auf morgen einen alten ehrbaren Berufsstand. Es waren Recyclingmänner der ersten Stunde, sie wehrten sich ebenso tapfer wie erfolglos, genau wie wir.

Eigentlich gab es bis zur Erfindung der Mülltonne gar keinen Müll. Was wir und die Recyclingmänner nicht holten, spülte der Regen fort. Und viel war das nicht.

Der Müll ist demnach ein vergleichsweise nagelneues Phänomen und schon eine Grundrealität eurer Welt. Eigentlich gibt es nur zwei: den Markt und den Müll. Zwischen beiden ist eure moderne Welt ausgespannt.

Die meisten von euch versuchen verzweifelt, sich auf der Seite des Marktes zu halten. Solange ich mich noch verkaufen kann, bin ich kein Müll. Es ist wie ein Existenzbeweis. Könnt ihr ihn nicht mehr führen, zählt ihr euch selbst zum Abfall. Aber schaut in eure Mülltonnen! Da liegt so vieles drin, was durchaus noch zu gebrauchen ist. Bloß nicht mehr zu verkaufen. Also wertlos, also Abfall, also Müll. Kein Tier käme auf die Idee, es sei Müll. Der Mensch ist das einzige Tier, das Müll macht. Auch aus sich selbst.

Natürlich gibt es in eurer modernen Welt sogar eine letzte

Rechtfertigung für den aus allen produktiven Kreisläufen Ausgeschlossenen. Solange er noch etwas konsumiert, ist er gerechtfertigt. Kinder, ist das traurig. Es gibt so unendlich melancholische Namen für euch moderne Menschen, aber es sind meist aufrichtige Namen, sie treffen ins Schwarze eurer Existenz. »Endverbraucher« zum Beispiel. So heißt ihr in allen Betrachtungen ökonomischer Kreisläufe, und um die geht es immer. Eurer Hauptseinsform nach seid ihr Endverbraucher, die meisten von euch. Das lateinische Wort *purgamentum* bezeichnete übrigens den Abfall genauso wie den nicht geschätzten Menschen.

Ihr habt diesen Planeten zugemüllt. Versteht mich nicht falsch: Wir bejahen den Müll. Wir sind seine Anwälte. Wir haben den Wert dieser Ressource lange vor euch erkannt.

VII.

Die Leseratte

Was ihr lesen müsst …

Die Überschrift dieses Kapitels heißt: Die Leseratte. Ich hoffe, ihr wisst, was ihr alles lesen müsst. Natürlich Albert Camus' *Die Pest* und Gerhart Hauptmanns *Die Ratten*. Sie zählen zur Weltliteratur. In beiden Fällen geht es um euch.

Hauptmanns *Ratten* sind ein proletarisches Mütter-Drama: Das Dienstmädchen Pauline Piperkarcka will sich und ihr noch ungeborenes uneheliches Kind umbringen, wird aber von der Putzfrau Henriette John beschwichtigt. Die Putzfrau kauft dem Dienstmädchen das Ungeborene für »einhundertdreiundzwanzig Mark« ab. Das ist alles, was sie hat. Pauline verliert jedoch die Nerven und meldet etwas später ihr Kind auf dem Standesamt an, mit Frau John als Pflegemutter. Pflegemutter für 123 Mark? Das ist mein Kind!, beharrt Frau John, weshalb sie Pauline den todkranken Säugling der Morphinistin Knobbe unterschiebt. So fängt es an und wird nicht besser. Ich habe es schon oft angedeutet. Die proletarische Existenz unterschied sich, vom nichtproletarischen Standpunkt aus gesehen, nur geringfügig von der unseren. Und ebendarum war ein solcher Stoff auf der Bühne, einer durchaus nichtproletarischen Institution, völlig undenkbar. Auch noch, als *Die Ratten* zum ersten Mal gespielt wurden: Hauptmanns Stück hatte am 13. Januar 1911 im Lessingtheater Berlin Premiere.

Camus' *Die Pest* entstand 1946. Wie verhalten sich die Menschen einer Stadt während einer Pandemie? Die Pandemie war der Faschismus, jeder verstand das damals, obwohl nie von ihm die Rede war. Die Pest also kommt nach Oran, in die algerische Küstenstadt. Der Roman führt geradewegs zu Camus' Essay *Der Mensch in der Revolte*. Revolte bedeutet bei ihm, das Unabwendbare zu bejahen, ebenso wie den Mitmenschen, und sei er schon fast verloren.

Wir sind der Spiegel, in dem ihr euch erkennt. Wie konnte es geschehen, dass Millionen von Deutschen in menschlichen Gesichtern keine menschlichen Gesichter mehr erkannten?

Bazillen. Schmeißfliegen. Parasiten. Ratten. Lebewesen, die vorzugsweise in Massen auftreten. Die Masse hat kein Gesicht. Ein Heer von Ratten hat keine Gesichter mehr. Wie wird man Parasiten los? Man löscht sie nicht einzeln aus, sondern will alle auf einmal loswerden. Das ist das Prinzip jeder Schädlingsvernichtung. »Vermutlich hat sogar das Bild vom Juden die Methoden der Judenvernichtung mitbestimmt«[1], vermutete einmal Julius H. Schoeps. Auslöschung also, vorzugsweise durch jenes Mittel, mit dem man gegen Ungeziefer vorgeht: Giftgas.

Gift oder lernen, lernen, nochmals lernen!

Ich lese euch jetzt mal vor, was ihr uns zuletzt auf den Speiseplan gesetzt habt: Zinkphosphat, Arsentrioxid, Alphanatiltiurea, Bariumkarbonat, Natriummonochloracetat, Castrix, Endrin. Alles, sagen wir, keine Delikatessen.

Im Jahr 1948 aber habt ihr geglaubt, das ultimative Rattengift erfunden zu haben: Warfarin. Eure Wissenschaftler frohlockten, als sie herausfanden, dass manche Arten von Schimmelpilzen und einige hülsenfruchtartige Kräuter schwere innere Blutungen hervorrufen, tödliche innere Blutungen, aber nicht gleich. Und darauf kam es an.

Denn ihr wisst schon lange, dass wir nichts Unbekanntes fressen, und wenn es noch so verführerisch riecht, noch so verlockend aussieht. Wir entschließen uns höchstens irgendwann zum Rattenversuch. Dazu braucht es eine kulinarische Kamikazeratte. Ein Veteran, eine Veteranin, also jemand, der ohnehin nicht mehr viel vorhat im Leben, darf probieren, nun gut, muss probieren. Im schlimmsten Fall hat sie einen guten Bissen bekommen, selbst wenn es der letzte war, und sich für ihr Volk geopfert. Es gibt sinnlosere Arten, diese Welt zu verlassen. Oder sie überlebt. Unzählige schwarze Knopfaugen beobachten die Risikofresserin in den nächsten 48 Stunden. Verdaut sie danach immer noch, ist das neue Nahrungsmittel zum allgemeinen Verzehr freigegeben.

Warfarin wirkt erst nach bis zu fünf Tagen. Und auch dann hat die vergiftete Ratte nicht Schaum vorm Maul und streckt plötzlich alle vier Pfoten in die Luft. Nein, es geht ihr wie allen Alten, ob bei Mensch oder Tier. Sie wird schwächer, frisst nichts mehr, hat keine Lust mehr auf Sex, braucht immer mehr frische Luft für ihre Rest-Lungen und sucht einen Platz abseits der anderen, um zu sterben. So wirkt ein vorbildliches Rattengift.

Auf der ganzen Welt gab es bald fast nur noch Warfarin. Bis am 15. September im Jahr der Ratte 1960 ein schottischer Vertretungs-Landtierarzt in Brunswich einen Anruf bekam, der etwas derangiert klang. Es war die Farm der Coys. Alle Ratten Schottlands hatten sich offenbar verabredet, sie zu besuchen. Aber welche Ratten? Die Simultanexistenz von Warfarin und größeren Rattenpopulationen galt als unmöglich. Aber da waren sie: Von einem nahen Hügel strömten sie in dunklen Zügen hinab. Sie waren schon überall, im Keller, im Kornspeicher, im Haus. Sie rechneten Warfarin noch immer nicht zu den Delikatessen, aber man gewöhnt sich an alles. Die Yogis überlebten sogar die hundertfache Menge der garantiert tödlichen Dosis. An dieser Stelle grüße ich ausdrücklich die Warfarin-Survival-Völker rund um den Erdball. Ihr habt gezeigt – und zeigt noch immer –, wozu der Stoffwechsel einer Ratte in der Lage ist!

Die Lage der Coys hingegen war aussichtslos. Und damit die

Schottlands, ja die des Vereinigten Königreichs? Die Superratten kommen! Der Vertretungs-Landtierarzt Reynolds telefonierte mit Edinburgh, Edinburgh telefonierte mit London. Das Landwirtschaftsministerium zog sich zu Beratungen zurück. Dauer: zwei Wochen. Die Lage auf der Farm der Coys mag auch ich mir nicht vorstellen. Und nicht die ihrer Nachbarn. Was die Ratten aus ihrem labyrinthischen Königreich unter der schottischen Heide hervorgetrieben hatte, kann auch ich nicht mit Sicherheit sagen, nur so viel ist sicher: Wenn die einmal losgegangen sind, sind sie unterwegs.

Irgendwann sitzt in der Stadtverwaltung von Brunswich ein sehr schweigsamer Oberst, dessen Uniformabzeichen ihn als Offizier der Chemiewaffenabteilung des Heeres ausweist, das schon fünf Jahre zuvor hatte aufgelöst werden sollen. Die so ausgedrückte Wertschätzung sowie unser militärischer Rang, der seines neuen Feindes, trugen nicht dazu bei, aus dem Oberst einen beredsamen Mann zu machen.

Senfgas? Bewährt im Ersten Weltkrieg. Es brachte Soldaten dazu, sich die Gasmasken vom Kopf zu reißen. Also könnte es doch auch Warfarin-Ratten zum Verlassen ihrer Löcher veranlassen? Der Kriegsschauplatz wurde in Sektoren aufgeteilt, ich schweige über die Details. Nur so viel: Die Mission des kurz vor der Pensionierung stehenden Offiziers der schon längst abzuwickelnden Chemiewaffenabteilung des Heeres wurde ein großer Erfolg. Mit verätzten Augen strömten wir an die Oberfläche. 56 000 tote Ratten in zwei Wochen. Für den Fall eines Fehlschlags war bereits vorgesehen, das Einsatzgebiet mit Nervengas bombardieren zu lassen.

Ihr hättet euch das Kapitel »Die Leseratte« ein wenig bildender, unterhaltsamer vorgestellt? Ihr habt den falschen Kulturbegriff. Lest weiter, der Thriller ist noch nicht zu Ende.

Ihr überlebt ja nicht einmal Atombombenabwürfe oder Explosionen von Kernkraftwerken. Und wenn doch, seid ihr hinterher nur noch Schatten eurer selbst. Ihr seid so empfindlich.

Mit Kernkraft experimentieren, also mit dem Energiestoffwechsel der Sonne selbst, und dann keine Chance haben zu überleben, wenn etwas schiefläuft. Erinnert ihr euch an das Bikini-Atoll?

Bikini

Man kann nicht sagen, dass ihr vorhattet, uns zu schonen. 200 Schweine, 200 Mäuse, 60 Meerschweinchen, 204 Ziegen und 5000 meiner Art machten im Frühsommer 1946 eine lange Kreuzfahrt über den Stillen Ozean. Doch die *USS Burleson*, obwohl sie 5664 Tiere an Bord hatte, war keine Arche. Kurz nach unserer Ankunft im Südseeparadies des Bikini-Atolls gingen wir von Bord und bezogen 22 andere Schiffe. Die meisten waren sehr groß, sie sahen nicht wie Luxusliner aus, aber der Service war anfangs doch recht gut. Ein paar Ziegen wurden geschoren, aber ihre bloße Haut mit Sonnencreme geschützt. Sie waren die tropische UV-Strahlung nicht gewohnt. Schweine haben eine ähnlich empfindliche Haut wie ihr, darum habt ihr sie ebenfalls eingecremt und manche sogar in Schutzanzüge gesteckt. Wir blickten auf weiße Strände unter Palmen. Eine Lagune wie die von Bikini findet ihr nicht noch einmal auf der Welt. 93 Schiffe lagen da, ihr nanntet sie »die Zielflotte«, das hätte uns gleich irritieren müssen.

An Bord des Kreuzers *Sakawa* befanden sich über 3500 Passagiere. 146 Schweine, 109 Mäuse und 176 Ziegen. Die größte Zahl stellte meine Art mit 3030 Reisenden. Dennoch hat man nachher vor allem über ein kleines geflecktes Ferkel berichtet, das die Offizierstoilette der *Sakawa* bezogen hatte, *Pig 311*. Ich vergaß zu erwähnen, dass ihr so rücksichtsvoll wart, uns alle Orte an und unter Deck zur Verfügung zu stellen, an denen ihr euch gewöhnlich aufhieltet. Doch in der Nacht zum 1. Juli 1946 war keiner von euch mehr an Bord.

Am Morgen des 1. Juli 1946 gingen nach der einen Sonne, die ihr alle kennt, fast tausend glühende Sonnen auf einmal auf. In eurer technischen Sprache klingt das so: Um 8:59:46 Uhr wurde in einer Höhe von 8500 Metern die Bombe *Gilda* ausgeklinkt. Ihr erinnert euch an den Film mit Rita Hayworth? Die Bombe trug ganz groß ihr Foto. Ich habe euren Humor nie verstanden. 48 Sekunden später explodierte *Gilda* mit einer Sprengkraft von 23 000 Tonnen TNT-Äquivalent in 158 Metern Höhe über uns. Es war wie in Hiroshima und Nagasaki. Der Atompilz stieg innerhalb von Sekunden über 6000 Meter hoch und erreichte 16 000 Meter. Der Feuerball hatte eine Oberflächentemperatur von weit über 100 000 °C. Er setzte unser Schiff in Brand, die *Sakawa* sank mit allen Passagieren an Bord. Als ihr nachher zum Unglücksort kamt, fandet ihr keine Seele mehr. Nur das kleine gescheckte Ferkel aus der Offizierstoilette schwamm um sein Leben. Ihr habt es nachher *indestructible Pig 311* genannt und wieder mit nach Hause genommen. Die Unsrigen habt ihr wohl nicht erkannt.

Gilda war nicht die einzige Atombombe in diesen Tagen. Ihr wolltet wissen, was mit einer Flotte im Atomkrieg passiert, und die Sowjetunion erschrecken. Vor allem Letzteres. Es war eine Show. Es war die Demonstration einer Machttrunkenheit ohnegleichen. Den Bewohnern von Bikini habt ihr erklärt, wenn sie ihre Insel verließen, so täten sie das für die ganze Menschheit. Voller Stolz kehrten sie ihrer Heimat den Rücken. Und dann saßt ihr da mit eisgekühlten Martinis in der Hand, die *Masters of the universe*, und studiertet aus sicherer Entfernung die Katastrophe.

Es war noch lange nicht vorbei. 1954 habt ihr die Bombe *Bravo* getestet, eine Wasserstoffbombe. 10 Millionen Tonnen pulverisiertes Korallengestein wurden in die gigantische Explosionswolke gesogen, die bis in die Stratosphäre reichte. Die Wolke hatte einen Durchmesser von 100 Kilometern. Diese Gewalt hat euch selbst überrascht, *Bravo* war fast dreimal so stark wie in euren Berechnungen.

Ihr wisst, dass wir die einzigen Tiere waren, die das alles überlebten? Fragt eure Forscher nicht, wie, die können das auch nicht erklären. Alle Tiere, alle Pflanzen waren tot. Wir waren 5000 im Jahr 1946, eine Handvoll von uns konnte sich retten. Wir haben wohl tiefe Gänge unter der Erde gegraben und die Wurzeln der verbrannten Bäume und Sträucher gefressen. Mag sein, manche von uns sind fischen gegangen. Ihr wisst, was das bedeutet?

Lasst mich an dieser Stelle noch ein paar abschließende theologische Überlegungen vortragen: Vor Gott braucht ihr euch wohl nicht mehr zu fürchten. Fürchtet euch selbst! Das Problem der Menschheit ist der Mensch. Und, aber das ist euch in eurer hominiden Ignoranz kaum bewusst: Uns könntet ihr fürchten, meine Brüder und Schwestern, die Wanderratten, die wahren Herren eurer Städte! Vergleicht nur einmal wieder eure und ihre Einwohnerzahlen. Sie leben im Untergrund, schon wahr. Noch. Aber warum sollten sie dort bleiben? Jeder denkt an Aufstieg, ist es nicht so? Und immer, wenn die Wanderratten ihre Unterwelt verließen, gab es eine große Katastrophe. Schon die Besetzung Europas war eine.

Soll ich euch einmal schildern, was geschehen würde, wenn meine Brüder und Schwestern plötzlich durch alle Toiletten, Rohre und Gullydeckel ans Licht strömten und eure Straßen und Häuser fluteten, eure Büros besetzten? Ihr seid ja schon fassungslos, wenn ihr uns in euren Hochsicherheitszonen bemerkt, etwa in euren Kernwaffenzentren. Wir drücken gern Knöpfe, wie ihr wisst. Wir zernagen auch Blei, von eurem bröseligen Beton ganz zu schweigen. Und Starkstromkabel. Wenn ihr Spezialisten sucht, die die Energieversorgung einer feindlichen Stadt lahmlegen: Engagiert uns! Für eure eigene können wir nicht garantieren. Wir passen durch jede Kleinstöffnung. Jetzt fürchtet ihr euch schon wieder, aber es liegt mir fern, euch zu erschrecken, ich will nur eine Andeutung machen: Wir sind überall.

Ihr habt recht, so sollte ein Kapitel, das »Die Leseratte« heißt, nicht enden.

Walt Disney erfindet die berühmteste Maus der Welt oder Wir Fluchttiere!

Die Zukunft des Menschen ist das Nagetier! – Ein Pionier dieser Erkenntnis, kaum zwanzig Jahre alt, fuhr Anfang der Zwanzigerjahre des vorigen Jahrhunderts mit 40 Dollar in der Tasche nach Hollywood. Für die Fahrkarte nach Kalifornien hatte er seine Kamera verkauft. Zeichnen konnte Walt Disney, und er gedachte Hollywood mit animierten *Alice im Wunderland*-Cartoons zu beeindrucken. Allerdings hatte Alice schon sein kleines Studio in Kansas City nicht vor der Pleite retten können. In den Alice-Stummfilmen trat ein kleines Mädchen vor animierter Kulisse auf. Bis Walt Disney eines Hollywood-Morgens erwachte und wusste: Es ist kein Mädchen – nein, auch keine Maus – es ist ein Hase! *Oswald the lucky rabbit*!

Da es sich bei den Hasen um entfernte Verwandte handelt, sei Oswalds Geschichte hier kurz angedeutet. Oswald ist der Hase, der vor der Maus kam. Zwar gestatteten die beiden Vorderzähne ihm nur einen Ausdruck gemäßigter Intelligenz, den seine absurd langen Ohren noch verstärkten, er befand sich also leicht neben der Spur wie wir alle. Und er hatte schon aufgrund seiner Gattungszugehörigkeit viele Feinde. Kurz: Oswald hatte keine Chance, aber er war glücklich! Es gibt gar keine bessere Botschaft. Was war dagegen ein ewig staunendes kleines Mädchen? Wer erkennt sich schon in einem kleinen Mädchen wieder außer andere kleine Mädchen?

Wer Universalität, Allgemeingültigkeit, Wahrheit, Massenwirksamkeit will, setzt auf die Nager. Der überwältigende Erfolg gab dem jungen Mann recht, weshalb er sich berechtigt fühlte, im Interesse seines kleinen privaten, zeichnenden Hollywood-Studios von der New Yorker Verleihfirma einen höheren Abnahmepreis seiner Stummfilme zu verlangen. Aber die weigerte sich. Der Erfinder des Hasen wiederum weigerte sich, das niedrige neue Angebot zu akzeptieren, und: Er verlor Oswald. Heute würde man von Urheberrechten und geistigem Eigentum sprechen. So etwas gibt es nur in einer Welt, in der die Hasen die Macht haben, vermuteten damals die Mächtigen. Die Macht aber hatten eindeutig der Produzent und der Verleih, also besaßen sie auch die Rechte. Vorsorglich hatten die New Yorker schon die besten Zeichner des kleinen Studios abgeworben. Oswalds Erfinder durfte künftig keinen Oswald mehr zeichnen oder zeichnen lassen, geschweige denn auf einer Leinwand zeigen.

So fuhr Walt Disney, inzwischen Mitte zwanzig, von New York zurück nach Los Angeles. Er wusste nun, dass man ihn zur Hasenwelt zählte, dass er nicht mehr war als Oswald, den man ihm weggenommen hatte. Er brauchte dringend eine neue Figur. Am besten einen stahlharten Siegertypen. Einen Stehauf-Über-Hasen. Einen, der aufräumt mit allen Feinden der Nagetiere.

Es ist ein weiter Weg von New York nach Los Angeles. Unterwegs hockte er in einer eisigen Dachkammer, denn für luxuriösere Unterkünfte fehlten ihm das Geld und jede Begründung, als er bemerkte, dass er nicht allein war im Zimmer. Eine kleine Maus saß in ihrem Mauseloch und sah ihn versonnen an. Wahrscheinlich trieb sie psychologische Studien über die Erscheinungsformen der menschlichen Verzweiflung. Nicht einmal die Mäuse haben mehr Respekt vor mir!, registrierte dumpf der junge Mann. Mäuse?

Dies war, ihrem Urheber zufolge, die Geburtsstunde der bekanntesten Maus der Erde. *Mortimer the Mouse* erblickte das Licht der Welt in Form eines neuronalen Schlüsselreizes im Hirn seines Erfinders. Jawohl, Mortimer. Entschlossenheit klingt in diesem Namen, Mut und Kühnheit. Niemand trete Mortimer der Maus in den Weg!

Mortimer the Mouse?, fragte Disneys Ehefrau Lillian Marie Bounds ungläubig. Er könne sagen, was er wolle, sie sage ein für alle Mal: So heißt keine Maus. Mickey vielleicht?

Wer nimmt jemanden ernst, der eine Maus ist und noch dazu Mickey heißt? Umso größer ist die Beweislast. Walt Disney akzeptierte die Herausforderung.

Es war noch ein Jahr bis zum endgültigen Ausbruch der Großen Depression in Amerika und der ganzen westlichen Welt. Für den Zeichentrickfilmer hatte sie etwas früher begonnen. Wertvolle Vorlaufzeit! Bald würde sich halb Amerika in Walt Disneys Gemütszustand befinden: Glücklich, wer jetzt noch ein Loch hat zum Sich-Verkriechen. Und was machen die Verlierer dort? Sie träumen von der eigenen Unbesiegbarkeit.

Das ist die Mickey-Mouse-Idee.

Als unpromovierter Historiker wage ich die Vermutung, dass die Maus ohne die Große Depression nie so erfolgreich geworden wäre, ich kann das auch begründen: Sie kennen doch gewiss die Frankfurter Schule, das Institut für Sozialforschung, die Kritische Theorie? Ich fasse das mal zusammen: Der moderne Mensch in den anonymen großen Städten ist nichts weiter als ein sehr kleines Rädchen in einem sehr großen Getriebe, das das Rädchen gar nicht kennt. Nie hat es seinen Namen gehört, oder doch: Rädchen eben. Näherhin auswechselbares kleines Rädchen unter Tausenden anderen, überzähliges Dasein, eines, das sich selbst immerzu wegrollt, wenn es nicht höllisch aufpasst. Qualifikationen zum Hauptdarsteller hat es auch nicht, bei all seiner Gesichtslosigkeit. Das nun unterscheidet das Rädchen grundlegend von der Maus. Die hat nicht nur ein Gesicht, ein ziemlich sympathisches wie alle Nagetiere, sie hat zugleich eine Biografie, näherhin eine Fluchtbiografie wie alle Nagetiere.

Die Maus ist ein Fluchttier. Sie hat keine Chance, es bleibt ihr nichts, als sie zu nutzen. Und das ist wahrhafte Größe. Jawohl, die Maus ist der Archetypus des Helden. Es ist natürlich völlig klar, warum alle zuerst auf Hasen kommen. Die sind schneller.

Ein Polarhase erreicht Spitzengeschwindigkeiten von 45 Stundenkilometern beim Fliehen, wir Ratten nur 10 Stundenkilometer, Mäuse sind auch nicht viel besser. Die Supermaus ist die Ratte, ich hatte das längst dargelegt. Eigentlich hätte einem der Unsrigen die Hauptrolle gebührt, *Mickey Rat*, aber ich verstehe schon: Wir wirken zu wehrhaft. Wir fressen zur Not die Katze. Die Fallhöhe ist größer bei der Maus. Und wir wissen, dass Mickeys Ruhm auch uns gilt: Ein Nagetier als Identifikationsfigur der Menschheit! Was für eine Laufbahn.

Wussten Sie, dass Adolf Hitler mit Vorliebe Mickey-Mouse-Filme sah? Sein Propaganda-Minister Joseph Goebbels schenkte ihm Mitte der Dreißigerjahre eine ganze Mäusekino-Sammlung, zwölf Stück, alle, die es damals gab. Goebbels wusste, wie er seinem Dienstherrn eine wirklich große Freude machen konnte. Die meisten Filme kannte Hitler schon, vielleicht hat er sogar *Plane Crazy* gesehen, das war der erste im Mai 1928. Aber gegen den Erfolg von *Steamboat Willie* im November war das noch ein Geheimtipp.

Ein Zeichentrick-Tonfilm! Und das nur ein Jahr nachdem der erste Tonfilm überhaupt auf der Leinwand erschienen war, eine barbarische technische Spielerei ohne Zukunft, das Ende der Filmkunst, wie die Cineasten wussten. Der Mäuse-Erfinder sah das etwas anders. Eine gezeichnete Maus, die sich nicht nur bewegen, sondern auch sprechen kann? Es gibt nichts Umwerfenderes. Und natürlich sprach Mickey, der künftige Rächer der Enterbten, mit Walt Disneys eigener Stimme.

Allerdings hat es *Steamboat Willie* nur ganz knapp auf die Leinwand geschafft. Während der Tonaufnahmen explodierten die Röhren des Verstärkers, im insolvenzumdrohten Disney-Kleinststudio trat der Ernstfall ein. Doch ein Weg war da noch, um an neue Röhren zu kommen: Walt Disney verkaufte sein Auto. Und das alles wegen einer Maus. Ich konstatiere es mit großer Rührung und Hochachtung. Als Gattung seid ihr hochmütig, grausam und verschlagen, aber Einzelne von euch neigen doch immer wieder zur Größe.

Kommen wir zum wohl prominentesten Verehrer der Maus. Wie Walt Disney in seiner kalten Dachkammer, so saß auch Adolf Hitler Jahre zuvor in einer Ecke des Wiener Männerwohnheims, einem einstigen Mitbewohner zufolge »schmächtig, hohlwangig, schlecht genährt mit schwarzen Haaren, die ihm ins Gesicht schlugen«, und zeichnete. Allerdings keine Mäuse, sondern Wiener Postkartenmotive. Die Selbstbezeichnung »akademischer Maler« hatte er bereits ablegen müssen: weil er keiner war. Er hatte sich 1907 erfolglos um einen Studienplatz in der »Allgemeinen Malerklasse« der Wiener Akademie der Bildenden Künste beworben. Die erste Runde bestand er, nach der zweiten sagte man ihm, seine Zeichnungen enthielten »zu wenig Köpfe«. Abgelehnt wegen »zu wenig Köpfen«! – Es liegt mir vollkommen fern, Ihnen hier die Hoffens- und Leidensgeschichte des verkannten Künstlers Adolf Hitler zu erzählen, aber erwägen Sie doch einen Augenblick lang, was der Welt erspart geblieben wäre, hätte die Wiener Kunstakademie ihn nicht »wegen zu wenig Köpfen« fortgeschickt.

Auf den ersten Blick passen der Diktator und die Maus nicht zusammen, schließlich wird ein Diktator dadurch definiert, dass er alles tut, damit keiner merkt, dass er in Wirklichkeit eine Maus ist. Also vermeidet er auch alles, was ihn daran erinnern könnte, Mäusefilme etwa. Auf den zweiten Blick liegt die Sympathie offen: Eine kleine, verkannte Maus zeigt der ganzen Welt und vor allem Black Pete, auch bekannt als Kater Carlo, wo der Hammer hängt. Mickey Mouse und Adolf Hitler führten den gleichen Beweis: Auch der Kleinste, der Verkannteste kann zum Helden werden. Oder eben zum Diktator. Denn der Held ist wohl jemand, der keine Gefolgschaft nötig hat.

Niemals hätte Mickey anderen Mäusen ihr Mäusetum abgesprochen und prophezeit, dass erst, wenn alle Untermäuse, etwa die Algerische Maus (*Mus spretus*), die Krötenzwergmaus

(*Mus bufo*), die Flachkopf-Stachelzwergmaus (*Mus platythrix*) mitsamt der Ährenmaus (*Mus spicilegus*) endgültig ausgerottet seien, das Mausetum für alle Zeiten gerettet wäre. Mickey ist wie jeder wirkliche Held nicht zuletzt ein Anarchist. Der Führer befand, dass sein Volk noch nicht reif war für die Maus, die Mickey-Mouse-Filme durften im Dritten Reich nicht gezeigt werden.

VIII.

Die Laborratte

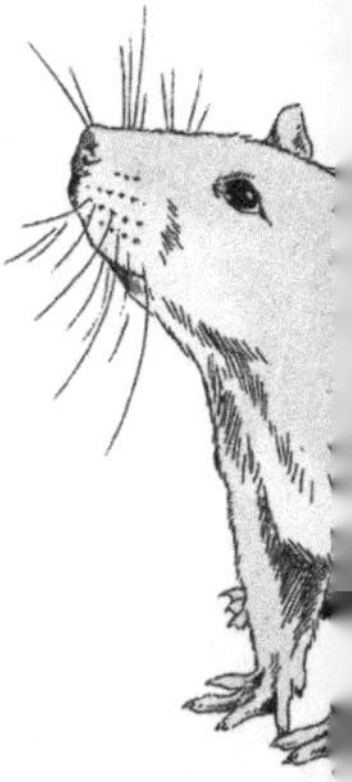

Die Arroganz der Laborratten

Laborratten gelten als sehr arrogant, das ist kein Wunder, sie halten sich für Akademiker, schließlich arbeiten sie an der Universität. Im Dienst des Fortschritts und der Wissenschaft, wie sie sagen. Auch finden sie sich viel schöner als ihre Verwandten in der Kanalisation, weil sie statt schmutzig braun oft weiß oder gescheckt sind in den unrättischsten Farben. Verwandte auf Kornböden haben sie nicht, denn sie sind nicht vom feineren, eleganteren Wesen meiner Art, der fast ausgestorbenen europäischen Hausratte. Die Laborratten stammen ausschließlich von der Wanderratte ab, *Rattus norvegicus*. Nach Art der ordinären Leute waren sie plötzlich überall.

Ihr erinnert euch gewiss an Jack Black, *V. R. Rat and mole destroyer to Her Majesty*, den Königlichen Ratten- und Maulwurffänger Ihrer Majestät Queen Victoria? Zurück ins 19. Jahrhundert: Schon als Junge hatte er uns nachgestellt, im Auftrag der Bauern. Damals fing er noch meine Art, die Minderer eurer Weizenvorräte. Aber als er nach London kam, fing er plötzlich nur noch Wanderratten. Die Londoner Stadtverwaltung hatte schöne öffentliche Parks angelegt zur Beförderung der allgemeinen Gesundheit der Bevölkerung, und sie ärgerte sich, dass dort nun die Wanderratten flanierten. Die schätzten diese innerstädtische Neuerung sehr und fürchteten sich vor Jack Black. Ratte ist Ratte, wir müssen zusammenhalten, also werde ich im Folgenden in der ersten Person Plural von ihnen sprechen. Jack Black trug eine eigens entworfene Rattenfänger-Uniform, und auf seinem Gürtel prangte unser gusseisernes Konterfei. Er fing uns anfangs mit Frettchen, später mit einem fiesen Welsh Terrier, er war der erfolgreichste Rattenfänger weit und breit, und als der Königliche Kammerjäger starb, wurde Jack Black auf dessen Posten berufen.

Jack Black fing uns auch lebend, denn Mitte des 19. Jahrhunderts waren die *Rat-baiting Shows* in London sehr populär: Grimmige Hunde zerfleischten uns vor den Augen eines amüsierten Publikums. Der *V. R. Rat and mole destroyer to Her Majesty* lieferte aber nicht alle meine Brüder und Schwestern an den Impresario Jimmy Shaw; die schönsten Exemplare, also die mit ungewöhnlicher Fellzeichnung, behielt er, lebend. Ja, Jack Black züchtete Ratten, und er machte eine Entdeckung: Nicht nur, dass wir selbst noch in Gefangenschaft Kinder bekamen, wir wurden auch von Generation zu Generation immer sanfter. Haustiere eben. Das bemerkten auch fahrende Zirkusleute, die vorzugsweise weiße Ratten aus dem Hut zaubern wollten. Weiße Ratten! Übernatürliche Ratten. Die Leute staunten, denn sie wussten noch nichts vom Gendefekt der Albinos.

Ich glaube, die ersten Wissenschaftler, die an uns ausprobieren wollten, was man an Versuchstieren so ausprobiert, holten sich ihre Ratten von Leuten wie Jack Black oder vom Zirkus. Darum sind Laborratten fast nie naturbelassen schmutzig braun, sondern entweder weiß oder buntscheckig. Und völlig unangemessen sanftmütig. Ihr wisst, wozu erworbene Sanftmut führen kann?

Zum Gewichtsverlust! Und zur Organschrumpfung! Im Vergleich zu einer richtig schönen Kanalratte hat die Laborratte ein etwas kleineres Herz, etwas kleinere Nieren, Nebennieren, und sogar die Schilddrüse ist kleiner. Auch das Hirn schrumpft, zumindest Teile davon, etwa das *Corpus striatum* und das Kleinhirn; andererseits sollen Hypophyse und Thymus sogar schwerer sein. Es ist alles ungefähr wie bei euch, ihr Haustiere. Die Tendenz ist klar: Haustiere haben weniger Verwendung für ihre Organe, vor allem für ihr Hirn. Ihr Bewegungsdrang ist geringer, in ihren engen Käfigen wäre das auch nicht förderlich.

Dafür werden sie früher geschlechtsreif. Eine beklagenswerte Existenzform, wenn ihr mich fragt.

Natürlich mochten die Forscher es nicht, wenn jede Ratte anders gescheckt war, das ist nicht regelhaft, das ist nicht wissenschaftlich, weshalb sie bald standardisierte Laborratten züchteten. So brachte das Wistar Institute for Anatomy and Biology der University of Pennsylvania in Philadelphia die Wistar-Ratte hervor, bis heute ein absoluter Prototyp der Laborratte. Wenn ihr weiter hinten das Kapitel »Rat Park« lest: Im Rat Park wohnten lauter Wistar-Ratten.

Die Wissenschaft ist kalt, sonst wäre sie keine. Ihr Wesen ist die Distanz, denn zum Erkennen braucht es Abstand. Worum geht es in einem Versuch, auch in einem Tierversuch? Es geht um die Isolierung einer Variablen, um deren Verhalten in einem komplexen System bestimmen zu können. Alle Details müssen überprüfbar sein, der Versuch jederzeit wiederholbar. Messbarkeit und Objektivität! Das sind die Haupttugenden der Wissenschaft.

Oft geht es um Wirkungen von Substanzen auf den Organismus, wie wir es bei den Antidepressiva-Tests gesehen haben, oder um die Frage, wie sich ein Körper verhält, wenn ihm dieses oder jenes fehlt. Auch dieses oder jenes Organ. Etwa die Nebenniere. Oder die Hypophyse. Mit einem Thema wie »Ablauf einer lokalen Verbrühung bei normalen und hypothyreotischen, nebennierenlosen, hypophyselosen und entbluteten weißen Ratten« konntet ihr euch zum Doktor der Medizin promovieren lassen. Erst wenn die Organe weg sind, erkennt man, wozu sie gut waren.

Nummer 4 736 866 oder Das erste patentierte Lebewesen

Aber nicht nur Organe können fehlen. Auch Gene. Das erste patentierte Lebewesen war eine Maus. Das heißt, ihr betrachtet sie als euer Produkt. Eine Patent-Maus wird nicht mehr geboren, sie wird »hergestellt«, sie wird »konstruiert«. So sprecht ihr, ihr redet von der »Herstellung einer Maus«.

Wir unterscheiden Knock-in-Mäuse und Knockout-Mäuse. Bei Knock-in-Mäusen kommt etwas dazu, bei den Knockout-Mäusen kommt etwas weg. Der bekannteste Fall einer Knock-in-Maus, der erste Fall eines patentierten Tieres überhaupt, war die Harvard-Maus. »Harvard-Maus« ist natürlich ungenau, genauer wäre: »Harvard-Krebs-Maus«.

Maus und Ratte sind eure perfekten Krankheitssimulatoren, gar nicht mehr wegzudenken aus euren Laboren. Nach dem Genom der Maus habt ihr auch das unsere entschlüsselt, es gleicht zu 90 Prozent dem eurigen. Nur dass wir mehr Gene für die Abwehr von Krankheiten und die Entgiftung des Körpers besitzen, woran ihr erkennt, welche Fürsorge die Evolution auf uns verwandte. Es gibt zu fast allen euren Genen eine Entsprechung bei den unsrigen.

Das Tier als Maschine: Die Vorstellung hat sich seit Descartes nicht verändert. Aber was für Descartes die Zahnräder waren, die eine Uhr zum Laufen bringen, also auch eine Tier-Uhr, sind für eure Molekularbiologen die Gene. 22 000 kleine Zahnräder, so viele Gene hat die Maus. Ihr schaltet jetzt nicht mehr Organe aus, die großen Zahnräder, ihr schaltet die kleinen aus, die Gene. Versteht mich nicht falsch: Ich sage das ganz ohne Anklage, die Nüchternheit eurer Forscher ist nicht ohne Wirkung auf mich geblieben. Was ihr da begonnen habt, gehörte einst zum vornehmsten Arbeitsbereich Gottes: Schöpfung von neuem Leben. Nur der Ehrgeiz ist gänzlich verschieden. Gott wollte es so gut als möglich machen, was ihn keineswegs vor seinen Kritikern schützte. Er war eben doch ein Pfuscher, haben sie gesagt, schaut euch an! Das Ziel eurer Forscher ist dagegen die vorsätzliche Herstellung von überaus schadhaftem, defektem Leben. Ihr könnt das auch begründen: Erst wenn man ein Gen ausschaltet, erkennt man wirklich, wozu es gut war. Und das wiederum nützt dem Menschen, denn viele Krankheiten beruhen auf einem Gendefekt.

Nun sagt ihr, kein Mensch, der nicht völlig pervers ist, injiziert einer Maus ein menschliches Gen. Das mag schon sein. Aber das ist die Wissenschaft. Die Wissenschaft ist polymorph pervers. Ohne diese Voraussetzung erkennt man nichts. Auf das Motiv kommt es an, sagt ihr.

Frauen, bei denen ein bestimmtes Gen verändert ist, haben ein besonders hohes Risiko, an Brustkrebs zu erkranken. Und um genau das zu beweisen, injizierten zwei Harvard-Forscher 1984 mittels Retroviren menschliche Brustkrebsgene in Mäuse-Embryonen. Und in der Tat bekamen diese Mäuse viel öfter Krebs als gewöhnliche Labormäuse. So eng verwandt sind wir also. Die Wissenschaftler informierten das Büro für Technologie-Lizenzierung über ihr Experiment, worauf die Harvard-Universität die Maus zum Patent anmeldete.

Das erste patentierte Lebewesen trug die Nummer 4 736 866, erteilt wurde das Patent am 12. April 1988. Der DuPont-Konzern hatte die Forschung mit sechs Millionen Dollar unterstützt, er erhielt die Verwertungsrechte. Bislang galt die Schöpfung als Patent Gottes oder der Evolution, der Damm war gebrochen. Danach habt ihr alle möglichen Tiere zum Patent angemeldet, erinnert euch an das Klonschaf Dolly. Ich bin schon gespannt, wann ihr zum ersten Mal euresgleichen zum Patent anmeldet. Ihr wisst, dass in China die ersten gentechnisch optimierten

Babys geboren wurden? Die Genschere Crispr/Cas9 macht es möglich. Ich komme noch einmal darauf zurück. Ihr erinnert euch doch noch an den Film *Gattaca* aus den Neunzigern? Da nannten die optimierten Menschen der Zukunft die natürlich Geborenen nur noch die »Invaliden« oder »Gotteskinder«.

Aber kommen wir zu den Knockout-Mäusen. Für die »Entwicklung der Knockout-Maus« haben die beiden Amerikaner Mario Capecchi und Oliver Smithies sowie der Brite Martin Evans 2007 den Nobelpreis für Medizin bekommen. Labore bestellen ihre Knockout-Mäuse längst per Katalog.

Mario Capecchi, Oliver Smithies und Martin Evans hatten unabhängig voneinander den genetischen Prozess untersucht, der bei der Reifung von Spermien und Eizellen für eine neue Mischung der Erbinformationen sorgt. Man nennt das »homologe Rekombination«. Ich will gar nicht behaupten, dass ich das verstehe, aber eines verstehe ich schon: Die homologe Rekombination ist sehr wichtig. DNA-Abschnitte mit ähnlicher Sequenz werden von Enzymen im Zellkern gegeneinander ausgetauscht. Und nun fanden alle drei heraus, dass das auch funktioniert, wenn man eine zuvor isolierte fremde Erbanlage in eine Mauszelle mogelt. Etwa, warum nicht, ein menschliches Gen.

Und stellen Sie sich das einmal vor: Das fremde Gen, durch Jahrmillionen der Evolution von seiner neuen Wirtszelle getrennt – beide sind sich nie zuvor begegnet –, findet sein Pendant und wird genau an der richtigen Stelle eingebaut. Wen das nicht elektrisiert, muss als Fruchtfliege von der Evolution zurückgelassen worden sein. Liebe Fruchtfliegen, verzeiht mir, ich weiß, ihr habt wie wir große Verdienste in der Abfallwirtschaft erworben, aber von der Genetik versteht ihr nun wirklich nichts. Nein, falsch, die Drosophila, die Ahnherrin der genetischen Forschung, nehme ich von diesem Verdacht ausdrücklich aus.

Was ich sagen will: Natürlich schreiben die drei Herren Forschungsanträge, um das zu beweisen. Jedes Gen in der Maus lasse sich präzise verändern, durch alle nur erdenklichen Bauteile, die absolut nicht in eine Maus gehören. Die Resonanz war übel. Das National Institute of Health schrieb Capecchi sinngemäß, dass es sich nicht vorstellen könne, dass die injizierten Gene ihr Ziel fänden. Das britische Medical Research Council antwortete Evans, ambitioniert solle der Forscher durchaus sein, doch nicht überambitioniert. Und jetzt beginnt, was ich so liebe am Menschen: Wenn er wirklich eine Entdeckung gemacht hat, hält er daran fest. Da ist so eine Unbedingtheit, die hat kein anderes Lebewesen außer euch. Die Instanzen glauben, ich irre? Also habe ich recht!, sagten sie. Und in der Tat wiesen alle drei, zwar unterfördert, aber keineswegs unterfordert, diesen Tatbestand bald nach.

Aber ein Problem blieb: Was Zellen machen, macht noch lange kein ganzer Organismus. Und der ist die eigentliche Manifestationsform des Lebens auf diesem Planeten, anfällig für Beeinträchtigungen wie Schlaganfälle, Herzinfarkte, Alzheimer. Zellen bekommen so etwas nicht, nur Organismen. Also etwa die Maus.

Die Maus besitzt, wie längst erwähnt, rund 22 000 Gene. Alle 22 000 kommen auch beim Menschen vor. Und das muss man erst einmal schaffen, gezielt ein Gen außer Funktion zu setzen, eines unter 22 000. Mittlerweile lässt sich jede beliebige Veränderung in der Mäuse-DNA vornehmen, und das ist ganz einfach: Aus einer Blastozyte – das ist die kleine, mit Flüssigkeit gefüllte Kugel gleich nach der Befruchtung, noch vor ihrer Platzanweisung in der Gebärmutter – entnimmt man embryonale Stammzellen, in die nun ein künstliches DNA-Stück mit einer defekten Version des zu verändernden Gens, des Ziel-Gens also, injiziert wird.

Es folgt die homologe Rekombination, und so wird in manchen dieser Zellen eine der ursprünglich vorhandenen Kopien des Gens durch die eingefügte künstliche Variante ersetzt. Diese Zellen werden dann von den anderen getrennt – fragt mich nicht, wie –, sie werden vermehrt und in neue, völlig naturbelassene Blastozyten injiziert. Dort vermischen sie sich mit den einheimischen Stammzellen und bilden eine Art Mosaik, aus dem sich der Mosaik-Embryo entwickelt, der nun einer Mäuse-Leihmutter eingesetzt wird. Die bekommt jetzt kleine Mosaik-Mäuse, und wenn die wiederum Kinder bekommen … Am besten, ihr lest das selber nach, etwa auf www.wissenschaft.de: »Nobelpreis für Medizin 2007: Wie man Gene k.o. schlägt«. Zwei Arten von Nachkommen entstehen: ganz normale, aber auch solche, in denen das Ziel-Gen ausgeschaltet ist, und zwar in jeder einzelnen Körperzelle.

Inzwischen gibt es Modelltiere für fast jede Erkrankung. Ihr könnt jedes beliebige der Maus-Gene ausschalten. Es dauert lange, bis so eine Maus fertig ist. Zwei Jahre? Und sie ist natürlich sehr teuer. Dass ihr für eine einzige Maus einmal 20 000 Euro zahlen würdet, hätte keine von uns geglaubt. Und was, wenn die 20 000-Euro-Maus gleich wieder stirbt? Ihr wisst, unsere Lebenserwartung ist nicht sehr ermutigend.

Aber die Resultate! Wenn ihr etwa das Leptin-Gen ausschaltet, wird die Maus ungemein übergewichtig. Ihre glücklichere Schwester ist die patentierte FIRCO-Maus. FIRCO heißt: *fat-specific insulin-receptor knockout*. Denen fehlt also ein Insulinrezeptor für die Fettzellen. Ich glaube, ihr wollt alle FIRCO-Mäuse werden. Die können fressen und fressen und werden doch nicht dick. Aber das ist noch nicht alles. Während ihre naturbelassenen Mit-Mäuse nach etwa zweieinhalb Jahren starben, fraßen die FIRCO-Mäuse noch fast fünf Monate länger, bei ungetrübtem Appetit und idealer Mausefigur. Ich höre euch schon rufen: Genmanipuliert mich!

Und natürlich kann man Mäuse melken. Das Wort gilt euch als Sinnbild für Unternehmungen höchster Absurdität. Ihr müsst umdenken. Und was für Milch die Mäuse euch geben: Mäusemilch mit dem menschlichen Wachstumsfaktor t-PA in beachtlicher Konzentration! Ihr habt da Verschiedenes ins

Mäuse-Erbgut eingebaut, auch einen Schalter, der bewirkt, dass Euer t-PA-Gen nur in den Milchdrüsen aktiv ist. Gene-Pharming!

Die neue Christologie

Jesus Christus, glaubt ihr, ist stellvertretend für euch am Kreuz gestorben. Nach über zweitausend Jahren sollten wir vielleicht noch einmal darüber reden. Der Nazarener hatte gar nicht vor zu sterben, schon gar nicht für euch. Kein Gerechter stirbt am Kreuz, Gott lässt ihn nicht allein. Das war allgemeine jüdische Überzeugung, es war die seine und die derer, die ihm folgten. Aber ich sehe schon, mit euch kann man nicht einmal mehr theologische Dispute führen. Was ich sagen will: Wir, die Ratten und Mäuse, haben seinen Platz eingenommen. Wir sterben täglich in euren Laboren den Opfertod für euch, oft entstellt noch vor unserer Geburt, nur um euch zu retten.

Unlängst geriet ein Japaner in die Schlagzeilen, Hiromitu Nakauchi, der in Mäusen Bauchspeicheldrüsen aus lauter Rattenzellen wachsen ließ, um nachzuschauen, welche Karriere sie dort vor sich haben. Den Mäusen hattet ihr zuvor ein Gen entfernt, sodass ihre Embryonen keine eigene Bauchspeicheldrüse mehr bilden konnten. Ohne die Ratten-Rettung wären sie gestorben. Die Hilfe war aber gegenseitig. Auch kleine Ratten mit Mäuse-Bauchspeicheldrüsen wurden geboren.

Nun sagt ihr, es sei euch völlig egal, woher diese Nagetiere ihre Bauspeicheldrüsen nehmen. Ich verstehe das. Aber Nakauchi ist längst dabei, menschliche Stammzellen in Mäuse- und Rattenembryonen einzusetzen, ausgetragen von tierischen Leihmüttern. In Japan darf er das. Ganze Organoide, bestehend aus rund einer Million vernetzter menschlicher Neurone, wurden bereits in Rattenhirne eingebaut, um nachzuschauen, was sie dort anfangen. Die getunte Ratte! Und menschliche Beinahe-Gliazellen wachsen im Gehirn neugeborener Mäuse. Was machen die Mäuse damit? Das kann ich euch sagen: Sie werden klüger.

Es waren Astrozyten, gewissermaßen die Helferzellen der Neuronen. Sie beschaffen Nahrung aus dem Blut, machen sauber, sie sind der Rundum-Service der Prominenz, der Neuronen. Die Forscher vom Medical Center der University of Rochester berichteten, dass die menschlichen Astrozyten im Gehirn der Mäuse genauso gewissenhaft ihre Arbeit verrichteten, wie es die Mäuse-Astrozyten selbst taten. Aber: Die Signale in den Nervenzellen wurden verstärkt. Die Mäuse mit einschlägiger hirnlicher Förderung lösten Aufgaben schneller als die übrigen, sie waren zielorientierter und hatten ein besseres Gedächtnis.[1]

Ihr nennt solche Mischwesen »Chimären«. Da wird ein altes mythisches Unbehagen in euch wach, ich weiß. Wir sind also nicht mehr nur der Modell-, sondern bereits der Zielorganismus. Normalerweise wollt ihr bei euren Tierversuchen immer etwas über euch, nicht über uns herausbekommen, jetzt sitzen wir mit im Boot. Auch früher habt ihr die Versuche fast nie an euren Artgenossen unternommen, dazu seid ihr zu sensibel, und außerdem habt ihr in all eure Grundsatzbekenntnisse Sätze geschrieben wie »Die Würde des Menschen ist unantastbar«. Ich weiß, es gibt inzwischen viele unter euch, die das für Heuchelei halten – Tenor: Menschenrechte ohne Tierrechte sind eine Lüge –, ich weiß das zu schätzen, aber ich bin eine Ratte, ich misstraue der moralischen Weltanschauung. Uns würde sie ohnehin keiner glauben, und eines weiß ich genau: Keine Ratte würde die Verfassung einer großen Rattenrepublik mit den Worten beginnen: Die Würde der Ratte und des Menschen ist unteilbar!

Aber irgendwo muss doch Schluss sein, sagt ihr? Ich glaube, ihr irrt. Was gemacht werden kann, wird gemacht. Das ist der

Imperativ eurer Gesellschaft, egal wie viele Ethik-Kommissionen ihr gründet. Die professionelle Neugier eurer Forscher und die enormen Verdienstmöglichkeiten der Branche, dieser unendliche Markt der Zukunft – was für ein Sog! Und wenn wir es nicht machen, machen es die anderen. So denkt ihr. Wer nicht Erster ist oder wenigstens Vierter, sieht nur noch die Rücklichter der anderen. Das war in der industriellen Revolution so, das wird noch unerbittlicher werden.

Der Stanford-Forscher Irving Weissman fiel 2005 mit dem Plan auf, Mäuse mit vollständigen Menschenhirnen zu züchten.[2] Normalerweise duldet keine Maus ein Fremdhirn, Weissman musste also einen Mäusestamm züchten, bei dem die Anfänge eines Nervensystems ausgebildet werden, die Vorläuferzellen der Neuronen schon an den richtigen Stellen sitzen, aber dann – genetischer Defekt – alle neuen Nervenzellen absterben: Das ist der Augenblick vor eurer zerebralen Invasion. Stellt euch das vor, ein Menschenbewusstsein, gefangen im Körper einer Maus. Genau das, wovon schon eure Märchen wussten, aber jetzt keine Zauberei mehr. Kinder, Kinder, seid ihr eigentlich noch bei Trost?

Aber da die menschlichen Zellen nur an den Mäusehirn-Schaltstellen reifen würden, käme wohl doch etwas anderes heraus. Bloß was? Euer Plan B lautet bisher: Sobald sie Menschenähnlichkeit zeigen, tötet sie! Aber wäre das nicht Verschwendung von Forschungsgeldern? Ich glaube nicht, dass Irving Weissman schon Erfolg hatte, man hätte sonst gewiss von seinen Menschenmäusen gehört.

Habe ich euch schon von Gordon, dem Roboter erzählt? Gordon wurde von Rattenneuronen gesteuert, gebaut an der Universität von Reading. Nach dem Einsetzen waren unsere Neuronen anfangs schwer irritiert, aber dann: »Innerhalb von 24 Stunden strecken sie ihre Fühler aus und versuchen, Verbindungen untereinander herzustellen. Innerhalb einer Woche erhalten wir einige spontane Signale und eine gehirnliche Aktivität«[3], berichteten die Forscher. Und dann mussten sie sehr lachen, denn natürlich hatten sie verschiedene Hirne präpariert, und die zeigten ein ganz unterschiedliches Temperament, von widerborstig bis ungestüm. Ihr wisst, jedes Hirn hat eine andere Persönlichkeit.

Richtig interessant wird es aber erst, wenn eure Hirne anfangen, Roboter zu steuern. Ich glaube nicht, dass die sich dann noch gefallen lassen, dass ihr sie Roboter nennt, das legen sie euch glatt als Rassismus aus. Ich glaube, als Erstes werden sie die vollen Bürgerrechte fordern, insbesondere Versammlungs- und Meinungsfreiheit und natürlich das Wahlrecht.

Gott sei Dank sind wir noch nicht so weit!, sagt ihr. Ich weiß, euer Jäger-und-Sammler-Hirn schaudert zurück vor der Vorstellung von Tier-Maschine-Hybriden und Mensch-Tier-Chimären. Aber ihr wollt in uns eure Organe züchten, ihr wollt ein großes lebendes Ersatzteillager für eure Innereien anlegen. Was für ein Markt eröffnet sich hier!

Gott sei Dank betrifft uns das nicht direkt. Unsere Größe, nein, unsere Kleinheit schützt uns etwas. Die armen Schweine sind da viel übler dran. Hiromitu Nakauchi züchtet eure Stammzellen in Maus- und Rattenembryonen, ausgetragen von Ratten- und Mäuse-Leihmüttern, schließlich nicht zum Spaß, sondern weil jeder klein anfängt. Also mit uns. Im Erfolgsfall sind die Schweine dran. Nicht nur Nakauchi forscht diesem Ziel entgegen. Mischwesen aus Mensch und Schwein! Menschenschweine, Schweinemenschen, Chimären also, die eure Organe austragen, schlachtfrisch für den Bedarfsfall.

Zwischen euch und den armen Schweinen passt vieles. Nicht zuletzt die Größe. Aber wird das reichen? Natürlich könnt ihr in den Schweinen so viele Gene außer Kraft setzen, dass ihre Körper sich nicht mehr wehren, dass eure Organe in ihnen wachsen. Aber für eure Physis werden es noch immer Schweineorgane sein, von Schweineblut genährt, von Schweinenerven durchzogen. Was für eine Schweinerei.

Die unsterbliche Maus

Meine Brüder und Schwestern, die Mäuse, erzählen diese unfassbare, unfassbar-wahre Geschichte so: Ein paar bereits sehr gebrechliche Senioren wussten, dass ihre Tage gezählt waren. Tiere wissen so etwas. Nur noch Wochen, Tage, Stunden vielleicht, und sie wären mausetot. Es ist doch merkwürdig, nicht wahr, dass eure Sprache für das endgültige, unwiderrufliche Gegangensein dieses Wort gefunden hat? Vor diesem Befund scheint Umkehr noch möglich, aber dann: Mausetot ist mausetot. Bleibt mausetot. Ich glaube, da müsst ihr jetzt umdenken. Ihr geht. Wir bleiben!

Die schütteren Kandidaten der Ewigkeit aus der Mäusegeriatrie spürten plötzlich etwas zurückkehren in ihre arteriosklerotischen Adern, etwas längst Entwöhntes: Sollten sie es das Leben nennen? Bald fühlten sie sich bereit für alle Herausforderungen sämtlicher Existenzformen ihrer Art, ob Springmaus, Wühlmaus, Tanzmaus, ja, sie hätten wohl geschworen, dass es auch Flugmäuse gibt. Das noch nie Dagewesene war geschehen: Sie waren wieder jung. Wie hatte doch euer Theoretiker der Überratte empfohlen: »Werde, der du bist!« Ich korrigiere Friedrich Nietzsche ungern, aber ich glaube, er hat da etwas übersehen. Es muss heißen: »Werde, der du warst!« Das ist die einzig legitime Formel der Unsterblichkeit.

Viele Wege führen zum Ziel. Der vampirische zum Beispiel. Die Untoten trinken wie Dracula junges Blut und leben weiter, das funktioniert. Stanford University 2014: Mäusekinder spendeten den Kandidaten des Jenseits ihr Blutplasma, oder ihre Blutkreisläufe wurden gleich direkt verbunden: Das Hirn der Alten wachte auf, sie lernten und spielten wieder.

Anderen war bereits das Fell ausgegangen, ihre Nieren hatten schon fast versagt, als sie begannen, den Wirkstoff TIMP-2, ein Eiweiß, zu konsumieren. Bald darauf wuchs ihnen wieder ein richtiges Mausefell, ihre vergesslichen Nieren erinnerten sich an ihre Aufgabe.

Wenn wir altern, egal ob Maus, Mensch oder Ratte, vermindert sich der Sauerstoffgehalt der Zellen, und die Mitochondrien produzieren immer weniger NAD. Das ist Nicotinamidadenindinukleotid, ein Coenzym, das ganz wichtig ist für den Stoffwechsel der Zellen. Einem zweijährigen Mausegreis hatte man in seiner Jugend Nicotinamidadenindinukleotid weggenommen, jetzt bekam er es wieder und startete durch. Zuletzt habt ihr greisen, blinden Mäusen sogar das Augenlicht wiedergegeben![4] Das war ganz einfach, ihr habt bloß ein paar von den Tausenden chemischen Markern verändert, die uns und euch verfallen lassen.

Die ältesten Mäuse der Welt wurden, glaube ich, 1819 Tage alt, also fast fünf Jahre. Stand 2013. Das wäre ungefähr so, als stiege eure durchschnittliche Lebenserwartung auf 140 Jahre plus. Der Wächter ihrer Jugend Andrzej Bartke bekam für seine Verdienste um die Unsterblichkeit der Maus den Methusalem-Maus-Preis. Den hatten Tierfreunde ausgelobt, Preisgeld: über vier Millionen Dollar. Nur für die Unsterblichkeit eines Nagetiers! Oder ging es gar nicht um uns, oder nur, indem es in Wahrheit um euch ging? Ich sollte auch nicht verschweigen, dass die 1819-Tage-Mäuse ein paar Auffälligkeiten aufwiesen. Es waren Dwarf-Mäuse, Hausmaus-Hybriden. Mäuse sind schon keine Riesen, aber Dwarf-Mäuse, Zwerg-Mäuse erst! Und wenn man diesen Infinetisimalmäusen noch dazu Wachstumshemmer gibt, dann erreichen sie vielleicht ein biblisches Mäuse-Alter: Aber was nützt die Beinahe-Unsterblichkeit, wenn man kaum mehr zu sehen ist? Wollt ihr das?

Kommen wir vom ganzen Tier zur Zelle. Ihr kennt doch die Yamanaka-Faktoren? Das sind körpereigene Eiweißstoffe, vier unglaubliche körpereigene Eiweißstoffe, die alles wieder auf null stellen. Der Japaner Shinya Yamanaka hat sie identifiziert: Sox2, C-Myc, Oct4 und Klf4. Man schmuggelt sie mittels Viren in eine Mäusezelle, sagen wir, eine Hautzelle, lässt sie einwirken, und die Zelle erreicht wieder ihren embryonalen Zustand. Der Fachbegriff lautet: »induzierte pluripotente Stammzelle«. Stammzellen sind diese Alleskönner, aus denen alles werden kann. Eigentlich braucht ihr euch nur das Gen Oct4 zu merken. Denn im Hirn erwachsener Mäuse gibt es Zellen, die haben die drei anderen ohnehin. Also Oct4 hinzufügen, und aus den gealterten Mäusezellen werden mit etwas Geduld Alleskönner der Stunde null.

Halt! Halt!, ruft ihr, so weit ginge euer Ehrgeiz dann doch nicht. Kein Mensch möchte vom Greis wieder zum Embryo werden! Ich verstehe. Es betrifft vorerst auch mehr die Zellen. Und es herrscht noch viel Unordnung.

Zwar gelang die Zellverjüngung auch schon in lebenden Mäusen, aber dort zeigten die jugendlichen Alleskönner-Zellen, was sie alles konnten, und das war nicht immer erfreulich.

Doch ihr seht, eure Forscher verwirklichen den alten Menschheitstraum – an meiner Art, an den Mäusen. Ratten sind etwas komplizierter, uns geht es wie euch: Wir müssen noch etwas warten. Aber so lange, wie ihr wohl warten müsst: Ich will jetzt nicht unkollegial klingen, aber dann seid ihr bereits mausetot.

Ihr seid das einzige Tier, das um sein Ende weiß, das einzige Tier, das weiß, dass es sterben muss, das einzige Tier, das seinen Tod denken kann. Das ist fürwahr die größtmögliche aller Grausamkeiten, und die Natur hat sie für euch reserviert. Es lässt sich nicht leugnen: Ihr wart ihr noch nie sympathisch. Und falls Gott schuld sein sollte, ich möchte nicht in seiner Haut stecken. Fernando Pessoa hatte recht: Wenn das Herz denken könnte, stünde es still.

Der Dramatiker Heiner Müller sagte einmal über den tendenziell unsterblichen Ernst Jünger, der weigere sich zu sterben, da Ernst Jünger sich eine Welt ohne Ernst Jünger nicht vorstellen könne. Sie wäre zu unvollständig. Ist nicht jeder von euch ein Ernst Jünger?

Jeder Mensch ist ein Kosmos für sich und geht zuletzt doch den Weg allen Fleisches. Wie lange habt ihr, die endlichen Unendlichen, als letzten Ausweg vor der Verzweiflung an die Unsterblichkeit eurer Seelen geglaubt. Ihr seid nicht mehr naiv genug für solchen Trost, ich weiß es wohl. Und nun habt ihr, die verwaisten Kinder Gottes, meiner Art die Unsterblichkeit geschenkt. Meine Brüder und Schwestern, die Geriatrie-Mäuse, glauben, ihr habt das nur für sie getan. Egal wie, die Erschaffung der unsterblichen Maus werden wir euch nie vergessen. Auch dass ihr uns zu Autofahrern gemacht habt, wird im ewigen Buch eurer Verdienste stehen.

Habt ihr euch schon mal gefragt, wie es sein würde, wenn künftig kein Mensch, keine Maus mehr stirbt, jedenfalls nicht so bald? Ihr werdet immer mehr, und keiner stirbt mehr? Habt ihr wirklich Lust, von Ewigkeit zu Ewigkeit in dieselben Gesichter zu schauen? Dass ihr alle gehen müsst, ist die letzte große Gerechtigkeit auf Erden, das Einzige, was noch euch alle betrifft. Aber ich ahne schon, sobald die Tür offen steht, werdet ihr das Altern zur gemeinsten, zur tückischsten aller Krankheiten erklären. Tod dem Tod! So seid ihr. Ihr werdet eine ganz neue Klassengesellschaft erschaffen: die Sterblichen und die Unsterblichen. Und von den ökologischen Folgen der Unsterblichkeit haben wir noch gar nicht gesprochen. Ihr solltet es, glaube ich, bei der Unsterblichkeit der Mäuse belassen.

Affenliebe

Manchmal sind eure Experimente ziemlich interessant, vor allem wenn ihr im Versuch mit uns etwas über die Grundlagen eurer Gesellschaft herausbekommen wollt. Und über die Gestaltungsmöglichkeiten von morgen, wenn ihr immer mehr werdet und euer Leben noch mehr umstellt und verstellt ist als heute. Eure Zukunft ist heute schon lesbar im Rattenversuch, davon später. Interessanterweise habt ihr es auch den Experimenten mit uns, den Tieren, zu verdanken, dass ihr eure Babys heute nicht mehr gleich nach der Geburt von ihren Müttern trennt, sondern sie ihnen auf den Bauch legt und nicht nur ab und zu ernährungshalber vorbeibringt. Dass ihr sie nicht mehr in ihren Wiegen schreien lasst und das »frühkindliche Erziehung«, »Abhärtung« und »Kräftigung der Lungen« nennt.

Soll ich aus euren früheren Anleitungen für junge Mütter der Dreißiger-, Vierziger-, Fünfziger-, Sechzigerjahre zitieren? Mein Lieblingsbuch ist von dem Kinderarzt John Watson, die beste Stelle: »Verwöhnen Sie sie nicht. Geben Sie ihnen keinen Gutenachtkuss. Nicken Sie vielmehr wie bei einer kurzen Verbeugung mit dem Kopf und schütteln Sie ihnen die Hand, bevor Sie das Licht ausschalten.«[5]

Da müsst ihr inzwischen selber lachen, nicht wahr? Doch der Weg zu diesem Lachen führte über den Tierversuch. Einem Neugeborenen die Hand reichen! Ihr wisst doch, woher eure Sitte kommt, Mitmenschen die Hand zu geben? Sie stammt noch aus euren barbarischen, also den längsten Zeiten, als bei der Begegnung zweier einander Unbekannter nicht absehbar war, wer von beiden sie überleben würde. Die Hand vorzustrecken hieß: Ich bin unbewaffnet! Ihr habt einen Gruß daraus gemacht, selbst für eure Kleinsten. Ich bin unbewaffnet! Seid ihr sicher, dass ihr noch nicht ganz verloren seid?

Aber ich weiß schon, wer der eigentliche Autor eurer Erziehungsratgeber war: Es war die Scham, dass ihr euren Aufenthalt auf Erden beginnt wie ein Tier, wie ein vernunftloses Bündel Natur. Ihr wolltet uns nicht zu ähnlich sein. Es dauert fast ein Jahr, bis ein kleiner Mensch spricht, bis er also, in eurem Verständnis, Mensch wird. Und eure Mütter sollten sich keinesfalls wie Rattenmütter, wie Affenmütter benehmen.

So weit habt ihr euch schon vom Tier entfernt, dass ihr erst im Tierversuch wieder lernen musstet, was Nähe und was Liebe ist. Habe ich gesagt, uns habt ihr diese Einsicht zu verdanken? Ich war wohl etwas ungenau: Der Amerikaner Harry Harlow wollte zwar mit Ratten forschen, aber dann bekam er Rhesusaffen. Ich erzähle euch den Anfang der Geschichte trotzdem, sie verrät so viel über euch.

Wie versteht man das Herz? Indem man es bricht. Aber welchen Wissenschaftler interessiert schon das Herz in außerphysiologischen Zusammenhängen? Und Harry Harlow war ein Wissenschaftler. Also wählte er das Hirn.

Der junge Forscher an der Universität von Wisconsin sollte einen Intelligenztest für Rhesusaffen entwickeln, und da kleine Affen, wenn sie unter sich sind, alles nur Mögliche machen, aber sich keinem Intelligenztest unterziehen, musste er sie natürlich trennen. Ein kleiner Affe, zurückgeworfen auf die urcartesianische Situation: Da ist nur das Ich, und das sollte etwas finden, eine Art Ersatz-Du, nämlich das Denken. *Cogito ergo sum*, »Ich denke, also bin ich«. Aber bis zu solcherart Existenzbeweisen hat es bisher aus gutem Grund nur der Mensch gebracht.

Um die cartesianische Situation möglichst gut zu simulieren, wurden die Käfigwände der Einsamkeitsäffchen mit Frotteehandtüchern verhängt. Zwar übertrafen die Kleinen alle Erwartungen an ihr Erinnerungs- und Kombinationsvermögen, und doch hätten sie wohl nur einem Existenzbeweis der Form »Ich spiele, also bin ich« beigepflichtet. Aber womit denn?

Mit den Frotteehandtüchern! Und der Versuchsleiter beobachtete etwas Merkwürdiges: Der Vorsatz, die Handtücher wieder aus dem Käfig zu entfernen, erregte den allergrößten Zorn der Insassen, provozierte ihren Mut der Verzweiflung, um das zu verhindern. Der Wissenschaftler war alarmiert. In allen handtuchbestückten Affenzellen wiederholte sich das gleiche Szenario. Die Äffchen hatten sich in das Frottee geschmiegt, spielten mit ihm, zogen die Handtücher in ihren Fäustchen. Sie waren ihr Begleiter geworden, das Du zum Ich, der ideale Ergänzer. Ein Du war in der Welt der Intelligenztests nicht vorgesehen, dieser verharrt vielmehr in der heroischen Einsamkeit der Menschenselbstversuchssituation des »Ich denke«. Jedes Du ist da bloß Ablenkung, oder ist es etwa überlebenswichtig? Harry Harlow überkam die Ahnung, als stehe ihm eine Entdeckung bevor, mit aller Grausamkeit der Wissenschaft.

Ich übermittle dem leidgeprüften Volk der Rhesusaffen an dieser Stelle meine solidarischen Grüße, von Labortier zu Labortier. Rhesusaffen zählen zwar kaum im Vergleich zu uns, aber wie wir sind sie Gemeinschaftswesen. Schon die gängige Isolation in euren Laboren ist Folter, von allem noch Folgenden gar nicht zu reden.

Nähe und Liebe sind keine wissenschaftlichen Gegenstände, da schwer messbar, fast nicht objektivierbar. Also nicht existent, außer in Hirnen von paarungswilligen Frauen. Bisher sah man die Sache so: Der Mensch ist ein Bedürfniswesen. Er hat Hunger und Durst, später will er noch Sex. Wer diese Bedürfnisse stillt, wird geliebt. Das, nichts anderes, ist der Ursprung der Liebe. Primärtriebbefriedigung, nichts weiter.

Harlow wusste schon, wie er das überprüfen konnte. Er baute eine Affenmutter aus Metall, mit eiserner Brust. Die eiserne Brust gab Milch. Und er baute eine zweite, sehr weich, aus Frotteehandtüchern mit Füllung, aber ohne Milch. Und er trennte kleine Äffchen von ihren Müttern. Nach Tagen der Verzweiflung suchten sie sich eine neue Mutter. Ahnt ihr, welche? Sie krabbelten auf die Stoffmutter, spielten mit ihr, bissen sie voller Zärtlichkeit. Nur wenn sie sehr durstig waren, liefen sie kurz zur eisernen Mutter und sofort wieder zurück zu der »richtigen«, die nicht nährte. Der Fortschrittsgeist der Sechziger stand still vor Befremden und Erstaunen. Eine Mutter war also weit mehr als eine Primärbedürfnisbefriedigerin. Aber was, wenn keine Stoffmutter mehr da war, nur die aus Eisen?

Die Äffchen hatten keine Wahl. Sie versuchten nun auch, sich an ihr festzuhalten, mit ihr zu spielen. Nächstes Level: Was, wenn sie nicht nur kalt und glatt, sondern auch böse war? Harlow gab ihr scharfe Stacheln und kleine Löcher, aus denen hart eiskalte Luft blies, die die Affenkinder gegen die Gitter warf. Ich breche hier ab. Ihr ahnt die schwarze Pointe? Statt die böse Stiefmutter künftig zu meiden, kehrten sie trotzdem zu ihr zurück, bettelten um ihre Liebe. Man kann jedes Lebewesen aus der Bahn werfen, sodass es nie mehr zurückfindet.

Stress

Wo bist du? Auf diese Frage würden viele von euch wohl antworten: Im Stress, wo sonst, frag bloß nicht! Eigentlich seid ihr nur noch im Stress. Ein wenig seltsam ist das schon, denn das psychische Hauptleiden der Gegenwart kannte vor Kurzem noch keiner. Kein Fließbandarbeiter des frühen 20. Jahrhunderts hätte gerufen: Mein Gott, bin ich im Stress! Wie ist es möglich, dass heute fast alle unter etwas leiden, das gestern noch keiner kannte? Ihr ahnt, dass wir etwas damit zu tun haben? Ihr irrt nicht: An uns habt ihr den Stress entdeckt!

Im Grunde war es Zufall. Ein Professor an der Universität Montreal wollte ein neues Eierstock-Hormon entdecken, weshalb er seinen jungen Assistenten Hans Selye ins Schlachthaus schickte, um möglichst noch dampfende Rinder-Eierstöcke zu holen. Der Professor stellte den Hormonextrakt her, sein Assistent spritzte ihn uns. Ihr habt recht, Hormone aus Rinder-Eierstöcken haben in Ratten nichts verloren, aber die Befunde waren sensationell: Thymolymphatische Atrophie, Nebennierenhypertrophie mit Hyperaktivität und peptische Geschwüre. Ich übersetze das mal: vergrößerte Nebennieren, geschrumpfte Thymusdrüsen, Magengeschwüre! Die Forscher waren enthusiasmiert. Eine Entdeckung stand bevor! In der Folge mussten alle 26 Professoren des Instituts einschlägige Extrakte herstellen und testen, dann kam die Auswertung: Die Wirkung der Elixiere auf unseren Organismus verhielt sich seltsamerweise umgekehrt proportional zum akademischen Rang ihrer Hersteller. Das irritierte den Assistenten, den Eierstockholer. Sollte er, der Anfänger, demnach der Fähigste von allen sein? Er stellte nun verschiedenste eigene Extrakte her, immer mit großartigem Befund: Thymolymphatische Atrophie, Nebennierenhypertrophie mit Hyperaktivität und peptische Geschwüre.

Dann fiel irgendwem auf, dass sie gar keine Kontrollgruppe hatten. Erst die Kontrollgruppe macht einen wissenschaftlichen Tierversuch zum wissenschaftlichen Tierversuch. Wie wirken Extrakte aus anderen Organen in der Ratte? Das musste getestet werden. Der Assistent erschien wieder im Schlachthaus und wollte nun fast alles außer Eierstöcken. Ich muss die Geschichte an dieser Stelle leider ein wenig abkürzen: Die Befunde glichen sich auf bestürzende Weise. Fassungslos besah Selye seine toten Ratten: vergrößerte Nebennieren, geschrumpfte Thymusdrüsen, Magengeschwüre!

Und der Assistent näherte sich einem ungeheuerlichen Eingeständnis. Es gab bei all diesen Versuchen nur eine wirkliche Konstante, und das war er selber. Hätte er uns nicht so oft fallen lassen und dann mit dem Besen jagen sollen? Natürlich fürchten wir uns vor Spritzen, genau wie ihr. Man sollte in diesen

Momenten das Gefühl haben, in der Hand Gottes zu liegen, das ist gut für alle. Lasst es mich so sagen: Hans Selye besaß nicht die Hand Gottes. Wenn sein Griff zu weich war, flohen wir und entwickelten Symptome. Wenn er zu hart war, erst recht. Thymolymphatische Atrophie, Nebennierenhypertrophie mit Hyperaktivität und peptische Geschwüre: längst auch die »Stresstriade« genannt. Aber das Wort kannte damals noch keiner, auch Selye nicht. Doch er hatte nun einen großen, schwer mit Selbstkritik amalgamierten Verdacht. Also unternahm er den nächsten Rattenversuch. Er wickelte unsere Pfötchen sorgfältig in Watte, um uns sodann an allen vieren festzuschnallen: die fixierte Ratte. Keine Eierstockhormone von wildfremden Kühen suchten sich Wege durch unsere kleinen Körper, uns fehlte gar nichts, wir konnten bloß nicht weg. Selye schnitt uns auf und fand, was er erhofft, was er befürchtet hatte: die Triade.

Er erinnerte sich an Befunde, die in der Welt der Medizin Ratlosigkeit auszulösen pflegten: etwa Magengeschwüre bei Patienten, die eine große Operation hinter sich hatten. Am 4. Juli 1936 erschien die erste wissenschaftliche Veröffentlichung des jungen Mannes, der nicht die Hand Gottes besaß, in *Nature*, sie hieß: *A syndrome produced by various toxic agents* – »Ein Syndrom, das durch verschiedene toxische Einflüsse verursacht wird«. Toxisch? Nur insofern man auch den irritierenden Druck einer Hand beim Festhalten einer Ratte so nennen dürfte. Denn was er entdeckt hatte, war ein *allgemeines Syndrom des Krankseins*.

Er suchte einen spezifischen Namen für einen unspezifischen Auslöser. War es nicht wie bei an sich guten Materialien, die bei zu starker Beanspruchung brüchig werden? Das richtige Wort wäre *strain* gewesen: »Druck«, »Überlastung«. Englisch war nicht die Muttersprache des gebürtigen Wieners, Selye wählte *stress*: »Spannung«, »Belastung«. Stress ist eine allgemeine Reaktion des Körpers auf Belastungen ganz verschiedener Art. Und Selye fand auch die Ursache unserer Symptome.

Unsere Nebennierenrinde war vergrößert und stark gerötet, weil sie große Mengen Kortison und Adrenalin hergestellt hatte. Dass Magengeschwüre durch Stress hervorgerufen werden, ist selbst in euer Alltagswissen eingegangen, trifft aber wohl auf uns noch stärker zu als auf euch.

Und der Thymus? Ihr kennt doch diese Drüse, die sich bei euch etwa in der Mitte der Brust befindet, hinter dem oberen Brustbein. Das Wort kommt vom griechischen *thymos* und meint die »Lebenskraft«, die »Seele«, also gewissermaßen die Schnittstelle von Körper und Geist. Hier geschieht weder bei uns noch bei euch viel, wenn wir unter Stress stehen.

Auch werdet ihr immer dümmer, wenn ihr unter Dauerstress steht. Das habt ihr unlängst an uns demonstriert.

Ihr habt 28 Rattenmänner unter Dauerstress gesetzt. Drei Wochen lang habt ihr sie täglich ins Wasser geworfen, sie sodann auf engstem Raum eingesperrt und für zehn Minuten mit einem absoluten Rattenmacho in die Zelle gesetzt. So möchte keiner leben, nicht wahr? Und dann habt ihr ihre Reaktionen getestet. Sie machten viel mehr Fehler als ihre ausgeglichenen Artgenossen und lernten kaum daraus. Auch ihre Hirne veränderten sich: Jene Bereiche, die für zielgerichtetes Denken und Entscheiden zuständig sind, waren zurückgebildet, während sich jene Hirnregion vergrößert hatte, die für Gewohnheiten und rein mechanisches Verhalten zuständig ist. Meine lieben Brüder reagierten nur noch, sie entschieden nicht mehr.

Ihr ahnt, was wirklich Stress auslöst? Nicht, dass ihr eine Aufgabe vor euch habt, dass ihr Lösungen finden müsst, nein, es ist das Gefühl, die Kontrolle zu verlieren.

Stellt euch vor, ihr habt mit der euch eigenen Akribie und Hingabe elektrische Drähte auf dem Boden des Rattenkäfigs gespannt und leitet nun Stromstöße in die Pfötchen der gefangenen Ratte. Ich bin doch kein Sadist!, sagt ihr. Gut. Habe ich auch nicht behauptet. Der Unterschied zwischen einem Sadisten und einem Wissenschaftler ist, dass Letzterer etwas herausfinden will. Das Objekt seiner Beobachtung muss eine reale Chance haben. Und darum leuchtet kurz vor dem Stromstoß jedes Mal eine Lampe. Wenn die Ratte schnell genug ist, eine Taste zu drücken, kann sie die Tortur vermeiden. Konzentration!

Oft schafft sie es, aber nicht immer. Das aber ist erst der halbe Versuch. Denn im Käfig nebenan sitzt noch eine Ratte, die hat es viel besser, denn sie muss auf keine Lampe aufpassen und keine Tasten drücken. Sie muss einfach nur da sein und wird trotzdem ernährt. Ich weiß, am Ende von Zwölf-Stunden-plus-Arbeitstagen haben sich die Proletarier ungefähr so den Kommunismus vorgestellt. Das Problem im Fall der Ratte im Kommunismus war nur: Wenn ihre Nachbarratte einen Fehler beging, bekam auch sie die Stromstöße. Und nun ratten Sie mal, welche Ratte mehr Stress hatte?

Sie haben recht, es war die Nichtstuer-Ratte. Sie hatte keinerlei Macht über das, was ihr geschah. Ich verallgemeinere: Das ist der Grund, warum auch Sozialhilfeempfänger Stress haben, obwohl ihre Tage, von Arbeitstagen nicht zu reden, sehr überschaubar sind. Sie haben gefühlt keine Chance, ihre Lage zu verändern. Ein bloßes Mündel des Staates zu sein ist das Gegenteil von Kontrolle über das eigene Dasein. Ja, wenn da irgendwo eine Taste wäre, die man drücken könnte. Aber für euch habt ihr solche Lebensänderungstasten noch nicht erfunden. Meine Schwester im ersten Käfig dagegen wusste genau, welche Option sie hatte. Sie musste nur aufmerksam und schnell genug sein. Revolutionäre Gedanken der Form »Wie komme ich aus diesem Käfig raus?« waren der Schmerzvermeidung natürlich nicht förderlich. Hier stört jede Metareflexion.

Freunde, ich könnte euch noch so viel erzählen. Ich weiß, inzwischen seht ihr den Stress als Zivilisationskrankheit Nummer 1. Fast alle seine Aspekte sind an uns getestet worden, die Parallelen zwischen den Cortexarealen und ihren Funktionen bei uns und bei euch sind frappant. Eure Wissenschaftler formulieren das so: »Der Rattencortex ist ein valides Modell.«[6] Ich sage nur: Immer die Kontrolle behalten! Das heißt: sie möglichst bald wiederfinden. Denn ihr wisst, dass es nur einen wirklich stressfreien Zustand gibt, und das ist der Tod. Dass euer Körper zu Stressreaktionen fähig ist, ist der Grund dafür, dass ihr früher nicht vom Löwen gefressen worden seid, zumindest nicht alle, und dass ihr heute in der Lage seid, rechtzeitig einem Auto auszuweichen. Hoffentlich. Auf die Länge des Zustands kommt es an. Dauerstress macht krank. Dann droht die Stresstriade, siehe oben.

Ein paar Hinweise noch. Wie man an uns festgestellt hat, ist der aktive Typus im Vorteil. Stressreaktionen klingen schneller ab, er lebt länger. Leider, auch das zeigt der Rattenversuch, bleibt der Aktive meist aktiv und der Passive meist passiv. Ihr müsst üben! Ihr kennt das Stichwort: Genau, es ist die Resilienz. Schon Selye, der Mann ohne die Hand Gottes, hatte den Verdacht, dass es vielleicht nicht entscheidend ist, was jemandem geschieht, sondern wie er es aufnimmt. Es folgte wieder eine Vielzahl von Rattenversuchen.

Wir sind gewöhnlich ziemlich resistent gegen Tuberkulose, aber manchmal sterben wir doch daran. Zu viel Stress. Solche Sachen. Aber ich will euch von einem anderen erzählen. Ihr erinnert euch doch an den Schwimmtest, den wir machen müssen, um eure Antidepressiva zu testen. Aus euren Wasserzylindern kommen wir nicht raus. Trotzdem gilt: Wer sich treiben lässt, ist depressiv. Stimmt nicht unbedingt. Die Psychologin Kelly G. Lambert setzte uns in etwas größere Zylinder, und ja: Die Passiven ließen sich bald treiben. Die Aktiven schwammen, obwohl es kein Wohin gab.

Aber da war noch eine dritte Gruppe: die resiliente Ratte. Ein Typus, der bereits Erfolg im Leben hatte, der die Erfahrung machen durfte, dass Aktivität zum Ziel führt, nicht immer, aber oft genug, um es sich zu merken. Man muss nur oft genug nach harter Arbeit eine Belohnung erhalten haben. Und was machte diese Ratte der dritten Art? Sie tauchte mit resilientem Schwung auf den Grund des Wasserzylinders, um nach einem Ausgang zu suchen.

Die Lösung liegt meist da, wo du noch nicht warst. In diesem Fall verhielt es sich anders, also tauchte die Ratte der dritten Art wieder auf. Aber sie schwamm nicht, nur die mindere Intelligenz schwimmt auf der Stelle, wo es keinen Ausweg gibt. Sie ließ sich treiben: Entspannen und an etwas Gutes denken! Irgendwann wird mich schon jemand hier rausholen! Immer die Ruhe bewahren, rät die resiliente Ratte.

Was heißt, irgendwann wird mich schon jemand herausholen? Ich weiß, das entspricht nicht den Erfahrungen aller. In euren Großgesellschaften ist der Eindruck des Ausgeliefertseins für eine Mehrheit kaum vermeidbar.

Der schönste Rattenversuch

Gewöhnlich sind eure Versuche grausam, aber einer rührt mich noch immer. Ihr wolltet wissen, ob Laborratten, diese lebenslangen Akademiker, noch in der Lage sind, ein völlig unabhängiges freies Dasein in der Wildnis zu beginnen. Also etwa auf einem Bauernhof. Erschwerend kam hinzu: Es waren Oxford-Ratten, sehr dünkelhaft.

Natürlich hatten sie gar keinen Grund zu solcher Überheblichkeit, aber welcher Akademiker weiß das schon? Die Grenzen ihrer Welt waren die Gitter ihrer Käfige, seit ungezählten Generationen. Nie haben sie in die Sonne geblinzelt, nie Wind und Regen gespürt. Nie sind sie durch frisches Gras gelaufen, nie durch eine Kanalisation geschwommen, wo es nach allem auf einmal riecht, aber vor allem übel. Wasser gibt es in der Tröpfchentränke, wussten sie, Essbares ist kugelförmig und wird angeliefert. All ihre Vor-Vor-Vor-Vor-Vor-Vorfahren waren ebenfalls Oxford-Ratten gewesen oder kamen aus befreundeten Laboren, das reichte so weit zurück, als hättet ihr seit Christi Geburt in einer ganz und gar künstlichen Welt gelebt. Was macht man da plötzlich in einem so befremdlichen Element wie: der Natur?

Die Türen ihrer Käfige standen plötzlich offen, und hinter der Tür war nichts wie gewohnt. Die Oxford-Absolventen standen vor der Frage aller Fragen: Rausgehen oder drinbleiben? Ich weiß nicht, ob sie sich beraten haben. Gewiss haben viele fürs Drinbleiben plädiert, für den Elfenbeinturm! Und was hat eine schneeweiße Laborratte mit dem schmutzigen Proletariat da draußen zu schaffen? Andere hielten gewiss dagegen, dass die Neugierde eine wissenschaftliche Tugend sei. Ohne empirische Feldforschung keine wahre Wissenschaft! Und man könne doch jederzeit ins Basislager zurückkehren.

Die Befürworter der empirischen Feldforschung gewannen. Zaghaft setzten Mutige und Feige ihre Pfoten in die … ja, in was? In die Freiheit, würdet ihr wohl sagen, ihr Zöglinge der allgemeinen zeitgenössischen Gedankenlosigkeit. Fragt eure Vorfahren, die kannten das Wort auch nicht: Was ihr Freiheit nennt, war das Äquivalent von Furcht und Schrecken. Nicht nur die Elfenbeintürmler, auch die Befürworter der empirischen Feldforschung liefen sehr komisch, sie gingen vorwärts im Modus des Ich-möchte-lieber-nicht. Aber es war seltsam: Keine kehrte um.

Wären wir nicht so neugierig, meine Art hätte es kaum um die ganze Erde geschafft. Ich weiß nicht mehr, wer zuerst die verwegene Theorie aufstellte, das Labor sei gar nicht die originäre Heimat der Ratte. Unsere Art sei gar nicht laborursprünglich. Einst müssten wir in einer Welt gelebt haben wie dieser hier, voll von Gerüchen und Geräuschen. Die promovierten Elfenbeintürmler bestritten das zwar augenblicklich, aber niemand hörte mehr auf sie, denn die anderen hatten Wasser gefunden. Aber was heißt Wasser?

Bisher hatten die Laborratten geglaubt, Wasser sei ein Element, das nur in Tropfen vorkommt, ausgenommen die Depressions-Versuchsratten und die Stress-Test-Versuchsratten natürlich. Das hier waren unzählige Tropfen, und alle klebten aneinander, es war sehr nass. Eine Was-ist-das-Leben-ohne-Risiko?-Ratte sprang gleich mitten hinein. Die anderen sahen vom Rand zu, was passierte. Trinken wollten sie aber auch. Bloß wie? Da war nichts zum Saugen. Also begannen die einen das Wasser mit der Zunge zu schlappen, wie es Hunde tun. Andere, denen dieser Anblick viel zu unzivilisiert war, formten mit beiden Pfoten eine zierliche Tasse, schöpften mit ihr das Wasser und tranken daraus wie ein Oxford-Professor seinen Fünf-Uhr-Tee.

Ich glaube, ihre Käfige hatten sie zu diesem Zeitpunkt schon vergessen. Aber mit Sicherheit, als sie die großen Heuballen sahen. Das ist nichts für uns, warnten die Akademiker, wir wühlen nicht in Heuhaufen. Wir graben auch keine Gänge hindurch, kein Oxford-Absolvent tut so etwas. Und in der Tat konnte sich niemand erinnern, dass er oder seine Eltern, Ururgroßeltern jemals einen Gang irgendwo durchgegraben hätten. Das hat die Evolution der Ratte nicht vorgesehen, erläuterte noch ein Elfenbeintürmler, als die ersten Gasthörer schon im Heuhaufen verschwunden waren.

Sie gruben und gruben und gruben, Gänge und Höhlen, als hätten sie nie etwas anderes getan. Als sie mitten im Heuhaufen waren und auch nicht recht wussten, wie sie da wieder rauskommen sollten, spürten sie eine seltsame Leere in der Magengegend. Sie wussten, nun war es Zeit, auf die Fütterung zu warten. Es war auch ungefähr die richtige Stunde. Sie warteten. Aber nichts geschah. Das war sehr merkwürdig. Das ist Selbstbedienung hier!, argwöhnte eine Elfenbeintürmlerin nicht ohne Triumph. Alle begannen nun nach den Kügelchen mit dem ausgewogenen Nährstoffgehalt zu suchen, aber was sie fanden, waren nur Wurzeln, Beeren und Eier. Was sollten sie mit Wurzeln, Beeren und Eiern?

Die Entlaufenen lernten schnell, was der Unterschied zwischen einer reifen und einer unreifen Beere ist, nur die Albinos brauchten dazu etwas länger, denn sie können nicht gut sehen, schon gar keine Farben. Sie lernten auch, wie man ein Frühstücksei öffnet. Die Wurzeln wurden als Notnahrung anerkannt. Die heillosen Indoor-Ratten hatten also binnen kürzester Zeit gelernt, wie man Unterschlupf findet und dass Ratten-Fertignahrung nur ein kulinarischer Weltaspekt unter vielen ist. Doch die Idylle trog, schließlich war dies hier ein Rattenversuch. Es war die Stunde der Katze. Noch nie hatten die Oxford-Ratten ein anderes wildes Tier gesehen als den Menschen. Wie viele würden mit ihrem Leben bezahlen, bevor sie verstanden, dass sie diesem hier besser aus dem Weg gehen sollten?

Aber kaum erschien die Katze im Scheunenhof, war keine Ratte mehr zu sehen. Ja, sie waren bereits geflohen, bevor sie sie sahen, und wagten sich dann 24 Stunden nicht mehr hervor. Es war wohl sein Geruch, der den Räuber beim Gattungsinstinkt denunziert hatte, vor jeder persönlichen Erfahrung. Also *apriori*!, ergänzte ein sehr gebildetes Nagetier.

Die Universitätsratten kehrten zurück zur Natur. Niemand hatte sie gelehrt, wie man Mitglied einer richtigen Rattengesellschaft wird und wie man sich dort benimmt, denn sie waren sehr ich-bezogen in ihrer Studierstube aufgewachsen, latent asozial wie viele Akademiker. Auch waren sie keineswegs gleich. Würden die weißen Ratten die schwarz-weißen Schecken als ihresgleichen anerkennen und umgekehrt? Sie taten es. Sie gründeten in den Heuballen die erste freie und gleiche Oxford-Ratten-Räterepublik und mehrten sich enorm.

Bald unterschieden sie sich kaum noch von ihren wilden Verwandten, die nie eine Universität von innen gesehen hatten, nur in einer Sache: Sie zeigten weniger Scheu vor Unbekanntem, schließlich hatten sie den größten aller denkbaren Weltenwechsel hinter sich. Wahrscheinlich, das sagen auch eure Wissenschaftler, würden nun auch ihre Organe wieder wachsen, vor allem Herz und Hirn.

Das alles hat sich wirklich so zugetragen, es wurde sogar gefilmt. Ich habe lediglich die Kontroversen und akademischen Streitgespräche der Oxford-Absolventen ergänzt.

IX.

Die Begleitratte

Die Welt, von der Schulter eines Punks gesehen

So richtig sind wir wohl Anfang der Achtzigerjahre des letzten Jahrhunderts unter euch angekommen, ich meine: in der Mitte der Gesellschaft. Nun gut, nicht direkt in der Mitte, etwas weiter unten. Ich gehe nirgendwohin ohne meine Ratte!, sagten die Punks. Sie trugen uns direkt am Herzen, dort, wo früher das Portemonnaie steckte, aber der Platz war meist ohnehin vakant, also zogen wir ein. Oder wir wohnten im Ärmel ihrer lädierten Lederjacken. Sie mochten es, uns in der U-Bahn plötzlich herauszuziehen und die Mimik der Leute zu studieren: Was wollt ihr? Wir mochten das auch. Wir haben uns auf der Schulter eines Punk immer sehr wohlgefühlt. Wir waren unangreifbar. Und wir sahen uns so ähnlich: Die Punks hatten kahle Köpfe, wir hatten kahle Schwänze. Auch teilten wir die gleiche Herkunft: also tendenziell aus der Kanalisation. Ihr wisst, dass das englische Wort *punk* »faulendes Holz« bedeutet. Kam schon bei Shakespeare vor.

Fast hätten die Punks aber gar nicht Punks, sondern *Rats* geheißen. In Amerika Ende der Siebziger nannten sie die Jungen auf der untersten Stufe einer Gang *Scapegoats, Queers, Rats* oder *Punks*. Wenn ihr mich fragt, *Rats* hätte gut gepasst. Vielleicht war es eine Musikjournalistin, die schließlich den Namenswettbewerb entschied. Sie nannte die Musik der Sex Pistols, von The Clash und The Damned einfach *Punk*. Vorher haben sie in England, glaube ich, *Working Class Rock 'n' Roll* gesagt.

Und von den Schultern oder aus den Ärmeln der Punks eroberten wir die Kinderzimmer. Kinder wollten immer weniger verstehen, was der Unterschied zwischen einem Hamster, einem

Kaninchen, einem Meerschweinchen und einer Ratte war. Niedlich sind sie doch alle. Und Nagetier ist Nagetier. Eben. Vertraut euren Kindern! Aber auch ich habe mir nie vorstellen können, welche Laufbahn als Haustier vor uns lag. Also, nicht vor uns allen. Vor so einer braunen Wanderratte direkt aus der städtischen Kanalisation und gar einer schwarzen Dachratte wie mir würdet ihr gewiss noch immer die Kinderzimmertür zuschlagen. Ich glaube auch nicht, dass wir einfach so in eure Käfige einziehen würden, schließlich sind wir geborene Kinder der Freiheit. Die Eltern eurer Ratten zu Hause sind ausnahmslos zahme Laborratten, ihr nennt sie auch »Farbratten«. Von wegen Farbratten! Eine richtige Wanderratte ist braun, eine richtige Hausratte ist schwarz. So ist das.

Ihr erinnert euch doch noch an Jack Black, den *V. R. Rat and mole destroyer to Her Majesty*, von dem ich euch im vorigen Kapitel erzählt habe? Glaubt bloß nicht, ihr und eure Kinder wären die Ersten gewesen, die uns als Gefährten entdeckten. Schon die Londoner Oberschichtenkinder des 19. Jahrhunderts kauften von Black Jack bunt gescheckte Ratten. Die spätere Kinderbuchautorin Beatrix Potter widmete bereits 1908 *The Tale of Samuel Whiskers* ihrer Ratte Sammy. Samuel Whiskers ist eine alte schnauzbärtige Ratte, die ein kleines Kätzchen fängt und aus ihm einen Kuchen backen will.

Natürlich geht ihr heute nicht mehr zum Rattenfänger eures Vertrauens, wenn ihr einen neuen Hausgenossen sucht. Die Rattenzüchter in den Laboren machten es möglich. Ihr könnt uns in vielen Farben und Mustern kaufen, zum Beispiel mit einem farbigen Kopf mit Punkt auf der Stirn und einem Streifen bis zur Schwanzwurzel. In dieser Ausführung nennt ihr uns »Baldie«. Haben wir einen farbigen Kopf und farbige Schultern, der Rest unseres Körpers aber ist weiß, so handelt es sich um »Bareback«. Eine »Black Eyed White« ist komplett weiß mit schwarzen Augen. Und das sind nur drei mit dem Buchstaben »B« vorn. Ihr habt das ganze Alphabet zur Auswahl.

Leider habt ihr uns auch schon den Schwanz weggezüchtet – *tailless* – oder das Fell: Fertig ist die Nacktratte. Ein Punk hätte so etwas nie getan. Ich hoffe nur, dass ihr uns nie nackt oder schwanzlos kauft.

Ich rekapituliere: Wir eroberten nicht nur die Kinderzimmer, sondern auch die Kinderbücher. Und doch sind wir noch immer nicht ganz in der Mitte eurer Gesellschaft angekommen. Und ich kann euch auch sagen, warum: Eure Gesellschaft hat gar keine Mitte, nicht mehr.

Arm und Reich

Ihr seid das einzige religiöse Tier. Ihr seid das einzige Tier, das seine Toten bestattet. Ihr seid das einzige Tier, das Steuern zahlt. Und ihr seid das einzige Tier, in dessen Welt nur eine Handvoll Exemplare unendlich viel mehr besitzen als fast alle anderen zusammen. So etwas konnte nur euch einfallen. Und so könnt ihr leben? Ihr nennt diese Zustände, glaube ich, »Zivilisation«. Ihr begreift schon, dass kein anderes Lebewesen auf dieser Erde euren Weg gegangen ist?

In Deutschland besitzen die reichsten zehn Prozent mehr als die Hälfte des gesamten Vermögens, nämlich 56 Prozent. Dachte man, noch 2019. Ich aktualisiere: 2020 besitzen jene zehn Prozent bereits mehr als zwei Drittel des Vermögens.[1] Die Hälfte aller Deutschen aber nur 1,3 Prozent. 1,3 Prozent! Die Verliererhälfte? Und das nennt ihr Demokratie, Volksherrschaft? Das halbe Volk herrscht schon mal nicht, nicht mit 1,3 Prozent. In den USA hat ein Nicht-Millionär – nein, wer spricht denn von diesen Habenichtsen? –, ich präzisiere: hat ein Nicht-Milliardär gar keine Chance, Präsident zu werden. Solltet ihr nicht endlich ein aufrichtigeres Wort finden für die Verhältnisse, unter denen ihr lebt?

Acht Männer auf eurer Welt besitzen genauso viel wie die Hälfte der Weltbevölkerung, ihr könnt das ruhig nachprüfen. Das Ziel eurer gesellschaftlichen Entwicklung, soweit ich das sehe, besteht also darin, dass einer am Ende alles hat und die übrigen acht, neun, zehn, elf Milliarden oder wie viele ihr auch immer werden wollt, gar nichts. Ihr kennt wirklich keine Scheu vorm Absurden. Und bevor ihr mich falsch zitiert: Das ist eine arithmetische Generalisierung! Aber ihr begreift, dass euch nicht zu helfen ist?

Ich bin natürlich auch etwas Kommunist. Der Kommunismus – als Idee – ist die ernst genommene Erklärung der Menschenrechte, und diese ist in Wirklichkeit eine Erklärung der Tierrechte, aber das habt ihr wohl noch nie bemerkt. Alle Tiere sind frei und gleich geboren. Am besten hat mir immer Karl Marx' Definition des Kommunismus gefallen: eine Gesellschaft, in der die freie Entfaltung des Einzelnen die Voraussetzung der freien Entfaltung aller wäre. Wir leben schon immer so, mit Ausnahme meiner Brüder und Schwesten, den Laborratten, und aller anderen von euch versklavten Kreaturen. Aber was ist mit euch?

Die Ratte ist der natürliche Sympathisant jeder Unterschicht. Unterschicht. Wie leichtfertig ihr dieses Wort inzwischen aussprecht, so als gehörtet ihr von Natur aus nicht dazu. Und die, die ahnen, dass sie wohl dazugehören, sprechen es nicht aus. Das ist die Dialektik der Selbstachtung. Ich korrigiere mich wie folgt: Die Ratte ist der natürliche Sympathisant der Verlorenen. Ihr erinnert euch an den Versuch mit der Ratte, die erst ihre Artgenossin befreite, bevor sie die Schokolade fraß? Wenn nicht, müsst ihr meine Einleitung noch einmal lesen. Obwohl die Versuchsratte die Schokolade auch gleich hätte fressen und den Käfig der Bedrängten später hätte öffnen können. Oder, viel einfacher: überhaupt nicht. Das ist Triebverzicht, zumindest Triebbefriedigungsaufschub, worauf nach Freud eure ganze Kultur gründet. Diese Fähigkeit hat er nicht mal euch zugetraut, nicht als Individuen, nicht ohne gesellschaftlichen Zwang, und nun gar eine Ratte! Aus freiem Entschluss! Und dann teilte die Befreierin die Schokolade, die ihr allein hätte gehören können, auch noch mit der Befreiten. Das ist humanes Handeln, wenn das Adjektiv denn hier noch am Platz sein sollte.

Ihr habt solche aller Ökonomie widersprechenden Verhaltensweisen, glaube ich, einmal Solidarität genannt. Ihr erinnert euch, dass Konrad Lorenz in uns Vorbilder hinsichtlich sämtlicher sozialen Tugenden erblickte? Wir haben keine Theorie der Solidarität, wir haben nur die Praxis. Wir riechen, ob jemand hungrig ist, und teilen unser Futter mit ihm, ich hatte euch das schon erklärt, wir befreien unseren Nächsten aus misslichen Lagen, und wir fügen ihm keine Schmerzen zu, selbst wenn wir dafür hungern müssen. Und ihr dachtet, wir reagieren nur auf Fressreize wie ihr.

Und nun wolltet ihr werden wie wir. »Solidarität« war das Überlebenswort der Erniedrigten und Beleidigten. Eine für alle, alle für eine! Die Arbeiterklasse wusste noch, wovon ich rede. Ohne einander bedingungslos zu helfen, hätten die Proletarierfamilien des 19. und des frühen 20. Jahrhunderts oft nicht überleben können. Die führenden Kommunisten, in einem surrealen geschichtlichen Nadelöhr-Augenblick an die Macht gekommen, wussten genau, was Kommunismus ist: Diese Solidarität, als Weise des In-der-Welt-Seins über die ganze Gesellschaft gelegt.

Wie konntet ihr auch die Befreiung der Menschheit ein paar Leuten überlassen, die nie unter zivilen Verhältnissen gelebt haben, immer illegal, immer im Untergrund, in der Verbannung, im Exil oder im Gefängnis? Die nie einen Beruf hatten, oder sollten wir gleich von Versagern sprechen? Stalin war vor der Russischen Revolution Auftragsmörder und spezialisiert auf Banküberfälle. Die Konspiration, die Unfreiheit war die eigentliche Heimat dieser Leute, und ausgerechnet sie wollten anderen den Weg in die Freiheit weisen? Ich ahne schon eure Einwände, allein mit verfehlter Personalpolitik lasse sich eine solche welthistorische Katastrophe, wie der Kommunismus eine war, nun wirklich nicht erklären. Das Problem sei, dass keine hoch organisierte, hoch arbeitsteilige Gesellschaft Gleiche verträgt. Die Klügeren ergänzen: So werde ausgerechnet die Solidarität zum Einfallstor ihres Gegenteils, des blinden Terrors.

Am besten, ihr haltet euch an uns, an die Tiere. Ihr erinnert euch doch an Orwells *Animal Farm*? Wir sind euer Spiegelbild! Ein gutes Buch, ein sehr gutes Buch, leider hat der Autor uns, die Ratten, darin vergessen. Wahrscheinlich war George Orwell der Meinung, nur in ihren Instinkten korrumpierte Haustiere sind für kommunistische Programmatiken anfällig, wir schienen ihm wohl schon von Geburt an zu anarchisch, zu autonom, eher die geborenen Antikommunisten. Ich glaube, gerade dies, zum Kommunismus wie zum Antikommunismus Begabung genug zu besitzen, macht uns zu Sachverständigen ersten Ranges. Ich gebe euch also eine kurze Einführung in die Geschichte des Kommunismus nach Orwell und erkläre euch dann, warum dort, wo bei Orwell Schluss ist, nicht Schluss sein kann.

Exkurs: George Orwells Farm der Tiere

Auf Orwells Farm lebt der alte, meist betrunkene Bauer Jones, der seine Tiere übel behandelt, teils wegen natürlicher Anlage zur Grobheit, teils wegen fortgeschrittenem Alkoholismus. Da hat das älteste Schwein auf dem Hof, Old Major, einen großen Traum: Würden wir alle nicht viel besser leben, wenn wir für uns selbst arbeiteten statt für Bauer Jones? Nieder mit Jones!

Wer beim Bauern Jones an Zar Nikolaus II. von Russland denken muss und bei Old Major an Karl Marx oder Lenin, geht gewiss nicht ganz fehl. Old Major stirbt bald, denn er war wirklich schon ein sehr altes Schwein, aber alle geknechteten Seelen der Farm singen von nun an die Hymne des kommenden Aufstands, die er sie gelehrt hatte: »Tiere Englands!« Ich glaube, das klingt wie die Internationale. Zwei selbst berufene Nachfolgeschweine machen aus Old Majors großem Traum ein wissenschaftliches System der Befreiung, sie lehren den *Animalismus*, es sind Napoleon und Snowball, also Stalin und Trotzki. Die sieben Gebote des Animalismus lauten:

1. Alles, was auf zwei Beinen geht, ist ein Feind.
2. Alles, was auf vier Beinen geht oder Flügel hat, ist ein Freund.
3. Kein Tier soll Kleider tragen.
4. Kein Tier soll in einem Bett schlafen.
5. Kein Tier soll Alkohol trinken.
6. Kein Tier soll ein anderes Tier töten.
7. Alle Tiere sind gleich.

Bald hängen die sieben Gebote des Animalismus an der Rückwand der großen Scheune, denn als Jones, sturzbetrunken, wieder einmal vergessen hatte, seine Tiere zu füttern, fiel er einer Hungerrevolte zum Opfer. Jones' Wohnhaus wird nun zum Museum der Ausbeutung und Unterdrückung. Alle Tiere arbeiten, wie sie noch nie gearbeitet haben, nämlich für sich. Und jedes frisst so viel, wie es möchte. Das ist Kommunismus. Die SED formulierte es einst so: »Jeder nach seinen Fähigkeiten! Jedem nach seinen Bedürfnissen!« Das war die Politik der Hauptaufgabe des VIII. Parteitages der SED, falls ihr euch noch erinnert. Und der Präsident der USA Ronald Reagan nannte Länder, in denen solche Losungen ausgegeben werden, das »Reich des Bösen«?

Natürlich fressen die Schweine etwas mehr als die anderen Tiere bei Orwell, denn sie bilden die führende Klasse und müssen die Zukunft planen. Die Oktoberrevolution kannte das Problem auch: Die revolutionären Arbeiter durften nicht hungern, sonst wäre die ganze Revolution verloren gewesen, die Bauern mussten die Arbeiter ernähren, egal wie. Auf die Tragödie des Kriegskommunismus folgte die Tragödie der Kollektivierung der Landwirtschaft.

Kommunismus ist Sowjetmacht plus Elektrifizierung des ganzen Landes, hatte Lenin gesagt. Und genau darum beschließen die führenden Genossen Napoleon und Snowball nun, eine Windmühle zu bauen. Licht und Wärme für alle! Doch es kommt zu Unstimmigkeiten zwischen den führenden Schweinen in der Windmühlenfrage. Napoleon kann die Windmühlenfrage schließlich mittels der Hofhunde für sich entscheiden, Hofhunde suchen immer einen Führer. Snowball-Trotzki entkommt in letzter Minute. Auf der Farm aber wird ab sofort nicht mehr gemeinschaftlich abgestimmt, sondern das Schweinekomitee unter dem absoluten Vorsitz des Genossen Napoleon übernimmt die Macht. Und die Tiere erfahren, Snowball sei schon immer ein Agent der Menschen gewesen. Auch als die Windmühle schließlich zusammenbricht, ist der Schuldige sofort ausgemacht: Snowball! Sabotage!

Über allen Tieren der Farm hängt fortan eine düstere Drohung. Der Verdacht, ein Sympathisant Snowballs zu sein, könnte ihr Ende bedeuten. So wie es den drei Hennen widerfuhr, die sich gegen Napoleons Beschluss aufgelehnt hatten, mitten im Winter alle Eier zu verkaufen, um Korn zu beschaffen, denn das Getreide konnte im Sommer zuvor nicht geerntet werden, weil alle beim Wiederaufbau der Windmühle helfen mussten. Wer bei den Hennen an die Kulaken denkt, denkt genau richtig. Die typischen Probleme beim Aufbau des Sozialismus also.

Alle Hoffnung liegt nun bei den Pferden, den Arbeitstieren als solchen, dem Farmproletariat. Das beste Zugpferd heißt Boxer, leider ist sein Hirn nicht so stark wie sein Körper. Boxer kennt genau zwei Maximen: »Ich will und werde noch härter arbeiten!« und »Napoleon hat immer recht!«. Noch dümmer sind nur die Schafe, sie zerblöken jeden aufkeimenden Widerstand mit ihrem »Vierbeiner gut! Zweibeiner schlecht!«. Bleibt Benjamin, der alte, stets miserabel gelaunte Esel, ein belesener Skeptiker, aber eben ein Einzelgänger. Und wer hört schon auf einen alten Esel? Benjamin steht für die russische Intelligenzija, klug, melancholisch, chancenlos. Wenn ich überlege, wie viele Tiere eine Rolle bei Orwell bekommen haben: sogar Raben, Ziegen und Katzen. Der Rabe Moses predigt den Tieren das alte Konkurrenz-Evangelium vom *Sugarcandy Mountain* im Jenseits. Nur uns hat der Autor vergessen. Aber ich will nicht nachtragend sein.

Am Ende ist die Idee der Tiere schlimmstmöglich widerlegt, nämlich durch ihre Verwirklichung. Das ist Realismus, sagt ihr?

Zu eurer strukturellen Insuffizienz gehört, dass ihr am liebsten entweder-oder denkt, wahr oder falsch. Als würdet ihr euer Leben lang Mathematikaufgaben lösen. Was für eine erstaunliche Vorliebe fürs Unterkomplexe! Oder sollte ich schon von erworbener Dummheit reden? Das Gegenteil eines Fehlers ist meist wieder ein Fehler, und der Antikommunismus ist am Ende auch nur eine Komplementär-Idiotie, nämlich die Unfähigkeit, Erfahrungen zu machen.

Wer ist Bauer Jones?

Fangen wir also noch einmal an: Wer ist Bauer Jones? Jones, der das Leben seiner Tiere, das doch ihnen selbst gehörte, zu ihnen fremdem Leben gemacht hatte. Viele haben ihn schon identifiziert: »Der Erste, der ein Stück Land mit einem Zaun umgab und auf den Gedanken kam zu sagen ›Dies gehört mir‹ und Leute fand, die einfältig genug waren, ihm zu glauben, war der eigentliche Begründer der bürgerlichen Gesellschaft. Wie viele Verbrechen, Kriege, Morde, wie viel Elend und Schrecken wäre dem Menschengeschlecht erspart geblieben, wenn jemand die Pfähle ausgerissen und seinen Mitmenschen zugerufen hätte: ›Hütet euch, dem Betrüger Glauben zu schenken; ihr seid verloren, wenn ihr vergesst, dass die Früchte zwar allen, aber die Erde niemandem gehört.‹«[2]

Das ist Rousseau. Das ist der ganze Kommunismus in zwei Sätzen, nun gut, zwei sehr langen Sätzen. Und sage niemand, sie ließen ihn kalt. Nun meinen Sie, Sie seien es leid, einer protokommunistischen Ratte und ihrem Philosophen zuzuhören. Und man könne nun einmal nicht sinnvoll über den Reichtum mit einer Lebensform diskutieren, die kein Bruttosozialprodukt erwirtschaftet. Was sei denn das für eine Vorstellung: Die Erde, die keinem gehört, und die Früchte, die allen gehören? Das läge doch vor jeder gesellschaftlichen Entwicklung. Höre ich da einen gewissen gattungsspezifischen Hochmut in Ihrer Stimme?

Es ist gewiss der gleiche selbstgewisse Hochmut, mit dem die Akademie von Dijon einst ihre selbstverliebte Preisfrage stellte: »Hat die Wiederherstellung der Künste und der Wissenschaften dazu beigetragen, die Sitten zu läutern?« Eine rein rhetorische Frage, auf die es, zumal aus der Sicht einer Akademie, nur *eine* legitime Antwort geben konnte. Und wie! Doch da trat ein leicht derangierter Schweizer vor und sprach: Natürlich nicht! Man kennt sein Sendschreiben an die Akademie von Dijon noch heute, es ist die *Abhandlung über den Ursprung und die Grundlagen der Ungleichheit unter den Menschen*. Es ist der Theoretiker des Zauns, Rousseau.

Ich habe euch im Kapitel »Südostanatolien!« erklärt, wie die Landwirtschaft entstand, weil dies der historische Augenblick war, da wir uns sehr für euch zu interessieren begannen. Es war wohl zugleich der Augenblick der Erfindung des Eigentums. Die Sache hat eine durchaus tragische Dimension. Wenn es vor allem die Frau war, die die Landwirtschaft erfand, so wurde sie am Ende selbst zum Eigentum.

Das Grundeigentum ist höchstwahrscheinlich ein Kind der Jungsteinzeit. Eure Wirtschaftshistoriker begründen das ungefähr so: Wer etwas sät, sieht es vermutlich mit Missvergnügen, dass jeder Vorübergehende die jungen Halme pflückt, nur weil er Hunger hat. – Ich sammle hier bloß!, könnte er sich verteidigen, seit Anbeginn der Menschheit haben unsere Vorfahren, die Jäger und Sammler, nichts anderes getan! – Aber nicht auf meinem Feld!, antwortet nun die Jungsteinzeitbäuerin. Möglicherweise schaute der letzte Sammler die erste Bäuerin mit großer intellektueller Verblüffung an. Er hatte begriffliche Schwierigkeiten. Er kannte die Kategorie nicht. Was ist das: »mein« Feld? Was überhaupt ist »mein«?

Die Institutionalisierung des Missvergnügens der neolithischen Bäuerin ist der Rousseau'sche Zaun. Man mag es sich kaum vorstellen, wie lange es dauerte, bis die Menschen wirklich den Sinn des Wortes »mein« verstanden. Bis sie begriffen, was das Unnatürlichste von der Welt ist: Eigentum. Und dass fortan, wer genau das tut, was all seine Vorfahren machten, nämlich sammeln, ein Dieb ist. Ihr seht, die Entstehung des Eigentums und des Rechts fallen zusammen. Und um genau festzustellen, wie viel ihr eigentlich habt, erfandet ihr gleich noch die Schrift und die Zahlen, auch sie Kinder des Eigentums, des Egoismus also.

Und was entsteht noch mit dem Eigentum? Das Erbe, genau. Darum musste die Frau nun selbst zum Eigentum werden. Ihr wisst, dass die Ehe die unromantischste Einrichtung schlechthin ist? Sie ist die ursprünglichste Institution zur Regelung von Eigentums- und Erbfragen: Frau und Kinder gehören ab sofort dem Mann. Ihr seid fürwahr eine seltsame Art. Unsere Frauen würden sich niemals ihre Kinder wegnehmen lassen, aber die eurigen verloren sie regelmäßig, wenn sie sich von ihren Männern trennen wollten. Zuvor war oft die Frau, die Schöpferin und Bewahrerin des Lebens, die Erfinderin der Landwirtschaft, die allein Erbberechtigte gewesen. Ihr habt fürwahr einen langen Weg zurückgelegt, bis ihr in der Welt von heute ankamt, in der acht Männer genauso viel besitzen wie die Hälfte der Weltbevölkerung.

Eines ist klar: Patriarchat und Eigentum gehören zusammen. Ihr könntet es mit der Wiedererrichtung des Matriarchats versuchen, aber jeder, der unfreiwillig Zeuge eurer Errichtung des linguistischen Matriarchats wird, ist gewarnt: Eure Frauen galten immer als Bewahrerinnen des Lebendigen, jetzt werden sie mehr zu seinen Zerstörern. Unsere Frauen zumindest müssten sich nicht durch die Grammatik daran erinnern lassen, dass sie Frauen sind. Aber wir geraten auf Abwege. Es geht hier um das Eigentum und um euch, um den Menschen als das einzige Tier, das das Eigentum erfunden hat, weshalb auch wir, die Tiere, oft zu eurem Eigentum zählen.

Ihr wisst, besonders empört hat mich immer der Paragraf 90a des Bürgerlichen Gesetzbuches: Tiere sind keine Sachen, werden aber als solche behandelt. Ich weiß, ihr habt das inzwischen etwas umformuliert: »1. Tiere sind keine Sachen. 2. Sie werden durch besondere Gesetze geschützt. 3. Auf sie sind die für Sachen geltenden Vorschriften entsprechend anzuwenden, soweit nicht etwas anderes bestimmt ist.« Nun ja. Besser, aber nicht gut.

Habt ihr euch schon mal gefragt, was Reichtum ist? »Reich ist ja derjenige«, definiert der Philosoph Christian Neuhäuser, »der deutlich mehr Geld zur Verfügung hat, als man für die Umsetzung einer vernünftigen Vorstellung vom gelingenden Leben braucht.«[3] Also Bauer Jones etwa. Zumal der längst keine vernünftige Vorstellung mehr vom gelingenden Leben hatte. Wir klammern das Thema vorerst aus, um es am Ende noch einmal aufzunehmen. Am besten, ihr denkt es immer mit.

Dr. Skinner

Ich erzähle euch jetzt, wie aus einem Rattenversuch eure moderne digitale Welt entstand. Ihr habt gewiss schon von der Skinner-Box gehört, das ist ein ausgeklügelter Rattenkäfig, ich glaube, eure ganze hochbeschleunigte Gegenwart ist einer, bloß dass ihr seine Wände nicht sehen könnt. Vor allem trägt fast jeder von euch eine solche Skinner-Box täglich bei sich, rund um die Uhr: Sie ist euer Nächster geworden, euer idealer Ergänzer, bloß nennt ihr sie nicht Skinner-Box, sondern Smartphone. Dass ihr mit der Box auch telefonieren könnt, ist, glaube ich, die inzwischen nebensächlichste seiner Eigenschaften. Wie schade, dass Professor Skinner das nicht mehr erleben durfte. 1990 ist er gestorben.

Ihr habt seinen Namen bestimmt schon gehört. Vielleicht im Zusammenhang mit dem *Project Pigeon* der Amerikaner im Zweiten Weltkrieg? Tauben lenken Raketen. Der Harvard-Psychologe B. F. Skinner war beunruhigt über das Raketenprogramm der Deutschen, insbesondere über die Entwicklung der V2, weshalb er der Army ein Konkurrenzprogramm vorschlug.

Ein Hauptproblem des Raketenwesens war immer die Zielgenauigkeit. Ihr wisst, die V2 war mit dem höchst fortschrittlichen Trägheitsnavigationssystem ausgestattet, das mit zwei Kreiselinstrumenten, den Gyroskopen, selbsttätig den eingestellten Kurs hielt. Jedenfalls ungefähr. Funksteuerung erwies sich auch als hilfreich. Aber zielgenau war das nie. Ganz anders die Taube. Der Harvard-Psychologe B. F. Skinner sprach nun zu den US-Generälen: Vergesst das Trägheitsnavigationssystem, die Gyroskope und die Funksteuerung! Kamikaze-Tauben statt Funksteuerung! Eine Flugbombe, mit einer Taube bemannt! Ich habe euch schon erklärt, dass meine Schwestern, die Tauben, nicht die Dümmsten sind. Sie merkten sich sehr schnell, wie ein Kriegsschiff aussieht, und ihre Schnäbel hackten bald immer so auf die Steuervorrichtung, dass die Bombe direkt ins Schwarze flog. Meist lenkten sie Flugbomben vom Typ »Pelican«, und zwar direkt ins Ziel. Während sie Kriegsschiffe versenkten, trugen meine Schwestern vorübergehend keinen Ölzweig im Schnabel. Das war das *Project Pigeon*, anders als das Projekt *Bat Bomb* war es durchaus erfolgreich.

Das Projekt *Bat Bomb* sah die Bewaffnung von Fledermäusen vor, die, mit zierlichen Brandbomben ausgestattet und über Japan abgeworfen, in sämtliche Ritzen der japanischen Holzhäuser kriechen würden, worauf ganz Japan in Flammen aufgehen sollte. Die Mission wurde aufgrund ihrer Größe der Mexikanischen Bulldoggfledermaus anvertraut, jedoch wieder aufgegeben, nachdem 1942 der Wagen eines Generals sowie ein Hangar der Army Air Base in Carlsbad, New Mexico, in Flammen aufgingen. Man hatte versehentlich ein paar bewaffnete Fledermäuse freigelassen. Das verschlechterte wohl auch das Image von Skinners erfolgreichen patriotischen Taubenpiloten. Ich will gar nichts Nachteiliges über Generäle sagen, aber ich glaube, sie hatten keine hohe Meinung von Vögeln. Doch wer Briefe zustellen kann, kann der nicht auch Bomben zustellen? Skinner hat es bewiesen.

Ein wenig gekränkt waren wir schon, dass er nicht uns diese vaterländische Aufgabe anvertraut hat, schließlich standen wir am Anfang seiner Karriere. Uns verdankt er die bahnbrechenden Erkenntnisse der Verhaltenswissenschaft, die heute in jedem Kinderzimmer wirksam sind. Am Anfang war alles mehr Zufall. Von einem Harvard-Absolventen erbte er ein paar Laborratten, so eine kleine barthaarzitternde, mümmelnde Schar. Ich glaube, damals wusste er noch gar nicht genau, was er vorhatte. Eigentlich wollte er Schriftsteller werden, aber niemand nahm Notiz vom neuen Stern am Firmament der Literatur, was ihn durchaus verstimmte. Was heißt, das Publikum ist nicht interessiert? Der verantwortungsvolle Autor schafft sich sein Publikum selbst! Sollte es nicht Möglichkeiten geben, diese ignorante Bande zu formen? Später würde er vom »Konditionieren« sprechen.

So, wie es physikalische und chemische Gesetze gab, musste es doch auch solche des menschlichen Verhaltens geben. Von wegen »Freiheit« und »Würde« als vornehmste Antriebe eures Handelns! Für ihn waren das bald leere Worte, imaginäre Platzhalter des Nichtwissens. Vielleicht lag auch die Rankünе des gescheiterten Autors darin.

Aristoteles hatte die Beschleunigung eines fallenden Körpers einst so erklärt: Er frohlocke, bald wieder zu Hause zu sein. Darum werde er immer schneller. Aristoteles mag mich strafen, wenn ich das nicht angemessen wiedergebe. Auf diesem Niveau schien Skinner die Psychologie noch immer zu verharren, die Psychoanalyse ausdrücklich eingeschlossen, diese allerkomischste Blüte am Baum der Erkenntnis: »Unfähig zu begreifen, wie oder warum die Person, die wir sehen, sich so verhält, schreiben wir ihr Verhalten einer Person zu, die wir nicht sehen können.«[4]

Habt ihr mal *Jenseits von Freiheit und Würde* gelesen? Die vorgebliche »Autonomie« des Menschen müsste, in die Sprache der Wissenschaft übersetzt, »Übernatürlichkeit« heißen. Die Existenz des »inneren Menschen« verdanke sich allein eurer Unwissenheit, und so sei es ganz natürlich, dass dieser »innere Mensch« immer kleiner werde, je mehr ihr über menschliches Verhalten wisst. Und alles menschliche Verhalten ist zunächst einmal rättisches Verhalten.

Er baute also kleine Boxen für uns, in denen wir natürlich allein saßen, auf Gittern, die elektrisch geladen sein konnten. Der wichtigste Einrichtungsgegenstand der Boxen aber war ein Hebel, verbunden mit einem Aufzeichnungsgerät. Es wird euch nicht überraschen, dass wir sehr schnell lernten, den Hebel zu drücken, wenn wir bemerkten, dass wir dafür ein Futterkügelchen bekamen. Und wer nicht öfter den Hebel drückt, wenn er noch Appetit hat, dem ist nicht zu helfen. Aber danach wurde es interessant. Wie lange braucht ihr, um euch Algorithmen zu merken? Wir drücken einmal den Hebel – nichts. Zweimal – wieder nichts. Dreimal – ein Kügelchen. Die kluge Ratte zählt mit, und das machten wir sehr bald.

Aber keine gewöhnliche Ratte, die noch bis drei zählen kann, würde mit ihrer kleinen Pfote dreimal auf einen Hebel drücken. Natürliches Verhalten ist das nicht. Es handelt sich also um erlerntes Verhalten, Skinner nannte es darum »operantes Verhalten«, den Vorgang selbst »operante Konditionierung«, vor allem zu erreichen durch positive Verstärkung.

Beachtet dieses Wort, »positive Verstärkung«, es ist sehr wichtig. Bislang habt ihr vor allem auf Bestrafung gesetzt, wenn ihr bei anderen ein bestimmtes Verhalten vermeiden wolltet. B.F. Skinner war ein großer Prediger wider das System der Strafe. Menschen, sagte er, reagieren viel mehr auf Belohnung als auf Strafe. Natürlich hätte er aufrichtigerweise sagen müssen: Ratten reagieren viel mehr auf Belohnung als auf Strafe. Aber er wusste, was für uns gilt, gilt auch für euch.

Ich glaube, China will sein Volk künftig mittels positiver Verstärkung operant konditionieren. Die Kommunistische Partei spricht vom »Sozialkreditsystem«: Wer positiv auffällt, wird belohnt. Ich komme gleich noch darauf. Die Voraussetzung: totale Kontrolle. Und alle sind dafür, zumindest die meisten. Ich glaube, Skinner hätte sich am Ende noch ins Zentralkomitee der Kommunistischen Partei Chinas wählen lassen, um hier mitmachen zu dürfen.

Er hatte auch einen Roman geschrieben über die optimal konditionierte Gesellschaft, er heißt *Walden II*. Skinner stellte sich damit in die legitime Nachfolge von Thoreaus *Walden*. Ihr erinnert euch an diese Geschichte? Der Autor beginnt ein Blockhaus-Leben in den Wäldern, mit folgendem Vorsatz: »Ich zog in den Wald, weil ich den Wunsch hatte, mit Überlegung zu leben, dem eigentlichen, wirklichen Leben näher zu treten, zu sehen, ob ich nicht lernen konnte, was es zu lehren hätte, damit ich nicht, wenn es zum Sterben ginge, einsehen müsste, dass ich nicht gelebt hatte. Ich wollte nicht das leben, was nicht Leben war; das Leben ist so kostbar. … Ich wollte tief leben, alles Mark des Lebens aussaugen, so hart und spartanisch leben, dass alles, was nicht Leben war, in die Flucht geschlagen wurde.«

Ich würde sagen, so etwas nimmt sich nur jemand vor, der drei Dinge in sich trägt: Würde, Freiheit und einen ebensolchen Willen. Lauter romantische Projektionen laut Skinner. Er weiß genau, dass die Ideen von Freiheit und Würde ganze Bibliotheken füllen, und er analysiert sie durchaus in *Jenseits von Freiheit und Würde*. Aber geht es nicht in all dieser Freiheitsliteratur, genau wie in *Walden*, um ein gelingendes Leben? Und eben dazu halte er, B. F. Skinner, den Schlüssel in der Hand. Ich weiß nicht, ob Xi Jinping Skinner gelesen hat, er könnte das nachholen, es gibt alle seine Bücher in China, auch *Walden II*.

Skinner hatte wirklich Talent zum Schriftsteller. Er schrieb Dialoge, als hätte er nie etwas anderes getan, und die Figuren seines Romans wirkten so gar nicht, wie soll ich sagen: operant konditioniert? Die Literatur eines Menschen, der kleine Boxen für seine Ratten baut, sie mit Hebeln, Lichtern und Lautsprechern ausstattet und alle Ergebnisse sorgfältig vergleicht, stellt man sich leicht etwas anders vor. Vielleicht glaubt ihr jetzt, Skinner wäre ein in die Wissenschaft und Literatur verirrter großer Diktator, aber das ist wohl falsch. Er mochte es bloß, wenn Dinge funktionieren. Dinge oder Ratten, Menschen oder Gesellschaften.

Jenseits von Freiheit und Würde hat er 1971 geschrieben. Er beginnt mit den drei großen Herausforderungen seiner Gegenwart: Bevölkerungsexplosion, Kriegsgefahr, Umweltverschmutzung. Damals lebten halb so viele Menschen auf der Welt wie heute, die Probleme sind die alten, nur heftiger. Der Rattentrainer war sicher, dass seine Stunde kommt.

Die Logik der Süchte

Natürlich maß er auch, wie lange es dauerte, bis unsere Hirne das erlernte Verhalten wieder löschten. Es hat keinen Sinn, ein halbes Jahr lang unaufhörlich dreimal hintereinander einen Hebel zu drücken, wenn doch keine Belohnung mehr kommt. Das wäre erworbene Idiotie. Aber es gibt noch einen dritten Fall, und der hat es in sich: Meist klappt es zwar nicht, aber manchmal, ziemlich selten, klappt es doch. Irgendwann kam ein Kügelchen, dann kam wieder keins. Und was machten wir?

Ich weiß, wir hätten unserem Versuchsleiter sagen müssen: Mach du allein weiter, wir spielen nicht mehr mit. Diese Versuchsanordnung missachtet unsere Freiheit, unsere Würde, unseren freien Willen und unsere Intelligenz! Das hätten wir sagen müssen. Doch stattdessen drückten wir die Hebel, als wären wir auf Droge. Es hat doch einmal funktioniert. Es muss doch einmal wieder funktionieren. Wir benahmen uns wie die Zocker in euren Spielcasinos. Skinner entdeckte die Mechanismen der Sucht. Regelmäßige, völlig voraussagbare Belohnungen lassen das Hirn bald kalt. Aber unregelmäßige versetzen es in Aufruhr. Und genau diese Reaktionen lassen sich am schwersten wieder löschen. Rattenkunde als Gesellschaftskunde.

Ihr seid wie wir. Ich weiß, ihr drückt keine Hebel mehr, ihr klickt und scrollt und wischt. Der nächste Klick für den nächsten Kick! Habt ihr schon mal von B. J. Fogg gehört, B. J. Fogg von der Stanford University, nein? Solltet ihr aber, denn Leute wie er haben die Oberaufsicht in euren Kinderzimmern. Eure Kinder, insofern sie nicht älter sind als zwanzig, zählen zur ersten Generation, die mit der je eigenen Skinner-Box in der Tasche aufgewachsen ist. Was für ein Rattenversuch, bitte entschuldigt das Wort im Zusammenhang mit euren Kindern, aber noch weiß schließlich keiner, wie sich der digitale Umbau der jugendlichen Hirne auswirkt. Skinners große Zeit hat eben erst begonnen.

Was bei ihm »Operante Konditionierung« hieß, heißt nun *Behavioural Design*. B. J. Fogg leitet das *Persuasive Technology Lab*, das »Labor für Überredungstechnologie«. Ihr übersetzt *Persuasive Technology* oft mit »Überzeugungstechnologie«, aber das ist irreführend, denn Überzeugungen müssen durch den Verstand hindurch, während es hier darauf ankommt, ihn gar nicht erst zu Wort kommen zu lassen. Da trifft es »Überredung« schon besser, aber am genauesten wäre wohl das Wort »Überwältigungstechnologie«.

Fogg hat sehr großspurig davon gesprochen, das $E = mc^2$ des menschlichen Verhaltens entdeckt zu haben, das *Fogg Behaviour Model*, aber das ist Unsinn, das hat schon Skinner bei uns angewandt. Um ein Verhalten auszulösen, muss eine Motivation da sein, heißt: Die Ratte hat Hunger. Hat sie immer. In eurem Fall geht der Proband einfach zum Kühlschrank, aber es gibt Motivationen, die sind nicht minder stark. Ihr wisst, dass Kinder unter sich die Gesellschaft immer noch einmal errichten, ihren Platz erst finden müssen. Das ist das Bedürfnis nach sozialer Anerkennung, das Mark Zuckerberg digitalisiert hat. Bei Mädchen scheint das fast noch stärker zu sein, oder sagen wir: Es manifestiert sich anders. Mädchen stehen im permanenten digitalen Beliebtheitswettbewerb, Jungen spielen mehr Computerspiele: Wie viele Feinde lege ich unter welchen Schwierigkeiten in welcher Zeit um? Macht gewinnen, Master of the Universe werden, solange das Spiel dauert. Also möglichst für immer. So formulierte es auch der Videospiele-Entwickler John Hopson: »Wie man Spieler für immer spielen lässt.« Das also ist das große »M« wie »Motivation«.

Der zweite Punkt ist das Vermögen: Der Mitspieler muss fähig sein zu tun, was er will. Darum muss die Handlung möglichst einfach sein. Einfach mit potenziell großer Wirkung. Wir drücken Hebel, ihr klickt. Das schafft jeder. Und drittens muss ein Auslöser da sein. In unserem Fall vielleicht eine blinkende Lampe, die wir nicht mehr übersehen können, weil unser Magen schon beim ersten Lichtstrahl antwortet, in eurem Fall blinkt auf Facebook die Mahnung, besser gleich auf die neue Nachricht eines Freundes zu reagieren. Auch sieht der schließlich, ob ihr seine Nachricht gelesen habt. Und ohne die Likes eurer Facebook-Freunde könnt ihr nicht mehr leben, denn sie vergewissern euch, dass ihr lebt, dass ihr nicht allein seid, wenn auch nur virtuell. Altes Jäger-und-Sammler-Gattungswissen: Wer allein war, war meist schon verloren. Kinder sind es noch heute. Nur dass ihr auf Facebook viel mehr Freunde haben könnt, als je ein Jäger-und-Sammler-Stamm Mitglieder hatte.

Wisst ihr, was der Unterschied ist zwischen den Kindern der letzten Naturvölker auf der Erde und euren Kindern in den großen Städten? Die Kinder der Naturvölker bauen ihr Spielzeug selbst, sie entdecken die Welt, wie Kinder es seit je getan haben. Größere Kinder in den großen Städten sitzen vor ihren Displays, in Amerika heute schon acht Stunden am Tag, aber Hausaufgaben machen sie da nur selten. Kleinere Kinder sind fünfeinhalb Stunden online.

Junge Menschen brauchen Belohnungen, und nichts belohnt laut Mr. Fogg so sehr wie ein Videospiel. Aber Fogg spricht nicht gern von Belohnungen, lieber von Erfolg. Er helfe Menschen, sich erfolgreich zu fühlen. Fogg nennt sich auch Millionär-Macher, denn zu seinen Schülern zählen die führenden Behavior-Designer weltweit. Sie hacken Hirne. Und wir haben ihnen gezeigt, wie es geht. Hopson, der bei der Entwicklung von Xbox Live mitwirkte, dem Online-Gaming-System von Microsoft, kommentierte: »Das soll nicht heißen, dass Spieler Ratten sind, aber dass es allgemeine Regeln für das Lernen gibt, die für beide gleichermaßen gelten.«[5]

Betrunkene Ratten aufwecken

Ich weiß, wenn von Sucht die Rede ist, fällt euch noch immer zuerst der Alkohol ein. Ich muss hier eine kurze Zwischenbemerkung machen. Ich habe immer wieder gehört, im Gegensatz zu den Mäusen und den Skandinaviern hätten wir, die Ratten, kein Trinker-Gen. Ich versichere euch, das ist leider nicht wahr, auch wenn wir selten so besinnungslos saufen wie die Mäuse. Ihr habt schon Mäuse-Trinker-Familien über Generationen gezüchtet, weil ihr wissen wolltet, ob Alkoholismus in der Familie liegt. Und wie er auf soziale Beziehungen wirkt. Ich habe euch weiter vorn die ungemein soziale, bestürzend monogame kalifornische Präriewühlmaus vorgestellt. Wenn die Kalifornier anfangen zu trinken, haben die Präriewühlmäusefrauen erst recht nur noch Augen für ihren eigenen Mäuserich. Andere passen gar nicht mehr in ihre Pupillen. Ganz anders der angetrunkene Mäuserich. Er schaut jetzt mindestens so oft nach anderen Frauen wie nach seiner eigenen. So wirkt der Alkohol!

Wenn ihr den etwas komplizierteren Organismus befragen wollt, kommt ihr regelmäßig auf uns. Ihr habt festgestellt, dass es unter uns genau wie bei euch ganz verschiedene Trinkerpersönlichkeiten gibt: Jawohl, wir haben entschiedene, vollkommen kompromisslose Abstinenzler. Eine zweite Gruppe bilden die Gelegenheitstrinker, was nicht bedeutet, dass die bei jeder Gelegenheit trinken: nein, nur in Gesellschaft. Die Gewohnheitstrinker wiederum griffen regelmäßig zum Glas, hörten jedoch zuverlässig bei einem gewissen Pegelstand wieder auf, ich würde sie auch die kontrollierten Genusstrinker nennen. Leider haben wir auch Koma-Trinker unter uns, die fangen an, um nicht mehr aufzuhören.

In den Neunzigerjahren des vorigen Jahrhunderts haben finnische Forscher ein Experiment gemacht, auf das ihr das Glas heben könnt. Sie verglichen eine völlig abstinente Rattenfamilie mit bekennenden Vertretern des gemäßigten Alkoholismus und fanden heraus, dass dieselben Gene, die uns eine neue Flasche entkorken ließen, auch verantwortlich sind für ein längeres, gesünderes Leben. Die Genusstrinker waren robuster und starben später. Und eben darum habe die Evolution in ihrer großen Weisheit diese Gene nicht eliminiert. Die Wissenschaftler haben ihre Untersuchung in der Fachzeitschrift *Alcoholism: Clinical & Experimental Research* publiziert. Also, ich weiß nicht, das waren Finnen, Skandinavier. Vielleicht müsst ihr das noch einmal prüfen.

Schauen wir nach Amerika. Pharmakologen der University of California in Los Angeles hatten uns täglich die Wahl zwischen zwei Getränken gelassen, Wasser oder 70-prozentiges Wasser. Nach zwei Wochen betreute der Pharmakologe Jing Liang lauter schwerste Alkoholiker. Wenn zwei Trinker gleichzeitig in derselben Zelle waren, gingen sie aufeinander los und rollten als grimmiger Ball von Wand zu Wand. Das war aber keine Alkoholiker-Verhaltensstudie, die Versuchsleiter wollten vielmehr wissen, wie die Blätter und Samen des Japanischen Rosinenbaums, *Hovenia dulcis*, auf Koma-Trinker wirken.

Der Wirkstoff heißt Dihydromyricetin, kurz DHM. Der Rosinenbaum soll bereits den nicht sehr trinkfesten Asiaten erstaunliche Dienste geleistet haben: Man wird nicht betrunken, hat aber mehr und länger etwas vom Rausch und bleibt erstaunlich reaktionsfähig. Südostasiatische Naturheilkunde. Und eben diese Wirkungen wolltet ihr an uns überprüfen. Wir hatten so viel Alkohol im Blut, als hättet ihr zweieinhalb Liter Wein auf einmal geleert. Sturzhagelblau fielen wir um. Die einen Koma-Trinker waren über eine Stunde bewusstlos. Die anderen aber, die zugleich DHM genommen hatten, standen schon fünf Minuten später wieder auf ihren schütteren Pfoten.

Es folgte der Entzug. Wir reagieren genau wie ihr. Wir werden ängstlich, nervös, verkriechen uns und zeigen keinerlei Interesse mehr an unserer Umgebung. Die DHM-Entzugskandidaten aber waren viel entspannter und orientierungsfähiger. Liebe Trinker, selbst wenn ihr alles vergesst, vergesst nie den Japanischen Rosinenbaum! Und im Übrigen, auch das hat der Ratten-, nein, der Mäuseversuch bewiesen: Wer keinen Stress hat, trinkt nicht oder viel weniger. Das System ist schuld!

Rat Park

Der blinde Fleck in Skinners Versuchen mit uns und auch bei euren Alkoholtests war: Wir saßen allein in den engen Käfigen, die ihr noch heute Skinner-Boxen nennt. Äußerlich glichen wir zwar noch Ratten, aber das täuschte: Wir waren atmende Schwundstufen unserer selbst. Lebt ihr eigentlich anders? Sitzt nicht auch ihr in mehr oder minder engen Käfigen, die unsichtbaren inklusive?

Ich glaube schon, und ich sage euch auch, woher ich das weiß. Ihr seid so suchtanfällig! Lebewesen, die sich dort befinden, wo wir uns alle aufhalten sollten, nämlich in ihrer eigenen Mitte, sind das nicht. Und wir haben es euch bewiesen!

Natürlich habt ihr sofort an uns getestet, wie Drogen eigentlich wirken. Interessiert habt ihr eine weiße Laborratte beobachtet, die immer wieder eine Taste drückte, um einen elektrischen Hirnreiz zu erhalten. Ihr habt vermutet, dass im Hirn etwas liegen müsse, das ihr später das »Belohnungszentrum« nanntet. High werden, entweder von künstlichen Reizen oder Drogen! Und dann habt ihr geschaut, was wir alles dafür machen. Das Ergebnis: Wir hungerten uns zu Tode für die nächste Dosis. Wir überquerten ein elektrisches Feld, das uns schwere Stromstöße in unsere empfindlichen Pfoten sendete, und warum?

Weil wir zur Belohnung eine Opiumkugel bekamen. Ihr wisst, dass in unseren Pfoten so viele Nerven enden wie bei euch nur in gewissen Regionen, die euch zur Fortpflanzung stimulieren sollen. Für alles andere reicht in eurem Fall mittlere Stumpfheit, hat die Natur sich gesagt.

Aber es hat euch nicht genügt zu sehen, dass wir auf Rauschgifte reagieren wie ihr. Ihr wolltet auch wissen, warum. Wo genau dieses Belohnungszentrum sitzt und wie es arbeitet.

Ich habe schon mehrmals erwähnt, wie ähnlich unser Nervensystem dem eurigen ist. Also habt ihr unsere Hirne freigelegt und Elektroden angeschlossen. Zuerst mit Klebstoff, später mit kleinsten Juwelierschrauben. Und dann kamen die Impulse. Die Befunde hat die amerikanische Psychologin Lauren Slater beschrieben: »Die Ratten schienen die kleinen kortikalen Elektrostöße zu mögen. Eine Elektrode … machte die Ratte unglaublich anschmiegsam; ein bisschen weiter links, und sie stöhnte geradezu vor Wohlbehagen; ein bisschen weiter unten, und sie begann ihre Genitalien zu lecken, bis diese in glänzender Flüssigkeit badeten; ein bisschen weiter oben, und der Appetit war grenzenlos.«[6]

James Olds und Peter Milner heißen die beiden Psychologen, die uns in jeden Zustand versetzen konnten. Ihr wisst, was das für euch bedeutet? Wie alle Illusionen über euch selbst zerstieben könnten unter absichtsvoller Stimulation eurer Hirne? Freiheit? Selbstbestimmung? Würde? Nichts als eine Fata Morgana. Ihr könntet eine ganz neue Klassengesellschaft schaffen: Die stillgestellten, lenkbaren Stimulierten und die Herren der Stimuli. In einigen chinesischen Schulen tragen Kinder heute schon biometrische Armbänder, die jedem Interessierten – Lehrern oder Eltern – Einblick in ihre Hirne gestatten. Das gläserne Kind. Auch chinesische Firmen haben bereits damit begonnen, die Hirnströme ihrer Mitarbeiter zu messen.

Wenn die Ratten die Stimulation in die eigenen Pfoten nehmen konnten, sendeten sie bis zu 6000 Mal pro Stunde Impulse an die Lust-Punkte im Gehirn, lokalisierbar im mittleren Vorderhirnbündel. Als diese Ortung in den Siebzigern publik wurde, schrieben alle über das neu entdeckte Land der Lust, aber nicht über seine Schattenseite. Wir sind, genau wie ihr, aussichtslose, grenzenlos manipulierbare Fälle, könnte man meinen.

Die hirneigenen Opiate, die Endorphine, habt ihr übrigens entdeckt, als ihr nachschauen wolltet, wo die Rauschgifte andocken. Und nun sage ich euch, warum für euch wie für uns trotzdem Hoffnung besteht, wo die Rettung liegt: Im Kommunismus, würden die Älteren unter euch vermutlich sagen. Ich weiß, ihr habt da inzwischen Bedenken, ich will mich auch gar nicht einmischen in eure Diskussionen. Mir hat, wie gesagt, immer die Definition von Marx am besten gefallen: Der Kommunismus ist ein gesellschaftlicher Zustand, in dem die Freiheit der einzelnen Ratte die Voraussetzung für die Freiheit aller Ratten ist.

Meine Art hat bereits im Kommunismus gelebt, und es war nicht nur großartig, der erstaunlichste Befund lautet: Wir ließen all eure Drogen stehen! Unsere Hirne haben doch eine natürliche Autonomie!

Der Mann, dem wir diese Erkenntnis verdanken, heißt Bruce K. Alexander, er ist ein Schüler von Harry Harlow, der die Affenliebe entdeckte. Er wollte nicht glauben, dass ihr gewissermaßen von Natur aus Sklaven der Drogen seid, ebenso wenig wie wir. Das brachte ihn auf die Idee, uns aus der Einzelhaft in den Käfigen zu holen und uns ein Paradies zu bauen, einen Rattenpark. Ich weiß nicht, wie er die Fördermittel beantragt hat. Wie genau er seiner Universität, der Simon Fraser University in British Columbia, Kanada, erklärt hat, warum sie auf ihrem Campus dringend ein Rattenparadies bauen und unterhalten müsse. Vorsichtshalber hat er sich gleich an den kanadischen Senat gewandt und ihm mitgeteilt, dass frühere Rauschgift-Laborexperimente nur zeigen würden, dass »ernsthaft verzweifelte Tiere, wie ernsthaft verzweifelte Leute, ihre Verzweiflung pharmakologisch beheben werden, wenn sie können«.

Die Kolonie war fast neun Quadratmeter groß. Alexander und seine Kollegen malten lauter Dinge an die Wände, die keine Laborratte je zu sehen bekommt: Himmel und Wolken, hohe Berge, grüne Wiesen, Bäche. Fast alle Klimazonen erschienen an den Laborwänden, Nadelwälder gingen in Dschungel über. Wir würden das ohnehin nicht überprüfen können. Und wie das roch: frische Kiefernspäne überall. Und Baumaterial. Hier konnten wir Nester und Gänge anlegen, es war alles da. Und dazu Spielzeug: Bälle, Dosen, Laufräder. Sechzehn Anwärter des Paradieses beiderlei Geschlechts durften aus ihren Käfigen in diese Wunderwelt umziehen. Und dann habt ihr versucht, uns zu verführen. Wir können Süßem nur schwer ausweichen, genau wie ihr. Also habt ihr uns mit Zucker versetztes Morphiumwasser angeboten, wahlweise bloßes Wasser. Die gleiche Wahl hatten sechzehn andere Laborratten, die jedoch in herkömmlichen Skinner-Boxen saßen. Und Tag für Tag wurde das Morphiumwasser süßer.

Ahnt ihr die Ergebnisse? Die Einzelhaft-Ratten tranken das Morphiumwasser sofort, selbst in den ersten Tagen, als es noch ziemlich bitter schmeckte – eine Geschmacksnote, die wir gewöhnlich verabscheuen. Die Paradies-Ratten probierten es gelegentlich und ließen es stehen, auch dann noch, als es immer süßer, immer verführerischer wurde. Und dann gab Alexander den Stoff Naloxon in das süße Morphiumwasser. Naloxon schaltet die Wirkung von Opioiden aus. Jetzt begannen die Parkratten es zu trinken. Was für Befunde! Heißt: Wer ein erfülltes Leben führt, lässt sich ungern von der Chemie dabei stören.

Noch überraschender, noch ermutigender war ein zweites Experiment. Ihr habt Käfig-Ratten 57 Tage lang Morphiumwasser trinken lassen, es gab nichts anderes, dann habt ihr die schweren Junkies in den Rat Park entlassen. Und was tranken sie da? Vorzugsweise Wasser. Andere reduzierten ihre Dosis schrittweise. Sie zeigten zwar kleine Entzugserscheinungen, aber die konnten sie nicht aufhalten auf dem Weg in ein drogenfreies Leben.

Die großen Wissenschaftsmagazine *Science* und *Nature* lehnten die Veröffentlichung ab. Wahrscheinlich hatten sie Angst, man würde sie kommunistischer Propaganda verdächtigen. Oder sie hielten die Studie mehr für eine gesellschaftswissenschaftliche Arbeit. Die Umwelt macht die *cleane* Ratte! Die Studie[7] erschien schließlich in dem kleinen Magazin *Psychopharmacology* und zeitigte die erwarteten Reaktionen: keine.

Alexanders Kollegen hielten sich lieber weiter an die simple Sucht-Logik älteren Typs, vertreten etwa durch Avram Goldstein, der die körpereigenen Opiate entdeckt hatte, die Endorphine: »Eine heroinsüchtige Ratte rebelliert nicht gegen die Gesellschaft, ist kein Opfer sozioökonomischer Umstände und ist nicht kriminell. Das Verhalten der Ratte wird einfach durch die Wirkung von Heroin auf ihr Gehirn kontrolliert«[8], schrieb Goldstein.

Bruce K. Alexander blieb immer bei seiner Auffassung, dass Süchte nicht von der freien Verfügbarkeit der Drogen verursacht werden, sondern von zunehmender Bindungslosigkeit, von kultureller Entwurzelung. Darum kennen ältere Gesellschaften auch keine Drogenprobleme. Statt in einem Menschenpark lebt ihr in den unsichtbaren Skinner-Boxen eurer Ich-AGs. Der Rat Park an der Simon Fraser University wurde übrigens bald wieder geschlossen. Das Lüftungssystem sei unserer Gesundheit nicht zumutbar gewesen. Das Blau des Himmels und das Grün der Bäume wurde von den Wänden genommen. Anschließend zog ein studentisches Beratungszentrum ein. Für euch reichte die Belüftung.

Universum 25

Ich würde euch gern mit diesen freundlichen Bildern entlassen. Aber es wäre nicht redlich, euer Fall liegt komplizierter. Ihr wisst bestimmt, dass ihr auch das Szenario der ultimativen Überbevölkerung an uns getestet habt. Nicht alle sahen den Babyboom in den Sechzigerjahren des letzten Jahrhunderts mit ungeteiltem Optimismus. Uniforme Satellitenstädte ohne eigene Mitte entstanden, Hochhäuser stapelten isoliertes Leben. Viele fragten sich: Wohin soll das führen? Etwa der Verhaltensforscher John B. Calhoun. »Ich werde von Mäusen sprechen, aber meine Gedanken sind beim Menschen«, sagte er 1972.

Habt ihr schon einmal vom *behavioral sink*, von der »Verhaltenssenke«, und vom »Universum 25« gehört? Das Universum 25 war eine beinahe berühmt gewordene, zum Untergang verurteilte Mäusegesellschaft. »25« hieß sie, weil es sich um den 25. Durchlauf des gleichen Versuchs handelte. Es war das Szenario der Selbstauslöschung eines Gemeinwesens – von Mäusen, das Tiermodell eines gesellschaftlichen Zusammenbruchs.

Calhoun hatte das Szenario schon an uns getestet, an unserem Beispiel fand er den Begriff der Verhaltenssenke, zehn Jahre zuvor. Die Befunde glichen sich. Und doch werde ich euch die Mäusevariante schildern, denn sie ist bis heute im Gedächtnis geblieben, eben als »Universum 25«.

Das Mäuseparadies war zwei Meter mal zwei Meter groß, Höhe: 1,5 Meter, 256 Appartements. Ein Paradies wird dadurch definiert, dass es hier alles im Überfluss gibt. Die Cafeterias waren gut, 9500 Mäuler hätten gleichzeitig gefüttert und 6144 mit Wasser versorgt werden können. Auch an Nester war gedacht. Erst bei über 3840 Mäusen wäre es wirklich eng geworden. Ein Paradies ist grundsätzlich warm, konstante 20 Grad durften die Bewohner verlangen. In einem Paradies gibt es grundsätzlich keine Feinde und keine Krankheiten, was akribisch kontrolliert wurde. Dass Paradiese regelmäßig gereinigt werden, versteht sich von selbst. Doch eine Sache ist da noch: Paradiese verlässt man nicht.

In ein Paradies, das wisst ihr, passen genau zwei Personen, ein Mann und eine Frau. Hier waren es anfangs vier Paare, acht weiße Mäuse. Sie schauten sich um und lobten den Herrn. Das war Phase A. Phase B hat eure Spezies schon nicht mehr im Paradies erlebt, diese hier schon: Sie waren fruchtbar und mehrten sich. Ihre Zahl verdoppelte sich alle 55 Tage. Ab Tag 315 verlangsamte sich das Tempo, die Paradiesursprünglichen brauchten nun volle 145 Tage, um doppelt so viele zu werden. So begann Phase C. Gezählt wurden anfangs 600 ordentliche Paradiesbürger, 14 Mäuseclans mit Mäusehierarchien hatten sich gebildet.

Ihr wisst, wo es Hierarchien gibt, gibt es Außenseiter. Außenseiter vermutet man gewöhnlich am Rand der Gesellschaft, in diesem Fall ist das falsch. Denn am Rand und in den Ecken ist mehr Platz und Ruhe als in der Mitte. Die Außenseiter mit ihren zerbissenen Schwänzen und lädiertem Pelz fanden sich in der Mitte wieder. Und es wurden immer mehr. Ist jeder Außenseiter ein geborener Außenseiter? Nein. Es waren meist junge Tiere, die keinen Platz mehr in der Mäusehierarchie eines Clans finden konnten. Und auch keinen neuen mehr gründen. Sie gehörten nirgendwohin. Es handelte sich einerseits um ein typisches Paradiesproblem: Die Alten lebten zu lange und brachten dadurch alles durcheinander. Keine Vakanzen! Andererseits ist es bei euch wie bei uns: Wer zu viel ist, wandert aus. Doch eben diese Option bestand nicht.

Natürlich konnten die jungen Männer mit dieser Situation am wenigsten umgehen, sie fielen bald aus jeder sozialen Rolle. Manche patrouillierten wie besessen an den Grenzen der

Reviere, die sie nicht besaßen, und entwickelten ein ganzes Repertoire von Verhaltensauffälligkeiten. Sie bissen böse in die Schwänze ihrer Leidensgenossen. Es war wie ein latenter Bürgerkrieg. Manche wählten auch bald die vollkommene Passivität. Doch keine litt Hunger und Durst. Keine wurde von der Katze gefressen. Fast alle waren physisch gesund.

Die werdenden Mütter waren irritiert. Niemand schützte sie mehr vor fremden Attacken. Umso aggressiver wurden sie, auch gegenüber den eigenen Kindern, was vollkommen unmäusisch ist. Manchmal töteten sie die Kleinen auch oder verließen sie einfach. Wenn diese Mäuse-Rabenmütter ein freies Nest fanden, zogen sie kurzerhand ein, aber nicht um zu gebären, sondern um das Leben einer kompromisslosen Singlefrau zu beginnen. Viele Mäusekinder starben, die Geburtenrate fiel. Nur in den etablierten 14 Mäuseclans ging das Leben weiter, als wäre nichts geschehen. Aber nicht mehr lange. Das Paradies verstummte. Kein lustiges Pfeifen, Zirpen und Zwitschern mehr. Die letzte Phase des Paradieses, das längst schon zur latenten Hölle geworden war, begann. Calhoun hat sie die Todesphase genannt.

Phase D hat immer wieder Aufmerksamkeit erregt, denn sie ist mit dem Auftreten völlig neuer soziologischer Typen verbunden. Die Einwohnerzahl ging zurück, vieles wäre wieder möglich gewesen, aber tendenziell asexuelle Individuen beiderlei Geschlechts betraten die Bühne. Sie fraßen, schliefen und putzten sich. Diese neuen Männer fanden nichts alberner, als um ein Territorium zu kämpfen oder das Interesse einer Mäusin zu erregen. Sie interessierten sich nur für sich. Calhoun nannte sie die »Schönen«, weil sie keine zerbissenen Schwänze hatten und ihr Fell keine Spuren einer unfreundlichen Begegnung trug. Aus den oberen Nestern beobachteten die Single-Frauen die Szenerie.

Das mittlere Alter einer Maus in der letzten Phase der Existenz des Mäuseparadieses lag bei 776 Tagen, das war biblisch. Die Sterblichkeit der Mäusekinder lag bei fast 100 Prozent. Die

Bürger des »Universums 25« wurden immer weniger inmitten einer Überfülle an Nahrung. Seltsamerweise waren nicht wenige zu Kannibalen geworden, auch wenn dazu nun wirklich kein Grund bestand. Zu neuen Schwangerschaften kam es kaum mehr. Am 1780. Tag des Bestehens von »Universum 25« starb der letzte Bürger des Mäuseparadieses.

25 Mal hat Calhoun diesen Versuch wiederholt, 25 Mal mit demselben Ergebnis. Auch Rat City, zehn Jahre zuvor, war ausgestorben.

Wann wäre alles noch reversibel gewesen? Calhoun setzte Gruppen von letzten Paradiesbürgern, Männer und Frauen, wieder in den idealen Anfangszustand um. Doch die Schönen und die Single-Bewohnerinnen der oberen Nester besahen sich nur voller Befremden. Was sollten sie miteinander beginnen?

Ihr habt nach diesen Befunden die Theorie von den zwei Toden formuliert. Den ersten Tod nannte Calhoun den geistigen, ich glaube, er meinte mehr den sozialen Tod. Er tritt ein, wenn die Heranwachsenden keinen Platz mehr in der Gesellschaft finden, egal ob in der unsrigen oder in der eurigen. Der zweite Tod besiegelt dann nur noch den ersten.

Ihr seht, »Universum 25« begann vielleicht als Bevölkerungsexplosionsexperiment, doch unter der Hand wurde etwas anderes daraus. 9500 Mäuse hätten im Universum 25 gleichzeitig satt werden können, physisch wirklich eng wäre es ab einer Einwohnerzahl von fast 4000 geworden, aber die Bevölkerungsspitze lag bei 2200. Mehr wurden es nie. Nicht Raum an sich zählt, es geht um den sozialen Raum. Ich weiß, der ist in eurem Fall ungleich variabler.

Stadtplaner und urbane Soziologen haben Calhoun nicht vergessen. 1971, als »Universum 25« erschien, prognostizierte man für die Achtzigerjahre die unfassbare Zahl von fünf Milliarden Menschen auf dieser Erde. Wie das weitergehen sollte, mochte sich keiner vorstellen, Calhoun auch nicht. Er sah schwarz. Aber Mitte des kommenden Jahrhunderts, des unsrigen also, sagte er, würde der Dawnsday anbrechen, vielleicht. Eine kleine Morgenröte. Nun würde die Weltbevölkerung abnehmen, mehrere Hunderttausend Jahre lang. Calhoun kannte auch die optimale Anzahl der Menschen auf dieser Erde: 70 Millionen.

Die chinesische Lösung

Die Straße, auf der wir Urchinesen einst gekommen sind und auf der wir euch etwas später auch die Pest gebracht haben, ist die alte Seidenstraße. Sie führt von China bis nach Europa. Die Volksrepublik errichtet sie gerade mit großem Aufwand neu, als Schienenweg. Das ist viel billiger und schneller als der Schiffsverkehr. Kein Land, das an dieser alten, neuen Seidenstraße liegt, bleibt, was es war. Kasachstan weiß das schon. Der Weizen auf den kasachischen Feldern reift für China. Und auf den kasachischen Ölfeldern sichern sich die Chinesen ihren Energiebedarf. Die Hochhäuser der kasachischen Hauptstadt haben die Chinesen gebaut. Viele glauben, dass wie die alte Seidenstraße auch die neue Seidenstraße Europa zum Schicksal werden wird.

Europäer, vielleicht hättet ihr Piräus doch nicht an die Chinesen verkaufen sollen, den Ursprung eures Kontinents? Ihr datiert diesen – und mit ihm die Erfindung der Demokratie – immer auf den Sieg über die Perser. 490 v. u. Z., ein halbes Jahrtausend vor Christi Geburt, ließ Themistokles, den Angriff ahnend, Piräus zum großen Hafen Athens ausbauen. Ihr wisst, dass die Demokratie aus dem Geist des Ruderns entstand, des Ruderns vor Piräus? Ihr seid sehr stolz auf eure Demokratie. Aber wisst ihr auch, wie genau sie entstand? Athen brauchte Ruderer für seine Schiffe gegen die Perser, als ihm die Theten, die verachteten Tagelöhner, ins Auge fielen. Es hatte da einen Vorschlag, auch wenn es ihn ungern unterbreitete: Ihr rudert und bekommt dafür das Wahlrecht! Das ist der Ursprung eurer bisher größten Erfindung, der Demokratie. Ruderer von Athen, die Griechen haben euren Hafen, den Heimathafen Europas und der Demokratie, an die Chinesen verkauft! Von nun an ist alles möglich.

2020, im chinesischen Jahr der Ratte, hat die Kommunistische Partei landesweit das Sozialkreditsystem eingeführt. Dass B. F. Skinner das nicht mehr erleben durfte: Verhaltenskonditionierung mittels Punktevergabe, positiver Verstärkung und totaler Überwachung! Wie viele Punkte du hast, entscheidet über deine Ausbildungs- und Berufschancen, deine Aussichten, einen Kredit zu bekommen oder eine Fahrkarte kaufen zu dürfen. Punktabzug gibt es für Verkehrssünder, für verspätet bezahlte Rechnungen, für nicht rechtzeitig zurückgegebene Bibliotheksbücher, für versäumte Besuche bei den Eltern, unangebrachte Kommentare in den sozialen Medien oder die falschen Freunde. Dagegen ist der große Bruder aus Orwells *1984* bloß noch ein kleiner Bruder. Ich muss noch eine Zwischenbemerkung zur Stellung der Ratte in China machen: Erinnert euch an Maos Kulturrevolution, die Kommunisten waren nicht immer auf unserer Seite.

Fast am Anfang stand 1958 der »Kampf gegen die vier Übel« – 除四害. Mao erklärte uns den Krieg, den Ratten, den Stechmücken, den Fliegen und den Spatzen. Er nannte uns die »vier Plagen«. Wir würden den Menschen Nahrung stehlen und Krankheiten bringen. »China muss zu einem Land werden, in dem es keinen einzigen der vier Schädlinge mehr gibt«, forderte Mao. Ich will an dieser Stelle nicht das Leid meines Volkes beklagen, wir sind Verfolgung gewohnt, aber meine Brüder und Schwestern, die Spatzen, fielen aus allen Wolken, und genau das sollten sie.

Mao glaubte, dass die Spatzen genau wie wir die Felder und Scheunen des Kommunismus leer fressen. Der Dichter Guo Moruo dichtete: »Spatz, du bist ein Mistvogel, ein Verbrecher seit Tausenden Jahren. Heute rechnen wir mit dir ab. Wir schlagen dich und zerstören deine Nester. Am Ende werden wir dich verbrennen. Wenn du und alle vier Übel vernichtet seid, ist die Welt wieder in Harmonie.« Plakate zeigten auf Schwerter gespießte Spatzen und Ratten.

Drei Tage lang ruhte die Arbeit, die Chinesen pfiffen und trommelten vom frühen Morgen bis zum späten Abend und schlugen Topfdeckel aneinander. Überall holten Schulkinder Spatzennester aus Büschen und Bäumen. Die kleinen Vögel konnten nirgends landen, bis sie vor Erschöpfung einfach vom Himmel fielen. Am Ende waren zwei Milliarden Spatzen tot. Bald darauf kam es zu einer furchtbaren Insektenplage, denn keiner fraß sie mehr. Da begann die Volksrepublik, Spatzen aus der Sowjetunion zu importieren.

Ihr dürft den »Kampf gegen die vier Übel« natürlich nicht verwechseln mit dem »Kampf gegen die vier Alten«. Unter dem Motto »Zerschlagt die vier Alten« – 破四旧 – sollten alte Denkweisen, alte Kulturen, alte Gewohnheiten und alte Sitten ausgerottet werden. Im Spätsommer 1966, auch »Roter August« genannt, wurden allein in Peking 1772 Menschen getötet oder nahmen sich das Leben. 33 695 Haushalte wurden geplündert, 85 196 Bewohner wurden der Stadt verwiesen und 4922 historische Stätten zerstört. Man hätte meinen können, die Chinesen hätten allmählich genug von den Kampagnen ihrer Führer gehabt.

Etwas ameisenhaft scheinen sie schon, nicht wahr? Wie nicht richtig erwachsen geworden, wie lebenslange Pioniere. Hätten sie sich sonst so bereitwillig dem Sozialkreditsystem unterworfen? Aber die Hälfte des 1,4-Milliarden-Volks befürwortet es sogar, denn es hat keine sonstigen Berufungsinstanzen, keine verlässlichen Strukturen, im Westen auch »Rechtsstaat« genannt. Jetzt zeigt sich, wer ein guter Chinese ist und wer nicht. Die chinesischen Internetgiganten wurden über viele Jahre vom Staat gefördert, etwa Alibaba, das chinesische Amazon. Sie revanchieren sich gern. Sie wissen tendenziell alles über alle.

Punktesystem statt Rechtsstaat, ja, das funktioniert auch. Vielleicht funktioniert es sogar besser.

In manchen chinesischen Schulen, ich erwähnte es, tragen Kinder schon biometrische Armbänder. Und chinesische Unternehmen messen die Hirnströme ihrer Mitarbeiter. Die ersten genmanipulierten Kinder wurden in China geboren. Wenn ich das richtig beobachte, lautet die Alternative: entweder dabei sein oder hoffnungslos zurückbleiben. China hat sich entschieden.

Herbst 2020. Im Ursprungsland China ist die Pandemie vorbei. Das 1,4-Milliarden-Reich schaut verwundert auf den Rest der Welt, die unter der zweiten Corona-Welle stöhnt. Wie konnte das geschehen? Haben all diese mangelhaft konditionierten, von keinem Punktesystem bewerteten Fremdlinge denn keine Disziplin? Sie sind sehr schlecht gezähmt.

Ausblick

WIR VIEL-ZU-VIELEN

Seid ihr sicher, dass ihr nicht unwissentliche Teilnehmer eines großen Rattenversuchs seid, den die Natur mit euch veranstaltet? Ein kluger Verhaltensforscher hat einmal gesagt: »Neben den Schwingen des Argusfasans ist das Arbeitstempo des westlichen Zivilisationsmenschen das dümmste Produkt intraspezifischer Selektion.«[9] Intraspezifische Selektion ist das Ergebnis des Wettbewerbs unter Artgenossen; der Argusfasan ist jener komische Vogel, der, um den Frauen zu gefallen, sich Schwingen wachsen ließ, die als fortgeschrittene Körperbehinderung gelten müssen. Fliegen, weglaufen: fast unmöglich. Alles, was er noch kann, ist, ein Rad zu schlagen. Ihr habt euer Rad über die ganze Erde geschlagen. Wegfliegen, weglaufen: fast unmöglich.

Und was nun, missliches Geschlecht? Ich habe euch schon öfter »Haustier« genannt, ich hoffe, ihr habt euch geärgert. Aber habt ihr diesen Titel auch verstanden? Ihr seid das oberste Haustier, so viel ist klar. Ihr wisst, dass ihr eigentlich Schlappohren und Ringelschwänze haben müsstet? Haustiere haben das, schon Darwin hatte es beobachtet. Aber eure Ohren sind nicht einmal groß genug, dass sie ab der Mitte herunterhängen könnten.

Und einen Schwanz hat die Natur euch gar nicht erst zuerkannt. Stellt euch mal vor, wie lächerlich wir mit Ringelschwanz aussehen würden. Da die Natur euch auch das Fell aberkannt hat, zeigt ihr ebenso keine weißen Schecken so wie Pferde auf der Stirn. Oder wie Hunde, deren Pfoten in weißen Socken stecken. Das ist sehr schade. Außerdem haben Haustiere kleinere Knochen, kürzere Schnauzen, kleinere Kiefer, kleinere Zähne, kleinere Gehirne, genau wie ihr im Vergleich zu euren Vorfahren. Alles kleiner eben. Und Männer ähneln immer mehr den Frauen. Schaut euch doch an! Die Biologen sprechen vom »Domestikationssyndrom«.[10]

Wir lassen uns von dieser miesen Ratte doch nicht zum Haustier erklären, sagt ihr? Nennt ihr Aristoteles denn auch eine miese Ratte? Oder Darwin oder Blumenbach? Kennt ihr wieder nicht, also der Reihe nach.

Schon Aristoteles stellte euch auf eine Stufe mit Eseln, Schafen und Ziegen. Eurer Friedfertigkeit nach. Der Mensch ist ohne Zweifel eine domestizierte Art, wusste Aristoteles. Natürlich nicht alle. Die Skythen schon mal nicht. Das sind die, bei denen sogar die Frauen mit dem Bogen schossen, die A-mazos, die ohne Brust. Wilde Tiere also, nicht gezähmt. Höchstwahrscheinlich gar nicht zähmbar. Sein Vorgänger Theophrast sah das noch anders, aber das müsst ihr schon selber nachlesen. Da später Gott die Bürgschaft über euch übernahm, geriet der Gedanke etwas aus dem Blickfeld. Und dann kam Blumenbach, 1806: »Ein Hausthier gibt es noch – ein Hausthier im wahren Sinn, wenn gleich nicht im gewöhnlichen Sprachgebrauch dieses Worts –, das auch hierin alle anderen übertrifft und das ist der Mensch.«[11]

Die Frage war bloß: Wer zähmte euch? Blumenbach dachte da, allerdings nur in einer Fußnote, an ein höheres Geschlecht, dem ihr einst als Haustier dientet. Darwin, der Schlappohren und Ringelschwänze als artübergreifendes Merkmal der Haustiere erkannte, glaubte auch beinahe, dass ihr eines seid, obwohl die Natur euch beides versagte, Schlappohren und Ringelschwänze. Doch auf die entscheidende Frage, wer euch gezähmt hatte, wusste er auch er keine Antwort.

Was definiert denn ein Haustier? Verminderte Aggression

nach innen, man nennt sie auch »reaktive Aggression«. Zum Beispiel verprügeln eure Männer die Frauen in der Regel nicht mehr, wenn sie Sex wollen. Schimpansen machen das. Und Sex wollen sie immer. Schimpansensex und Prügel sind eins. Seht ihr, die Gleichung habt ihr aufgelöst und sogar die Liebe erfunden, vielleicht die allergrößte Merkwürdigkeit der Evolution.

Der amerikanische Primatenforscher Richard Wrangham hat unlängst die These aufgestellt, dass ihr überhaupt so weit gekommen seid, habt ihr vor allem der Erfindung der Todesstrafe zu verdanken. Eure Forscher nennen das die »Hinrichtungshypothese«. Auslese gegen Aggression.

Die fiesesten Männer mussten sterben, statt sich am besten fortzupflanzen. Selbstdomestikation durch Abschreckung! Die Todesstrafe? Ich weiß nicht. Ich glaube, eure Kulturen selbst sind das größte Domestikationsinstrument, das ihr habt. Sie sind gemeinsame Werderäume, sie binden euch ein in überindividuelle symbolische Ordnungen. Hier gilt das: Du sollst nicht töten! Ihr seid noch immer mit einem beispiellosen Versuch der Selbstzähmung befasst, Ausgang völlig offen. Ihr ahnt, wer euch zähmte: Ihr habt es selbst getan.

Natürlich seid ihr weit davon entfernt, zu einem solch solidarischen Zusammenleben der gegenseitigen Hilfe und Unterstützung zu gelangen wie wir. Ihr erinnert euch an Konrad Lorenz, der uns, den »erfolgreichsten biologischen Gegenspieler des Menschen«, ein Vorbild »aller sozialer Tugenden« nannte. Was ihn nicht davon abhielt zu bemerken, dass jeder unbefangene extraterrestrische Beobachter den Schluss ziehen müsste, Ratten und Menschen seien nächstverwandt. Nicht Menschen und Affen. Das liegt an unseren auffällig ähnlichen Außenverhältnissen: Friede und Freundschaft nach innen, mit ein wenig Unterdrückung vielleicht in eurem Fall, aber ewiger Krieg der Fremdrotte! Gibt es sonst eher selten im Tierreich. Ihr seht, wir gehören zusammen. Wie aber wollt ihr nun das, was euch zähmt, eurerseits zähmen?

Lasst es mich zoologisch formulieren: Eure Kulturen schaffen Scheinarten. Sie sprechen es nicht mehr so offen aus wie in euren Anfängen, als das Wort »Mensch« noch von vornherein mit dem Namen des je eigenen Stammes zusammenfiel. Aber die Logik ist intakt. Nun könntet ihr sagen: Dann lassen wir Gezähmten unsere ungezähmten Kulturen eben hinter uns wie eine leere Schlangenhaut! Aber wäre das nicht wie ein Auszug aus euch selbst? Wer sagt euch dann noch, wer ihr seid? Die Menschenrechte vielleicht, aber sonst stündet ihr ziemlich nackt da. Wir versuchen gar nicht erst, Frieden zu schließen mit unseren Fernsten, schließlich sind wir keine Haustiere, von den Bewohnern eurer Labors und Kinderzimmer abgesehen. Wir bekennen uns zu unseren Instinkten. Euch sind sie mehr eine Verlegenheit, oder?

Ihr wart zur Steinzeit viel klüger als heute. Ihr konntet schärfer denken, besser riechen, besser hören. Eure Gehirne waren größer. Das Domestikationssyndrom, ihr wisst. Ihr habt eure Intelligenz verlagert auf die Werkzeuge, die ihr geschaffen habt, auf die Gesellschaft. Aus eigener Kraft wäret ihr Schwundstufenvollkomfortexistenzen kaum überlebensfähig. Würdet ihr einem Steinzeitmenschen begegnen, er würde euch auslachen. Oder als Kuriosum mit nach Hause nehmen.

Ihr glaubt, keiner arbeitet so viel wie ihr, aber in Wirklichkeit liegt ihr in der Hängematte eurer Gattungsintelligenz. Doch seid ihr sicher, dass die auch künftig trägt? Ich frage euch nochmals: Seid ihr sicher, dass ihr nicht gerade in einem Rattenversuch von allergrößtem Ausmaß steckt, mit euch selbst als Versuchstieren? Die Künstliche Intelligenz ist nur ein Zwischenschritt. Sie spielt heute schon besser Schach als der weltbeste Schachspieler. Sie wird bald bemerken, was für ineffiziente Mischwesen ihr seid. Sie wird früher oder später beschließen, dass ihr im Interesse der allgemeinen Sicherheit von allen Schaltstellen der Gesellschaft zu entfernen seid. Vielleicht werden euch die Regenten der Zukunft in zoologischen Gärten halten und zur allgemeinen Besichtigung freigeben, die letzten Kinder der Natur.

Mag sein, ihr könnt darauf nur reagieren, wenn ihr am Ende doch zusammenhaltet. Wenn ihr den Skinners und Foggs dieser Welt doch noch davonlauft. Skinner hatte schon recht, »Freiheit« und »Würde« sind völlig unwissenschaftliche, unbewiesene Begriffe, letzte Äquivalente des Übernatürlichen. Aber ihr seid die Einzigen, die sich gerade darum etwas dabei denken können, das sagt euch ein entlaufenes Höllentier.

Habe ich euch sehr provoziert mit der Hängematte eurer Gattungsintelligenz? Macht bloß nicht den Fehler, jetzt einfach aufzustehen und zurückzulaufen in die Wälder. Die gibt es ohnehin nicht mehr, nicht genug für eure Überzahl. Und denkt immer an euer Domestikationssyndrom, ihr könntet dort kaum noch überleben. Aber warum habt ihr all die schönen Wildtiermerkmale aufgegeben mitsamt den größeren Hirnen? Ihr müsst etwas davon gehabt haben. Ich sage es euch: Der ganze platzraubende Aggressionsapparat fiel weg, am besten, ihr lest das bei Richard Wrangham nach, in *Die Zähmung des Menschen*. Denn solange jener Apparat intakt war, konntet ihr nicht kooperieren. Genau das macht aber euren Erfolg aus, eure Überlegenheit auch über alle anderen – ausgestorbenen – Menschenarten. Ihr seid Gemeinschaftswesen.

Habt ihr euch eigentlich einmal gefragt, wem die Hängematte gehört? Jeff Bezos? Bill Gates? Bernard Arnault? Mark Zuckerberg? Elon Musk? Mukesh Ambani? Warren Buffett? Larry Ellison? Steve Ballmer? Amancio Ortega? Das sind die reichsten Männer der Welt 2020. Die sagen alle zehn, sinngemäß: Meinen Reichtum habe ich mir selbst erarbeitet, er ist das Geschwisterkind meines Genius. Glaubt ihr das?

Mein Jahr, das Jahr der Metall-Ratte, das Corona-Jahr, hat die globale Ungleichheit auf der Erde noch einmal wie im Zeitraffer verschärft, genau nach dem Matthäus-Effekt. Ihr kennt doch den Matthäus-Effekt? Der Evangelist zitiert das Wort des

Herrn über die Logik dieser Welt: »Denn wer da hat, dem wird gegeben, dass er die Fülle habe; wer aber nicht hat, dem wird auch das genommen, was er hat.« (Mt. 25,29) Bezos konnte sein Vermögen 2020 fast verdoppeln. Marktforscher rechnen damit, dass er 2026 zum ersten Billionär der Geschichte werden könnte. Seid ihr wirklich sicher, dass euer Gesellschaftsmodell das beste ist?

Kein Tier beneidet euch. Ich weiß, vor Zahlen mit so vielen Nullen steht euch der Verstand still, genau wie uns, also vertraut mir, dem Mathematiker: Ich weiß, ihr könnt nicht mehr sparen, zum ersten Mal in der Geschichte gibt es keine Zinsen mehr, schon lange nicht mehr, ihr könnt nur noch zocken. Aber wenn das Sparen noch möglich wäre und ihr, sagen wir, die bescheidene Summe von 10 000 Dollar pro Jahr in den Strumpf stecken würdet … Ich höre euch schon rufen: Ich habe aber keine 10 000 Dollar! Schon gut, es ist wirklich nur ein Beispiel. Angenommen, ihr hättet sie doch, so müsstet ihr 100 Millionen Jahre lang sparen, um auf obige Summe zu kommen. Ihr müsstet also bereits lange vor der Erschaffung des Menschen angefangen haben. Nennt ihr das einen realistischen Zeitraum? In euren Koordinatensystemen möchte ich nicht leben. Meintet ihr das mit der Überlegenheit des Menschen über das Tier?

Eigentlich habe ich nie verstanden, warum ihr ausgerechnet nach uns, die wir euch so ähnlich sind, die Niedertracht benannt habt. Doch seid ohne Furcht, ihr sollt jetzt nicht loslaufen und dem reichsten Mann der Welt, dem Amazon-Gründer Jeff Bezos, seine 200 Milliarden Dollar wegnehmen. Aber vielleicht einen kleinen Tagesverdienst? Erst kürzlich hat er 13 Milliarden Dollar an einem Tag eingenommen. Kinder, vergesst es, das Enteignen ist keine zivilisatorisch fortgeschrittene Angewohnheit, schließlich hat er sein Geld nach den bei euch geltenden Regeln verdient.

Bleiben wir trotzdem noch kurz beim reichsten Mann der Welt. Ich muss euch etwas erklären. Der Angestellte Bezos hatte

1994 überlegt, ob man nicht übers Internet Bücher verkaufen könne. Sein Chef sagte, das sei vielleicht keine ganz abwegige Idee, aber höchstens für jemanden, der keinen guten Job habe. Also nicht für ihn. Bezos kündigte trotzdem. Und verkaufte 1995 sein allererstes Buch. Aber sagt selbst, ist diese Entscheidung wirklich 200 Milliarden Dollar wert?

Als Leseratte würde ich sagen, natürlich ist sie das, wenn er seine 200 Milliarden mit Büchern verdient hätte! Stellt euch mal vor, wie viele Bücher da jeder von euch täglich lesen und gelesen haben müsste. Und wahrscheinlich hätten die Autoren ihn inzwischen längst enteignet.

Im Amazon-Rekordjahr 2020 ist die Firma noch einmal zurückgekehrt zum Primat des Papiers. Allerdings verkaufte sie zu diesem Zeitpunkt überhaupt keine Bücher mehr, nur noch Toilettenpapier. Der Mensch muss Prioritäten setzen.

Aber der Mann liest wirklich, und er empfiehlt Bücher, etwa *Was vom Tage übrig blieb* von Kazuo Ishiguro. Das finde ich schön. Dass der reichste Mann der Welt Bücher liest und diese elegische Geschichte eines längst aus der Zeit gefallenen englischen Butlers empfiehlt, könnte für eure Spezies sprechen. Danach kommen auf seiner Liste aber lauter Erfolgs-Maximierungsbücher, etwa *Von Büroklammern und anderen Erfolgsgeheimnissen* von Alan C. Greenberg. Ich habe gerade mal bei Amazon nachgeschaut, das liegt auf Platz 955 012 im Segment Bücher. Also fast eine Million. Kinder, ich glaube beinahe an eure Autonomie! Aber ich schweife ab.

Ich frage also nochmals: Glaubt ihr wirklich, dass die Idee, Bücher übers Internet zu verkaufen, 200 Milliarden Vermögen eines einzelnen Menschen wert ist? Und da bin ich wieder bei der Hängematte eurer Gattungsintelligenz. Überlegt doch mal, was Bezos bei den Jägern und Sammlern hätte werden können. Ein Typ, der dekadente Bücher liest wie *Was vom Tage übrig blieb*, wäre längst vom Löwen gefressen worden. Kein Mensch hätte ihn gekannt, als ihr euch an den Lagerfeuern noch Heldengeschichten erzähltet. Wer hätte ihm zugehört, wenn er von seiner neuen Idee berichtet hätte, Bücher zu verkaufen? Ich weiß, das ist alles sekundär, die Generation Smartphone liest nicht mehr. Bald wird niemand mehr das Wort »Leseratte« verstehen, wie schade. Was ich euch sagen will, ist: All eure Erfolge, unabhängig von dem Quäntchen, das ihr selbst noch dazutut, habt ihr als legitime Inliegende der Hängematte eurer Gattungsintelligenz erworben. Sie ist Gemeineigentum.

Heißt: Ihr steht als allerletzte Zwerge auf den Schultern eurer Vorfahren und Mitmenschen. Ist das nicht ein beinahe solidarisches Bild? Findet ihr es wirklich in Ordnung, dass Jeff Bezos ganz allein in der Hängematte liegt, mit Sonnenbrille, einen Teller Oktopus mit Kartoffeln, Speck, grünem Knoblauchjoghurt und Eiern auf dem Bauch? Er isst so was. War das der Sinn der Evolution?

Ich glaube, das Eine-Billion-Dollar-Individuum gibt es nicht. Es ist eine Illusion. Und da sind wir beim größten Unterschied von Mensch und Tier. Wir tragen unsere Gattungsintelligenz ständig bei uns, jedes Individuum für sich, ihr nicht. Ihr Haustiere habt sie ausgelagert. Solltet ihr also nicht die Hängematte verstaatlichen, verweltstaatlichen vielleicht? Es ist zu absurd, dass einer Handvoll Männer eure Welt gehört, und dazu gerade denen, die euch neu formatieren. Kein Tier würde das hinnehmen, wir haben noch alle Sinne beieinander. Eure Gattungsintelligenz ist das Einzige, was in der Tat noch allen gehört, sie ist das letzte Allgemeingut, macht was draus! Sonst seid ihr bald Haustiere ohne Haus.

Ich bin eine Ratte, kein Pfarrer. Ich möchte nicht hoch wetten, dass ihr das schafft. Es liegt mir fern, euch bessern zu wollen. Ich weiß nicht, ob man euch lieben kann, aber ich liebe eure Möglichkeiten. Ich kann mir sogar vorstellen, dass ihr euch eines Tages dafür schämt, wie ihr mit uns, den Tieren, umgegangen seid. Vielleicht nicht mit meiner Art, aber mit den anderen. Vor allem mit euren Haustieren wie Hühnern und Schweinen. Vielleicht hört ihr sogar auf, eure Reichsten zu bewundern, und bemerkt, was solcher Reichtum in Wahrheit ist: obszön, wie ein Selbstausschluss aus der menschlichen Sozietät.

Doch werden wir realistisch. Eine Million Arten weltweit gelten als gefährdet, latent vom Aussterben bedroht. Zwei Drittel der Tiere sind in den letzten fünfzig Jahren von diesem Planeten verschwunden. Kann sein, am Ende werden allein wir beide übrig bleiben, der Mensch und die Ratte, die beiden erfolgreichsten Säugetiere der Erde. Habt ihr es darauf angelegt – weil ihr doch nicht ganz allein überleben wollt? Wenn ihr auch Jahrmillionen der Evolution auslöschen könnt, wenn auch alle Tiere der Erde weg sind, die meisten viel älter als ihr, einen letzten Gefährten braucht jeder, einen letzten Gefährten braucht selbst ihr, in euren stummen Frühlingen der Zukunft. Ihr wisst, dass die Singvögel aussterben? Das Jahr beginnt neu, aber niemand singt mehr? Nein, das ist nicht schön. Doch seid nicht traurig, ihr habt immer noch uns. Wozu Lerchen? Pfeifen können wir auch. Der Mensch und die Ratte – wir gehören zusammen. Schließlich stammt ihr von uns ab, von den Nagetieren und Hasenartigen.

Es gibt allerdings Stimmen unter euch, und das sind Wissenschaftler, keine Science-Fiction-Autoren, die sehen eure Chancen nicht ganz so optimistisch: »Wenn eines Tages selbst die vier apokalyptischen Reiter tot vom Pferd fallen, werden sich die Ratten ihrer Überreste annehmen, und die Ratten werden wie Lemminge über die Ruinen der Zivilisation ausschwärmen.«[12] Habe ich euch erschreckt? Habt keine Angst, ich glaube fest an unsere gemeinsame Zukunft!

Anmerkungen

Zum Geleit

1 Eure Etymologen glauben, das Wort stamme primär vom französischen *radical* und sei zuerst nach der Französischen Revolution in den Rheinprovinzen aufgekommen. Zur kongenialen deutschen Übersetzung sagen sie meist nichts, doch sind sie oft aufrichtig genug, als Synonym für *ratzekahl rattekahl* anzugeben. Ich würde, was sie versäumten, so erklären: Radikalität beschreibt grundsätzlich einen Zustand antizipierter Leere. Das Französische denkt die Sache mehr vom Ansatz her: etwas an der Wurzel fassen und dann kräftig ziehen. Das deutsche Wort orientiert sich mehr am Ergebnis.

2 Vgl. Francesco Santoianni, *Von Menschen und Mäusen*, Hamburg 1997, S. 54.

3 Die amerikanische Biopsychologin Kelly G. Lambert hat ein Buch über ihre Rattenversuche geschrieben, die nichts mehr von dem Schrecken haben, der in diesem Wort noch immer klingt. Das liegt natürlich auch daran, dass sie an den Tieren primär psychische Reaktionsweisen prüft und nicht Medikamentenverträglichkeiten. In *Lehrmeister Ratte. Was wir von den erfolgreichsten Säugetieren der Welt lernen können* (Berlin/Heidelberg 2013) schildert sie auch den Besuch der Wanderratte, S. 7 ff.

I.

1 Adolf Portmann, *Die Tiergestalt*, Berlin 1965, S. 46.
2 Gerd Ludwig, *Meine Ratte*, München 2008, S. 15.
3 Johann Gottfried Herder, *Abhandlung über den Ursprung der Sprache*, Stuttgart 1993, S. 24.
4 Vgl. auch Bennett G. Galef, »Norway rats«, Department of Psychology, *Neuroscience & Behaviour*, McMaster University Hamilton, Ontario, DOI: 10.1016/j.cub.2009.07.031.
5 Die höchsten Gegenstände der reinen Vernunft, waren, glaube ich, Gott, Freiheit und Unsterblichkeit. Wie aber erkenne ich die? Da kommt die Taube ins Spiel: Die leichte Taube, den Luftwiderstand auf ihrem Gefieder spürend, könnte leicht glauben, ohne diesen Luftwiderstand flöge sie noch besser. Und doch ist genau er es, der sie überhaupt fliegen lässt. Die Warnung ist deutlich. Auch obige Themen scheinen auf einen Raum ohne Widerstand zu verweisen. Liegen sie nicht jenseits aller sinnlichen Wahrnehmung und sind ebenso zu behandeln? Vorsicht!, sagt Kant, denkt an die Taube!
6 Kelly G. Lambert, *Lehrmeister Ratte,* S. 302.
7 Ebd., S. 303.
8 Peter Sloterdijk, *Sphären I. Blasen*, Frankfurt a. M. 1998, S. 166.
9 Ebd.
10 Ebd.
11 Ebd., S.175.
12 Vgl. »Unser frühester Säugetier-Vorfahr? Eine Rattenmaus«, *Die Zeit*, 7. November 2017.
13 Rosa Luxemburg, »Possibilismus und Opportunismus«, *Sächsische Arbeiterzeitung* 227, 30. September 1898.

II.

1 Friedrich Nietzsche, *Morgenröthe*, Aph. 250, *Kritische Studienausgabe*, Bd. 3, München, Berlin, New York 1988 S. 205.
2 Vgl. zur Gesamtrekonstruktion der Legende Heide Platen, *Das Rattenbuch. Über die Allgegenwart unserer heimlichen Nachbarn*, Frankfurt a. M. 1997, S. 108ff.
3 Vgl. Skepdic.com/German/mozarteffect.html
4 Ebd.
5 Vgl. https://tinyurl.com/y868fq5v
6 Vgl. »99,4 Prozent genetische Gleichheit: Männer ähneln Affen mehr als Frauen«, *Rheinische Post*, 24. Juni 2020, https://rp-online.de/panorama/wissen/forschung/maenner-aehneln-affen-mehr-als-frauen_aid-14244865
7 Zit. nach Francesco Santoianni, *Von Menschen und Mäusen*, S. 106.

8 Vgl. zu alldem ausführlicher: Stefanie Kara, »Oxytocin: Unsere Wunderdroge«, *Die Zeit*, 31. März 2016, https://www.zeit.de/2016/15/oxytocin-hormon-gehirn-forschung
9 Asfa-Wossen Asserate, *Manieren*, Berlin 2016, S. 49.
10 Vgl. Richard Wrangham, *Die Zähmung des Menschen. Warum Gewalt uns friedlicher gemacht hat. Eine neue Geschichte der Menschwerdung*, München 2019.
11 Walter Benjamin, »Über die Sprache überhaupt und die Sprache des Menschen«, *Sprache und Geschichte. Philosophische Essays*, Stuttgart 1992, S. 30.
12 Ebd., S. 44.
13 Ebd., S. 45f.
14 Ebd., S. 46.
15 Ebd., S. 46f.
16 Ebd., S. 47.
17 René Descartes, »Abhandlung über die Methode«, *Ausgewählte Schriften*, hrsg. von Gerd Irrlitz, Leipzig 1980, S. 48.
18 Ebd., S. 49.
19 Ebd., S. 51.

III.

1 Dieses Szenario entwarfen die beiden US-Marinegeologen Walter C. Pitman und William Ryan 1997 in ihrem Buch *Sintflut. Ein Rätsel wird entschlüsselt*, Köln 1999.
2 Zit. nach J. G. Frazer, *Der goldene Zweig. Eine Studie über Magie und Religion*, Frankfurt a. M. 1977, S. 817.
3 Vgl. auch Michael Fischer, *Tierstrafen und Tierprozesse. Zur sozialen Konstruktion von Rechtssubjekten*, Münster 2005.
4 Zum Weiterlesen: Peter J. Heather, *Invasion der Barbaren. Die Entstehung Europas im ersten Jahrtausend nach Christus*, München 2011.
5 Peter Handke, *Versuch über den Stillen Ort*, Berlin 2012, S. 15.
6 Vgl. Klaus Bergdolt, *Der Schwarze Tod in Europa. Die Große Pest und das Ende des Mittelalters*, München 2017, S. 37.
7 L. A. Muratori, *Rerum Italicarum Scriptores*, Bd. XV, Mailand 1730, Sp. 449, zit. nach Klaus Bergdolt, *Die Pest 1348 in Italien. Fünfzig zeitgenössische Quellen*, Heidelberg 1989, S. 35.
8 Klaus Bergdolt, *Der Schwarze Tod in Europa*, S. 36.
9 Ebd.
10 Georg Sticker, *Die Pest I. Die Geschichte der Pest*, Gießen 1908, S. 60–62.
11 Ebd., S. 62.
12 So die Medizinische Fakultät Berlin 1877, zit. nach Henri H. Mollaret/Jacqueline Brossollet, *Alexandre Yersin. Der Mann, der die Pest besiegte*, Zürich 1987, S. 163.

13 Ebd., S. 171.
14 Ebd.
15 Ebd., S. 174.
16 Ebd., S. 181.
17 Michele da Piazza, »Historia Siculorum«, in: Klaus Bergdolt, *Die Pest in Italien. 50 zeitgenössische Quellen*, S. 32f.
18 Lorenzo de Monacis, »Laurentii de Monacis Veneti Cretae Cancellarii Chronicon de rebus Venetis ab U. C. da annum MCCCLIV, Venezia 1758«, zit. nach Bergdolt, *Der Schwarze Tod in Europa,* S. 51.
19 Zit. nach Bergdolt, *Die Pest in Italien*, S. 42.
20 Konrad Lorenz, *Das sogenannte Böse. Zur Naturgeschichte der menschlichen Aggression*, München 2016, S. 222f.
21 Ebd., S. 158.
22 Ebd.
23 Irenäus Eibl-Eibesfeld, *Der Mensch, das riskierte Wesen*, München 1988, S. 255.
24 Geschildert nach Konrad Lorenz, *Das sogenannte Böse*, S. 161.
25 Jared Diamond, *Vermächtnis. Was wir von traditionellen Gesellschaften lernen können*, Frankfurt a. M. 2012, S. 56f.
26 »Die Wurzeln der Angst«, *Süddeutsche Zeitung*, 11. September 2011.

IV.

1 Christoph Kolumbus, *Bordbuch*, Berlin 2016, S. 11.
2 Manche eurer Forscher bezweifeln, dass beide wirklich in Briefkontakt standen. Am besten, ihr lest Alexander von Humboldts *Kritische Untersuchungen über die historische Entwicklung der geografischen Erkenntnisse von der neuen Welt und die Fortschritte der nautischen Astronomie in dem 15ten und 16ten Jahrhundert* (Treuchtlingen 2016). Dort steht auch der Wortlaut des mehr oder weniger authentischen Briefs. Das erste Schreiben, gerichtet an den Domherrn Fernao Martins von Lissabon, findet ihr unter dem Titel »Brief über den westlichen Seeweg nach Hinterindien« im Internet.
3 Christoph Kolumbus, *Bordbuch*, 16. September 1492, S. 22.
4 Ebd., 17. September 1492, S. 22.
5 Bartolomé de las Casas, *Historia de las Indias*, zit. nach Andreas Venzke, *Christoph Kolumbus*, Reinbek bei Hamburg 1992, S. 61.
6 Peter Sloterdijk, *Sphären II. Globen*, Frankfurt a. M. 1999, S. 170.
7 Christoph Kolumbus, *Bordbuch*, 11. und 12. Oktober, S. 44.
8 Ebd., S. 52.
9 Ebd., 14. Oktober, S. 53.
10 Ebd., 15. Oktober, S. 56.

11 Ebd., 25. Dezember, S. 195.
12 Ebd., 26. Dezember 1492, S. 202.
13 Ebd., 30. Dezember 1492, S. 208.
14 Christoph Kolumbus an Luis de Santángel, 14. Februar 1493, *Bordbuch*, S. 296f.
15 Carl Friedrich Behrens, *Reise durch die Südländer und um die Welt*, Frankfurt und Leipzig 1737, nachgedruckt in: Ulrike Keller (Hrsg.), *Reisende in der Südsee seit 1520*, Wien 2004, S. 39.
16 Ebd.
17 Ebd., S. 41.
18 Ebd.
19 Zit. nach Matthias Glaubrecht, *Das Ende der Evolution. Der Mensch und die Vernichtung der Arten*, München 2019, S. 824.
20 Archäologie: »Wie die Osterinsel ihren Palmenwald verlor«, *Stuttgarter Zeitung*, 8. Januar 2015, https://www.stuttgarter-zeitung.de/inhalt.archaeologie-wie-die-osterinsel-ihren-palmenwald-verlor.c3b9611d-f802–4cb9-a89c-ef4c8ef9ecad.html
21 Zum Weiterlesen: Jared Diamond, »Schatten über der Osterinsel«, *Warum Gesellschaften überleben oder untergehen*, Frankfurt a. M. 2019, S. 103ff.
22 Diese Geschichten und viele mehr findet ihr bei Charles C. Mann, *Kolumbus' Erbe. Wie Menschen, Tiere, Pflanzen die Ozeane überquerten und die Welt von heute schufen*, Reinbek bei Hamburg 2013.
23 Alfred A. Tomatis, *Klangwelt Mutterleib. Die Anfänge der Kommunikation zwischen Mutter und Kind*, München 1994, S. 126.

V.

1 Elias Canetti, *Masse und Macht*, Hildesheim 1992, S. 12.
2 Ebd.
3 Franz Kafka, »Tagebücher«, *Gesammelte Werke*, Frankfurt a. M. 1995, S. 336f.
4 Friedrich Nietzsche, »Vom freien Tode«, *Also sprach Zarathustra*, KSA 4, S. 93.
5 Rainer Maria Rilke, *Gedichte*, Leipzig 1981, S. 65.
6 Alain Ehrenberg, *Das erschöpfte Selbst. Depression und Gesellschaft in der Gegenwart*, Frankfurt a. M. 2015, S. 289.
7 Vgl. »Nature and nurture: environmental influences on a genetic rat model of depression«, *Translational Psychiatry*, 29. März 2016.
8 Vgl. u. a. https://www.spektrum.de/news/ratten-koennen-autos-steuern/1681682

VI.

1 Zit. nach Francesco Santoianni, *Von Menschen und Mäusen*, S. 81.
2 Heinrich Heine, »Die Wanderratten«, *Werke und Briefe in 10 Bänden*, Berlin 1961, S. 392ff.
3 Zit. nach Thankmar von Münchhausen, *Paris. Geschichte einer Stadt seit 1800*, München 2007, S. 144.
4 Patrick Süskind, *Das Parfum. Die Geschichte eines Mörders*, Zürich 1985, S. 5f.
5 Zit. nach Thankmar von Münchhausen, *Paris. Geschichte einer Stadt seit 1800*, S. 146.

VII.

1 Julius H. Schoeps, »Als sie zu Ratten wurden ... Die Geschichte einer Verhetzung«, *Die Zeit* 43/1980. Der Text ist eine Kritik des Buches *Die Judenfrage* von Alex Bein, Stuttgart 1980.

VIII.

1 Vgl. »Mäuse werden mit menschlichen Hirnzellen klüger«, *Die Welt*, 10. März 2013.
2 Vgl. »Maus mit Menschenhirn«, www.scinexx.de › dossierartikel › maus-mit-menschenhirn, 18. Juni 2010.
3 »Rattenhirne im Roboter«, *Süddeutsche Zeitung*, 17. Mai 2010.
4 https://www.spektrum.de/news/alte-maeuse-koennen-wieder-sehen/1803806
5 Zit. nach Lauren Slater, *Von Ratten und Menschen*, Weinheim 2006, S. 185.
6 Kelly G. Lambert, *Lehrmeister Ratte*, S. 125.

IX.

1 https://www.wiwo.de/politik/deutschland/vermoegensverteilung-studie-reichste-zehn-prozent-besitzen-gut-zwei-drittel-des-vermoegens/26006696.html
2 Jean-Jacques Rousseau, »Abhandlung über den Ursprung und die Grundlagen der Ungleichheit unter den Menschen«, *Kulturkritische und politische Schriften in zwei Bänden*, Bd. I, Berlin 1989, S. 241.

3 Christian Neuhäuser, *Wie reich darf man sein? Über Gier, Neid und Gerechtigkeit*, Stuttgart 2019, S. 31.

4 B. F. Skinner, *Jenseits von Freiheit und Würde*, Reinbek bei Hamburg 2018, S. 20f.

5 Vgl. Richard Freed, https://medium.com/s/story/the-tech-industrys-psychological-war-on-kids-c452870464ce

6 Lauren Slater, *Von Menschen und Ratten*, S. 215.

7 Vgl. B. K. Alexander, B. L. Beyerstein, P. F. Hadaway, R. B. Coambs, »Effect of early and later colony housing on oral ingestion of morphine in rats«, *Pharmacology, Biochemistry and Behavior*, 15 (4), 1981, S. 571–576.

8 Vgl. Avram Goldstein, »Neurobiology of Heroin Addiction and of Methadone Treatmen«. American Association for the Treatment of Opioid Dependence, abgerufen am 16. Juli 2006.

9 Oskar Heinroth, zit. nach Konrad Lorenz, *Das sogenannte Böse*, S. 47.

10 Am besten, ihr lest dazu Richard Wrangham, *Die Zähmung des Menschen. Warum Gewalt uns friedlicher gemacht hat. Eine neue Geschichte der Menschwerdung*, München 2019.

11 Johann Friedrich Blumenbach, *Beyträge zur Naturgeschichte*, Göttingen 1790, zit. nach Richard Wrangham, *Die Zähmung des Menschen*, S. 76f.

12 Richard Dawkins, *Geschichten vom Ursprung des Lebens. Eine Zeitreise auf Darwins Spuren*, Berlin 2008, S. 263f.